चिट्ठियों की दुनिया

(पत्र)

ज्ञान शांति मैत्री

महात्मा गांधी अंतरराष्ट्रीय हिंदी विश्वविद्यालय, वर्धा

चिट्ठियों की दुनिया

संपादक
से. रा. यात्री

सह-संपादक
डॉ. श्रीरमण मिश्र

भारतीय ज्ञानपीठ

लोकोदय ग्रन्थमाला : ग्रन्थांक 1267

ISBN : 978-93-263-5434-9

चिट्ठियों की दुनिया
(पत्राचार)
सम्पादक : से.रा. यात्री

दूसरा संस्करण : 2017
मूल्य : 700 रुपये

प्रकाशक : भारतीय ज्ञानपीठ
18, इन्स्टीट्यूशनल एरिया, लोदी रोड, नयी दिल्ली-110 003

मुद्रक : चार दिशाएँ प्रिंटर्स, नोएडा

आवरण : महेश्वर

CHITTHIYON KI DUNIYA
(Letters)
Edited by S.R. Yatri

Published by
Bharatiya Jnanpith
18, Institutional Area, Lodi Road, New Delhi-110 003
Ph. : 011-24698417, 24626467; 23241619 (Daryaganj)
Mob. : 9350536020; e-mail : bjnanpith@gmail.com
sales@jnanpith.net; website : www.jnanpith.net

Second Edition : 2017
Price : Rs. 700

पुरोवाक

चिट्ठी लिखने, पाने और पढ़ने का आम आदमी की जिंदगी में बड़ा मायने होता है। पत्र कब और क्यों लिखे जाते हैं इस पर विचार करें तो यही पाएंगे कि उसका कोई एक कारण नहीं होता है। निजी पत्र प्रायः सूचना देने के लिए, अपनी परेशानी, सुख-दुःख, झुंझलाहट, द्वंद्व और पीड़ा जैसे मनोभावों को स्वर देने और खुद को अभिव्यक्त करने के लिए लिखे जाते हैं। अपने सामने उपस्थित परिस्थिति को देख, मन में उपजते हर्ष और विषाद, विस्मय और आश्चर्य के मनोभावों को व्यक्त करने और उसे अपने प्रिय जनों तक पहुंचाने के लिए हम सभी पत्र लिखने के अभ्यस्त हैं। साथ ही पत्र पाने वाला पत्र-लेखक की अनुपस्थिति में भी उसकी याद को ताजा कर लेता है और उसकी भावात्मक उपस्थिति को भी महसूस करता है। बाद में जब कोई संवेदनशील व्यक्ति उन पत्रों तक पहुंचता है तो वह भी उनके सहारे उस समय और परिस्थिति को बदले हुए समय और परिस्थिति में फिर से महसूस करता है।

'चिट्ठियों की दुनिया' शीर्षक पत्रों का यह संकलन महात्मा गांधी अंतरराष्ट्रीय हिंदी विश्वविद्यालय, वर्धा के 'स्वामी सहजानंद सरस्वती संग्रहालय' में संग्रहीत पत्र सामग्री से चुन कर प्रस्तुत किया गया है। यह कार्य बड़ी सुरुचि और मनोयोग से हिंदी के वरिष्ठ साहित्यकार आदरणीय श्री से.रा. यात्री जी ने डॉ. श्रीरमण मिश्र के सहयोग से किया है। यात्री जी ने अपने वक्तव्य में उल्लेख किया है कि ये पत्र हिन्दी की विकास यात्रा के एक महत्वपूर्ण युग के साक्षी हैं। इनमें हिंदी को वर्तमान रूप देने वाले अनेक स्वनामधन्य कृती रचनाकारों के पत्र सम्मिलित हैं जिनमें उस समय का साहित्यिक इतिहास बोल रहा है। सचमुच यह सामग्री एक कालखंड का दस्तावेज बन गई है। हमें हिंदी जगत की अनेक प्रतिभाओं के निकट जाने और उनके जीवन का स्पंदन महसूस कराने वाले ये पत्र जीवन और साहित्य के ऐसे अनेक पक्षों को उजागर करते हैं जिन्हें पकड़ पाना अन्यथा असंभव-सा है।

जीवन-यात्रा के दौरान अपने हिस्से में आने वाले दुःख-दर्द के अनुभव बांटने या साझा करने की एक युक्ति के रूप में पत्र-लेखन प्राचीन काल से प्रचलित है। पत्र आदमी-आदमी के बीच की भौतिक दूरियों को पाटने और संवाद स्थापित करने में ख़ास भूमिका अदा करते हैं। निजी पत्र मूलतः अनौपचारिक होता है और उसमें

व्यक्ति प्रत्यक्ष और परोक्ष दोनों ही ढंग से अपने को अभिव्यक्त करता है। मैत्री में हम बिना लाग लपेट के भी बात कहते हैं या फिर थोड़ा बचते-बचाते उसे घुमा फिरा कर परोक्ष रूप से व्यक्त करते हैं। पर पत्रों में एक बेतकल्लुफी रहती है और लेखक को सहज स्वाभाविक अभिव्यक्ति की काफी सहूलियत रहती है। पत्र लिखते हुए लेखक अपने विवेक से अभिधा, लक्षणा और व्यंजना तीनों ही तरह की शब्द शक्तियों में से किसी का भी उपयोग कर सकता है। ऐसा करते हुए संबोधन, शैली, भाषा सब में बदलाव लाया जाता है।

साहित्यकार भी अपने रचना कर्म में अपने समानधर्मा रचनाकारों को प्राय: पत्र लिखते हैं। ऐसे पत्र अन्य पत्रों से अलग सर्जनात्मकता का अवसर भी प्रस्तुत करते हैं। ऐसे में इस बात की भी गुंजाइश बन जाती है कि पत्र-लेखन (रचना) के क्रम में साहित्य की भी उद्‌भावना हो। इसलिए 'पत्र' को कई साहित्यकारों ने अपनी सर्जना की विधा या शैली के रूप में भी अपनाया है।

'चिट्ठियों की दुनिया' में हिंदी के अनेक साहित्यकारों के रोचक, सूचनाप्रद और प्रेरणादायी पत्र सम्मिलित हैं। उसमें उनकी हास्य वृत्ति, व्यंग्य, व्यथा आदि सबका अनुभव साझा किया गया है। कहा जा सकता है कि पत्रों में अपने को स्वाभाविक रूप में वर्णन करने के कारण एक हद तक लेखक का वास्तविक स्वरूप अनावृत हो जाता है। आप पाएंगे कि इन पत्रों से लेखकों की जिन्दगी में व्याप्त होती चिंताएं, आशाएं, आकांक्षाएं उजागर होती हैं। अनेक पत्रों में कुछ करने की और उसमें अन्यों को शामिल करने की, नई-नई योजना बनाने की सदिच्छा है पर शंकाएं भी हैं, रोष और अमर्ष भी है। इनमें लेखकों की साहित्यिक सक्रियता और सहभागिता पर भी रोशनी पड़ती है और कई तरह के मिथकों की वास्तविकता प्रकट होती है। इस तरह पत्रों के माध्यम से हम लेखक के स्वभाव तक पहुँच पाते हैं। पत्र लेखकीय जीवन के अनेक अनछुए पक्षों को स्पष्ट करते हैं और रचनाओं के आगे पीछे का काल और देश दोनों ही उद्‌भासित हो उठते हैं। इन पत्रों में पुरानी और नई पीढ़ी दोनों तरह के लेखकों द्वारा एक दूसरे को लिखे गए पत्र सम्मिलित हैं जिससे यह भी अनुभव होता है कि पीढ़ी के बदलने पर प्राथामिकताएं बदलना भी स्वाभाविक है।

मुझे विश्वास है कि यह प्रयास हिन्दी के अध्येताओं को रुचेगा।

—गिरीश्वर मिश्र

कुलपति

म.गां.अं.हिं.वि., वर्धा

संग्रहालय दिग्दर्शन

संभवतः अभी तक 'महात्मा गांधी अंतरराष्ट्रीय हिंदी विश्वविद्यालय', वर्धा ही वह सांस्थानिक विद्यापीठ है जिसके परिसर में उच्चस्तरीय तथा शोधपरक सामग्री का संकलन तथा संग्रह करने का कार्य व्यवस्थित ढंग से हो सका है। इस विश्वविद्यालय में हिंदी साहित्य तथा भाषा के वैविध्य को सुरक्षित रखने के लिए कई अनुशासन निरन्तर विकसित हो रहे हैं।

विश्वविद्यालय के कई श्रेष्ठ तथा विशाल शैक्षिक भवनों के मध्य 'समता भवन' नाम की जो इमारत है उसका ही एक खंड 'स्वामी सहजानन्द सरस्वती संग्रहालय' को समर्पित है। भवन में प्रवेश करने के बाद जब बाईं ओर मुड़ेंगे तो गैलरी की दोनों दीवारों पर हिंदी भाषा तथा साहित्य की शिखर विभूतियों के अनेक चित्र दिखेंगे। इन दिवंगत तथा जीवित साहित्य मनीषियों ने गत सौ वर्षों में हिंदी भाषा को सँवारते हुए जो आधुनिक स्वरूप प्रदान किया है, वह आज वैश्विक स्तर पर सर्वमान्य हो चुका है। हिंदी एक समर्थ भाषा के रूप में भारत के बाहर भी अपने गौरव और गरिमा के अनुकूल स्थान प्राप्त कर चुकी है।

'स्वामी सहजानन्द सरस्वती संग्रहालय' में दो कक्ष तथा एक बड़ा हॉल हिंदी भाषा तथा साहित्य की ऐतिहासिक धरोहर को सुरक्षित रखने के लिए उपलब्ध है। प्रथम कक्ष में दिवंगत मूर्धन्य साहित्यकारों की उपयोग में आने वाली तथा दैनंदिन जीवन से संबद्ध सामग्री को बड़ी-बड़ी काँच जड़ित काष्ठ पेटिकाओं में सुव्यवस्थित ढंग से प्रदर्शित किया गया है। कक्ष की दीवारों पर, इस कक्ष में भी गैलरी के समान ही साहित्यकारों के गतिशील जीवन तथा उनकी अन्य सामाजिक गतिविधियों के चित्र सँजोए गए हैं। इन साहित्यकारों के उपयोग में आने वाली वस्तुओं को देखते हुए दर्शक के मन मस्तिष्क में यह विचार

और कल्पना साकार हो उठती है कि अपने कर्म-कुशल सक्रिय जीवन में वह मनीषी कैसे रहे होंगे।

इस कक्ष के बाद जैसे ही आगे बढ़ते हैं संग्रहालय विषयक सामग्री को सँजोने, सहेजने तथा उसका लेखा-जोखा रखने वाला कार्यालयी कक्ष है।

गैलरी के अंत पर बड़े हाल के बाहर स्वनामधन्य स्वामी सहजानन्द सरस्वती का स्तंभ है। अंदर बड़ी मेजें जो काँच मंडित पेटिकाओं के रूप में प्रयुक्त हुई हैं, पंक्तिबद्ध नजर आती हैं। इन पेटियों में लेखकों के पत्र, डायरियाँ और पांडुलिपियाँ प्रदर्शित की गई हैं। विख्यात कवि शमशेर बहादुर सिंह की उर्दू भाषा में लिखित पांडुलिपियाँ भी इन पेटिकाओं में देखी जा सकती हैं। यह एक चकित करने वाला रहस्य जैसा लगता है कि महात्मा गांधी, मुंशी प्रेमचंद, युग प्रवर्तक महाकवि निराला, पंत, महादेवी तथा संपादन के क्षेत्र में सरस्वती पत्रिका के द्वारा युगांतर उपस्थित कर देने वाले आचार्य महावीर प्रसाद द्विवेदी जैसे दिग्गजों के पत्र तथा हस्तलिखित पांडुलिपियाँ किस प्रकार जुटाई गई होंगी।

विपुल पत्राचार जिसका अधिकांश भाग जीर्ण जर्जर अवस्था में है उसे नष्ट होने से बचाने की दृष्टि से जो उपाय किए जा रहे हैं उनमें वह उपकरण भी संग्रहालय में उपलब्ध है, जो इन सामग्री को संरक्षण देने में उपयोगी और सक्षम है।

कई पेटियों में बीसवीं सदी के आरंभ में प्रकाशित होने वाली पत्रिकाएँ देखने को मिलती हैं। ऐसी भी पत्रिकाएं यहाँ उपलब्ध हैं, जिनके प्रवेशांक तक जुटा लिए गए हैं।

सर्जकों के पत्रों की बड़ी संख्या का अवलोकन-विवेचन करने के बाद यह निर्णय लिया गया है कि इन पत्रों के विपुल भंडार में से कुछ पत्रों का चुनाव करके उन्हें 'चिट्ठियों की दुनिया' नाम के संग्रह में स्थान दिया जाय और विश्वविद्यालय उसके प्रकाशन की व्यवस्था करे।

इस संग्रह के हिंदी संसार के सामने आने पर जहाँ सामान्य पाठक इससे लाभान्वित होंगे वहीं शोधार्थियों को भी पत्रों की दिशा में काम करने की प्रेरणा प्राप्त होगी।

महात्मा गांधी अंतरराष्ट्रीय हिंदी विश्वविद्यालय के अंतर्गत स्वामी सहजानन्द सरस्वती संग्रहालय उस भविष्य की ओर एक प्रबल संकेत है जिसमें इस संग्रहालय की भूमिका न केवल हिंदी भाषा और

साहित्य को सहेजने एवं संरक्षण देने तक सीमित रहेगी बल्कि पुरातन भारतीय वाङ्मय को प्रोत्साहन देने का भाव भी उदित होगा।

हम आशा करते हैं कि विश्वविद्यालय इस पत्र-प्रकाशन अभियान को एक निरंतरता प्रदान करेगा और संग्रहालय में आगे भी स्वनामधन्य हिंदी सेवियों के पत्र, डायरियाँ, पांडुलिपियाँ तथा अन्य सामग्री जुटाने के प्रति सजग रहेगा।

इस संग्रहालय को स्थापित करने, हर प्रकार से विकसित करने और समृद्ध बनाने में विश्वविद्यालय के दूरदर्शी कुलपति श्री विभूति नारायण राय ने जो योगदान किया है। वह उनके अथक श्रम और सक्रियता का जीता-जागता प्रमाण है। मैं उनके प्रति हृदय से आभारी हूँ कि उन्होंने मुझे पत्रों को चुनने तथा उनको प्रकाशन की स्थिति तक लाने का सुयोग प्रदान किया। संग्रहालय में कार्यरत सहयोगियों ने मुझे जो सहायता दी है, उसका आभार शब्दों में व्यक्त करना अत्यंत कठिन है। उनकी सौजन्यता और सहृदयता के प्रति मैं नतमस्तक हूँ।

–से. रा. यात्री

पत्रों के बहाने से

इस पुस्तक में संकलित पत्रों के इतिहास व उनके महत्त्व के बारे में श्रद्धेय यात्री जी ने कई महत्त्वपूर्ण तथ्यों को रेखांकित किया है। अतः उस पर न बात करके मैं कुछ अनछुए बिंदुओं पर प्रकाश डालने का प्रयास करूंगा जिहें मैंने चिट्टियों को एकत्र करते और पढ़ते समय महसूस किया।

चिट्ठियों को देखते हुए मैंने पाया कि एक रचनाकार अपनी रचना को पूरा करते समय कई-कई मानसिक झंझावतों से गुजरता है और कितना खुद से जूझता है। वह कितनी बार अपने लिखे को ही काटता-छाँटता रहा है। कैसे वह शुरू करता है और उसे आकार देता है इसका उल्लेख भी कुछ रचनाकारों ने अपने पत्रों में किया है। नंदकिशोर नवल को संबोधित 30 मार्च 1978 के पत्र में नागार्जुन बाबा ने 'हो गए बारह महीने' कृति के बारे में लिखा है कि ''दो टुकड़ी की रचना 7.3.78 की रात्रि शेष में की गई। अन्य सारी टुकड़ी 29.3.78 को दिन में ''क्योंकि लेटा ही लेटा था, पंक्तियां उभरती गईं—नोट होती गईं।''

पत्रों से हमें कई ऐसी सूचनाएं भी मिलती हैं, जो उन रचनाकारों की कृतियों में जगह नहीं पा पाती हैं। मसलन किस रचना की भूमिका कब बनी? वह कहाँ शुरू हुई और कहाँ जा कर खत्म हुई। इस संबंध में मुझे अमृतलाल नागर जी का एक पत्र प्राप्त हुआ है—उन्होंने पद्मा सचदेव (3.6.84) को 'पीढ़ियाँ' उपन्यास के संबंध में लिखा है कि, ''बम्बई से आने के बाद मैं पत्र नहीं लिख सका। ट्रेन में ही उपन्यास रचना हेतु सरस्वती मैया अपनी कृपा वर्षण करने लगी थीं। यहाँ आते ही उसमें जुट गया। और इस गर्मी में भी उसी की तरावट में डूबा हुआ हूँ।'' इस समूचे पत्र में नागर जी ने उपन्यास की पूरी रुपरेखा रख छोड़ी है। उन्होंने लिखा है कि ''पढ़े लिखे मध्य वर्ग की छह पीढ़ियों तक के मानसिक विकास और सातवीं के दिग्भ्रमित स्तब्ध मन का चित्र तुम्हारे सामने संजो सकूं तो गंगा नहाऊं।'' साथ ही यह भी सूचित किया है कि ''यह शायद मेरे जीवन का अंतिम उपन्यास होगा।'' नागर जी बड़ी ही सहजतापूर्वक क्षमा याचना भी करते हैं—''पत्र न लिख सका। बेटी भले हो, पर माँ बनकर क्षमा करना।'' इस प्रकार के अनेक प्रसंग, अनेक प्रश्न और न जाने कितनी जिज्ञासाएं पत्रों में देखने को मिलती हैं। रचनाकार की उदारता, उसकी सहजता,

उसकी क्षमाशीलता, नए-नए शब्दों के प्रयोग यहाँ तक कि लक्ष्यार्थ एवं व्यंग्यार्थ भी पत्रों में बिखरे मिलते है तथा समवयस्कों के बीच पारस्परिक फटकार, दुलार भी दिखता है। नागार्जुन ने नवल जी को संबोधित फरवरी 1979 के पत्र में लिखा है कि "सरकारी रकम हाथ आने की बात तो बस वकांड प्रत्याशा हुआ करती है।" 'वकांड प्रत्याशा' एक नए प्रयोग का उदाहरण है।

पत्रों के संबंध में श्री केदारनाथ अग्रवाल ने श्री नवल जी को अप्रैल, 1983 के संबोधित पत्र में लिखा है कि, "चिट्ठियां आती हैं तो जैसे रंग बिरंगी बोलती चहकती चुनमुन चिड़ियाएँ कमरे में आ जाती हैं, हाथ पर बैठ जाती हैं—सिर पर सवार होकर उत्सव मनाती हैं।"

प्रगतिशील लेखन पर श्री नवल जी को संबोधित मई, 1984 के पत्र में कवि केदारनाथ अग्रवाल ने बड़ी बेबाक टिप्पणी भी की है "इसमें न ईश्वर है—न अलौकिकता है—न विचार की पहले से उपस्थिति है। केदारनाथ जी ने फरवरी, 1981 पत्र के माध्यम से कविता के संबंध में लिखा कि "कविता लिखना कठिन काम है। जो लिख जाता है, वह भी टिक नहीं पाता।" अपने लेखन के संबंध में केदार जी ने श्री नवल जी को संबोधित फरवरी, 1981 के पत्र में स्वयं लिखा कि—"मैं तो कविता अपना दायित्व समझकर लिखता हूँ। न यश की कामना करता हूँ—न आनन्दक की—न दुख की। मेरी मानसिकता लोकमानसिकता का प्रतिबिंबन कर सके। बस यही सोचता हूँ। कभी ऐसा कर पाता हूँ—कभी नहीं। लिखने में हमेशा सीधी लकीर पर ही नहीं चल पाता—भटकाव भी, भ्रम भी पंक्तियों में भरभरा पड़ते हैं यहीं लेखक लाचार होता है।"

'राम की शक्ति पूजा' कहाँ प्रकाशित हुई थी—इसकी भी सूचना डॉ. रामविलास शर्मा के जून, 1982 के पत्र से प्राप्त हुई है जो श्री नवल जी को संबोधित है, जिसमें डॉ. शर्मा ने इसका उल्लेख किया है कि 'राम की शक्ति पूजा' 'भारत' में छपी थी।

अन्य विषयों के अतिरिक्त पत्रों से हमें कुछ महत्त्वपूर्ण विषयों पर चर्चा की जानकारी प्राप्त हुई है। श्री नवल जी को संबोधित नवंबर, 1977 के पत्र में प्रो. नामवर सिंह ने सवाल उठाया है कि "शुक्लोत्तर तीनों आलोचकों का समन्वयवाद और आचार्य शुक्ल के समन्वयवाद में क्या भिन्नता है।" तथा इन दो भिन्न रूपों के समन्वयवाद का ऐतिहासिक व सामाजिक आधार क्या है?" धरातल में प्रकाशित धूमिल पर केंद्रित आलेख के संबंध में आलोचक नामवर सिंह लिखते हैं कि "इस दृष्टि से यह पहला लेख मेरे देखने में आया है।" इस लेख में धूमिल के राजनीतिक समझ का विश्लेश्षण किया गया था।

आलोचक की भूमिका का निर्वाह करते हुए नामवर जी ने श्री नंदकिशोर नवल के एक लेख पर अप्रैल, 1977 के पत्र के माध्यम से बड़ी ही सशक्त टिप्पणी

की है, जो आचार्य शुक्ल केंद्रित लेख पर है—"इस लेख ने मुझे काफी निराश किया है। आपने प्राय: शुक्ल जी के विचारों को चुनकर विषयानुसार एक क्रम में सँजोने का प्रयास भर किया है..." मैं लगातार यही ढूँढ़ता रहा कि आपने अपनी मौलिक व्याख्या क्या दी है? और मुझे स्वीकार करना पड़ रहा है कि मैं इस तलाश में निराश रहा हूँ।'

अपनी कृतियों को लेकर रचनाकारों ने अपने-अपने मंतव्य भी पत्रों के माध्यम से प्रस्तुत किये हैं। मधुरेश को संबोधित 24 मई, 1995 के पत्र में श्री उपेंद्रनाथ अश्क अपनी कृतियों की आलोचना से आहत दिखते हैं। अश्क जी ने लिखा है कि "यहाँ के आलोचक तो मेरे उपन्यास को समझ नहीं पाए। गद्य-साहित्य के वृहद् इतिहास के तीसरे एडीशन में डॉ. रामचंद्र तिवारी ने लिखा है कि हिंदी आलोचक मानते है कि अश्क ने उपन्यास तो बस 'गिरती दीवारें' लिखा है। शेष खंड तो उपन्यास में निम्न मध्यनवर्गीय नामक चेतना को निचोड़ने का व्यर्थ प्रयास भर है। सो, मधुरेश ऐसे बेसमझ, अनपढ़, गुटबंध अध्यारपक-आलोचकों के लिए तो मैं यह उपन्यास लिखता नहीं रहा।" उपन्यास तो मैं अपने आब्सेशन के तहत लिख रहा हूँ। यहाँ के हिंदी आलोचकों के पास न समझ है न सूझबूझ, लेकिन जहाँ है, वहाँ इसकी बहुत प्रशंसा हुई है।"

पत्रों में छिपे गूढ़ार्थ, निहितार्थ से हिंदी व हिंदीतर समाज रूबरू हो सके यह सोचकर हमने इन पत्रों को पुस्तकाकार रूप में लाने का प्रयास किया है। साहित्य शोधार्थी इनसे हिंदी के बदलते देशकाल को जान और समझ सकेंगे। स्वामी सहजानंद सरस्वती संग्रहालय में पत्रों का बड़ा संकलन है। यह पुस्तक तो एक बानगी के रूप में प्रस्तुत की जा रही है। पत्रों के प्रति जिज्ञासा श्री से.रा. यात्री जी द्वारा पैदा की गई। उन्होंने एक बार चर्चा में कहा था कि "पत्र पढ़ते व लिखते समय उसके प्रति व्यतिक्त एकाग्र हो जाता है जिसे वह संबोधित करता है।" पत्रों के संबंध में विष्णु प्रभाकर जी को संबोधित 25.4.2008 के पत्र में आदरणीय कृष्णबिहारी जी ने ठीक ही लिखा है कि "उनमें एक समय कैद होता है और पत्र धरोहर हैं।"

आशा है हिंदी के रचनाकारों के ये पत्र रचना के व्यक्त होने के पहले और व्यक्त होने के बाद के समय और रचनाकारों के मानस के बारे में वह सब बता सकेंगे जो एक सहृदय पाठक या अध्येता जानना चाहता है। ये पत्र संग्रहालय के हितैषियों ने नि:स्वार्थ प्रदान किया है। उन्हें मेरा नमन।

—डॉ. श्रीरमण मिश्र
स्वामी सहजानंद सरस्वती संग्रहालय
म.गां.अ.हि.वि., वर्धा

अनुक्रम

पुरोवाक्	पाँच
संग्रहालय दिग्दर्शन	सात
पत्रों के बहाने से	दस
पत्रों की दुनिया के विविध आयाम	17
अखिलेश मिश्र	23
अमृतलाल नागर	25
अमृत	35
अशोक वाजपेयी	38
अग्नेश्का कोवाल्स्का	48
वात्स्यायन	62
अमरकांत	76
इंद्रनाथ मदान	78
उमा राव	80
उदयशंकर भट्ट	82
उपेन्द्रनाथ अश्क	86
ओमप्रकाश निर्मल	105
ओमप्रकाश केला	107
कमलेश्वर	109
कृष्णदास राय	113
काशीनाथ	115
केशव मुक्तिबोध	118
केदारनाथ अग्रवाल	124
केदारनाथ साहनी	128

गंगाप्रसाद पांडेय	130
गुलाब राय	132
जगदीश गुप्त	134
जैनेन्द्र	136
जानकी बल्लभ शास्त्री	145
ज्वालादत्त शर्मा	148
धर्मवीर भारती	152
धनंजय वर्मा	154
नरेश मेहता	156
नेमिचंद्र जैन	168
नामवर सिंह	172
नरोत्तम नागर	190
नागार्जुन	192
पद्म सिंह शर्मा	201
परमानंद शर्मा	205
प्रभाकर माचवे	207
प्रेमचंद	214
धनपत राय	216
प्रेमशंकर	218
प्रकाशचंद्र गुप्त	220
बनारसीदास चतुर्वेदी	228
बद्री विशाल पित्ती	251
बच्चन	255
बलवीर सिंह रंग	264
भगवत शरण उपाध्याय	266
भारत भूषण अग्रवाल	268
भीष्म साहनी	272
भगवतीचरण वर्मा	274
भगवान सिंह	276
भारत भारद्वाज	278
महादेव साहा	280
मधुरेश	286
मन्नू भंडारी	288

मधुकर सिंह	290
महादेवी वर्मा	292
महावीर प्रसाद द्विवेदी	294
मुद्राराक्षस	300
मुरली मनोहर प्रसाद सिंह	302
मैनेजर पांडेय	304
मैथिलीशरण गुप्त	306
मोहन दास कर्मचन्द गांधी	310
यशपाल	312
रहबर	327
रमेशचंद्र शाह	329
रमेशकुंतल 'मेघ'	332
रामविलास शर्मा	334
रामनेरश त्रिपाठी	341
रामेश्वर शुक्ल 'अंचल'	345
रामधारी सिंह दिनकर	346
राजीव सक्सेना	348
रामदास गौड़	350
राधाकृष्ण	352
रूपनारायण पांडेय	354
ललित मोहन अवस्थी	356
लक्ष्मीमल्ल सिंघवी	362
विजेंद्र	364
वीरेंद्र मिश्र	366
वृंदावन लाल वर्मा	369
विष्णुकांत शास्त्री	370
शमशेर बहादुर सिंह	373
शानी	378
शिव वर्मा	381
शिवदान सिंह चौहान	385
शिवानी	388
शिवमंगल सिंह 'सुमन'	390
शिवपूजन सहाय	394

शिवपूजन सहाय	396
शांतिप्रिय द्विवेदी	398
शंकरदयाल	400
श्रीकांत वर्मा	402
श्रीनारायण चतुर्वेदी	420
सुभाष पंत	424
सुदर्शन	426
सुमित्रानंदन पंत	428
सीताराम चतुर्वेदी	432
सियाराम शरण	434
हरिऔध	436
हरिशंकर शर्मा	438
हरिशंकर परसाई	440
हरि नारायण व्यास	447
हजारीप्रसाद द्विवेदी	450
हंस कुमार तिवारी	456
हबीब कैफी	458
हृदयेश	461

पत्रों की दुनिया के विविध आयाम

लगता है मानव हृदय में स्वयं को सहज रूप से अभिव्यक्त करने की कामना जन्मजात है। यही इच्छा जब भीतरी स्तर पर भावोच्छवास का रूप ग्रहण कर लेती है तो वह अपने मनोगत उद्‌गारों को आत्यन्तिकता के दबाव से लिखित रूप में प्रकट करती है।

मोटे तौर पर यही माना जा सकता है कि मानव सभ्यता के विकास के साथ जैसे ही अभिव्यक्ति का माध्यम भाषा के रूप में विकसित हुआ उसी समय से पत्र लिखने का प्रचलन प्रारंभ हो गया। अपने निजत्व को किसी निकटस्थ को सौंपने के लिए संप्रेषण के साथ-साथ उसे यथास्थान पहुँचाने के उपाय भी आवश्यकतानुरूप खोज लिए गए होंगे।

सभी देशों में इसके माध्यम भिन्न-भिन्न रूपों में पाए जाते हैं। कुछ तो सहज सामान्य रूप में ज्ञात-इतिहास में दर्ज हैं। कासिद अथवा संवादी द्वारा यहाँ तक कि कपोतों तक से पत्रों अथवा संदेशों को वांछित व्यक्ति तक पहुँचाने के उल्लेख मिलते हैं।

यूरोप में तो लंबे समय तक- जब तक डाक की विज्ञान सम्मत व्यवस्था नहीं हुई थी, घोड़ा गाड़ियों द्वारा एक स्थान से दूसरे स्थानों तक डाक भेजने का प्रचलन था। यूरोपीय साहित्य में घोड़ा गाड़ियों से डाक ले जाने वाले संवादी अथवा पत्र-वाहक बीच-बीच में सरायों और पाथशालाओं में रात्रि विश्राम करते थे। उनकी गतिविधियों का यूरोपीय भाषाओं के साहित्य तथा इतिहास में रोचक विवरण मिलता है।

भारत में अंग्रेजों के आगमन के साथ रेल और डाक विभाग बाकायदे स्थापित हुए। उन्नीसवीं सदी में सारे देश में डाकखानों का जाल फैल गया। मामूली मूल्य का भुगतान कर देने से ही पत्र एक स्थान से दूरातिदूर निर्बाध रूप से भेजे जाने लगे।

उन्नीसवीं सदी के उत्तरार्द्ध से ही भारतेंदु बाबू हरिश्चंद्र और उनकी मंडली के अन्य हिंदी सेवियों के बीच होने वाला पत्राचार सामाजिक जागृति का प्रथम अभियान कहा जा सकता है। बाबू बालमुकुंद गुप्त का 'शिवशम्भू का चिट्‌ठा' एक संकेत के रूप में भारतीय जन-मानस में अंग्रेजी शासन के प्रति प्रतिरोध की भावना जगाने वाला है।

भारतेंदु बाबू के मृत्यु वर्ष में ही प्रथम भारतीय राष्ट्रीय दल कांग्रेस की स्थापना हुई। जिन राष्ट्रीय नेताओं का इस दल ने नेतृत्त्व सँभाला उनमें राष्ट्रीय ख्याति के नेता गोपालकृष्ण गोखले, बाल गंगाधर तिलक, सुरेन्द्र नाथ बनर्जी और बाद में महात्मा गांधी सभी ने पत्रों के माध्यम से राष्ट्रीय प्रश्नों और सामयिक मुद्दों पर निरंतर पत्राचार किया।

उन्नीसवीं सदी के उत्तरार्द्ध में जिस बड़ी हस्ती के पत्रों का अत्यंत महत्त्वपूर्ण स्थान है उनमें मिर्ज़ा ग़ालिब का नाम सर्वोपरि है।

उन्नीसवीं सदी और बीसवीं शताब्दी का पूर्वार्द्ध पत्रों की दृष्टि से अपनी ऐतिहासिक महत्ता रेखांकित करता है।

जब हम स्वतंत्रता सेनानियों, क्रांतिकारियों और हिंदी के साहित्यकारों के पत्रों के विशाल भंडार पर दृष्टि डालते हैं तो आसानी से पता चल जाता है कि अपने समय के यथार्थ को निरूपित करने में इन पत्रों की क्या भूमिका रही है।

गत कुछ दशकों में अनेक ख्यात प्रकाशन संस्थानों और भारत के सूचना विभाग ने लेखकों के तथा वरेण्य नेताओं के पत्रों का बड़ी संख्या में प्रकाशन संपन्न किया। अनेक महान कवियों, लेखकों, दार्शनिकों के पत्र पाठकों के लिए सहज सुलभ होने लगे हैं। इन पत्र-संकलनों में जबरदस्त वैविध्य देखने को मिलता है। ऐसी पुस्तकों की संख्या साल दर साल बढ़ रही है जिनमें रचनाधर्मी गतिविधियों का लेखा-जोखा पाया जाता है।

1963 में 'हिन्दुस्तानी एकेडमी' ने मिर्जा गालिब के पत्रों का दो खंडों में प्रकाशन किया है। मिर्ज़ा ग़ालिब ने अपने समकालीन शायरों, शिष्यों और अधिकारियों को बड़ी संख्या में पत्र लिखे हैं। उनका सबसे पुराना पत्र नौ मार्च 1848 और अंतिम पत्र 15 फरवरी 1869 का है जो उनके देहावसान से कुछ ही पहले लिखा गया है। यह एक आश्चर्यप्रद सूचना है कि 1848 के आस- पास वह हिंदी में भी ख़त लिखने लगे थे। 20-21 वर्ष की अवधि में मिर्ज़ा ग़ालिब ने लगभग दो हजार पत्र लिखे होंगे। ये पत्र क्या थे मित्रों से अंतरंग वार्तालाप ही था।

'नादिराते ग़ालिब' आफाक हुसैन ने संपादित की थी जो 'इदाराए नादिरात' कराँची से 1949 में छपी। 'खुतुते गालिब' (दोनों खंड) गुलाम रसूल मेह्न के संपादन में 'किताब मंजिल' लाहौर से प्रकाशित हुए। इन पत्रों में ग़ालिब के जीवन के अनेकविध अनूठे प्रसंग पढ़ने को मिलते हैं। हम इन पत्रों को लल्लू लाल, मीर अम्मन इंशा और राजा शिवप्रसाद सितारे हिन्द तथा भारतेन्दु काल के बीच की कड़ी कह सकते हैं। भाषा और साहित्य के अतिरिक्त भी इन पत्रों का अपना महत्त्व है। इन पत्रों के जरिए पाठक उन्नीसवीं सदी के उत्तरार्द्ध के साथ संपर्क स्थापित कर सकता है। उन दिनों भारतीय जनता साहित्य, संस्कृति, समाज, आर्थिक व्यवस्था तथा

अन्यान्य सभी क्षेत्रों में संघर्ष कर रही थी। ग़ालिब के समय में केवल एक राजवंश का ही पतन नहीं हुआ था, पुरानी सामाजिक व्यवस्था पूरी तरह बिखर गई थी। ग़ालिब जैसे महाकवि ने इस युगांतर का स्वरूप बहुत बारीकबीनी के साथ इन पत्रों में सँजोया है। जाहिर है कि इन पत्रों को छपने की दृष्टि से नहीं लिखा गया था। इन पत्रों से अनायास तत्कालीन समाज की निर्बलता और शक्ति का पता चल जाता है।

स्वामी विवेकानंद की पत्रावली में लगभग एक हजार पत्र होंगे। यह पत्र 1888 से शुरू होकर 14 जून 1902 मृत्यु से एक मास पहले तक पूर्ववत चलते हैं। अंतिम पत्र अपनी परम शिष्या कुमारी जोसेफाइन मैकलिआड को 14 जून, 1902 को लिखा गया है।

विवेकानंद के समान महात्मा गांधी और कवीन्द्र रवीन्द्र नाथ का पत्राचार भी भारत तथा संपूर्ण विश्व की मूल्यवान धरोहर है। 1915 से 1940 तक की अवधि इन पत्रों में सुरक्षित है। टैगोर ने महात्मा गांधी को जलियावाला बाग के नरसंहार की पूर्व संध्या पर जो पत्र लिखा था वह 12 अप्रैल, 1919 का है। टैगोर का गांधी जी को अंतिम पत्र अप्रैल 1940 को मिला जिसमें देशबंधु सी.एफ.एंड्रयूज के दुःखद देहांत का समाचार है।

दोनों महान विभूतियों के पारस्परिक पत्राचार से पता चलता है कि उन दोनों के बीच वाद-विवादों तथा व्यक्तिगत जीवन को लेकर गहन वैचारिक संवाद हैं साथ ही यह भी द्रष्टव्य है कि उनके दुनिया को देखने के दृष्टिकोण में समानता निहित थी। नेहरू जी ने टैगोर की मृत्यु पर यह उचित ही लिखा था : "शायद ही किन्ही दो व्यक्तियों में इतना मतभेद रहा होगा जितना गांधी और टैगोर में था किंतु बहुत सी बातों में वह एक ही पथ के पथिक थे।"

महात्मा गांधी और टैगोर की मत भिन्नता को लेकर 2 मार्च 1933 को महान फ्रांसीसी विचारक रोम्या रोला ने महाकवि को लिखा था : "ऐसा लगता है इस महान वाद-विवाद ने संपूर्ण विश्व को समाविष्ट कर लिया है और पूरी मानव जाति इस भव्य विवाद के साथ जुड़ गई है।"

'निराला की साहित्य साधना' (खंड तीन) में निराला जी का अपने समकालीनों से पत्राचार संकलित है। इस खंड में 205 पत्र संकलित है। अन्तिम पत्र पर 9 सितंबर, 1946 की डाक मुहर है। इस पत्राचार में निराला की जीवनावधि का कोई भी महान साहित्यकार अनुपस्थित नहीं है। वयोवृद्ध तथा नवोदित सभी रचनाकार यहाँ एकत्र हैं। इन पत्रों को पढ़ना तत्कालीन समय के वृहद साहित्य संसार की महान विभूतियों से रू-ब-रू होना है। साथ ही यह भी उल्लेखनीय तथ्य है कि डॉ. रामविलास शर्मा को अनेक साहित्यकारों से बार-बार तकाजा करने पर भी पत्र नहीं

मिले। यदि वह सभी पत्र उपलब्ध हो गए होते तो पत्रों की संख्या डेढ़-दो हजार तक पहुँच गई होती।

श्रेष्ठ पत्राचार का एक और उत्कृष्ट उदाहरण 'परिमल प्रकाशन इलाहाबाद' से प्रकाशित 'मित्र संवाद' पुस्तक है, जिसमें डॉ. रामविलास शर्मा और वरिष्ठ कवि केदार नाथ अग्रवाल के बीच हुआ पत्राचार संग्रहीत है। यह पत्र दोनों मित्रों के लंबे पत्राचार का दस्तावेजी भंडार है। अंतिम पत्र 24.9.91 का है जो केदार बाबू ने रामविलास शर्मा को लिखा है। दोनों ओर से आए गए पत्रों की अलग-अलग संख्या अच्छी खासी है। 1935 से 1991 के दीर्घकालीन वर्षों का यानी 55-56 वर्षों का लेखा-जोखा इन पत्रों में समाहित है।

इन पत्रों में जबरदस्त रचनात्मकता के कई पहलू हैं। घरेलू दुख-सुख से लेकर साहित्यिक, सांस्कृतिक परिदृश्य उपस्थित हैं। इन पत्रों से गुजरना ज्ञान के कितने ही अनुशासनों से साक्षात्कार करने जैसा है। केवल भारतीय लेखन चित्रकला और संगीत ही नहीं बल्कि वैश्विक स्तर की जानकारी भी दोनों मित्रों के पत्रों में साझी होती है। रूसी लेखक पास्तरनाक के उपन्यास 'डाक्टर जिवागो' ने जो जबरदस्त आंदोलन सारे विश्व साहित्य में खड़ा कर दिया था, उसको लेकर 27.11.58 के पत्र में डॉ. शर्मा, केदार जी को लिखते हैं : "आज कल बोरिस पास्तरनाक का मसला लेकर बड़ा हो हल्ला मचा है। हमारे यहाँ का प्रेस और नेता वर्ग इस घटना से विक्षुब्ध है। विदेशियों ने भी तमाम तूफान उठा रखा है। वैसे तो साधारण जन और साधारण लेखक वर्ग के लिए इस घटना ने कुछ महत्त्वपूर्ण प्रश्न सामने रखे हैं मगर वह प्रश्न तो वैसे भी बहस के द्वारा सोचे समझे जा रहे हैं। विशेषकर एक देश विशेष की विशेष परिस्थितियों में घटी हुई इस घटना का क्या महत्त्व है यह भी एक विचारणीय प्रश्न है। परिवेश और ऐतिहासिक तथ्यों को नजरंदाज कर पास्तरनाक की घटना पर विचार करना उचित नहीं होगा।"

पत्रों के इस रंगारंग संसार की एक विहंगम झलक पाने के बाद यह जानना कितना सुखकर है कि 'महात्मा गांधी अंतरराष्ट्रीय हिंदी विश्वविद्यालय' में जो स्वामी सहजानन्द सरस्वती संग्रहालय निर्मित हुआ है उसमें हिंदी रचनाकारों की दुर्लभ पांडुलिपियों, डायरियों, जीवन विषयक अन्य सामग्री के साथ-साथ श्रेष्ठ रचनाकारों के पत्रों का भी अच्छा खासा भंडार मौजूद है।

यह विपुल सामग्री कितने कितने प्रयासों से उपलब्ध हुई है तथा पहली बार किसी भारतीय विश्वविद्यालय में इसके महत्त्व को पहचानते हुए इसका उत्कृष्ट ढंग से संयोजन हुआ है, इसे अपनी आँखों से देखे बिना जानना किसी के लिए भी संभव नहीं है।

लगभग दो-ढाई हजार पत्रों में ऐसे पत्रों की पर्याप्त संख्या मौजूद है जिन्हें

बीसवीं शताब्दी के महानतम लेखकों, कवियों, विचारकों, संपादकों और राजनीतिक आंदोलन से जुड़ी विभूतियों ने लिखा है। इन पत्रों में प्रेमचंद, निराला, पंत, महादेवी, डॉ. रामकुमार वर्मा, श्री हरिवंश राय बच्चन, संपूर्णानंद, गांधी जी, और युग प्रवर्त्तक संपादकाचार्य महावीर प्रसाद द्विवेदी के पत्र सुरक्षित हैं। शांतिनिकेतन से जुड़े और दीर्घकाल तक कवीन्द्र रवीन्द्र का सानिध्य प्राप्त करते, आचार्य हजारी प्रसाद द्विवेदी तथा बनारसी दास चतुर्वेदी के पत्रों की अच्छी खासी संख्या संग्रहालय के पास है। हमारे समय के प्रथम कोटि के कवि अज्ञेय के, मुक्तिबोध को लिखे पत्रों से संग्रहालय की संपन्नता का पता चलता है जनकवि नागार्जुन, केदार बाबू, डॉ. रामविलास शर्मा, और डॉ. नामवर सिंह के पत्रों का भी अमित भण्डार है। हिंदी कथा-साहित्य के दिग्गज कथाकारों यशपाल, अश्क और अमृतलाल नागर के पत्रों से कथा जगत से जुड़े महत्त्वपूर्ण प्रश्नों का दिग्दर्शन होता है। नामों की संख्या कहाँ तक गिनाई जाय?

हमने अपनी ओर से भरसक प्रयास किया है कि इन पत्रों में से कुछ पत्र एक संकलन में संगृहीत करके प्रकाशित करें और आगे भी जो पत्रों का भंडार हमें उपलब्ध होगा उसका भी यथा समय प्रकाशन जारी रखें।

पत्रों के प्रकाशन के बाद हम 'स्वामी सहजानन्द सरस्वती संग्रहालय' में सुरक्षित डायरियों और पांडुलिपियों के प्रकाशन पर भी ध्यान दे सकेगें। इसी आशा के साथ हम जिन पत्रों का संकलन प्रकाशित करने जा रहे हैं उनका यथा स्थान टिप्पणी सहित उल्लेख भी करते चलेंगे।

इस महत्त्वपूर्ण कार्य को संपन्न करने के लिए संग्रहालय प्रभारी डॉ. देवराज का सत्परामर्श और दिशा निर्देश अत्यंत प्रेरणादायी तथा उत्साह वर्धक है। मैं उनका हृदय से आभार व्यक्त करता हूँ।

श्रीयुत डॉ. श्रीरमण मिश्र ने इन दो महीनों के अलावा पहले भी कई बार इन पत्रों का अध्ययन अवलोकन करने की सुविधा जुटाई है और पत्रों को अकारादि क्रम में संयोजित करने में उत्साह से परिश्रम किया है। पत्रों के अकूत भण्डार से एक-एक पत्र को क्रम से तरतीब देने का कार्य कितना श्रमसाध्य है और इसे संपन्न करने में मिश्र जी ने जिस तत्परता से स्वयं को समर्पित किया है वह मेरे लिए एक मूल्यवान अनुभव है। यदि वह पत्रों को यह क्रम न देते तो पत्रों का संकलन करना असंभव ही होता। उनके प्रति आभार और कृतज्ञता जैसे शब्द अपूर्ण हैं।

जर्जर जीर्ण तथा युगों पुराने पत्रों की जहाँ मिश्र जी ने क्रमागत स्तर पर संयोजित किया है वहीं रामबरन जी ने गहरी लगन और संलग्नता से उन्हें स्कैन करके अलग-अलग फाईलों में सुरक्षित रख छोड़ा है। प्रत्यूष शुक्ल जी ने इन सब पत्रों के टंकण और पेजमेकिंग में आत्मीयता से काम किया है। दिनेश्वर मिश्र जी

ने पूरे उत्साह से भाग-दौड़ करते रहकर पत्रों को यथास्थान उठाने-रखने में गहरी तत्परता दिखाई है। मैं इन युवकों के प्रति आभार और कृतज्ञता व्यक्त करता हूँ क्योंकि इस कार्य को पूर्णरूपेण संपन्न करने में इनकी भूमिका अत्यंत सराहनीय है।

और अन्त में महात्मा गांधी अन्तरराष्ट्रीय हिंदी विश्वविद्यालय, वर्धा के प्रति पुनः धन्यवाद तथा हार्दिक कृतज्ञता ज्ञापित करता हूँ, जिसके कृति कुलपति श्री विभूति नारायण राय की सौजन्यता से ही यह कार्य संभव हुआ। उनकी स्वप्नदर्शिता और कर्म के प्रति दुर्लभ सक्रियता रचनात्मकता के न जाने कितने आयाम उद्घाटित करती है।

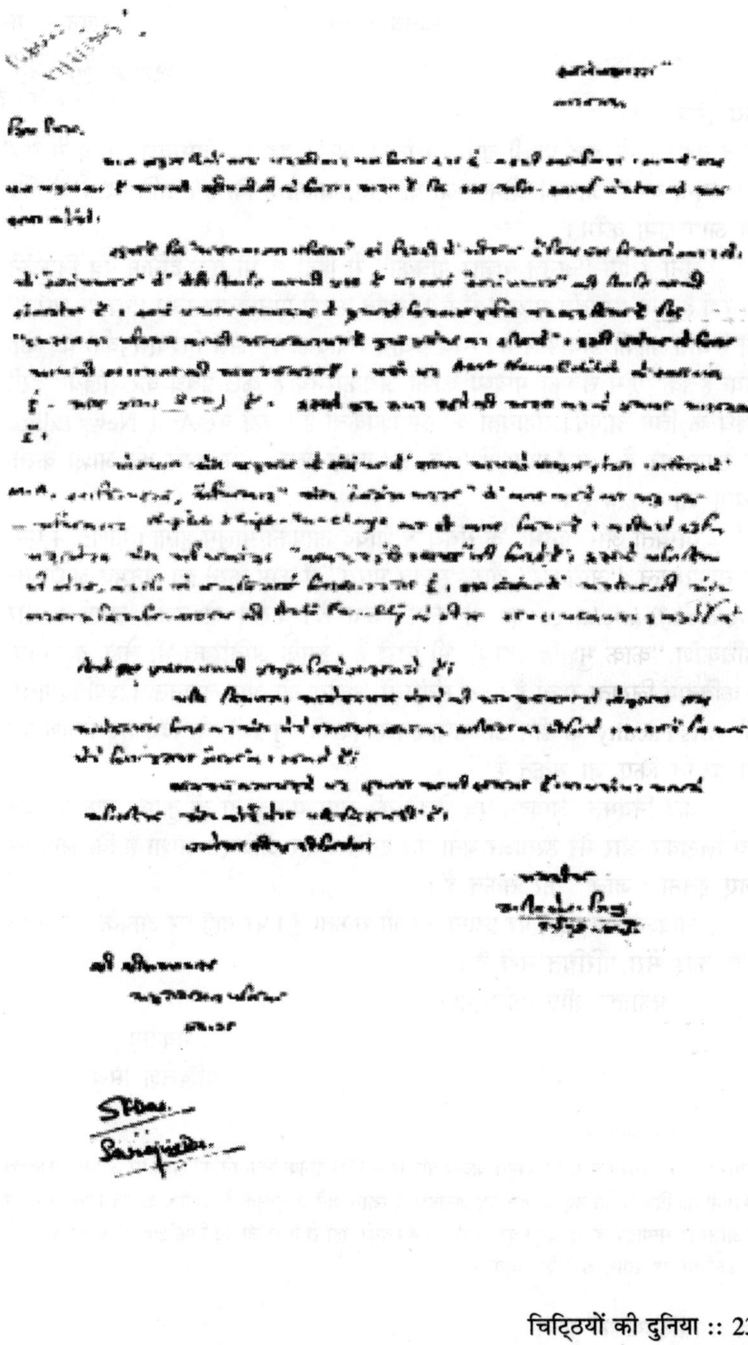

''स्वतंत्र भारत''

दिनांक 29.7.49

प्रिय मित्र

आज बहुत दिनों बाद पहली बार पत्र लिख रहा हूँ वह भी स्वार्थवश। साथ में एक पत्र यमुना का है आपकी श्रीमती जी के लिए, आशा है कि इस अति-स्वार्थ के दोष को आप क्षमा करेंगे।

सुना है कि ''अमृत बाजार पत्रिका'' से हिंदी में भी एक दैनिक पत्र निकलने जा रहा है। यों ''स्वतंत्र भारत'' में मेरी स्थिति काफी पुष्ट है पर स्वयं ''स्वतंत्र भारत'' की स्थिति काफी डांवाडोल है। स्वयं प्रधान संपादक ने मुझसे विश्वासपूर्वक यह कह दिया है कि ''हम सबका भविष्य काफी अंधकारमय है कुछ प्रबंध कर रखिये'' इसी प्रबंध के लिए आपकी सहायता की आवश्यकता है। यहाँ पर Asst. News Editor के स्थान पर हूँ- आय प्रायः 200 रु. है। इससे कुछ ऊपर उठने की आशा करके प्रयाग आ सकता हूँ।

योग्यता और अनुभव के संबंध में शायद आपको मालूम होगा। गणित में एम. ए. साहित्यरत्न, ''अधिकार'' और ''स्वतंत्र भारत'' में काम करने का अनुभव-अधिकतर *Night shift-in-charge* का ही काम किया है। करीब दो दर्जन अग्रलेख और अधिकांश ''काक भुशुंडि उवाच'' भी लिखे हैं। इसके अतिरिक्त भी लेख, कहानियां व कविताएं लिखता रहता हूँ। इस संबंध में अशोक जी और लखनऊ विश्वविद्यालय की Arts Faculty के डीन डॉ. राधाकमल मुकर्जी (मुखर्जी) के दिए हुए प्रमाण-पत्र भी प्रस्तुत किए जा सकते हैं।

यदि नियमतः आवेदन पत्र भेजने की आवश्यकता हो तो कृपया एक आवेदन पत्र लिखकर और मेरे हस्ताक्षर बना कर दाखिल कर दीजिए। आशा है कि आप मेरे लिए इतना ''जाल'' कर सकते हैं।

आवश्यकता पड़ने पर प्रयाग आ भी सकता हूँ। पर वहाँ पर आपके अतिरिक्त और कोई मेरा परिचित नहीं है।

पत्रोत्तर शीघ्र दीजिएगा।

भवदीय
अखिलेश मिश्र

टिप्पणी : 29.7.1949 के पत्र में अमृत बाजार पत्रिका से हिंदी दैनिक निकलने की खबर पर अपनी व्यक्तिगत परेशानी का विवरण देते हुए वह इस नये अखबार में स्थान पाने के इच्छुक हैं, क्योंकि वह जिस स्वतंत्र भारत में असिस्टेंट सम्पादक हैं वह बहुत बुरी स्थिति में है। दूसरे वहां से मिश्र जी को सिर्फ 200 रु. प्रतिमाह मिलते हैं- इसलिए वह प्रयाग आने के इच्छुक है।

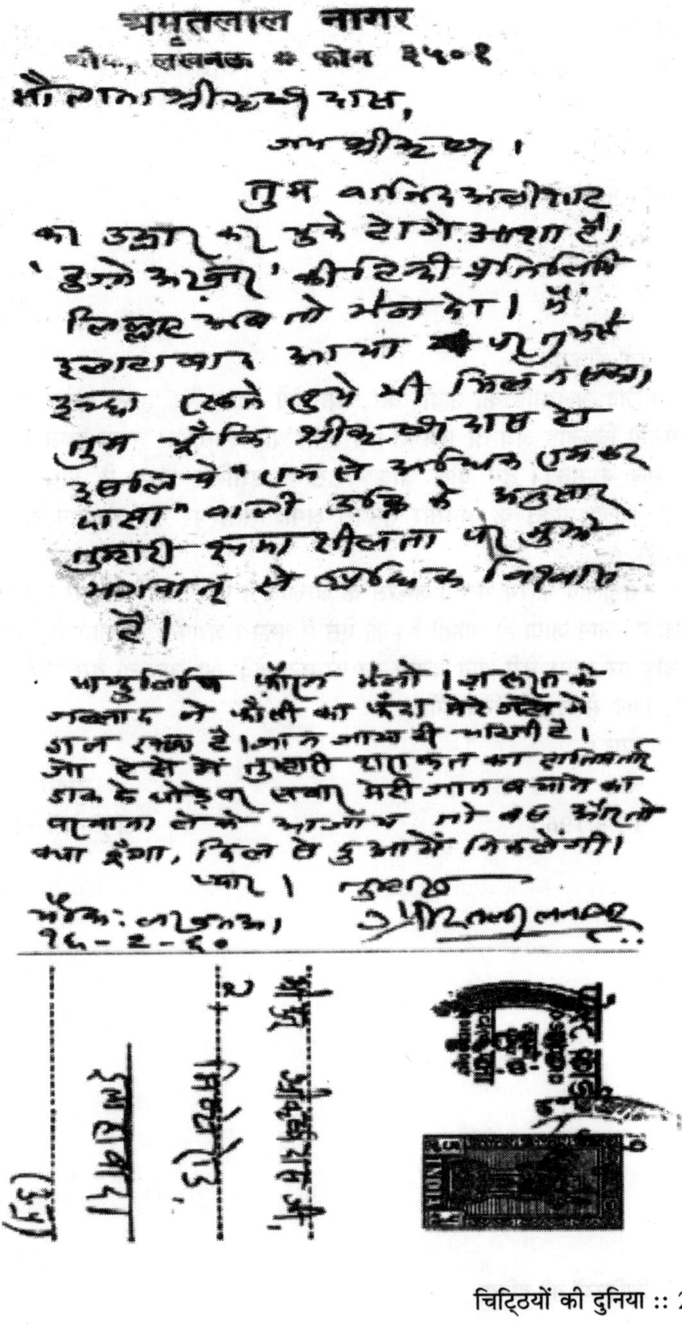

अमृतलाल नागर
चौक, लखनऊ * फोन २५०१

भौ॰ लाल श्रीकृष्ण राय,

आयु॰ श्रीकृष्ण।

तुम वाजिदअलीशाह का उद्धार कर चुके होगे, आशा है। 'बुझते अंगारे' की हिन्दी प्रतिलिपि लिखकर अब तो भेज दो। मैं इलाहाबाद आया था पर तुमसे इच्छा रहते तुमसे भी मिल न सका। तुम हो कि श्रीकृष्ण राय से "इसलिये प्रेम से अधिक एकतर दासा" वाली उक्ति के अनुसार तुम्हारी रचनाशीलता को मुझसे भगवान् से अधिक निभाते हो।

पाण्डुलिपि फ़ौरन भेजो। ... के जल्लाद ने फाँसी का फंदा मेरे गले में डाल रखा है। जान आफ़त में आ गयी है। जो ... में तुम्हारी ... का ... डाक के ज़रिए ... मेरी जान बचाने का ... तो ... क्या ढूँढ़ूँगा, दिल से दुआएँ निकलेंगी।

प्यार। तुम्हारा
अमृतलाल नागर

चौक : लखनऊ,
१५-२-६०

श्रीकृष्णदास
अमृत बाजार पत्रिका
प्रयाग

मौलाना श्रीकृष्णदास,

दिनांक : 16.8.60

जय श्रीकृष्ण।

तुम वाजिद अलीशाह का उद्धार कर चुके होगे आशा है। 'हुज़्ने अख्तर' की हिंदी प्रतिलिपि लिल्लाह अब तो भेज दो। मैं इलाहाबाद आया पर तुमसे इच्छा रखते हुए भी मिल न सका। तुम चूँकि श्रीकृष्णदास हो इसलिये "राम से अधिक रामकर दासा" वाली उक्ति के अनुसार तुम्हारी क्षमाशीलता पर मुझे भगवान से अधिक विश्वास है।

पांडुलिपि फौरन भेजो। ज़रूरत के जल्लाद ने फाँसी का फंदा मेरे गले में डाल रक्खा है। जान जाया ही चाहती है। जो ऐसे में तुम्हारी शराफ त का हातिमताई डाक के घोड़े पर सवार मेरी जान बचाने का परवाना लेके आ जाय तो बस और तो क्या दूँगा, दिल से दुआयें निकलेंगी।

प्यार।

चौक : लखनऊ
16.8.1960

तुम्हारा
अमृतलाल नागर

चौक लखनऊ-226003
16.9.83

परम प्रिय नवल,

तुम्हारे पत्र का उत्तर बहुत ही विलंब से दे रहा हूँ। परोक्ष रूप से कोई कारण नहीं। जब तुम्हारा पत्र आया तब स्वस्थ था। सन् 83 के प्रारंभिक चार महीने घर में कठिन बीमारियों और चिंताओं में बीते-अनुज, बड़ी बेटी, बड़े दामाद, स्वयं मैं बीमार और बाद में रिक्शा उलट जाने से मेरी पत्नी। तभी से मन में कोई ऐसी गांठ पड़ गई है कि मारे बांधे दो चार आवश्यक औपचारिक पत्र तो लिख भी सका पर स्वजनों आत्मीयों को पत्र लिखने की इच्छा बार-बार आकर भी टल गई। जायसी इस समय बैक ग्राउण्ड में हैं। अंग्रेजी पढ़े लिखे नये मध्य वर्ग की चार-पांच पीढ़ियों का सामाजिक नैतिक विकास क्रम देख रहा हूँ।

भाभी दिवंगत हुई, रा.वि. को पत्र लिखा मिल भी आया। अब फिर पत्र लिखने को जी कुनमुना रहा है मगर लिखना टल रहा है। अस्तु! देर-सबेर इस पहेली को **बूझ लूँगा**। मा.चि. पूरबी के पास होने पर बड़ी खुशी हुई। चिं. चिंतन अब किस दर्जे में है। चि. बेटे बेटी सहित तुम दोनों को (तुम्हें और सौ. रागिनी को) मेरे शुभाशीष।

जिसमें रिव्यू छपी है वह 'आलोचना' भेजो

शुभाकांक्षी
अमृतलाल नागर

टिप्पणी : नन्द किशोर नवल को पोस्ट कार्ड लिखे हैं उनमें घर परिवार तथा साहित्य जगत के अनेक प्रसंगों के साथ 16.9.83 को किसी आत्मीय की मृत्यु पर शोक भी किया है श्रीकृष्णदास को 16.8.60 को लिखा गया पत्र विनोद की शैली में लिखा गया है : 'तुम चूंकि श्रीकृष्णदास हो। इस लिए राम से अधिक रामकर दासा वाले उक्ति के अनुसार तुम्हारी क्षमाशीलता पर मुझे भगवान से भी अधिक विश्वास है।

चौक लखनऊ -226003

27.9.83

प्रिय सौ पद्मा,

इस पत्र के साथ ही तुम्हारे नाम से एक रजिस्टर्ड और इंपोर्टेड पार्सल भी भेजा जा रहा है। वर्तमान डाक व्यवस्था में कौन पहले पहुँचेगा यह नहीं कह सकता। अस्तु! स्वीकार करो। कलम और उसके साथ रखे हुए पत्र मैंने सौ. अचला के छोटे बेटे के हाथों भेजे थे। वह मथुरा होकर बंबई जाने वाला था परन्तु छह-सात दिनों बाद अचानक फिर यहीं लौट आया। उसके पेट में जोर का दर्द उठा था।

डाक्टरी जाँच के बाद ऐसा लगता है कि उसके पेट का ऑपरेशन होगा।

अतः आज पार्सल से शेफ   र्स और पुराने पत्र भेज रहा हूँ। विलंब के लिए स्वयं दु.खी और लज्जित हूँ, तुम कृपया बुरा मत मानना। पति पुत्री समेत तुम्हें अनेकानेक शुभाशीष।

शुभाकांक्षी

अमृतलाल नागर

चौक लखनऊ-226003
24.12.87

परम प्रिय सौ. पद्मा,

परम प्रिय चि. 'मसाराम' जी और चि. भा. मीता सहित तुम्हें नये वर्ष के निमित्त से मेरी हार्दिक मंगलकामनायें स्वीकारो। तुम सबको स्नेहाशीर्वाद।

तुम्हारा पत्र मिला है। तुमने सही सूचना पाई है कि मैं साहित्य अकादमी द्वारा आयोजित सभा में सम्मिलित होने के लिये 5 जनवरी को दिल्ली आ रहा हूँ। मेरा आरक्षण 4 की रात को हो चुका है अतः 5 को सुबह दिल्ली पहुँच ही जाऊँगा। मेरा अनुमान है कि अकादमी की सभा शाम को होगी इसलिए तुम्हें दिन का अवकाश काम के लिए मिल सकता है। मैं छह की शाम तक दिल्ली में ही रहूँगा। इन दो दिनों किसी भी दिन अपनी सुविधानुसार दूरदर्शन का कार्यक्रम रखवा लो, मैं अपने प्रकाशक मित्र, डॉ. रामविलास शर्मा तथा आदरणीय जैनेंद्र जी के दर्शन करने का समय तुम्हारे कार्यक्रम के अनुसार ही इन दो दिनों में निश्चित कर लूँगा। साहित्य अकादमी ने मेरे रहने की व्यवस्था 'इण्डिया इंटर नेशनल सेंटर' के अतिथि गृह में की है अतः 5 की सुबह वहीं मिलकर या फोन करके अपना कार्यक्रम बतला सकती हो।

शुभाकांक्षी
अमृतलाल नागर

चौक लखनऊ -226003

5.6.84

परम प्रिय सौ. पद्मा,

बंबई से लखनऊ आने के लगभग चार महीने बाद तुम्हें पहला पत्र लिख रहा हूँ। तुम्हारा पत्र भी मिला और अनुत्तरित रहा। बाहरी तौर यह मेरा आचरण अत्यन्त अभद्र और मेरे पक्ष में अशोभनीय भी है। कभी क्षोभ, कभी क्रोध और उपेक्षा से तुमने अवश्य सोचा होगा कि कैसा है यह आदमी जो मीठी मीठी बातें कर गया और बंबई जाते ही इतना भड्डर बन गया कि चिट्टी का जवाब भी नहीं देता। सच कहता हूँ, कभी-कभी पल दो पल के लिए होश आ जाने पर सोचता कि एक महिला और वह भी अत्यन्त संवेदनशील कवियत्री के दिल को नाहक ठेस पहुँचा कर तुम अच्छा नहीं कर रहे हो।

यह पत्र भी महीना डेढ़ महीना पहले आरंभ किया। किसी जुनूनी दौर में इसे छोड़कर उपन्यास चल पड़ा था।

अमृतलाल नागर

चौक लखनऊ-226003
3.6.84

परम प्रिय सौ. पद्मा,

शुभाशीष।

बंबई से आने के बाद मैं पत्र नहीं लिख सका। ट्रेन में ही उपन्यास रचना के हेतु सरस्वती मैया अपनी कृपा वर्षण करने लगी थीं। यहां आते ही उसमें जुट गया और इस भयंकर गर्मी में भी उसकी तरावट में (या कहो कि बेपनाह उलझनों में) डूबा हुआ हूँ। इस बार काम ऐसा उठा लिया है कि उसके लिये ही पूरा समय समर्पित होता है। इस महीने में 1854 से 1885 वाला पहला खंड समाप्त हो जाये। 1816 से 1919 जलियां वाला बाग तक का दूसरा खंड भी नवंबर-दिसंबर से पूरा करने का निश्चय है। तीसरे खंड में 1921 से 1942, चौथा 42 से 47 फिर पाँचवा 47 से 77 तक। इन पाँच खंडों में हमारे अंग्रेजी पढ़े लिखे मध्य वर्ग की छह पीढ़ियों तक के मानसिक विकास और सातवीं के दिग्भ्रमित स्तब्ध मन का चित्र तुम्हारे सामने संजो सकूं तो गंगा नहाऊँ। यही शायद मेरे जीवन का अंतिम उपन्यास होगा।

पत्र न लिख सका। चाहते हुए भी न लिख सका, इसके लिये बेटी भले हो पर माँ बनकर क्षमा करना। कलकत्ते में मेरी एक मानी हुई बहन है–डॉ. प्रतिभा अग्रवाल वह तो नाराज हो गई थी, एक दिन काम रोक कर उसे मनाने में अपना समय लगाया आज तुम्हारी चिरौरियाँ कर रहा हूँ।

शुरू जवानी में बहुतों की तरह मेरी चाहतों ने भी कभी समझा था कि इश्क़ किया है पर अनुभव करता हूँ कि 'खंजन नयन' उपन्यास के रचना काल से ही इस शब्द के गूढ़ार्थ से मेरी पहचान हुई है। शुरुवात तो 'मानस का हँस' के समय से ही हो गई थी पर तब मेरे लिखने में जरिया-ए-माश की हलचलें भी रहती थीं। राम कृपा से अब कमाई की चिंता से मुक्त हूँ पूर्व मन से अपनी कल्पनाओं, विचारों और अनुभूतियों के प्रति समर्पित हो गया यह अब राम काज है। प्रतिभा बेन की तरह तुम **मुँह न फुलाना।** बस, यह उपन्यास जैसे मेरे मन में है, कागज पर उतर आये तो मेरा 52-53 वर्षों के लेखनकर्म को सिद्धि मिले। पहले खंड का अब तक लिखा तीन चौथाई भाग पढ़कर यह अनुमान होता है कि तुम भी प्रसन्न और स्फूर्त हो उठोगी।

तुम्हारे लेख के विषय में क्या लिखूं। अमृत तो तुम्हारे सर्जनात्मक मन में है

अमृत रस तुम्हारी लेखनी से झरता है। बहुतों ने आकर उस लेख की मुझसे तारीफ की। इनाम (या कहो निशानी) के तौर पर तुम्हें वात्सल्य भरे मन से एक कलम भेज रहा हूँ। राम करे मेरी पद्मा बेटी इससे जो लिखे उससे अपने भीतर वाले मन की एक नयी अनुभूति प्रकाशित करे, नयी-नयी कीर्तियाँ पाये, जगद् विख्यात् हो। पति और पुत्री सह पूर्ण जीवन का सुख भोगे।

प्यारी बेटी मीता और चि. 'मसाराम' को अनेकानेक आशीर्वाद। अपनी पूजनीया माता मेरी बहन जी को प्रणाम।

शुभाकांक्षी
अमृतलाल नागर

चौक लखनऊ -226003

17.9.84

परम प्रिय नवल,

'आलोचना' में मार्क्सीय पाठकों की प्रदर्शनी अब तक लग चुकी होगी। मैंने तुम्हें नाराज़ करके भी उस नुमाइश में अपने को न जोड़ना ही अच्छा समझा।

मार्क्स, मार्क्स और एंगेल्स, एंगेल्स की जो कुछ पुस्तकें इस समय मेरी अलमारी में मिली वह पढ़ चुका हूँ। यह सब किताबें '45-46' तक की खरीदी हैं। बाद को प्राप्त 'इसकस' से पाई लेनिन और अन्य पुस्तकों का हवाला यहां नहीं दे रहा।

डेढ महीने से रीढ़ की हड्डी के निचले भाग में विकारवश घर से बाहर नहीं निकला। घर में भी व्यक्तियों के सहारे बिना आवश्यक कामों के लिये भी नहीं चल पाता था अब छड़ी के सहारे कुछ-कुछ चल फिर लेता हूँ।

शेष ठीक

सौ. रागिनी, चि. चिन्तन और भा. पूरबी सहित तुम्हें हार्दिक शुभाशीष। पत्र की पहुँच अवश्य सकार देना ।

अमृतलाल नागर

चौक लखनऊ-226003

22.5.82

प्रिय नवल,

'आलोचना' का (59-60) अंक आया प्रियवर विद्वद्वर रामविलास जी को समर्पित कर रहे हैं यह जानकर खुशी और संतुष्ट हुआ। राम विलास जी ने हमारी भाषा का गौरव बढ़ाने के लिए अथक परिश्रम किया है वह चिरकाल तक वंदनीय रहेगा।

इस समय अपनी पत्नी के स्वास्थ्य की चिंता साथ ही अपने जर्जर तन मन के कारण कुछ लिखने में असमर्थ हूँ। आपको एक पत्र मैंने दिल्ली के पते से भेजा है। भ्रमवश ऐसा हुआ।

आशा है आप मेरे न लिख पाने की मजबूरी को समझकर बुरा नहीं मानेंगे

आपका

अमृतलाल नागर

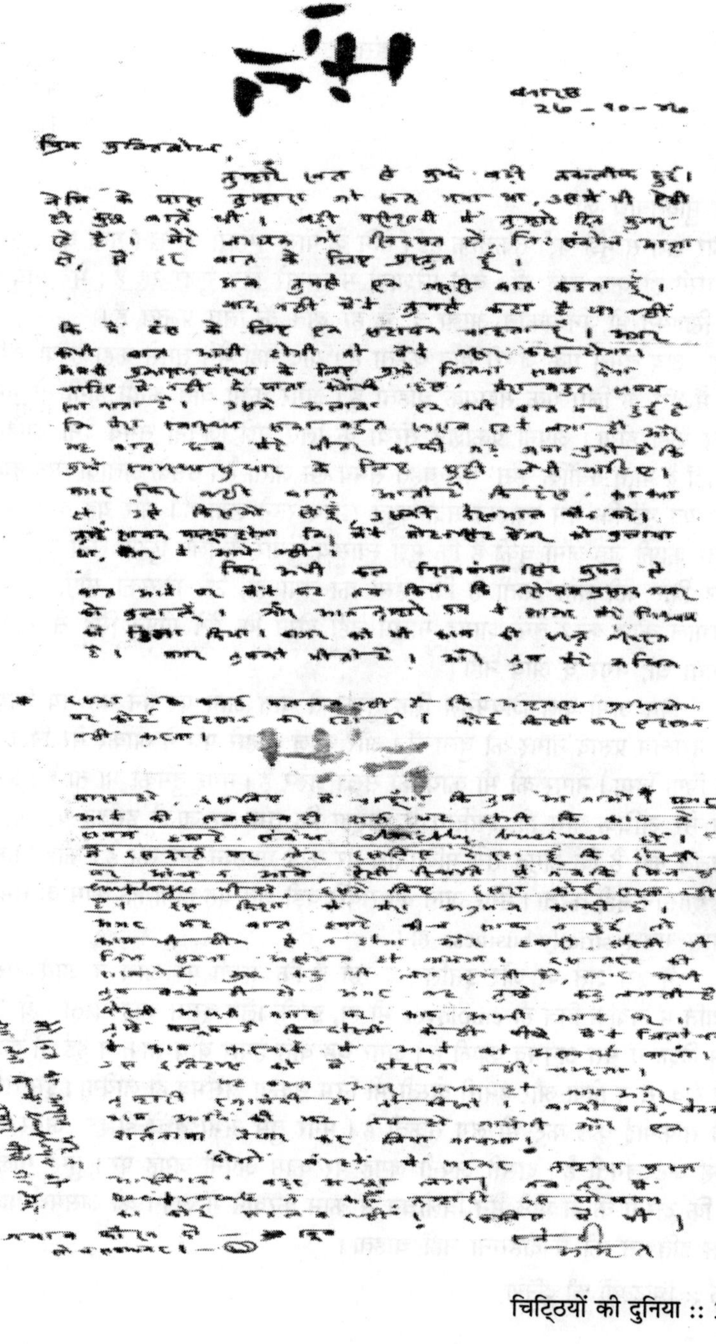

हंस

बनारस
27.10.47

प्रिय मुक्तिबोध जी,
तुम्हारे खत से मुझे बड़ी तकलीफ हुई। नेमि के पास तुम्हारा जो खत गया था, उसमें भी ऐसी ही कुछ बातें थीं। बड़ी परेशानी में तुम्हारे दिन गुजर रहे हैं। मेरे लायक जो खिदमत हो, निःसंकोच आज्ञा दें, मैं हर बात के लिए प्रस्तुत हूँ।

अब तुमसे एक जरूरी बात कहता हूँ। याद नहीं मैंने तुमसे कहा है या नहीं कि मैं हंस के लिए एक सहायक चाहता हूँ। अगर कभी बात आयी होगी तो मैंने जरूर कहा होगा। अपनी प्रकाशन संस्था के लिए मुझे जितना समय देना चाहिए मैं नहीं दे पाता क्योंकि 'हंस' मेरा बहुत समय खा जाता है। उसके अलावा एक नयी बात यह हुई कि मेरा स्वास्थ्य सदा बहुत खराब रहने लगा है। और यह बात अब भीतर काफी जड़ जमा चुकी है कि मुझे स्वास्थ्य सुधार के लिए छुट्टी लेनी चाहिए। मगर फिर वही बात आती है कि 'हंस' का क्या हो, उसे किसको सौंपूँ, उसकी देखभाल कौन करें? तुम्हें शायद मालूम नहीं होगा कि मैंने मोहन सिंह सेंगर को बुलाया था, मगर वे आये नहीं।

फिर अभी कल शिवमंगल सिंह सुमन से बात आने पर मैंने यह तय किया कि नरोत्तम प्रसाद नागर को बुला लूँ। और आज तुम्हारे पत्र ने आकर मेरे निश्चय को डिगा दिया। नागर को भी कार्य की सख़्त जरूर है। मगर तुमको भी तो है। और तुम मेरे अधिक पास हो, इसलिए मैं चाहूँगा कि तुम आ जाओ इसका यह कतई मतलब नहीं है कि अमृत राय मुक्तिबोध पर कोई एहसान कर रहा है। कोई किसी पर एहसान नहीं करता। मगर आने की सबसे बड़ी शर्त यह होगी कि काम के समय हमारा संबंध strictly business हो।

मैं इस शर्त पर जोर इसलिए दे रहा हूँ कि दोस्ती पर आंच न आये, ऐसी स्थिति में जबकि मित्र ही employer भी हो, इसके लिए दूसरा कोई रास्ता नहीं है। इस दिशा में मेरा अनुभव काफी है। अगर यह बात हमारे बीच साफ न हुई तो काम भी ठीक से न होगा और हमारी दोस्ती भी निभ सकना असंभव हो जायेगा। इस तरह की साफगोई कुछ कटु भी लग सकती है। मगर तुम अभी बच्चे ही हो अगर वह तुम्हें कटु लगती है। दोस्ती अपनी जगह पर काम अपनी जगह पर। तुम्हें मालूम है कि दोस्ती के ही पीछे मैंने त्रिलोचन से काम करवाने में अपने को असमर्थ पाया उस इतिहास को मैं दोहराना नहीं चाहता।

यह बात अगर साफ हो जाय और तुम्हारी रज़ामंदी हो, तो लिखो। बाकी बातें, वेतन काम आदि की झट तय हो जायँगी और एक शर्तनामा तैयार कर लिया जायगा।

'दोनों बाहों मे भरकर तुम्हारा मुक्त आलिंगन' बड़ा अच्छा लगा। जब तक reciprocate न करूँ, तुम्हारी इस घोषणा-पत्र का कोई मतलब नहीं। इसलिए मैं भी।

जवाब फौरन दो खूब सोच समझकर।

मेरे खत का आशय यह न लगा लेना कि मैं employer की तरह हर वक्त तुम्हारे पीछे डंडा लेकर पड़ा रहूँगा।

स्नेही

अमृत

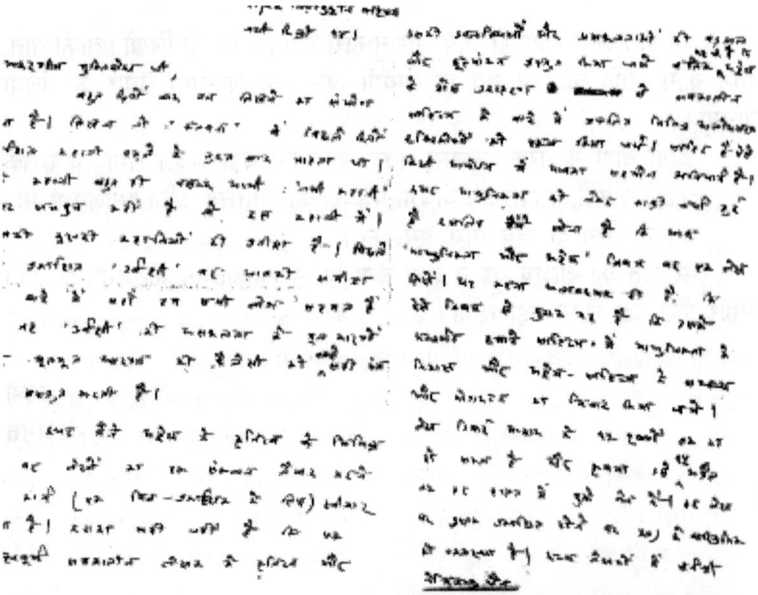

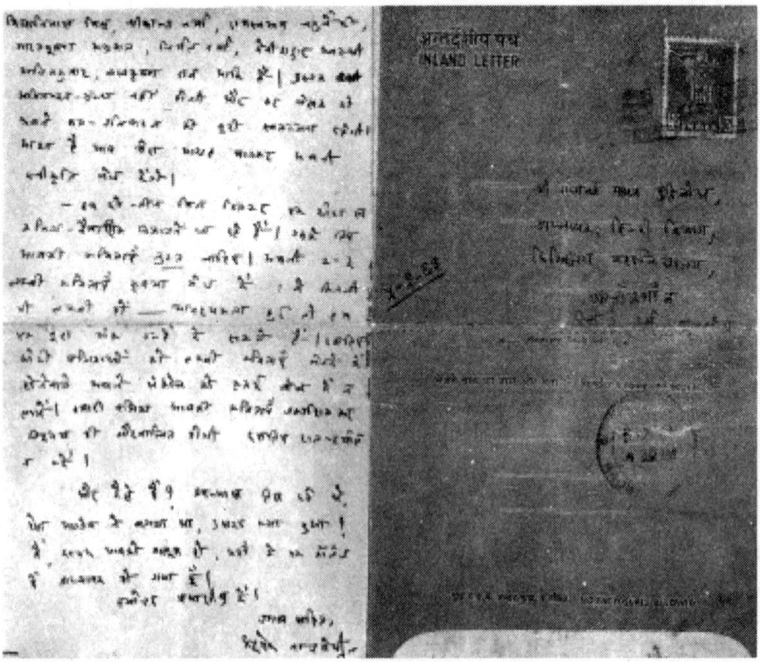
अन्तर्देशीय पत्र
INLAND LETTER

दिनांक : 5.2.1963

आदरणीय मुक्तिबोध जी,
बहुत दिनों बाद पत्र लिखने का संयोग हुआ है। लिखना तो ''कल्पना'' में पिछले दिनों प्रकाशित कहानी पढ़ने के तुरंत बाद चाहता था। और कहानी बहुत ही पसंद आयीः 'नयी कहानी' अगर सचमुच कहीं है तो इस कहानी में। वहीं दूसरी कहानियों की प्रतीक्षा है। पिछले दिनों प्रकाशित 'उर्वशी' पर आपकी समीक्षा के बारे में यहां हम सभी लोग सहमत हैं, वह 'उर्वशी' की असफलता के मूल कारणों और मूलभूत धारणा की फैंटेसी को सबसे सही ढंग से प्रस्तुत करती है।

इधर मैंने अज्ञेय के कृतित्व के विभिन्न स्तरों पर लेखों का एक संकलन तैयार करने का कार्य (एक मित्र प्रकाशक के लिए) स्वीकार किया है। इरादा यही नहीं है कि एक महत्वपूर्ण समकालीन लेखक के कृतित्व और उसकी उपलब्धियों और असफलताओं की पड़ताल और मूल्यांकन प्रस्तुत किया जाये बल्कि यह भी है कि अज्ञेय के ठोस उदाहरण से समकालीन साहित्य के बारे में प्रचलित विभिन्न आलोचनात्मक दृष्टिकोणों को एकत्र किया जाये। ज़ाहिर है ऐसे किसी आयोजन में आपका सहयोग अनिवार्य है।

इधर आधुनिकता को लेकर काफी चर्चा हुई है इसलिए मैंने सोचा है कि आप 'आधुनिकता और अज्ञेय' विषय पर एक लेख लिखें। यह कहना अनावश्यक ही है, कि ऐसे विषय से मुराद यह है कि उसके अन्तर्गत हमारे साहित्य में आधुनिकता के विकास और अज्ञेय-साहित्य के संबंध और योगदान का विचार किया जाये। लेख डिमाई आकार के 15 पृष्ठों तक का हो सकता है और कृपया उसे 15 अप्रैल तक हर हालत में मुझे भेज दें। हर लेख पर पुस्तक प्रकाशित होने पर 50 रु. के पारिश्रमिक की व्यवस्था है। अन्य लेखकों में सर्वश्री नेमिचंद्र जैन, कुँवरनारायण सिंह, नामवर सिंह, विद्यानिवास मिश्र, श्रीकांत वर्मा, रामस्वरूप चतुर्वेदी, भारतभूषण अग्रवाल, निर्मल वर्मा, देवीशंकर अवस्थी, अजित कुमार, बालकृष्ण राव आदि हैं। पुस्तक अभिनन्दन-ग्रंथ नहीं होगी और हर लेखक को अपने मत-प्रतिपादन की पूरी स्वतंत्रता रहेगी। आशा है आप मेरा आग्रह मानकर अपनी स्वीकृति भेज देंगे।

हम दो-तीन मित्र मिलकर एक छोटा सा कविता-त्रैमासिक निकालने जा रहे हैं। उसके लिए आपकी कविताएँ तुरत चाहिए। अपनी 2-3 लम्बी कविताएँ कृपया भेज दें : वे कितनी भी लम्बी हों आवश्यकता हुई तो हम एक पूरा अंक उन्हें दे सकते हैं। इसलिए छोटी पत्रिकाओं को लम्बी कविताएँ भेजने में होने वाले अपने

संकोच को क़तई बीच में न लायें। हमारी पत्रिका आपकी कविताएँ प्रकाशित कर निश्चय ही गौरवान्वित होगी इसलिए टाल मटोल न करें।

और कैसे हैं? उपन्यास लिख रहे थे, ऐसा आग्नेय ने बताया था, उसका क्या हुआ? मैं शायद आपको मालूम हो, यहाँ के एक कॉलेज में प्राध्यापक हो गया हूँ।

पत्रोत्तर यथाशीघ्र दें।

अशोक वाजपेयी

टिप्पणी : 5.2.1963 के पत्र में अशोक वाजपेयी तथा उनके मित्र एक त्रैमासिक की योजना तैयार कर रहे हैं। इस पत्र में मुक्तिबोध से 'आधुनिकता तथा अज्ञेय' शीर्षक से एक लेख की मांग की गई है।

गोपालगंज : सागर
16 नवंबर, 59

मुक्तिबोध जी,

आपका पत्र मिला, मैं अपना आभार व्यक्त ही नहीं कर सकता : एक प्रार्थना-गीत होता है जिसे मन गूँजाता है, होंठ बुदबुदाते हैं पर जो शब्दों में रचा जाकर कभी वायु-अंतराल में आकार नहीं ले पाता। मैं कहूँ मेरी स्थिति की तुलना इसके अतिरिक्त नहीं हो सकती। जब आपका पत्र आ गया और मैंने उसे एक साँस में अधीरता से दो बार पढ़ डाला तो मुझे लगा कि मैं स्वयं को कुछ विचित्र रूप में महिमा- मंडित पा रहा हूँ: जीवन को महत्वहीन मैंने कभी नहीं माना, कुछ इसलिए कि अपनी सम्भावनाओं के प्रति अनाश्वस्त कभी नहीं हो पाया और कुछ इसलिये कि आयु ने कभी किसी निराश फलसफे के चक्कर में पड़ने का अवसर ही नहीं दिया पर आपके पत्र से जो महत्व मुझे मिला वह अपूर्व है : मुझे भय लग रहा है कि वह कहीं दम्भ न हो जाये और इस तरह शाम की बुझती घण्टियों की तरह एक दिन चुप न हो ले : मेरे होंठ उस प्रार्थना की गहराई में डूबे रह जायें और बेला बीत जाये।

आइसोलेशन को लेकर आपने जो लिखा है उसकी वास्तविकता मैं खूब पहिचान सकता हूँ और मानता हूँ कि ऐसा आइसोलेशन एक महाप्रतिभा के लिये आवश्यक और फलप्रद भी है। मैं डर यही रहा था कि कहीं आइसोलेशन में मन इतना न रम जाये कि उससे बाहर आने के उचित अवसर पर बाहर आने और खुलने-मिलने की इच्छा ही कट जाये। आपका वचन मुझे विश्वास दिलाता है कि ऐसा नहीं होगा, मुझे इसके लिये अपार प्रसन्नता है। 'कृति' निस्संदेह आपकी चीज़ है और उसकी उपेक्षा भी इस अतिरिक्त स्नेह के कारण ही हुई है : मैं नहीं मानता कि उसके आकार के छोटेपन के कारण लंबी चीज़ें और वह भी आपकी, आना कुछ भी कठिन है : आखिर उसमें श्री वीरेन्द्र जैन की कुछ खासी लंबी क़विताएँ (जिनमें से सभी मुझे साधारण या घटिया ही लगी हैं) निकली हैं। आपकी आशंका निर्मूल है : ऐसी आशंका कर आपने मुझ जैसों को कुछ बहुत ही सशक्त, और महत्वपूर्ण रचनाओं से वंचित किया है। आगे से ऐसा अन्याय न करें। श्रीकांत जी वहीं हैं गो उनकी मनःस्थिति कुछ ठीक नहीं है। वे उत्तर जल्दी ही देने वाले होंगे। आप यहाँ आ रहे हैं यह हमारे लिए अत्यधिक हर्ष की बात है, सागर का बड़ा भाग्य हम बड़भागी। पर नामवर जी यहां से कलकत्ता 26-27 को चले जायेंगे वहाँ एक परिसम्वाद में भाग लेंगे इसलिये उनका और मेरा भी आग्रह है कि आप 25 को यहां अवश्य पहुँच जायें। यहाँ हम लोगों की एक संस्था भी है 'रचना'। उसमें गत वर्ष एक व्याख्यानमाला का आयोजन होने को था। 'मैं और मेरी रचना' शीर्ष के अन्तर्गत जिसमें आप, अज्ञेय

और शमशेर जी को बुलाने की योजना थी। माला में मुख्यतः कविकर्म के विषय में माध्यम और मर्यादा की चर्चा अभीष्ट थी और नयी कविता पर विचार भी। अज्ञेय जी तो आ गये थे पर बाद में अर्थाभाव से आप लोग नहीं बुलाये जा सके। अब जब आ ही रहे हैं तो कृपया यह अभिभाषण करना स्वीकार कर लें। उक्त शीर्ष के अंतर्गत आप जो चाहें वह बोलें: कोई बाधा मेरी ओर से नहीं है। अज्ञेय तो यों ही बोले थे यानी बिना लिखे हुए। आप यदि लिखकर ला सकें तो बड़ी सुविधा होगी : वैसे तो टेप हम कर सकते हैं पर फिर प्रतिलेखन में यहां तकलीफ हो जाती है। कृपया पत्र मिलते ही अपनी स्वीकृति भेज दें ताकि मैं सब व्यवस्था कर लूँ। श्रोता यहाँ के प्रबुद्धजन रहेंगे : अधिक से अधिक पचास-साठ। काव्य- गोष्ठी दूसरे दिन रखेंगे : अपनी बहुत सी कविताएँ लेते आयें: हम, जो नुकसान आपने उन्हें न छपाकर किया है, उसे सुनकर ही पूरा करने का यत्न करेंगे। अभिभाषण छब्बीस को रख लेंगे यदि आप पच्चीस को आ जायें।

लंबी कविताएँ अब हाथ में न लेने की प्रतिज्ञा मुझे कुछ जँच नहीं सकी : नयी कविता के समस्त रचनाकारों में सिर्फ आप हैं जो जटिलतम अनुभवों को उनके विराट प्रसंग में इस तरह रखते-बुनते हैं कि कविताएँ महाकाव्य की गरिमा धारण कर लेती हैं। आप ऐसा कर यानी लम्बी रचनाओं से हाथ खींच लेने पर काव्य का अहित ही करेंगे। फिर माध्यम की कठिनाइयाँ और उसके परिवर्तन आत्मबाध्य होने चाहिये, और कोई भी कन्सीडेरेशन अप्रासंगिक और इसलिये शायद घातक भी हो सकता है। दुनिया से आइसोलेशन का कारण यदि यह कविताएँ भी हैं तो ऐसी कविताएँ कम वरेण्य नहीं हो जाती और न ही वह आइसोलेशन फिर चिन्त्य रह जाता है। आप कोई भी निर्णय लेते समय आत्मबाध्यता के विषय में आश्वस्त हो लेंगे; इसकी आशा है।

मुझे एक आत्मीय से अधिक का गौरव न दें : मैं उसे उठा नहीं सकता। मैं तो सिर्फ उस पाठशाला के पास कहीं अबोध खेल रहा हूँ जिसमें आप जैसी प्रतिभा दीक्षित हुई है। किसी खिड़की से आपकी कृति को देखकर बेहद खुश हो लेता हूँ और मारे आह्लाद के यदि तालियाँ बजाकर आपका ध्यान खींचता हूँ और आप उससे कुछ भी उत्साह पाते है तो यह आपकी कृपा है : उसमें शायद मेरा कुछ भी नहीं है। यदि आपको इतना भी दे सका तो फिर आयुपात्र रीता नहीं टूटेगा : मुझे तोष मिलेगा, दृष्टि मिलेगी और प्राणप्रद काव्य मिलेगा।

तो अब आशा करूँ कि आपका पत्र मुझे जल्दी ही मिलेगा : 'रचना' के कार्यक्रमों के संबंध में अपनी स्वीकृति तत्काल भेज दें। हम सागर में साहित्यकार-सम्मेलन करने का विचार कर रहे हैं : यह बहुत ही अच्छा है कि आप आ रहे हैं : अब आपसे उस संबंध में भी खूब विचार और परामर्श मिल सकेंगे। मैं और अधिक

नहीं लिख सकता : मेरी विह्वलता का आप अनुमान कर सकते हैं।
मेरे और मित्रों के सादर प्रणाम,

अशोक

पुनश्च : आपके पत्र ने मुझे अद्‌भुत प्रेरणा दी और मैं एक साथ दो कविताएँ लिख गया : दो मित्रों को वे अच्छी चीज़ें लगीं। मैं ऐसे अपूर्व पत्र के लिये हृदय से अत्यंत कृतज्ञ हूँ। हाँ आप किस कविता को retouch कर रहे हैं। अवश्य कर डालिये और लेते आइये।

टिप्पणी : 16 नवंबर, 1959 का पत्र भावुकता के अतिरेक में लिखा गया है। जिसमें मुक्तिबोध के काव्य के प्रति असीम आदर प्रदर्शित किया गया है।

गोपालगंज : सागर
29 अक्तूबर-59

आदरणीय मुक्तिबोध जी,

मेरा पत्र पाकर आपको शायद मेरी हल्की सी याद आये : आज से लगभग दो बरस पहिले देखे एक दुबले युवक की जो आपके साथ सम्मेलन, प्रयाग में भाग लेकर ट्रेन से लौटा था।

मैं पत्र आपकी इधर प्रकाशित एक कविता से प्रेरित हो लिख रहा हूँ। कविता है 'आधुनिक कविताएँ' में संकलित 'एक भूतपूर्व विद्रोही का आत्मकथन'। पूरे संकलन में यह कविता श्रेष्ठतम है और इस वर्ष प्रकाशित सभी अच्छी रचनाओं में वह बहुत उल्लेखनीय है : अनुभूति का ऐसा घनत्व और रचाव आजकल तो दुर्लभ है। कविता का महत्त्व आत्मकथनात्मक होने के कारण और बढ़ गया है : पन्द्रह साल पहले के एक प्रमुख विद्रोही के वक्तव्य के रूप में देखें तो वह बहुत ईमानदारी के साथ लिखी चीज़ है : ऐसी सुन्दर रचना के लिए मेरे हार्दिक प्रणाम ग्रहण करें।

मुझे आपसे एक शिकायत है : आप जाने क्यों कविता छपाने से एकदम मुँह मोड़ बैठे हैं। और पत्रिकाओं को तो आप अपनी रचनाओं के थोड़ा लम्बा होने की वज़ह से टाल सकते हैं पर कृति के साथ तो ऐसा नहीं है : वह तो एकदम आपकी पत्रिका है और आपने उसमें भी अब तक एक भी कविता प्रकाशित न कर थोड़ा अन्याय किया है। हम लोग साल छह महीनों में आपकी एकाध रचना पढ़ पाते हैं। हम मानते हैं कि यह हमारे लिये लज्जा की बात है कि एक इतना बड़ा और महत्वपूर्ण कवि अधिकांशतः अपठित रह जाता है। अधिक दोष हिन्दी के कवियों और पाठकों का अवश्य है, पर आपका कुछ कम नहीं जो आप स्वयं अपनी ओर से रत्ती भर ख्याल नहीं करते। अन्यथा ऐसी स्थिति कब की मिट गयी होती। चार-छह माह पहिले मैंने 'कल्पना' को लिखा था कि 'वसुधा' बन्द हो ज़ाने से आपकी अप्रतिम डायरी का प्रकाशन रुक गया है और अब वह अपने पृष्ठों में उसे ज़ारी रखें। मुझे कुछ-कुछ स्वीकारात्मक उत्तर मिला था पर फिर कुछ हुआ-गया नहीं। 'कल्पना' में न सही 'कृति' में तो आप नियम से उस सुन्दर डायरी को ज़ारी रख सकते हैं : मैं श्रीकांत जी को भी इस संबंध में लिख रहा हूँ। क्या आशा करूँ कि उसके पृष्ठों में कुछ कविताएँ भी आ सकेंगी! आपको तो मालूम ही होगा कि नामवर जी सागर

आ गये हैं। इस वर्ष जनवरी में कभी साहित्यकार सम्मेलन यहीं करने का इरादा है : अन्तिम निर्णय स्थानीय रूप से कुछ ही दिनों में लिया जायेगा और तब मैं आपको विधिवत् यहाँ के लोगों के तत्सम्बन्धी विचार और धारणाएँ लिखूँगा : आपके परामर्श और अनुमोदन के लिये। बहुत सम्भव है कि आपको इस काम के लिये दो- तीन दिनों के लिये सागर भी आना पड़े, आयेंगे न।

अभी इतना ही,

प्रणाम सहित,

अशोक वाजपेयी

बी/25 निजामुद्दीन पश्चिम
नयी दिल्ली-4

3.3.64

आदरणीय मुक्तिबोध जी,
आपके पत्र की बेहद प्रतीक्षा थी। यह जानकर संतोष हुआ कि स्थानीय डॉक्टर का इलाज चल रहा है पर आपकी इस पंक्ति ने दुखी किया कि "विशेष उल्लेखनीय सुधार नहीं हुआ है।" कृपया तुरंत सूचित करें कि अगर वहाँ का इलाज सन्तोषप्रद न हो तो क्या आप जबलपुर या भोपाल के मेडिकल कॉलेज में नहीं जा सकते? परसाई जी शायद जल्दी ही नाँदगाँव पहुँचें और उनका कहना था कि वे आपको जबलपुर लाने में सफल होंगे। मध्यप्रदेश शासन ने आपकी चिकित्सा के लिए प्रबन्ध करने का जो आश्वासन हमें दिया है उसके अनुसार ऐसा करने में किसी तरह की कठिनाइयाँ न होंगी- मेरा बहुत आग्रह है कि आवश्यकता जान पड़े तो ऐसा कुछ बेहिचक करें और बिल्कुल ढील- ढाल न होने दें। दुर्ग से सिविल सर्जन भी जाँच के लिए आया होगा : उसने क्या सलाह दी है? इन सबके बारे में अगर तकलीफ न हो तो हमें कुछ विस्तार से लिखें। दूसरे, हर सप्ताह में कम से कम दो बार अपनी हालत के बारे में सूचित करें या करवायें : हम सभी को जानने की उत्सुकता और चिंता रहती है।

श्रीमती अग्नेश्का अभी यहीं हैं और परसों मिली थीं- वे मई के अन्त में पोलैण्ड जाएँगी, ऐसा बता रही थीं। "आशंका के दीप" कविता परसों की गोष्ठी में पढ़ी गयी : पढ़ने का काम थोड़ा श्रीकांत जी ने और ज़्यादातर मैंने किया। सभी लेखक-मित्रों ने उसकी प्रशंसा की और एक intense कविता बताया। वस्तु-संगठन की दृष्टि से भी हम सबको वह बड़ी compact जान पड़ी। सभी को लगा कि समकालीनता का इतना ज्वलन्त बोध और सच्चे राजनैतिक अनुभव को प्रामाणिक बनाकर प्रतिष्ठित करने का इतना सफल प्रयत्न अन्यत्र कहीं नहीं है। साथ ही कविता की विवशता का consideration और उसकी वस्तुगत सघनता को और भी समृद्ध और ग़हरा बनाता है। श्री बद्री विशाल पित्ती निकट भविष्य में यहां आ रहे हैं और हम लोगों को पूरी आशा है कि वे इतनी महत्वपूर्ण कविता को उसकी लम्बाई के बावजूद छापने को तैयार हो जायेंगे।

यहाँ के सब लेखक-मित्रों की राय है कि अब अवसर आ गया है कि प्रकाशकों से आपकी पुस्तकों के प्रकाशन के लिए बातचीत गम्भीरतापूर्वक की जाए। भारतीय

ज्ञानपीठ को मैंने पत्र लिखा है। उनसे इस सम्बन्ध में पहले जो बातचीत हुई थी उसके आधार पर और यहाँ के सभी महत्वपूर्ण लेखकों की प्रेरणा उसके पीछे होने के कारण पूरी आशा है कि वे एक कविता-संग्रह छापने को तो तैयार हो ही जाएँगे। 'एक साहित्यिक की डायरी' के लिए भी, वैसे, उन्हें लिखा है। राजकमल और राजपाल को भी हम लोग तैयार होने की कोशिश कर रहे हैं। नेमि जी, श्रीकांत जी और मैंने यह तय किया है कि इस बीच आपकी तीन-चार पांडुलिपियाँ हम लोग मिलकर तैयार कर लें क्योंकि तब प्रकाशकों से अधिक तैयारी के साथ बातचीत हो सकती है। अब तक पत्रिकाओं में जो कविताएँ प्रकाशित हुई हैं वे सब हम एकत्र कर रहे हैं बल्कि काफी कर ली हैं। इरादा लम्बी और छोटी कविताओं के दो अलग संकलन करने का है। हम लोगों के निर्देशन के लिए अगर आप ऐसे दो संकलनों के लिए अपनी पसन्द की सूची भेज सकें तो बड़ा अच्छा हो। वैसे ऐसा करने में आपको अगर ज़रा भी शारीरिक अड़चन हो तो मेरी प्रार्थना है कि इसे स्थगित कर दें। आप जो कविता भेज रहे हैं उसकी प्रतीक्षा है। पर आशा है आप अपने इस काम में ज़रा भी strain नहीं कर रहे हैं। परसाई जी 'एक साहित्यिक की डायरी' की 'वसुधा' में छपी क़िस्तें भेजने वाले हैं। चौथी पुस्तक आपके फुटकर निबन्धों की तैयार करने का इरादा है। अभी सभी पांडुलिपियाँ Tentetive ढंग की तैयार कर लेंगे ताकि प्रकाशकों से उन्हें लेकर बातचीत की जा सके। उनके स्वीकृत हो जाने पर छपने के समय तक तो आप ठीक हो ही जायेंगेः तब जो चाहेंगे फेर-बदल कर सकेंगे। इसलिए इसको लेकर ज़रा भी उधेड़-बुन में न पड़ें और फि लहाल अपने स्वास्थ्य पर ही पूरा ध्यान केन्द्रित रखें।

साथी जो अधिक फिलहाल नहीं भेज सके। पर अगले महीने और कुछ दे सकेंगे, ऐसा उन्होंने लिखा है।

स्वास्थ्य सूचना दें।

अशोक वाजपेयी

टिप्पणी : अशोक वाजपेयी - अशोक वाजपेयी ने गजानन माधव मुक्तिबोध को कुल नौ पत्र लिखे जो 29.10.1959 से 3.3.1964 तक लिखे हैं। इन पत्रों में विद्यार्थी जीवन से लेकर प्रशासनिक अधिकारी बन जाने तक के पत्र हैं।

२६-१०-६८

प्रिय और आदरणीय मुक्तिबोध जी,

आशा है आप लोग सब अच्छी तरह होंगे। मुझे क्षमा कीजिएगा कि इतनी देर में लिख रही हूँ। असल में जब से राजनन्दगाँव से चली गयी, आप लोगों की याद बराबर आती रही, लेकिन रास्ते में काफी परेशानी थी और यहाँ पहुँचकर तो मकान बदलने के चक्कर में पड़ गयी हूँ। —
दिल्ली जाकर कुछ ले तब इतना काम हुआ कि हमारे पोलिश दूतावास से थोड़ी सी पुस्तकें और पत्रिकाएँ आप के नाम भिजवा दे आयी हूँ। वह आप को मिली हैं या नहीं और अगर मिली हैं तो क्या दिलचस्प लगीं या बेकार? — कृपया लिखिए।

यहाँ सब कुशल है। शमशेर जी और नरेश भी सपरिवार मजे में हैं, और आप के बारे में खूब बातचीत हुई।
और मैं खुद क्या कहूँ, आप से मिलना तो एक ऐसी अनोखी अनुभूति हुई जिसके लिए मेरे हृदय में गहन श्रद्धा फैल गई है — और अनकहा का सही अर्थ आँखों के सामने चमक उठा है। और आप की श्रीमती का स्नेहमय व्यवहार, प्रसन्नता और मातृस्नेह कभी न भूल सकूँगी (यह मोर-पंखी तो [illegible] उन्हीं के लिए उपस्थित है)

आप लोगों की तस्वीरें अभी तक तैयार नहीं आयीं, थोड़े [illegible] दिनों में भेजूँगी, अगले पत्र के साथ। इतने में, अनेकानेक शुभकामनाएँ और आप लोगों को तथा आप के पिता जी को मेरी नमस्कार और प्रणाम — और बच्चों को बहुत प्यार।

आप की
अग्न्येश्का कोवाल्स्का

26.10.1962

प्रिय और आदरणीय मुक्तिबोध जी,
आशा है आप लोग सब अच्छी तरह होंगे। मुझे क्षमा कीजिएगा कि इतनी देर में लिख रही हूँ। असल में जब से राजनन्द गाँव से चली गयी, आप लोगों की याद बराबर आती रही, लेकिन रास्ते में काफी परेशानी थी और यहाँ पहुँचकर तो मकान बदलने के चक्कर में पड़ गयी हूँ।

दिल्ली जाकर मुझ से बस इतना काम हुआ कि हमारे पोलिश दूतवास (दूतावास) से थोड़ी सी पुस्तकें और पत्रिकाएँ आप के नाम भिजवा दे आयी हूँ। वह आप को मिली हैं या नहीं और अगर मिलीं हैं तो क्या दिलचस्प लगीं या बेकार? कृपया लिखिए।

यहाँ सब कुशल है। शमशेर जी और नरेश जी सपरिवार मजे में हैं, और आपके बारे में खूब बात- चीत हुई। और मैं खुद क्या बताऊँ, आप से मिलना तो एक ऐसी अनोखी अनुभूती (अनुभूति) हुई जिसके लिए मेरे हृदय में गहन श्रद्धा (श्रद्धा) फैल गई है-और मानवता का सही अर्थ आँखों के सामने चमक उठा है। और आप की श्रीमती का सहृदय व्यवहार, प्रसन्नता और मातृस्नेह कभी न भूल सकूँगी। (यह मोर-पंछी तो खास इन्हीं के लिए उपस्थीत (उपस्थित) है)

आप लोगों की तस्वीरें अभी तक हाथ नहीं आयी, थोड़ी देर बाद में भेजूंगी, अगले पत्र के साथ। इतने में, अनेकानेक शुभकामनाएँ और आप लोगों को तथा आपके पिता जी को सादर नमस्कार और प्रणाम- और बच्चों को बहुत प्यार।

आपकी
अग्नेश्का कोवाल्स्का

2.6.63

आदरणीय प्रिय मुक्तिबोध जी,

बहुत बहुत नमस्कार और प्रणाम। मैं कल ही दिल्ली से ससुराल से, इलाहाबाद आ गयी और आप का पत्र नसीब हुआ। अपनी खुशी और कृतज्ञता कैसे प्रकट कर दूँ। समझ में नहीं आता है। आप ने जो इतने सौहार्द्य(सौहार्द) के साथ मेरे प्रश्नों को उठाया है और बहुत सारे नये विस्तारों से जोड़ दिया है। यह मेरे लिये बड़ी ही मूल्यवान वस्तु है–चेतावनी भी है, आश्वासन भी।

मैं आप के पत्र पर और अधिक विचार करके फिर अपना स्पष्टीकरण करूँगी। इस वक़्त जो आप ने मुझे मौका दिया है, कि एक विश्वासपात्र के द्वारा चिट्ठी भेज सकती हूँ–मैं इस अवकाश का लाभ उठा रही हूँ और आप लोगों को बहुत धन्यवाद देना चाहती हूँ–सब कुछ के लिये मौसी जी के हाथों से भिजवायी इतनी सुन्दर भेंट-वास्तव में मोहित करने वाली चीज़ है! और सिन्दूर देखकर, हृदय पिघल गया है।

अब सविस्तार लिखना असंभव है, जल्दी करनी है–तो शेष फिर, थोड़ी देर में। आप लोगों की याद बहुत आ रही है- हर क्षण। इसलिये फिर लिखने में विलम्ब नहीं करूँगी।

स्नेह सादर नमस्कार

आपकी
अग्नेश्का

8.5.1963

प्रिय श्री मुक्तिबोध जी,

हृदय से नमस्कार और प्रणाम।

देखिये, मैं कब से बगैर आपको पत्र लिखे रह गयी हूँ। हफ़्तों तो नहीं, महीनों से जी चाहता रहा-कोई अच्छा पत्र, 'असली' पत्र लिख दूँ-जो कि आपकी बातों का उत्तर बनने के योग्य हो, और जिसमें बहुत सारे ख्यालों और प्रश्नों को बटोर के आपके सामने रख सकूँ। यों मन में तो, तरह-तरह के विचारों या अनुभूतियों को लेकर, कम से कम दस-ग्यारह चिट्ठियाँ सोच चुकी हूँ-जिन्हें कभी आप के पास भेजा नहीं, बल्कि लिखा ही नहीं।

असल में, पत्रों के सहारे 'विचार-विनिमय' करना बड़ा मुशकिल (मुश्किल) जान पड़ता है : खास कर, जब ख्याल और अनुभव अच्छी तरह पचाये हुए और सन्तुलन के स्तर पर लाये हुए न हों, कुछ अधकचरे हों- जैसे मेरे पास। आप इस बात को समझते होंगे। इसलिये यकीन है, कभी मेरी ख़ामोशी पर बिगड़ेंगे नहीं।

इस बीच परेशानियाँ काफ ी हुईं- खुशियाँ भी। और दोनों जारी हैं।

उपस्थित चित्रों के बारे में (जो 3 अप्रैल को, दिल्ली में खींची गयी थीं) जरा-सा ब्यौरा देने की ज़रूरत है।

आपको याद होगी- राजनंद गाँव में आखिरी दिन, स्टेशन जाने से पहले, हम लोगों की बीत-चीत? कुछ पोलिश लेखकों की चर्चा की गयी थी, जो प्रवास में जाकर रह गये हैं। आपकी राय थी, और मेरी भी, कि यह एक abnormal करुण-सी स्थिति होती है, जब कोई स्वदेश छोड़ के कहीं और उम्र बिताने के लिये मजबूर हो जाता है। आप ने कहा था, कि बाहर जाके आदमी दो-चार बरस ठहर सकता है, चाहे दस बरस भी, लेकिन वस्तुतः परदेश सदा परदेश ही रहेगा : जबकि मानवीय व्यक्तित्व की जड़ें केवल अपने देश की मिट्टी पकड़ के जम सकती हैं।

मैं इस बात को पहले से मानती आयी थी। फिर भी, आपके मुंह से सुनकर घबरा गयी : मानों अपने बारे में बहुत सख़्त फ तवा सुन लिया हो। और अपनी समस्या को इसी दृष्टि से ताकने लगी। जी तड़प रहा था–पूँछ लूँ न? अगर आप मान लेते कि लड़कियों की बात दूसरी हो सकती है, तो इससे कितनी तसल्ली मिलती! लेकिन पूछा नहीं, न उस दिन और न बाद की चिट्ठियों में।

उस समय जो सिफ र् संभावित समस्या थी, आज उसका एक यथार्थ बन गया

है। और इस यथार्थ का सचेत सतर्क सामना करने के लिए मैं आपका आशिर्वाद (आशीर्वाद) चाहती हूँ। आप ही इससे लगी हुई सभी कठिनाइयों को पहचान सकेंगे, और पूरी स्थिति का सर्वांगी आलोकन करने की क्षमता आप ही में है, क्योंकि आपकी दृष्टि उतनी पैनी है जितनी उदार।

अखीर, (आखिर) शादी कर लेना, ऐसे व्यक्ति के साथ जिससे दिल बिल्कुल मिल गया हो, जिस पर पूरा का पूरा एतबार हो, यह तो साफ बात हुई। और दूसरी भी बात उतनी ही साफ रही है दिल में- यह कि हिन्दुस्तान मुझे कभी 'परदेश' नहीं लगा, शुरू से ही निहायत अपना लगता रहता है। (इस चीज़ को मेरी माँ नहीं समझ पाती। इनको यह चिन्ता है कि 'बेटी तुम याद करो, ज़रा-सा अलगाव भी ज़रूरी है। इतनी आसानी से दूसरे मुल्क के वातावरण में घुल-मिलना ठीक नहीं, अखीर (आखिर) अपनी स्वतंत्र आलोचनात्मक प्रवृत्ति को बचाके रखो'' इत्यादि। गोया मैं अपना पोलिश संस्कार कभी छोड़ सकूँ जो मेरे 'खमीर' में हैं।)

लेकिन रह गया-स्वदेश से चले जाने का सवाल। यह है एक वास्तविक समस्या, जिसे मैं टालना नहीं चाहती और नहीं जानती। क्या नये अपनापन के नाम पर पुराना वास्ता छोड़ देना अनिवार्य है? या क्या 'दोहरा अपनापन' चल भी सकता?- मुश्किल तो होगा, सही। Physically दूर हो जाने से अकसर कोई भी रिश्ता ढीला पड़ जाता है, चाहे केवल व्यवहारिक दृष्टि से। माँ की बात मेरे मन में खड़ी हुई हैः मैं जो इनकी इतनी करीब थी- हमेशा, हर काम-काज में, हर खुशी में, हर गम़ में। और आज-प्यार तो कम नहीं हुआ, और वह पहले की भांति मेरी खुशी से खुश हैः पर अब अपनी अलग दुनिया है मेरे पास, जिससे वह कभी गुजरी नहीं, जिसको वह समझती नहीं। और आगे चलकर हमारे बीच यह दरार बढ़ती रहेगी, जानती हूँ। (हाँ, कुछ देर के लिये पोलैण्ड जाने का विचार है, बाद में शायद माँ को यहाँ भी बुलायेंगे- कुछ देर के लिए। लेकिन असली गहरी समस्या इससे दूर नहीं हो जायेगी।)

इसी तरह, अपनी मातृभूमि से सहज स्थिर सम्पर्क कुछ शिथिल पड़ जाएगी ही। क्या उसके बावजूद यह विश्वास करना ठीक है कि मैं अपने पढ़ने लिखने से दोनों देशों की सेवा कर पाऊंगी? यदि बहुत-बहुत प्रयत्न और परिश्रम करती रहूँगी तो क्या यह दोहरा लगाव सहायक तत्त्व नहीं बन सकेगा? बताइये। इस तरह का अपना धर्म बनाने की सोचकर मैं धोखा तो नहीं खा रही हूँ?

यह गनीमत है कि मेरे पास कोई ऐसी प्रतिभा नहीं है जिसे गँवाने का खतरा हो, जब 'जड़ें' खोखली हो जायेंगी। फिर भी, अपनी रुचियों का सही उपयोग करने की एक स्वाभाविक इच्छा है। काश आप लोग इतनी दूर न रहें, ताकि रू-ब-रू बातचीत में सब कुछ बताया जा सके!- तब यह गलती भी न होती कि इतनी देर में खबर देना।

शादी के मौके पर शमशेर जी मुमताज गवाह की हैसियत से आ गये थे। यों शमशेर जी हमेशा की तरह आशावादी हैं। कहते- 'अब तो हिन्दुस्तान भर तुम्हारा ससुराल बन गया है, और पोलैण्ड हुआ मायका, खुश रहो'। कहने- में कितना सरल लगता है न ?

लीजिये, कैसे बह गयी अपनी बात करते-करते। अब रुकना होगा, वरना आप कहेंगे- क्या बकवास करने आयी, और कैसी egotistic प्रवृत्ति है।

तो केवल यह बताने को शेष रहा है, कि मेरे पति का नाम है, विजय कुमार सोनी, नयी दिल्ली में, 'लिंक' अखबार में नौकरी करते हैं, Reporter होकर। एक दिन दोनों आप के हां (यहां) चले आयेंगे- आप लोगों से उन का परिचय करवाना बहुत ज़रूरी समझती हूँ।

इधर दिल्ली कई बार जाना हुआ, तो दूतवास से आपके लिये कुछ किताबें प्राप्त करने की कोशिश की। बहुत पीछे पड़ने के बावजूद इस कार्य में हार गयी। वे लोग इतनी बेफिक्री से काम लेते चलते हैं कि क्या बताऊँ! मि. पोरेंस्की ने जिक्र भी किया था कि आपके नाम कोई सामग्री भेजनी थी, नुमाइश के लिये : लेकिन उसी समय वह पोलैण्ड जाने की तैयारियों में लगे थे, और जहां तक मुझे मालूम है, यह वादा नहीं पूरा कर पाये।

आज कल एक नये cultural attack आये हैं, MR. WISINSKI उनसे भी बातें की, तो मालूम हुआ कि इधर साहित्यिक या कलात्मक विषयों पर कोई भी पुस्तकें एम्बेसी को नसीब नहीं हुई। मैंने विश्वास नहीं किया, खुद ढूँढ़ा अलमारियों में। अफसोस- केवल अर्थशास्त्र, गणित, न्यायशास्त्र, कृषि इत्यादी (इत्यादि) पर भरपूर सामग्री है, सांस्कृतिक बातों पर मानों किसी का ध्यान न हो, कोई व्यवस्था नहीं। दुख इसलिये हुआ कि पोलिश सांस्कृतिक उपलब्धियों की जो आपने इतने सुन्दर ढंग से, और बहुत ही सच्ची सहानुभूति की दृष्टि से, प्रशंसा की थी, उसके फलस्वरूप मुझे बराबर यह इच्छा रहती है कि आपको ज्यादा और ज्यादा पोलैण्ड के बारे में जानकारी मिल सके।

खैर, इस दफा कोई Printed matter नहीं भेज सकती, तो केवल एक छोटी-सी चीज़ जिसे मैंने घर से मँगवाया आप के लिये, यादगार के रूप में, स्वीकार कीजिये। हमारे पहाड़ी इलाकों के लोक-शिल्पी जो चीड़ की लकड़ी में तराश करते है, उसका एक नमूना है। यह खामोश चीज़ है मालूम नहीं कि आप लोगों को कुछ बता सकेगी या नहीं? लेकिन इसके साथ मेरी बहुत सारी शुभ भावनाएँ जुड़ी हुई हैं, इस दृष्टि से देखिये।

दिल्ली में श्रीकांत वर्मा जी से और उनके कुछ साहित्यिक मित्रों से परिचय हुआ जैसे निर्मल वर्मा, रामकुमार आदि।

विशेष हर्ष की बात हुई कि वे लोग भी आपके काव्य के बड़े प्रेमियों में हैं। श्रीकांत जी के पास आपकी रचनाओं की पूरी फैल (फाइल) मिल गयी जो मेरे काम में अभी आ गयी। इन्हीं से 'संकेत' संकलन की प्रति मिली, जिसमें आपका 'डूबता चाँद कब डूबेगा' पढ़कर, एकदम मोहित हो गयी हूँ। मेरे ख़्यल (ख्याल) से, आपकी श्रेष्ठ कविताओं में है। उसके सम्बन्ध में फिर लिखूँगी।

आज कल क्या आपने कोई नयी कवितायें लिखी या नहीं 'कल्पना' में तो इधर केवल आपकी कहानी पढ़ी थी।

एक बात और पूछना चाहूँगी कि 'कल्पना' के दिसंबर '62- वाले अंक में जो लेख निकला था 'जाति-व्यवस्था' के ऊपर : आप को कैसा लगा? मैं अक्सर बहुत कम भारतीय मित्रों से इस बात पर बहस करती - कुछ ऐसा महसूस होता है, कि यह एक Taboo है, जिस पर विचार करने के लिए लोग तैयार नहीं है, पीछा छुड़ाते हैं। है तो जरूर एक ठोस बेइमानी : जातियता (जातीयता) के ज़मीन पर क्या 'प्रगतिशीलता' और क्या 'मानव मूल्यों की पहचान' और क्या 'आधुनिक संवेदना' पनप सकती।

इलाहाबाद में गर्मी और शान्ति है। शमशेर जी आज कल सारनाथ गये हैं, वहाँ उनको एकान्त में काम करने की सुविधा मिल रही है, शायद दो-एक महीने और ठहरेंगे। नरेश जी से इधर मुलाकात नहीं हो सकी, सुना कि सपरिवार बाहर छुट्टियों में गये। और राजनन्दगाँव की खबर? बच्चे सब स्वस्थ्य और मजे में हैं? और परिक्षाओं (परीक्षाओं) में सफल, खासकर रमेश? और आपकी श्रीमती हमेशा की तरह सन्तुलित और प्रसन्न, चेहरे पर कोमल शान्त मुस्कान लिए हुए? (जी चाहता है, इनको किसी अधिक घरेलू नाम से कहूँ- जैसे, मौसी-जी- मगर मंजूर हो, तो)। और खुद आप कैसे हैं आज कल? और पिता जी?

मैंने अभी हल (हाल) में मकान बदल लिया है। नया पता है 13 (27) Canning Rd इलाहाबाद उसी पर पत्र लिखने की कृपा करियेगा।

शेष फिर – नमस्कार के साथ,

आपकी
अग्नेश्का

नयी दिल्ली - 13.3.64

आदरणीय व प्रिय मुक्तिबोध जी,

सादर प्रणाम।

आप का पत्र मिला, जो कि आपने सख़्त तकलीफ में, शारीरिक कष्ट की परवाह न करके, लिखा था।

बहुत अस्वस्थ होने पर भी, आप ने मुझ को याद किया और मुझसे बातें करने को मन हुआ, जानकर आत्मा गीली- सी हो पड़ी। मेरे दिल्ली आने के थोड़े ही दिन बाद आपके बीमार पड़ने की वार्ता श्रीकांत जी से सुनी थी। तब से दुःख और चिन्ता का सिलसिला मन में शुरु (शुरू) हुआ, पल-पल में इसकी फि क्र का ज़हर घुला हुआ भोगा है, आज तक। आज पहली बार शुभ समाचार सुनने को मिला, मालूम हुआ कि इधर आपका स्वास्थ्य काफ ी सुधर आया है और लम्बी बीमारी का भय नहीं है। साथ ही, दूसरी खुशख़बरी से मन खिल उठा जो कि आप की दो किताबें शीघ्र ही पाठकों के सामने आनेवाली हैं, निश्चित रूप से।

यह बात बहुत से लोगों ने महसूस की है, जो कि मैं केवल अपने निजी अनुभव के आधार पर कहूँगी- कि, आप की सब कृतियाँ इकट्ठा कर, मिलाकर देखने और झेलने और परखने से ही आप के काव्य का समुचित मूल्यांकन संभव होगा। आप की कविताओं की भाव- योजना, और प्रतीक-योजना में ऐसा सामंजस्य है, तो एक-एक रचना का योगदान समझने में सहायक होगा। जैसे कुछ cross-references स्थापित किये जायें, जिससे इस पूरी स्फटिक राशि की कोण और अन्तर्दिशाएँ, तमाम True structure हृदयंगम हो सके।

मेरे मन में अनेक दिन से यह इच्छा रही है कि आप की कविताओं का विशेष अध्ययन करूँ। अब इसे क्रियान्वित करने लगी हूँ। अपनी प्रतिक्रियाएँ अनुमान-अनुभव लिखने की बात तो अभी तक दूर क्षितिज पर खड़ी है, पहाड़ की तरह लेकिन ऐसा भव्य पहाड़ है कि जिसे पार करने में अगर अपने को अक्षम मानना पड़ेगा, महज नीचे से निहारने पर बात खतम होगी तो भी अपने आत्मविकास की दृष्टि से यह वरदान सिद्ध होगा।

''आशंका के द्वीप'' का पाठ गत 1 ता. यहाँ की साहित्यिक गोष्टी (गोष्ठी) में हुआ, लेकिन उसका कोई व्यवस्थित आयोजन नहीं था, श्रीकांत वर्मा जी ने अचानक, 'on the spot' यह प्रस्ताव किया कि आज यह कविता पढ़ी जाय। ज्यादा

लोग भी थे नहीं- माचवे जी, अजित कुमार, देवीशंकर अवस्थी, अशोक वाजपेयी, कमलेश्वर, भीष्म साहनी आदि मौजूद थे। कविता-पाठ श्रीकान्त ने शुरु किया, पर गला ख़राब था, तो आगे अशोक ने पढ़ा कविता सुनने में भी ''प्रदीर्घ'' तो नहीं लगी : सुनने से यह भी पता चला कि उसकी ध्वनि- सार्थकता कितनी प्रबल है (पहले पढ़ते समय मैंने इस तरफ यथोचित ध्यान नहीं दिया था) असर सब लोगों पर अति गहरा पड़ा, यह चेहरों से ज़ाहिर था; लेकिन बहस पर आकर, सब से पहले प्रभाकर माचवे जी ने नागपुर वग़ैरह की अपनी संस्कृतियाँ सामने लाकर, कुछ Biographic प्रसंगों से व्याख्या करने की कोशिश की, जो कि मुझे अप्रासंगिक ही लगा; उसके बाद, दूसरे लोगों के लिये अपनी- अपनी प्रतिक्रियाएँ प्रकट करने को अवकाश ही नहीं रहा, और बातें अधूरी रह गयीं। वास्तव में, इस कविता की चर्चा अभी होनेवाली है।

और बहुत कुछ लिखने को जी चाहता है, लेकिन एक विशेष कारण है जिस लिये अब पत्र समाप्त करूँगी- और यह है, कि चंद रोज़ के अन्दर, श्रीकान्त जी, और मेरे पति, और स्वयं मैं, आपके पास पहुंच जायेंगे। यह भी बहुत पहले का संकल्प हुआ जिसे पूरा करने की गुंजाइश अब ही मिल रही है- और अब इस अवकाश का ज़रूर फ ायदा उठायेंगे! लगभग 20 ता. को रवाना होंगे : मुमकिन है, कि ख़त से पहले ही हम लोग खुद, स्वस्थ होते जा रहे हुए आप को देख पायेंगे। अतः प्रणाम के साथ।

आप की ही
अग्नेस

नई दिल्ली-15.6.63

आदरणीय प्रिय मुक्तिबोध जी,
आपका पत्र मैंने बार- बार पढ़ा है। अब फिर इसको देख रही हूँ। सोच रही हूँ, कितने सुन्दर अन्दाज से और स्नेह से लिखा है-सचमुच, पूरी ज़िन्दगी में इससे ज़्यादा मर्मस्पर्शी और महत्त्वपूर्ण पत्र मुझे नहीं मिला। और यह भी एसी (ऐसी) स्थिति में, जब कि आप स्वयं चिन्ता से ग्रस्त रहे, बच्चे की बीमारी के कारण। क्या दिवाकर अब ठीक हो गया है? अग्रवाल जी जिस दिन यहाँ आये थे, तब उन्होंने बताया कि लड़के का स्वास्थ्य अभी खतरे में है। अब कैसा हुआ? आप लोगों ने मेरे विवाह का अनुमोदन किया है, जानकर हृदय कृतज्ञता से भर ऊठा (उठा)। आशा है, प्रत्यक्ष परिचय होने पर, मेरे पति के बारे में आप की यह शुभ धारणा बनी रहेगी।

और रही उस 'भय' की बात। यह बहुत अच्छा लगा कि आपने उसे साफ - साफ ज़ाहिर कर दिया। लाभप्रद भी हुआ : अपनी स्थिति के इस पहलू पर शायद मैंने अभी तक समुचित ध्यान नहीं दिया है। और यह सही है, कि हमारे युग में केवल दिल से ईमानदार होना काफ ी नहीं, सर्वथा सतर्क रहने की भी आवश्यकता होती है।- वरना, बहुत-से लोगों की भाँति, चाहे अनजाने ही, चाहे "मानव- मूल्यों" की हिमायत करने के भले इरादे से ही,- प्रतिक्रियावादियों के शिविर में पहुंचने का, उन के 'गाढ़, सुन्दर जाल' में फँसने का खतरा उपस्थित है। इस सम्बन्ध में बेखबर और बेफिक्र होना, दयानीय (दयनीय) मूर्खता का परिचय देना है (अवसरवादी लोगों की बात तो रहने दें)। मुझे विश्वास है, मैं इस समस्या के प्रति सचेत रहूँगी। अब, अगर आप क्षमा करें तो एक विषय को लेकर आप से असहमत होऊँ (अब तक आप मेरी गुस्ताखियों के आदी हो गये होंगे, चौंकेंगे नहीं!)। यह है, पोलैण्ड की वर्त्तमान (वर्तमान) राजनैतिक, सामाजिक इत्यादि, व्यवस्था पर, आप का सन्देहपूर्वक आश्चर्य : "वह सर्वहारावर्ग का अधिनायकत्व है या क्या!!" या साम्यवादी परिवार का संभावित कुल-कलंक? इस लिये कि "यूगोस्लाविया से भी अधिक स्वतन्त्र विचार-व्यवहार" उसमें विद्यमान है? तो क्या, साम्यवादी भाव-धारा और <u>स्वतन्त्र</u> भाव-धारा, दोनों विलोम हैं? मुझे तो लगता है, साम्यवादी विचार- धारा ही सब से स्वतन्त्र होना <u>चाहिए</u>, सबसे आधुनिक, <u>हर क्षेत्र में</u>। यह शक करना कि कोई भी साहसमय विचार-पद्धति, कोई भी नवीन कलात्मक प्रयोग वगैरह, साम्यवादी आदर्शो को हानी (हानि) पहुँचा सके (जो आदर्श जन- साधारण के जीवन का रक्त बनकर, जीवन में ही घुलकर, किताबी 'वाद' से अनिवार्यतः कुछ दूर हो गये हैं, आगे निकले है) ऐसा

शक करना, न केवल बुद्धिजीवियों से, बल्कि जनता से भी घोर अन्याय और अविश्वास करना है।

सच मानिये, पोलिश वर्त्तमान (वर्तमान) संस्कृति का साम्यवाद से जो रागात्मक संबन्ध है, वह चेकोस्लोवकिया या आलबानियों की तुलना में कहीं अधिक गहरा और मजबूत है। - अगर पोलैण्ड की अनेक बातें अपवाद के रूप में नज़र आती हैं, ''सर्वमान्य नहीं हैं'' - तो शायद इसलिये, कि हिम्मत और विश्वास (उदार, रचनात्मक विश्वास जो अन्धविश्वास से कोई मेल नहीं खाता), इन दोनों पदार्थों की अकसर कमी पड़ती रहती है। यदि धर्म की analogy लें, तो एक तरफ कुछ ऐसे धर्म होते हैं? मसलन् ईसाइयत या इस्लाम, जो अपने-अपने मज़हबी dogma पर बल देकर चलते आये हैं, विरोधी विचारों का पीछा करके, खदेड़ देते हुए, 'अपधर्मों' को बहिष्कार करने में अथक/- और दूसरी ओर, हिन्दू धर्म को लीजिये : जो, कुछेक विचारकों के अनुसार, धर्म ही नहीं, एक धर्म- भण्डार- सा लगता है, क्योंकि उस की मूल- भूत प्रवृत्ति अंगीकरण की रही है; और जिस में एक अनोखी शक्ति रही है, भिन्न-से भिन्न तत्त्वों को अपनाकर एक- से pattern में जुटा लेने की।- कम्यूनिज़्म और ईसाईपन, दोनों की व्यवहारिक (व्यवहारिक) नीतियों के सादृश्य के बारे में बहुत ज़्यादा कहा जा चुका है। यह भी अकारण नहीं हुआ। लेकिन क्या यह अनिवार्य है, कि ऐसा रह जाये क्या साम्यवाद 'आत्मसातकारी' रूप- धारण नहीं कर सकता? यदि केवल ये बुनियादी मान्यताएँ सामाजिक व्यवहार में सच उपस्थित हों, पनप सकें : मानव- समता और, श्रम का गौरव (जिन दोनों का ठीक उलटा हिन्दुत्व में दिखाई देता है जाति-व्यवस्था के रूप में) ; और बाकी, जो भी चीज़, विचार या रचना, सुन्दर हो, उत्कृष्ट हो, मानवता पूर्ण हो, विकासमय हो- उसे साम्यवाद क्यों न अगोटे? मुझे पूरा यकीन है, एक समय आयेगा कि ऐसा ही होगा। खैर, मेरे ये भाव शायद बहुत कच्चे लगेंगे। आप बुरा न मानिये। सुना है, इधर आप ने काफ ी लिखा है, गद्य भी, कविता भी। क्या यह संभव है कि कुछ पढ़ने को मिल सके? विशेषकर, आपकी नयी काव्य-रचनाएँ पढ़ने को जी बहुत चाहता है। मौसी जी से मेरा सस्नेह सादर नमस्कार कहिये, इन का भेजा हुआ सिंदूर, जब तक बाल उतने नहीं बढ़े कि माँग निकाल के भर सकूँ, तिलक के रूप में माथे पर लगाती हूँ। बच्चों को बहुत बहुत दुआएं और प्यार। और आप से यह विशेष प्रार्थणा (प्रार्थना), कि मुझे अपनी नयी रचनाओं के बारे में अवश्य बतायें।

सहृदय प्रणाम के साथ,

आपकी

अग्नेश्का सोनी

इलाहाबाद 15.11.63

आदरणीय श्री मुक्तिबोध जी,
हृदय से प्रणाम। महीनों बाद आज फिर एक पत्र लिख रही हूँ आपको। न जाने, इसे पूराकर पाऊँगी कि नहीं : कलम बड़ी मुश्किल से चलने लगी है, संकोच के मारे।

मैंने इतनी देर तक चुप्पी रख ली, यह अपने आप एक बहुत भारी अपराध हुआ   जिसकी सज़ा भी मिली है उसी में निहित होकर : आप लोगों के समाचार न पाने की। तब, अपने जुर्म का एहसास और भी तीखेपन लिये मन को अखरता है यह सोचकर कि जुलाई में जो आपका पत्र मुझे प्राप्त हुआ था, इसमें आपने विशेष सुन्दर और प्रेरणादायक बातें कही थीं, बड़े उदार भाव से। साथ ही मौसी जी की बहुत प्यारी, स्नेह-भरी चिट्ठी मिली थी।

क्या इस पाप का कोई प्रायश्चित्त हो सकता है? जो कि मैं, कृतज्ञता हृदय ही में भरकर, आप लोगों को बार-बार याद करते हुए भी, आप लोगों के स्नेह और शुभाशिष् (शुभाशीष) की बेहद जरूरत होने पर भी अभी तक इन पत्रों के उत्तर दिये बगैर रह गयी हूँ।

सफाई में जो भी कहूँ, इस से मेरा अपराध नहीं मिटेगा। लेकिन हुआ यह, कि काफी देर तक मैं अपनी कोई भी अच्छी खबर नहीं सुना सकती थी : बीमारी, मायूसी, तरह- तरह के संकट और अव्यवस्था में उलझकर, शारीरिक और मानसिक दृष्टि से अपने को बिलकुल पराजित महसूस करती थी। (बाद में पता चला कि उस का कारण कोई 'अलौकिक' तो नहीं था- यों कुछ anemia लग गया, उस के साथ रक्त की चाप इतनी धीमी पड़ गयी कि सारी vitality नहीं के बराबर हो गयी; तब मामूली- से मामूली फिक्रें पहाड़ बनकर सामने खड़ी हो जाती थीं। फिर सूइयों-गोलियों की मदद से मामला संभाला गया, लेकिन इतने काम में कितना नुकसान हुआ, इसे मत पूछिये!)

तो ऐसी उलटी स्थिति में, कुछ भी लिखना नहीं चाहती थी। सोचा, पहले ठीक हो जाऊँ, तब आप को एक अच्छा, लम्बा पत्र लिखूँगी। उसके बाद, एक तरफ अपने पिछड़े हुए कार्यों से दब गयी, दूसरी तरफ खामोशी के इस भारी परदे को देखकर जी टूटने लगा। उसे केसे (कैसे) हटाया जाय? इस प्रकार, पत्र लिखना स्थगित करती चली आयी हूँ। लेकिन अब हिम्मत बाँध ली है। और यह चिट्ठी आपके सामने

आयेगी क्षमा माँगने।

अब मेंथ्ठ(मैं) यह चाहूँगी कि इस बीच की सब बीती हुई बातों और मुसीबतों को भूलकर, इस तरह आप का पत्र खोलूँ और देखूँ मानों वह मुझे अभी-अभी मिला हो; और हकी़कत में, तो पत्र खोलना भी ज़रूरी नहीं। आप के वाक्यों का मुझे ताज़ा-ताज़ा स्मरण है। साम्यवादी मुल्कों के दर्मियान पोलैण्ड के साहित्यिक जीवन का जो विशेष रुख, ओर (और) उस का संभाव्य महत्व, आप को दिखाई दे रहा है; मिस्येविच का काव्य जिस प्रकार आप को भाया है; पोलैण्ड के ऊपर एक पुस्तक लिखने का जो विचार है   इन बातों को जान लेने का आनन्द मुझ में सदा जीवित रहेगा   यह आनन्द जो तब मिलता है जब ऐसे व्यक्ति जिन्हें हम बहुत मानते हैं, हमारी किसी गहरी आस्था से सहमत होकर, उसे और ज़म्बूत (मज़बूत) करें।

भारत और पोलैण्ड के बीच सांस्कृतिक मूल्यों का आदान-प्रदान ज़रूर सार्थक होगा; इस संबंध में, अपनी सीमा के अन्तर्गत, मैं जितना भी काम कर सकूंगी बड़े मन से करती रहूँगी।

अभी तक किया कुछ नहीं। इसका दुःख है।

इधर दो-चार वर्त्तमान (वर्तमान) पोलिश कवियों की कतिपय रचनाएँ हिन्दी में रूपान्तरित करके, 'कल्पना' को भेज दी- आनेवाले किसी अंक में छप जाने की आशा है लेकिन यह मौजूदा पोलिश कविता का कोई परिचय नहीं, एक धीमी सी झलक है। यहाँ तो मेरे पास सामग्री भी बहुत थोड़ी है।

पोलैण्ड जाके (अगले साल, अप्रैल- मई में, लगभग एक वर्ष के लिय जायेंगे पति-पत्नी दोनों) व्यवस्थित रूप से इस कार्य के लिए तैयारी करनी होगी, वहाँ के लेखकों और कवियों के सीधे संपर्क में आकर और साहित्य की नयी घटनाओं का अच्छा पता लगाकर।

और, सबसे पहले, वहाँ पहुँचकर पोलिश भाषा में एक संकलन छापना चाहूँगी- हिन्दी नये कवियों की रचनाओं का एक अच्छा- खासा चयन, परिचय- सहित। आज कल इसी काम के लिए उद्यत हूँ, और यही शायद हिन्दी कविता पर मेरे इस थोड़े अध्ययन का पहला फल होगा। 'थिसिस' प्रस्तुत करने में अभी अधिक देर लगेगी। यों, डा. रामकुमार के मन में आधुनिकता के प्रति जो सहज विरक्ति है, यह प्रोत्साहन के काम में नहीं आती; यह दोष उन्हीं का नहीं, विश्वविद्यालयों में बैठे सब बड़े- बड़े प्राध्यापकों में व्यापक है। और मैं सोचना (सोचने) लगती हूँ, कि हिन्दी के माध्यम से हिन्दी कविता के बारे में जो कहना चाहूँगी, यह कहीं विश्वविद्यालय के बाहर कह देना ज़्यादा ठीक होगा। साहित्य की सही पहचान तो लेखकों में है, आचार्यों में नहीं।

हाँ, तो इस समय, अनुवाद- आयोजन के संदर्भ में मेरी सबसे उत्कट समस्या रहती है- अच्छी कृतियों का यथोचित चयन।

आपसे पूरा भरोसा है कि जिन कविताओं और लेखों की चर्चा आप के पत्र में हुई, वे सब आपके पास सुरक्षित रखी हैं, और अब मैं इन्हें माँग सकती हूँ। मैं निश्चित रूप से 20 दिसंबर तक इलाहाबाद में रहूँगी। यहाँ का पता बिलकुल dependable है।

आज दीवाली (दीपावली) का दिन है। और मैं यहाँ अपने सब प्रिय लोगों से दूर, सब को याद कर रही हूँ। इससे अपना अकेलापन एकदम आबाद हो उठता है।

इस नये वर्ष में, जितना भी आनन्द सोच सकें, आपके घर में और सब कार्यों में प्रवेश करे सब कठिनाइयों को भगाकर, ताकि आप उन्मुक्त रूप से साहित्य की विभूति बढ़ा सकें, यह मेरी कामना है।

मौसी जी से क्षमा माँगती हूँ, नतशिर होकर, इस बात के लिये कि अब तक हम दोनों जने अपना वचन पूरा नहीं कर सके, राजनांद गाँव नहीं आ सके। मैं इन्हें अलग पत्र लिखकर सब परिस्थितियाँ बतलाऊँगी। इनसे बातें करने की कितनी इच्छा है, मेरा ही जी जानता है। और यह मौसी जी ने ठीक कहा है कि पत्र भर लिखने से मन नहीं भरता। फिर भी-जब तक आमने- सामने भेंट नहीं हो सकती, यही एक रास्ता मौजूद है। मैं ने यह रास्ता भी खो दिया था, उसके लिए मैं चिर-लज्जित रहूँगी।

तो, प्रणाम के साथ, फिर एक बार क्षमा- प्रर्थाना कर रही हूँ।

आपकी

अग्नेश्का सोनी

पुनश्च : इधर जो Foundation Volume में मेरा एक छोटा-सा, कच्चा-सा (एक साल पुराना तो!) लेख निकला है, उसे आप की सेवा में भेज रही हूँ, foralied worth (वैसे, इस किताब को देखकर आप को एक नया सबूत मिलेगा, पोलिश सरकार के उदारतापूर्ण व्यवहार का; आखिर तो अपने नागरिकों के एक ऐसी संस्था के संस्पर्श में आये रहने की बात है, जिसके संचालक...साम्यवाद-विरोधी हैं हालांकि वे लोग भी इतना लिहाज़ करते हैं, जो कि पोलैण्ड से आये हुए अपने छात्रों से यह उमीद (उम्मीद) नहीं करते, कि वे उसी रंग ढलें। फिर भी।

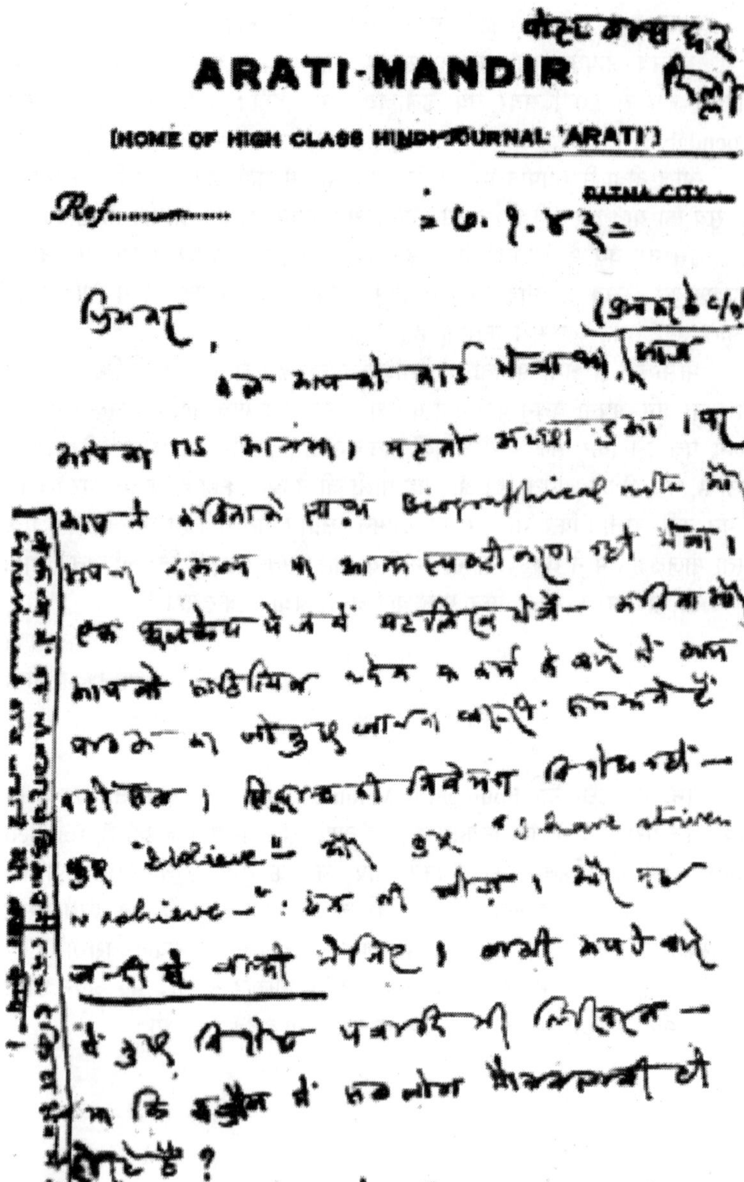

ARATI-MANDIR

(HOME OF HIGH CLASS HINDI JOURNAL 'ARATI')

PATNA CITY

Ref.........

२०.१.४३

प्रियवर,

पोस्ट बक्स ६२ दिल्ली

ARATI-MANDIR

[HOME OF HIGH CLASS HINDI JOURNAL 'ARATI'

7.1.43

प्रियवर,

कल आपको कार्ड भेजा था, (प्रभाकर के cèo) आज आपका M S आ गया। यह तो अच्छा हुआ। पर आपने कविता के साथ Biographical Note और आपका वक्तव्य या आत्म स्पष्टीकरण नहीं भेजा। एक फुलस्केप पेज में यह लिख भेजें- कविता और आपके साहित्यिक ध्येय या कर्म के बारे में आप पाठक का जो कुछ जानना जरूरी समझते हैं वही सब। सिद्धान्त की विवेचना विशेष नहीं कुछ "I believe" और कुछ "I have striven to achieve" ढंग की चीज। और यह **जल्दी से जल्दी** भेजिए। बाकी अपने बारे में कुछ विशेष पत्रादि भी लिखिए न- या कि उज्जैन में सब लोग मौनावलम्बी ही हो रहे हैं।

अभी इतना ही

सस्नेह

आपका

वात्स्यायन

वक्तव्य में यह भी बताइए कि आपने रचना के किस क्षेत्र में प्रयोग Experiment करना चाहा और क्या-क्या।

पोस्ट बक्स (बाक्स) 62, दिल्ली
7.7.42

प्रिय भाई,

मैं दिल्ली से बाहर था, लौटकर आप का पत्र मिला (1.7.42)। फिर कुछ दिन पिछले Arrears भुगतान में लग गए–अब उधार दे रहा हूँ। देर के लिए क्षमा करें।

आपका पत्र मुझे Flattering लगा-साथ कुछ आतंककारी भी। बात यह है कि मैं बौद्धिक दृष्टि से बहुत अच्छा 'सखा' नहीं हूँ–क्योंकि अन्ततः मैं स्वयं एक घोर अकेला आदमी हूँ। आपने न जाने अनुभव किया है या नहीं, पर मैं तो विश्वास करता हूँ कि यह अकेलापन बाह्य परिस्थितियों का परिणाम नहीं है–आदमी के भीतर ही एक अनिवार्यता होती है जिसके कारण वह अकेला ही रहने को बाध्य होता है। यह विवशता मुझमें भी है; अतः मैं स्वयं एक उच्चतर तल पर सख्य की माँग करता हुआ भी उसे पाने में असमर्थ हूँ- क्योंकि मैं उसे देने में असमर्थ हूँ। और मैं जानता हूँ कि यह मौलिक अभिशाप ही मेरी रचनाओं को भी ऐसा रखता है कि वे आदर पावें पर जनप्रिय न हों!

ख़ैर इस Confusion को छोड़िए। आपकी कहानी की बात। सम्मति क्या देता? कहानी मुझे अच्छी लगी। कुछ खटका तो वह उसकी आत्मा से नहीं, उसके टेकनीक और उसकी भाषा से सम्बन्ध रखता था। आपके लिए हिन्दी अभी तक स्पष्टतया एक परकीय माध्यम है। यह आप स्वयं अनुभव करते होंगे। इसका इलाज है अधिक अभ्यास और हिन्दी और मराठी प्रयोगों का तुलनात्मक अध्ययन। इसी (से) आप Conscious हो सकेंगे। पर अभिप्राय नहीं कि हिन्दी को बाहर से कुछ नहीं लेना चाहिए- पर आयात ऐसा हो कि खप सके। दूसरी एक बात और है–यह पत्र में और भी स्पष्ट है- आपकी भाषा जरूरत से ज्यादा Nervous है। कारण- You think too fast for Your expression यह गुण है भी, नहीं भी है। नहीं इसलिए, कि fast Thinking की तीव्रता का एक कारण यह भी होता है कि वहाँ emotion Ladin होता है। अपनी विचार- परम्परा को थोड़ा objectivise कीजिए, वह अपने आप अधिक संयत हो जायगी और आपके expression की पकड़ में आ जायेगी। fast thinking में असल में होता यह है कि विचार तंतु जितनी जल्दी जुड़ते हैं, उससे कहीं अधिक तीव्रता से भाव-तन्तु जुड़ते चलते हैं; फलतः आपकी भाषा पर दुहरा बोझ हो जाता है और वह लड़खड़ा जाती है। इसलिए मैंने उसे Nervous कहा है।

आशा है कि आप मेरी बातों को उतना ही महत्व देंगे जितना सद्भावनापूर्ण

परामर्श को देना चाहिए– न कम, न अधिक!

अच्छा, उस काव्य संग्रह की बात। आप तय्यार (तैयार) हैं, तो कम से कम 18- 20 कविताएँ छाँट कर भेज दें– अपनी पसन्द का अनुक्रम देकर। साथ ही कुछ Notes आवश्यक समझें तो वह भी। उसके बाद व्यय के अपने भाग की व्यवस्था करते रहें- भेजें नहीं जब तक कि प्रबन्ध पूरा न हो जाय। प्रयाग चन्द्र जी यदि राज़ी हैं तो उन्हें भी आरम्भ की सूचना दे दें–वे भी कविताएं शीघ्र भेज दें। मैं भी लिख देता हूँ। वीरेन्द्र कुमार जी का निश्चय जो कुछ हो सूचित कर दें।

और सब कुशल ही है। आप न मालूम कहां होंगे; पर आशा है कि पत्र आपको मिल जायेगा। पहुँच की सूचना दीजिए।

सस्नेह
आपका
वात्स्यायन

दिल्ली 10.2.43

आप सब इस प्रकार पल्ला झाड़कर अलग हो जायेंगे, और मैं, जिसने आरम्भ में कोई उत्साह नहीं दिखाया था, इस प्रकार मुसीबत में फंस जाऊँगा, ऐसी आशा नहीं थी। सचमुच तब 'आरम्भ शूरा : खलु दाक्षिणात्याः'! जितना क्लर्की परिश्रम मैंने तारसप्तक के लिए किया है उतना पुस्तक में लगाता तो एक उपन्यास तय्यार (तैयार) हो गया होता! खैर।

अब काम की बात सुनिए। रुपए की किल्लत और काग़ज़ की महंगी के कारण यह उचित जान पड़ता है कि जिस काग़ज़ पर यह पत्र लिखा है इसी आकार की (=26x20 पेजी) पुस्तक छपाई जाय, और उसमें दो कालम रखे जायँ। इस प्रकार खूब ठोस छपाई हो जायगी (जायेगी)। हिन्दी में नयी शैली की छपाई होगी और ठोस मैटर, ठोस छपाई। तब प्रत्येक व्यक्ति के लिए 10 पृष्ठ काफ ी होंगे, अर्थात 20 कालम, जिसमें 16 कालम कविता होगी। ठीक है? खर्च (कागज का) कुल इतना होगा कि प्रत्येक व्यक्ति 30 रु. दे देगा तो काम ठीक चल जायगा।

यह पत्र मैं चार व्यक्तियों को लिख रहा हूँ (गालियाँ केवल प्रभाकर जी, नेमि, और अंशतः मुक्तिबोध जी के लिए है, वीरेन्द्र जी बरी हैं।)

प्रभाकर माचवे ने कविताओं का कोटा लगभग पूरा कर दिया है, दो एक कविताएं और भेज दें तो भेज दें। जो कविताएं आई हैं, उनमें कुछ प्रयोग बड़े भीषण हैं; और कुछ कविताओं के अर्थ शीर्षासन करके भी नहीं समझे जा सकते। एक आध जगह उड्डीयान बन्ध और नौलिकर्म भी निष्परिणाम होंगे। इनके बारे में क्या विचार है? कुछ मुहावरों के प्रयोग अशुद्ध हैं और अशुद्धि प्रयोगात्मकता की नहीं, विशुद्ध negligence की हैं! यही बात कहीं प्रवाह में भी है। सोचता हूँ कि प्रभाकर ध्यान दें तो यह उनकी कविताओं के लिए और संग्रह के लिए बहुत अच्छा होगा- पर इसके लिए कविताएं लौटाना तो भागते भूत की लंगोटी को भी छोड़ देना होगा।

तब क्या किया जाय? वे स्वयं बता दें। गजानन मुक्तिबोध की कविताएँ 13 कालम होती हैं उन्हें लगभग 150 लाइन और भेजना चाहिए। अतः तीन चार कविताएँ और भेज दें। उनके 'मुक्त वृत्त' में भी मुक्ति का बोझ कहीं अधिक हो गया है, वृत्त कुछ कम। नेमि शायद इस बारे में उन्हें कुछ कहें, क्योंकि हमने कविताएं साथ पढ़ी थीं। पर वे नया मैटर तुरंत भेजें। क्या मुक्तिबोध जी एक आध जगह साधारण शब्द परिवर्तन की अनुमति देंगे?

नेमि जी का क्या गुण गाऊँ? नेमि नेमि नेति नेति! वे कविता नकल करते

करते झांसा देकर चम्पत हो गए हैं। उनसे यहीं निबटूँगा, वे आवें तो।

वीरेन्द्र जी की कविताओं का अन्तिम क्रमबद्ध अभी नहीं किया। उन्हें detail में अभी कुछ नहीं कहना है।

पर आप लोग अपने कोटे की क्या व्यवस्था कर रहे हैं? मेरा पूरब देश जाने का प्रोग्राम तो रद्द हो गया है, पर इस काम से जल्दी छुट्टी चाहता हूँ। आप लोग अपना कोटा भेज दीजिए तो काग़ज़ ले लूँ और पुस्तक छपे। दाम निरन्तर बढ़ते जा रहे हैं अतः देर न करें।

आशा है आपका परिषद् सकुशल हुआ। मैं आ नहीं सका इसका बहुत खेद है। आ पाता तो यह सब काम सामने हो गया होता ....

उत्तर की प्रतीक्षा रहेगी। और नेमि जी की साक्षात!

सस्नेह
वात्स्यायन

शिलांग, 24 नवम्बर 1943

भाई,
तार सप्तक प्रेस में है और आधा छप गया है। आपकी कविताएँ आदि गईं। जो शेष हैं वे आप की आज्ञानुसार लौटा रहा हूँ। इनमें बहुत सी ऐसी भी हैं जो कि छप रही हैं। बात यह है कि आपने जो हस्तलिपि भेजी वह पाप काटने को भेजी, प्रेस के लिए नहीं; अतः मुझे समूची लिपि की प्रतिलिपि करनी पड़ी। ख़ैर। अब समझने लगा हूँ कि पुस्तकें जो नहीं छप पातीं उसमें सब अपराध छापने वाले का ही नहीं होता होगा!

आपके कोटा का क्या हुआ? अब मैं भी और रिमाइंडर नहीं भेजूँगा। पुस्तक दो सप्ताह में छप जायेगी; तब उधार करके प्रेस का बिल चुका दिया जायगा। पुस्तक की एक प्रति आपको पहुँच जायेगी; तय हुआ था कि प्रत्येक कवि को 12-15 प्रति भेजी जायेगी पर वह अब कोटा पहुँचने पर ही होगा! शेष प्रतियाँ बेची जायँगी और जो आय होगी वह सर्व सम्मति से या तो बँट जायेगी या और प्रकाशनों में लगेगी।

आशा है कि आप स्वयं का कोटा भेज देंगे। मुझे न भेजिए, भारत भूषण को भेजिएगा- 203 चितरंजन एवेन्यू, कलकत्ता।

आपको मैन्युस्क्रिप्ट के साथ ही मुक्तिबोध का भी लौटा रहा हूँ- पैसे बचाने के लिए। वह उन्हें दे दें। उनका अंश भी छप गया है। वे कोटा भेजेंगे, या नहीं या क्रमशः उनसे लिखा दीजिएगा। आग्रह नहीं करूँगा केवल सूचना चाहता हूँ।

आशा है आप सब प्रसन्न है।

सस्नेह
वात्स्यायन

इलाहाबाद, 28.4.48

प्रिय भाई,
आपके पत्र का उत्तर कुछ शांति से और कुछ विस्तार से देता पर आपकी "लौटती डाक की" शर्त है! अतः यह पोस्टकार्ड। मैं पंजाब गया था, अभी लौटा हूँ। अभी एक पोस्टकार्ड लिखे दे रहा हूँ, अगला पत्र आपका नया पता मिलने पर।

1. आपके संग्रह की प्रतीक्षा करूँगा। अभी नहीं आया। यद्यपि आपने लिखा है "आज रजिस्ट्री से भेज रहा हूँ।"

2. मेरा वाला लेख हंस के अलावा और कहीं जाय तो मुझे अधिक संतोष हो, पर आपकी इच्छा।

3. प्रतीक के प्रचार के लिए आप जो कुछ करेंगे, उसे वह, मैं और हिंदी जगत आभार पूर्वक स्वीकारेगा; बिना आत्मश्लाघा के कहूँ कि प्रतीक हिंदी के अच्छे और निष्ठावान् पत्रों में से है।

4. रामेश्वर गुरु का कोई पत्र मुझे नहीं मिला। मेरे दो पत्रों का उत्तर भी नहीं। एक पत्र उन्हें बहुत पहले सुभद्रा जी के मार्फत भेजा था ....

5. शरणार्थी भेजूँ तो, पर आपका पता confirm हो जाय तब। पता दीजिए, तुरंत भेजूँगा।

आशा है आप प्रसन्न हैं। भाभी को मेरा सादर प्रणाम दें। मेरे फिर जबलपुर आने की बात टलती जाती है। पिछला अक्टूबर तो गया, इस अक्टूबर में देखें...

सस्नेह
वात्स्यायन

231 डी-1, सत्य मार्ग, चाणक्यपुरी,
नयी दिल्ली-21
24.12.1963

प्रियवर मुक्तिबोध जी,

अनेक प्रकार की बाधाओं के बाद अब 'तार सप्तक' के नए संस्करण की बात भारतीय ज्ञानपीठ से तय हुई है। मुझे मासान्त तक पांडुलिपि प्रेस को दे देनी है। ऐतिहासिक कारणों से मैं सोचता हूं कि ग्रंथ का मूल रूप तो अविकल रहना चाहिए, पर उसके साथ ही यह भी उचित समझता हूं- सम्भाव्य पाठकों की भी राय यही जान पड़ती है- कि नए संस्करण में प्रत्येक कवि का एक नया वक्तव्य और परवर्ती रचना का प्रतिनिधित्व करने वाली एक कविता भी होनी चाहिए। पहला संस्करण सन् 1943 में निकला था; इन बीस वर्षों में निश्चय ही कवि को अपने पुराने वक्तव्य में कुछ संशोधन या परिवर्तन करना आवश्यक जान पड़ा होगा। 'पुनश्च' के रूप में वही नया वक्तव्य मुझे चाहिए। आवश्यक नहीं है कि यह व्यक्तव्य (वक्तव्य) लम्बा हो। एक पृष्ठ 400-700 शब्द तक भी चलेगा। यों आप इससे अधिक कुछ लिखना चाहें तो उसकी छूट है। नई एक कविता आप या अपने [illegible] दें, या तीन- चार मेरे पास भेज दें जिसमें से मैं एक चुन लूं।

मूल संस्करण में जो जीवन- तथ्य दिए गए थे उनमें भी कुछ जोड़ने की आवश्यकता है ही। सन् 1943-63 की अवधि में जो भी नया उल्लेख्य घटित हुआ हो उसके बारे में 8-10 पंक्ति की एक टिप्पणी भी भेज सकें तो अनुगृहीत हूंगा। इस अवधि के अपने प्रकाशनों के नाम भी दे दें।

आपकी सुविधा के लिए- और सच कहूँ तो स्मरण- पत्र के रूप में भी! - जवाबी लिफाफा साथ भेज रहा हूं। सचमुच चाहता हूं कि यह काम समय से हो जाए। और जानता हूं कि मेरे चाहने के अलावा समय की माँग भी है।

आशा है प्रसन्न है भेंट हुए वर्षों हो गए, पर आपका समाचार और निजी सम्पर्क पाकर प्रसन्नता होगी।

सस्नेह आपका,
स.ही. वात्स्यायन

कैवेंटर्स ईस्ट, कैवेंटर लेन
नयी दिल्ली-1100021
24.10.84

प्रियवर

इलाहाबद आने की योजनाएँ बनाता रहा और पत्र लिखना टलता रहा- और अब देखता हूँ कि अपराधी हो गया हूँ। क्षमा याचना से भी पहले दीपावली और संवत्सर की शुभकामनाएँ तो प्रेषित करूँ- संवत्सर आपके लिए कृतित्वमय और स्फूर्तिप्रद हो यही प्रार्थना है।

और अब कल रात दो सप्ताह के लिए फिर यात्रा पर निकल रहा हूँ- चीन जा रहा हूँ और वहाँ से दो तीन दिन जापान में बिताकर 15-16 नवम्बर को दिल्ली लौटूंगा। फिर दो एक महीने शांति से बैठने का विचार है- पर तब आपको कहाँ छुट्टी होगी! इसलिए उस बीच फिर एक बार इलाहाबाद के लिए प्रयत्न करूँगा- शायद दिसंबर के आरंभिक दिनों में हो पाये।

बरगी का शिविर अच्छा रहा- रामस्वरूप जी ने वहाँ के समाचार दिये ही होंगे।

बन्धुजनों को स्नेह स्मरण दें- और दीपावली की शुभकामनाएँ सभी को पहुँचा दें।

साभिवादन
स.ही. वात्स्यायन

डा. रामकमल राय

4-12-84

SACHCHIDANANDA H. VATSYAYAN
KEVENTERS EAST, KEVENTER LANE
NEW DELHI- 110021, INDIA

(रामकमल राय को संबोधित)

प्रियवर

आपका पत्र मिल गया था। डा. रामस्वरूप चतुर्वेदी पांडुलिपि भी दे गये थे। वह मैंने पढ़ डाली : जहाँ तथ्यगत गलतियाँ थी वहाँ मैंने चिन्ह लगा दिया है और वहीं संकेत भी दे दिया है कि किस प्रकार की गलती है। अब जब भेंट होगी तो इन्हीं चिन्हों के आधार पर तुरंत संशोधन हो सकेगा- यानी आप आवश्यक टीप लें सकेंगे और सुविधा से संशोधन कर लेंगे। इससे अधिक तो कुछ मेरा काम नहीं था न- यद्यपि भूमिका मेरे लिए असमंजस की भी कारण थी!

रामस्वरूप जी भी हीरक जयंती की बात कह रहे थे, पर अभी तक तो डा. जगदीश गुप्त की ओर से कोई सूचना नहीं है। यों 24 तक तो चुनाव का ही झमेला होगा- पर बाद में भी यात्रा आसान नहीं होगी और बिना काफी पहले से यत्न किये किसी गाड़ी में जगह भी नहीं मिलेगी! जगदीश जी से कह दें कि बुलाने वाले हों तो जल्दी ही पत्र लिखें। यों एक तारीख पक्की न हो तो भी कोई बात नहीं- मैं आऊँगा तो दो- चार दिन तो रहना ही चाहूँगा चाहे पहले चाहे बाद- पर बुलाते हैं तो किस अवधि में इतना पता चल जाय और बुलावा पक्का हो तो काफ ी है। नहीं तो फिर मैं अपनी इच्छा से जनवरी के अन्त में शायद आऊँ।

हाँ, जनतंत्र के बारे में आपने ठीक लिखा है। शायद व्यक्तिगत आचरण की जो स्वतन्त्रता मिली थी उसी का आकर्षण था, जनतंत्र जो अनुशासन भी मांगता है उसकी ओर किसी का ध्यान नहीं था। सोच का सामन्ती ढाँचा बरकरार है : वंशगत

सत्ता की बात भी उसी का एक अंग है। और पंजाब का सारा प्रकरण उसी सामन्ती सोच का नमूना है। पर अभी तो क्या नेता और क्या अनुयायी, सभी उसमें पल रहे हैं।

आपके (और जगदीश जी के) पत्र की प्रतीक्षा रहेगी।

सस्नेह

स.ही. वात्स्यायन

टिप्पणी : 4.12.84 के पत्र में दो सप्ताह के लिए चीन की यात्रा पर जाने की सूचना है तथा 15-16 नवंबर को लौटने की बात लिखी है। अज्ञेय जी का एक पत्र (टंकित) श्री विष्णु प्रभाकर को जुलाई 1986 में भेजा गया था। इस पत्र में कई वर्ष पहले 'प्रतीक' में धारावाहिक छपने वाले उपन्यास 'बारह खम्भा' की सूचना है। इसमें एक किस्त विष्णु प्रभाकर ने भी लिखी थी। नये संस्करण के लिए विष्णु जी की अनुमति चाहते हैं तथा यह भी लिखते हैं- ''प्रत्येक अध्याय के लेखक को रायल्टी एक प्रतिशत दिया जाय''।

रेल में, 9.3.44

भाई,

आपका पत्र रेल में ही एक स्टेशन पर मिला जहाँ डाक मंगाने की व्यवस्था की थी। अच्छा लगा। मैं निरंतर तमाम दुनिया से दूर दूर जा रहा हूँ- -मनसा भी और वैसे भी- और ऐसी स्थिति में परिचित पृष्टभूमि (पृष्ठभूमि) की कोई पुकार बहुत अच्छी लगती है- यद्यपि आती है. rarely हमारे देश में elemental जीवन के लिए अवसर बहुत कम है- संस्कृति के बोझ से कुचलता हुआ हमारा देश! फलतः मुझ जैसे Pagan के लिए समस्याएँ बढ़ती ही जाती हैं। और बराबर पाता हूँ कि जीवन की जो भी श्री वृद्धि होनी है, वह अवचेतन के क्षेत्र में, चेतन में केवल एक कसैला धुँआ है। यद्यपि जानता हूँ, मेरा बाह्य जीवन भी अनेक 'हिन्दी' लोगों की अपेक्षा अधिक रंगभरा है- कई लोग मुझसे भी गए बीते हैं! यह सब प्रसंग की बात नहीं है, पर इस समय मैं अप्रासंगिक बातें करने के मूड में हूँ। रेलगाड़ी में पत्र लिखने में यही बड़ा मजा है। खिड़की से बाहर झांकिए सेमल के फूले हुए पेड़ हैं, जलती हुई घास है, नदी है, दूर पहाड़ियाँ है और ऊपर प्रगाढ़ आकाश- प्रगाढ़ जैसे विषदि प्रगाढ़ होता है- अर्थात निरन्तर बदलता हुआ प्रकृति का चिरन्तन विस्तार; और उसे न देखना चाहें तो डिब्बे में देखिए, चायदान और बिखरे हुए रोटी के टुकड़े, सिगरेट के रौंदे हुए टुकड़े, पित्त के डकार सी फौजी भाषा- अर्थात् किरदार बदलती हुई सभ्य मानव की निरंतर एकरूपता और आत्मबद्धता- और इस विपर्याय के बीच में बैठे बैठे अगर विसंगति ही सबसे बड़ी संगति न लगे तो क्यों!

छोड़िये। तारसप्तक आपको अच्छा लगा यह जानकर बहुत प्रसन्नता हुई। मुझे भी पहले पहल 'अपनी' इसी पुस्तक के (को) देखकर आनन्द हुआ है- न जाने क्यों। यही वास्तव में अपनी लगी। इसमें मेहनत भी मैंने बहुत की है- यद्यपि छापे में वह सब दीखेगी कैसे? (नेमिजी ने भी बहुत श्रम किया है, उनका कृतज्ञ हूँ। बल्कि सहयोग के नाम पर उन्हीं का नाम ले सकता हूँ...) एक पुस्तक छः मास बाद ऐसी और आ सकती है यदि पर्याप्त सहयोग हो- पर हो सके तो कविता नहीं, और कुछ, चाहे उसके लिए कुछ नये सहयोगी लाने पड़े। कुछ सुझाव आप दे सकते हैं? गाड़ी की चाल मद्धम हुई थी, फिर बढ़ गई और अक्षर विकृत होने लगे। सूर्य डूब चला। मैं dining car में बैठा हूँ क्योंकि डिब्बे में बहुत भीड़ है। चाय पी चुका, थोड़ी देर बाद खाने को कुछ मिल जायगा- जाने क्या!

शेखर-2 सुना है निकल गया। अभी देखा नहीं। आप कहीं देखें तो सूचना

दीजिएगा- और पढ़कर सम्मति। मुझे इस भाग का थोड़ा मोह है- पहले का नहीं था। तीसरे का भी है, पर वह अभी भविष्य की बात है।

गाड़ी बस्ती में से जा रही है, दोनों ओर होली रंगे पुरुष और स्त्रियां हैं- खूब हुड़दंग मचा है फाग का किन्तु दिलचस्प बात यह कि फूस की बस्तियों के सिरे पर कँटीले तार हैं और कई एक बोर्ड सूचित कर रहे हैं "Out of Bounos$ to all Ranks" ठीक है, हमारी गाड़ी दौड़ी चली जा रही है- जीवन सब Out of Bounos$ है- इसलिए सब अवचेतन में है। चेतन में केवल निषेधों के बोर्ड और निरीह भीख मांगते स्वर-आशीष! लीजिए बस अब आशा है आप प्रसन्न हैं।

स्नेही
वात्स्यायन

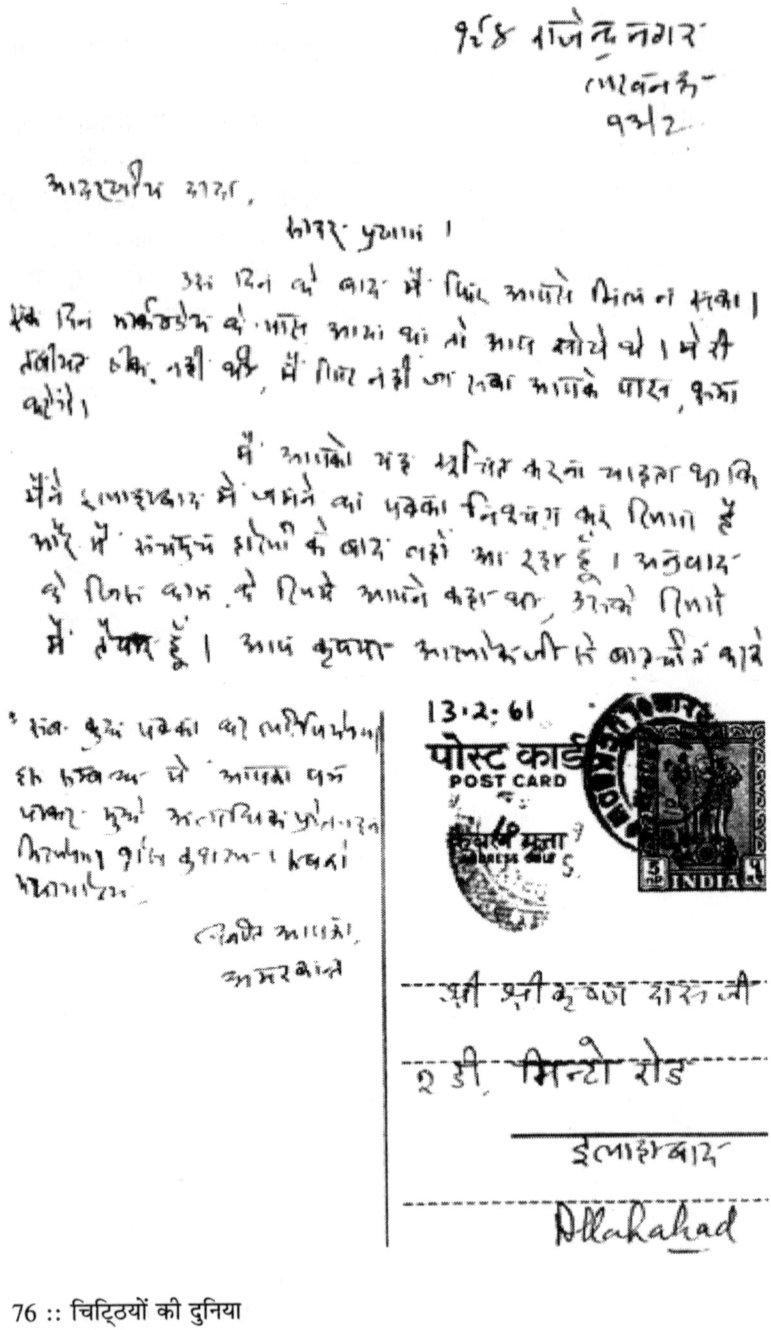

958 राजेन्द्रनगर
लखनऊ
१३/२

आदरणीय दादा,

सादर प्रणाम।

उस दिन के बाद मैं फिर आपसे मिल न सका। एक दिन मार्कण्डेय के साथ आया था तो आप सोये थे। मेरी तबीयत ठीक नहीं थी, मैं फिर नहीं जा सका आपके पास, क्षमा करेंगे।

मैं आपको यह सूचित करना चाहता था कि मैंने इलाहाबाद में जमने का पक्का निश्चय कर लिया है और मैं संभवतः होली के बाद वहाँ आ रहा हूँ। अनुवाद के लिए काम के लिए जो आपने कहा था, उसको लेने में तैयार हूँ। आप कृपया आलोक जी से बातचीत करें एवं कुछ पक्का कर लीजियेगा। इस सम्बन्ध में आपका पत्र पाकर मुझे अत्यधिक प्रोत्साहन मिलेगा। शेष कुशल। सबको नमस्कार।

विनीत आपका,
अमरकान्त

श्री श्रीकृष्ण दास जी
2 डी, मिन्टो रोड
इलाहाबाद
Allahabad

194, राजेन्द्र नगर, लखनऊ
दिनांक : 13.2.61

आदरणीय दादा,

सादर प्रणाम।

उस दिन के बाद मैं फिर आप से मिल न सका। एक दिन मार्कण्डेय के पास आया था तो आप सोये थे। मेरी तबीयत ठीक नहीं थी, मैं फिर नहीं जा सका आपके पास, क्षमा करेंगे।

मैं आपको यह सूचित करना चाहता था कि मैंने इलाहाबाद में जमने का पक्का निश्चय कर लिया है और मैं सचमुच होली के बाद वहाँ आ रहा हूँ। अनुवाद के जिस काम के लिए आपने कहा था, उसके लिए मैं तैयार हूँ। आप कृपया आलोक जी से बातचीत करके सब कुछ पक्का कर लीजिएगा। इस संबंध में आपका पत्र पाकर मुझे अत्यधिक प्रोत्साहन मिलेगा। शेष कुशल। सब को यथायोग्य।

विनीत आपका
अमरकान्त

टिप्पणी : अमरकान्त ने 13.2.61 के पत्र में लखनऊ से श्रीकृष्णदास को सूचित किया है कि वह इलाहाबाद में ही जमना चाहते हैं। अनुवाद का जो काम दास जी अमरकान्त को देना चाहते हैं, उसे वह करने को तैयार हैं।

595 Sector 18.
Chandigarh 18
Feb 6, 81

प्रियवर,

आपने मेरा नाम उस सूची में जोड़ दिया है जो लेखकों का शोषण करते हैं। अब मैं किसी चयन समिति का सदस्य भी नहीं हूं तो किस तरह मैं लेखकीय जीविका को गिराता हूं या बहुत कुछ डकार जाता हूं। मुझे लगता है कि आपकी परिकल्पना का प्रमुख उद्देश्य [illegible] उत्तेजना है। क्या आप इस पत्र को छापने का साहस रखते हैं।

आपका
इन्द्रनाथ मदान

595, Sector-18 Chandigarh
Feb. / 6 / 81

प्रियवर,

आपने मेरा नाम उस सूची में जोड़ दिया है जो लेखकों का शोषण करते हैं। जब मैं किसी चयन समिति का सदस्य ही नहीं हूँ तो किस तरह मैं लेखकीय गरिमा को गिराता हूँ या बहुत कुछ डकार जाता हूँ। मुझे लगता है कि आपकी पत्रिका का मुख्य उद्देश्य कीचड़ उछालना है। क्या आप इस पत्र को छापने का साहस रखते हैं?

आपका
इन्द्रनाथ मदान

टिप्पणी : इन्द्रनाथ मदान ने विद्याधर शुक्ल को 2.6.81 के पत्र में उनके द्वारा उन्हें (इन्द्रनाथ मदान को) शोषक कहने पर वस्तुस्थिति का उल्लेख किया है।

15, [illegible] रोड
इलाहाबाद
[illegible]

प्रिय [illegible] जी

[illegible]

[illegible]

[illegible]

आपका

[illegible]

15, टैगोर टाउन इलाहाबाद
21.9.1977

प्रिय भाई लक्ष्मीकांत जी,
इसके पहले कि पत्र का उत्तर विलंब से देने के लिए क्षमा माँगू, मेरी बहुत बहुत बधाई स्वीकारें। मुझे तो आपके पत्र से ही पता चला कि आप जन साप्ताहिक के संपादक हो गए हैं- बहुत प्रसन्नता हुई। इधर एक महीने से तरह तरह की बीमारियों और परेशानियों के ऐसे चक्रव्यूह में फँसी रही हूँ कि लगता है कि निकल ही न पाऊँगी। विलंब का कारण भी यही है, फिर भी क्षमा प्रार्थी हूँ। आपने इतने स्नेह से आग्रह किया था, मुझे उत्तर तुरंत भेजना चाहिए था। मैं वास्तव में लज्जित हूँ। बीमारी के अलावा मन भी कुछ अनमना ही रहा। पिछले महीने हेमू का देहान्त हो गया। आप तो जानते हैं हमारे परिवार में उसका क्या स्थान रहा है इसलिए आप आसानी से मेरी मनोदशा और बीमारी के कारण शारीरिक शिथिलता समझ लेंगे। और क्षमा कर देंगे।

मैं दक्षिण पूर्वी एशिया के विषय में थोड़ा बहुत जानती हूँ। पर दिक्कत यह है कि यहाँ बिल्कुल हाल की घटनाओं की जानकारी प्राप्त करने के साधन नहीं हैं। इसलिए इस विषय में लिखने में थोड़ा संकोच है। मेरा अध्ययन मलेशिया में भारतीय समाज के विषय में रहा है। उस संबंध में कुछ ऐसी समस्याएं हैं जो गहरी हैं, उनके विषय में आप कहें तो कुछ लिखूँ।

इलाहाबाद का साहित्यिक सांस्कृतिक तो आजकल काफी Dull हो गया है- या शायद मैं ही उससे कुछ दूर हो गई हूँ। मैं जो कुछ हिस्सा लेती रही हूँ आप जानते ही हैं इसलिए आप ही विषय सुझाएं तो उस पर लिखूँ। आज कल युनिवर्सिटी बन्द है इसलिए समय भी आसानी से निकाल लूँगी।

आशा है आप सानन्द हैं और काम में मन लग रहा है। आपके पत्र की प्रतीक्षा करूँगी, उसके बाद ही कुछ लिखूँगी।

आपकी
उमा राव

टिप्पणी : उमा राव ने 21.9.77 को लक्ष्मीकांत वर्मा को उनके जन साप्ताहिक के सम्पादक हो जाने पर प्रसन्नता व्यक्त की है साथ ही 'जन' में लिखने एवं कोई उपयुक्त विषय सुझाने के लिए भी लिखा है।

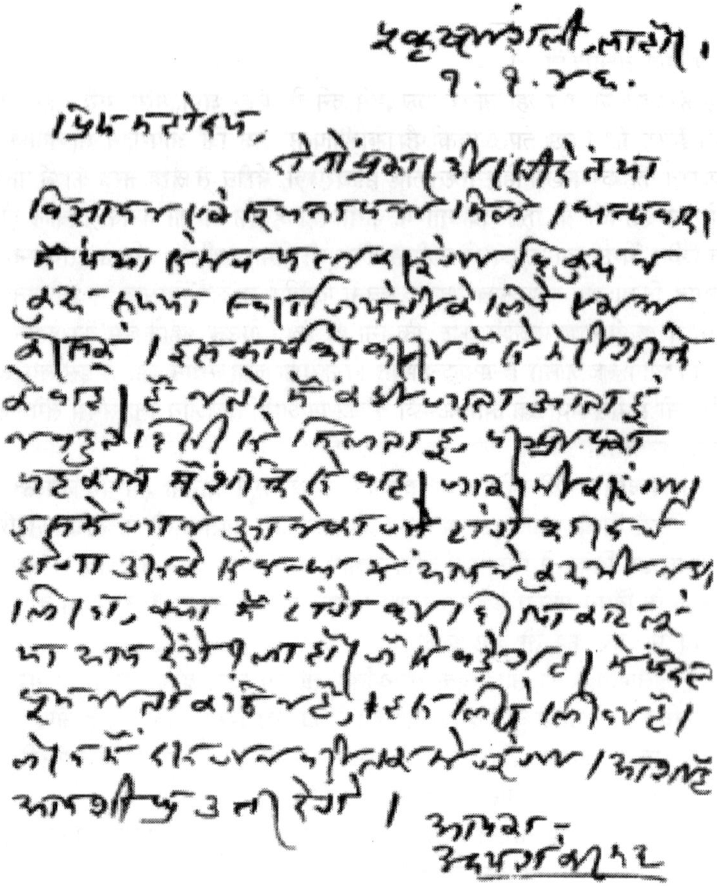

7.7.36.
प्रिय महोदय,
आशा है आप शीघ्र उत्तर देंगे।
आपका—
उदयशंकर भट्ट

5, कृष्णा गली, लाहौर
1.1.46

प्रिय महोदय,
दोनों प्रकार की रसीदें तथा विज्ञापन एवं सूचना-पत्र मिले। धन्यवाद। मैं यथासंभव यत्न करूँगा कि कुछ न कुछ रुपया स्वर्ण जयंती के लिये एकत्र कर सकूँ। इस कार्य को करना वैसे मेरी शक्ति के बाहर है, न तो मैं कहीं जाता आता हूँ न बहुत किसी से मिलता हूँ, पर आपका यह काम मैं शक्ति से बाहर जा कर भी करूँगा। इसमें जाने आने का जो टांगे का खर्च होगा उसके संबन्ध में आपने कुछ भी नहीं लिखा, क्या मैं टांगे का किराया काट लूं या आप देंगे? लाहौर जैसे बड़े शहर में पैदल घूमना तो कठिन है, इसलिए लिखा है। लेख मैं दस जनवरी तक भेजूँगा। आशा है आप शीघ्र उत्तर देंगे।

आपका
उदय शंकर भट्ट

टिप्पणी : उदय शंकर भट्ट जी ने नन्ददुलारे वाजपेयी के नाम कुल जमा 6 पत्र हैं। 1.1.46 से 17.1.47 तक के पत्र लाहौर से लिखे गए हैं। और काशी के पते पर भेजे गए हैं। 3 पत्र वाजपेयी जी को और एक मंत्री को। 1.1.46 के पत्र में उदय शंकर भट्ट 'मंत्री' निराला जयन्ती को लिखते हैं कि उन्हें विश्वास है कि निराला जयन्ती सुन्दर ढंग से सम्पन्न होगी।

लाहौर, 5.1.47

प्रियवर,

आपका कृपा पत्र मिला। मैंने आपके कहने के अनुसार कार्य करने का मित्रों से निश्चय किया मेरा विश्वास है यदि हम लोग प्रयत्न करेंगे तो रु. 500 पंजाब से हम आपके पास भेज सकेंगे। परन्तु प्रश्न यह है क्या 27 जनवरी तक आप अभिनन्दन ग्रंथ तथा अन्य आयोजनों के लिए रुपया पाकर वह तैयारी भी कर सकेंगे। मुझे ऐसा दिखाई देता है कि न तो उक्त तिथि तक तो आपके पास लेख ही पहुँच पायेंगे न रुपया ही इकट्ठा हो सकेगा।

इस दशा में मेरा प्रस्ताव यह है कि उत्सव तथा ग्रन्थ के आयोजन को स्थगित कर दें और ईस्टर की छुट्टियों में करें। इसमें आप धीरे- धीरे सब कुछ तैयार कर सकेंगे एवं उत्सव भी सफलतापूर्वक मना सकेंगे। लोगों को इस संबन्ध में बहुत संदेह है और मुझे भी। इस समय तो यही ठीक मालूम होता है। ईस्टर में लोग भी छुट्टी होने के कारण आ सकेंगे। आशा है आप विचार करके पत्रों द्वारा सूचना देंगे। मैं यह इसलिए कह रहा हूँ कि आपको धीरे-धीरे सहयोग भी मिल जायगा अन्य साहित्यकारों का। इस समय तो आप मुझे काशी में अकेले ही मालूम होते हैं, पहले देशव्यापी आन्दोलन करें तथा लेख मँगाकर पुस्तक छापना प्रारम्भ करें। मैं आपके साथ हूँ। पाठक जी आज ही प्रयाग यहां से गए हैं। पहले सहयोगी तैयार कीजिए।

आशा है आप प्रसन्न हैं।

आपका

उदयशंकर भट्ट

टिप्पणी : 5.1.47 में निराला जयन्ती के लिए 500 रुपये भेजने का प्रयास करने का आश्वासन है। किन्तु साथ ही यह सन्देह भी व्यक्त किया गया है कि नियति तिथि तक न अभिनन्दन पत्र छपना संभव है न रुपया एकत्र होना।

लाहौर, 17.1.47

बन्धुवर,

साहित्य गोष्ठी के लिए आपका निमंत्रण मिला। धन्यवाद। खे़द है कि मैं प्रयत्न करके भी निराला जी के उत्सव में सम्मिलित न हो सकूँगा। इधर कुछ दिनों से मेरी पत्नी बीमार है। घर में कोई देखभाल करने वाला नहीं है। बच्चे छोटे हैं। बड़ा लड़का बंबई है। इसलिए क्षमा चाहता हूँ। लेख मैं रजिस्ट्री से भेज चुका हूँ। मिला होगा।

23 जनवरी तक मैं सम्पूर्ण संचित द्रव्य का यदि यहां से उत्सव में सम्मिलित होने कोई जा सका तो उसके हाथों बैंक का ड्राफ्ट भेज दूँगा अन्यथा मनीआर्डर द्वारा रुपया भेजूँगा। विश्वास है विवशता के कारण मेरे उपस्थित न होने पर भी निराला जी के प्रति सम्मान की मेरी भावना में अंतर न पड़ेगा। मैं विश्व के महान कलाकारों में निराला का महत्वपूर्ण स्थान भी मानता हूँ। वे हमारे साहित्य की विभूति हैं। उनका सम्मान सभी साहित्यकारों का सम्मान है। आपने निराला का सम्मान करके जहां राजनीतिक दंभियों का मान मर्दन किया है वहाँ साहित्यिक का उचित सम्मान-प्रदर्शन भी किया है। मैं चाहता हूँ आपके द्वारा आयोजित यह उत्सव हिन्दी के इतिहास में अभूतपूर्व हो।

आजकल राजनीति का बोल-बाला है इसलिये दुर्बल मैं, यथेष्ट द्रव्य संग्रह न कर सका फिर भी मुझ सुदामा द्वारा यत्किंचित संचित द्रव्य पाकर आप परितुष्ट ही होंगे। यहाँ दो एक मित्रों ने मुझे सहायता दी है उनका उल्लेख मैं द्रव्य भेजने के समय करूँगा। आशा है आप क्षमा करेंगे।

विनयावनत
उदयशंकर भट्ट

टिप्पणी : 17.1.47 के पत्र में निराला जयन्ती के उत्सव में सम्मिलित न हो पाने के लिए खेद व्यक्त किया गया है। भट्ट जी ने अपनी पत्नी की बीमारी का उल्लेख किया है।

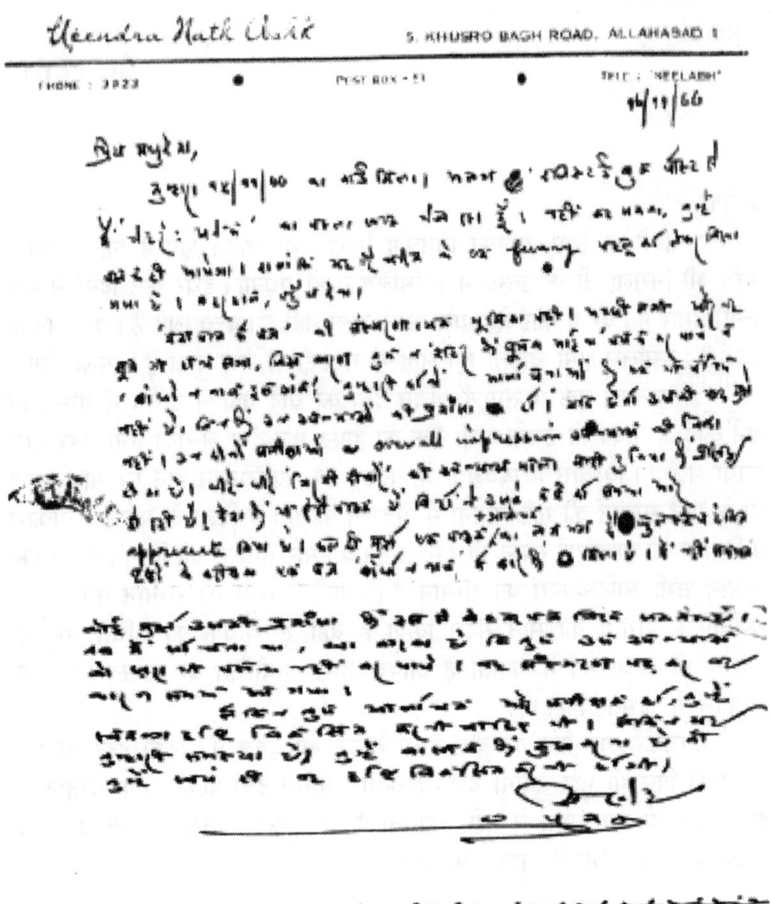

Upendra Nath Ashk

5, KHUSRO BAGH ROAD, ALLAHABAD 1

PHONE : 3823 • POST BOX - 51 • TELE : 'NEELABH'

14/11/66

प्रिय मधुरेश,

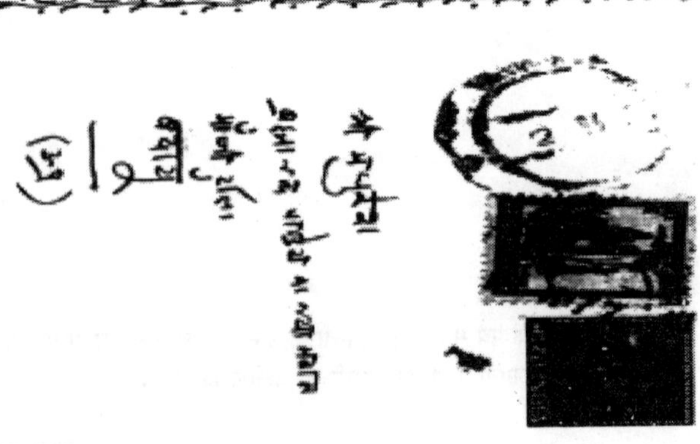

Upendra Nath Ashk
ROAD,

5, KHUSRO BAGH
ALLAHABAD-I
16.11.77

प्रिय मधुरेश,

तुम्हारा 15.1.77 का कार्ड मिला। अलग रजिस्टर्ड बुक पोस्ट से मैं 'चेहरे : अनेक' का पहला खण्ड भेज रहा हूँ। नहीं कह सकता, तुम्हें पसन्द ही आयेगा। हालांकि यह मेरे चरित्र के एक Funny पहलू को लेकर लिखा गया है। बहरहाल, पहुँच देना।

'यशपाल के पत्र' की संस्मरणात्मक भूमिका पढ़ी। अच्छी लगी और वह सूत्र भी हाथ लगा, जिस कारण तुम न 'शहर में घूमता आईना' पसन्द कर पाये न 'बांधों न नाव इस ठांव'! तुम्हारी दोनों आलोचनाओं में एक भी पंक्ति नहीं है, जिनमें उन उपन्यासों की प्रशंसा हो! याद है न उसकी याद मुझे नहीं। उन दोनों समीक्षाओं का Over all impresson उपन्यास की निन्दा टीका हो। धीरे- धीरे 'गिरती दीवारें' की उपन्यासमाला सारी दुनिया में प्रसिद्ध हो रही है। देश में भी ऐसे पाठक हैं जिन्होंने उसके मर्म को समझा और Appreceate किया है। कल ही मुझे एक पाठक आलोचक का लगभग छै (छः) फुलस्केप टंकित पृष्ठों के करीब का एक पत्र 'बांधों न नाव' के बारे में मिला है। मैं नहीं समझता कोई मुझे उसकी प्रशंसा में इससे बेहतर पत्र लिख सकता है। तब मैं सोचता था, क्या कारण है कि तुम उस उपन्यास को जरा भी पसन्द नहीं कर पाये। वह संस्मरण पढ़कर वह कारण समझ आ गया।

लेकिन तुम आलोचक और समीक्षक हो, तुम्हें स्वतंत्र दृष्टि विकसित करनी चाहिए थी। लेकिन यह तुम्हारी समस्या है। तुम्हें वास्तव में कुछ करना हो तो तुम्हें स्वयं ही वह दृष्टि विकसित करनी होगी।

सस्नेह
उपेन्द्रनाथ अश्क

टिप्पणी : 17.11.77 के पत्र में यह उलाहना देते हैं कि मधुरेश ने उनके उपन्यास 'शहर में घूमता आईना' और 'बांधों न नाव इस ठांव पर' एक पंक्ति भी नहीं लिखा।

उपेन्द्रनाथ अश्क 30.5.90

प्रिय मधुरेश,
तुम्हारा 22 मई का पत्र मिला। आभारी हूँ। तुम्हारी माता जी के देहावसान और युवा साले की दुःखद मृत्यु से मन उदास हो आया। मौत चूंकि बरहक है, इसलिए सिवा उसे झेलने के कुछ नहीं किया जा सकता। आशा करता हूं, समय तुम्हारे घाव भर देगा। इधर दो-तीन बार यूँ ही तुम्हारी याद आयी कि पता नहीं मधुरेश के क्या हाल-चाल हैं। कुछ लिख रहा है कि नहीं?

मैं तो अब इस वर्ष 80 का हो जाऊँगा। सो ज़ईफ ी और बीमारी ने घर में बांध दिया है। कहीं आता जाता नहीं। किसी से मिलता जुलता नहीं। हफ्तों बंगले के गेट तक नहीं जाता। लिखने-पढ़ने की गति भी वैसी नहीं रही, क्योंकि आंखों की ज्योति मन्द हो रही है और उंगलियां आर्थराइटिस से सूजी हुई हैं। सहयोगियों की मदद से थोड़ा बहुत लिखता-पढ़ता हूँ। 'गिरती दीवारें' का छठा हिस्सा विगत अक्टूबर में ख़त्म करके 7वें और अंतिम खण्ड के लिए कुछ ज़रूरी मसाला लेने और लाहौर की यादें ताज़ा करने के लिए मैं लाहौर गया था। वहाँ इस्लामाबाद, लाहौर और करांची में इतने बड़े जल्से (जलसे) हुए और इतने लोग मिलने आए कि नीलाभ यह जानकर चकित रह गया कि पाकिस्तान में मेरे इतने चाहने वाले हैं। करांची के एक बहुत बड़े जलसे में 'अंजुमन- तरक्की- ए- उर्दू' पाकिस्तान ने मुझे स्टेनलेस स्टील में खुदा और चौड़े सुनहरी फ्रेम में जड़ा मेरी 50 वर्षीय उर्दू हिदमत के लिए 'हदिया-ए-अकीदत' पेश किया।

करांची में ही समुद्री हवा के कारण मैं बीमार हो गया। आकर डेढ़ महीना बीमार रहा।

इधर मेरा 9वां काव्य संग्रह 'पीली चोंच वाली चिड़िया के नाम' छपा है। एक नया खण्ड काव्य (क्रम में तीसरा) 'निन्नी मामा आते हैं' पूरा किया है। चाहता हूँ, कोशिश भी करूँगा कि इस वर्ष छप जाय। इस वक्त 'शहर में घूमता आईना' उर्दू में कर रहा हूँ। दो एक महीने का समय उस पर और लगेगा। तीसरा 'एक नन्हीं किन्दील' उर्दू में हो गया है। प्रेस में है। इस साल छप जायगा। अगस्त में 'गिरती दीवारें' का छठा खण्ड जिसका नाम पलटती धारा रखा है, रिवाइज करना शुरू करूँगा। मेरा लड़का कहता है इसमें तीन परिच्छेद कमज़ोर हैं। उन्हें फिर से दो-तीन

बार लिखना पड़ेगा। उम्मीद तो करता हूँ कि इस साल के अंत तक उसे संशोधित करके प्रेस के लिए तैयार कर दूँगा।

फिर यदि ऊपर वाले ने चाहा तो 1991 में 'गिरती दीवारें' का सातवां और अंतिम खण्ड शुरू करूँगा। कठिन काम है। यहां तक पहुँचने ही में पचास वर्ष लग गए। उम्र इतनी घट गयी है, कह नहीं सकता, पूरा कर पाऊँगा या नहीं। कोशिश तो पूरी करूँगा। अपना जोर भी उसी पर है। मेरे देश के आलोचकों को (वे हिन्दी वाले हों या उर्दू वाले) मेरा उपन्यास पसन्द नहीं आया, लेकिन रूस, अमेरिका, और जर्मनी में इस पर बहुत ही गहरे पेपर आये हैं। गत वर्ष कील विश्वविद्यालय पश्चिम जर्मनी के उर्दू विभागाध्यक्ष श्री डिट माइयान आये थे। कहने लगे अश्क साहब यहां लोग आपके उपन्यास को कॉम्प्रीहैण्ड नहीं कर पाते, आप बाहर प्रसिद्ध होकर ही देश में प्रसिद्ध होंगे।

शायद वे ठीक ही कहते थे। इस वर्ष 'गिरती दीवारें' का अनुवाद जापानी भाषा में छप रहा है। प्रकाशकों ने सूचना दी है कि अगस्त तक छप कर बाहर आ जायगा। पहले संस्करण की दो हज़ार प्रतियों के डेढ़ लाख येन उन्होंने ऑफ र किए हैं। जापानी पाठकों के नाम अपने वक्तव्य में मैंने उपन्यास के बारे में कुछ सूत्र दिये हैं। मैं समझता हूं कि जब मेरे देश के विद्वान इस बात पर विचार करेंगे कि क्यों मेरा उपन्यास विदेशों में पसन्द किया जा रहा है तो ऊपरी तौर पर इसे देखने के बदले इसके उन तत्वों को खोजने की कोशिश करेंगे जो इसे सार्वजनीयता प्रदान करते हैं तभी शायद वे इसे पसन्द भी कर पायें। कुछ नयी कविताएं भी लिखी हैं। आशा करता हूं दसवां संग्रह जल्दी ख़त्म हो जायगा, क्योंकि अब आने वाले वर्षों में मैं उपन्यास का अन्तिम खण्ड लिखूंगा या हाथ रुकने पर कविताएं। और कुछ नहीं लिखूंगा। सम्भव है मेरे 80 वें जन्मदिवस पर 'साक्षात्कार और विचार' के शीर्षक से मेरे विभिन्न साक्षात्कारों के तीन नये संग्रह इकट्ठे छपें अथवा मेरी आरम्भिक, अप्रकाशित कहानियों की तीन संग्रह 'मेरे कहानी लेखन के 40 वर्ष' नामक मेरी ताज़ा उर्दू पुस्तक के हिन्दी अनुवाद के साथ जो उन पर भूमिका स्वरूप जायगी। इधर कुछ ग़ज़लें भी लिखी हैं, चन्द शेर देखो :-

उम्र ने बांध दिया जिस्म को इक हुज्रे[1] से
दिल है कम्बख्त कि उड़ने को ठिकाने मांगे

पड़े हैं कब से तेरे मयकदे के सर्द अयाग[2]
वो कौन है जो नयी आग, इनमें ढालेगा

[1] कमरे, कोठरी
[2] प्याले

हम न मजनूं हैं, न फ   रहाद हैं, लेकिन यारों
इश्क से अपनी भी थोड़ी सी शनासाई[3] है   परिचय[3]
हाथ क्या दौर है पहलू में धड़कती हुई शै
संग या ख़ार बने दर्द भरा दिल न बने   1 कटुभाषी

तल्ख़- काम अश्क सही लाख मगर लब उसके
उम्र भर मायिल- ए- हमदर्दी- ए- बातिल न बनें
(झूठ से हमदर्दी रखने वाले)

तुम अपने हाल- चाल देना।

सस्नेह

उपेन्द्रनाथ अश्क

पुनश्च :- दे सको तो राना प्रताप बाग दिल्ली से निकलने वाली समीक्षा पत्रिका 'प्रकर' का सही एड्रेस देना। मैं उन्हें अपना काव्य- संग्रह भेजना चाहता हूँ। वे सदैव संतुलित समीक्षा करते हैं।

अश्क
5, खुसरो बाग रोड
इलाहाबाद 211001
फोन-3023, 33805

टिप्पणी : 30.5.90 के लम्बे पत्र में 'गिरती दीवारें' के छठे भाग को लिखने से पहले पुरानी यादें ताजा करने के लिए लाहौर जाने का उल्लेख है। साथ ही अपने नवें काव्य संग्रह 'पीली चोंच वाली चिड़िया' के छप जाने की सूचना है।

उपेन्द्रनाथ अश्क
फोन : 3023

5, खुसरो बाग रोड,
इलाहाबाद-1
पोस्ट बाक्स 53
19.3.74

प्रिय मधुरेश,
यह तुम्हारे 2 मार्च के पत्र का उत्तर नहीं सिर्फ पहुँच है। मैं अपने उपन्यास के रेडियो रूपान्तर की अन्तिम किस्त लिखने और उसे प्रोड्यूस करने में लगा रहा। 16 को मैंने उसे प्रोड्यूस किया। आठ- आठ घंटे मेहनत करनी पड़ी। अन्तिम दिन बहुत थक गया। 17 पर रेडियो पर अ. भा. कवि सम्मेलन में 10 बज गये। बेहद थक गया। दो दिन कुछ करने को मन नहीं हुआ। दफ्तर में यह महीना बेहद काम का महीना रहता है, किसी को बात करने की भी फुर्सत नहीं रहती। सो न पहले पत्रोत्तर दिया जा सका, न किताबें ही भेजी जा सकीं।

अब मैं दो एक दिन में निम्नलिखित पुस्तकें भिजवाऊँगा।

बांधो न नाव इस ठांव, मंटो की तीस कहानियाँ, अंजो दीदी, लौटता हुआ दिन।

तुमने जो पुस्तकें हिसाब में मंगायी हैं, वे मैं नहीं भेज सकता, क्योंकि हम दूसरों की पुस्तकें नहीं बेंचते और 'लोक भारती' से, जहाँ ये पुस्तकें मिल सकती हैं, हमारे संबंध ठीक नहीं। मैंने नीलाभ से कह दिया है कि वह तुम्हारे लेख के लिए दूधनाथ सिंह के खाते में 50 रु. भिजवा दे। वह अप्रैल में तुम्हें रुपये भिजवा देगा। मैं अप्रैल का महीना यहीं हूँ, मैं भी याद रखूँगा। तुम भी एक कार्ड नीलाभ को लिख देना दूधनाथ जाने कब अपना काम खत्म करेगा, पर तुमने लेख भेज दिया है, तुम्हें पैसा मिल जाना चाहिए। मैंने दूधनाथ से कह दिया है। सो इस सिलसिले में तुम चिन्ता न करो। 'नाटककार अश्क' सम्पादित पुस्तक है, वह मंगाना चाहो तो नीलाभ प्रकाशन से मँगा लेना। मैं तो अपनी ही पुस्तकें भेज सकता हूँ। तुम्हारे पत्र की शेष बातों का विस्तार से उत्तर फिर दूंगा।

डंगवाल कल यहां था, मैंने उससे कहा था कि मैं बरेली आना चाहता हूँ। अगर मैं बरेली गया तो बदायूँ भी आऊँगा पक्का कुछ नहीं। थक गया हूँ, कुछ घूमना चाहता हूँ। न आ सका तो कभी तुम्हीं आना।

सस्नेह
उपेन्द्रनाथ अश्क

टिप्पणी : 19.3.74 के पत्र में लेखकों को मुफ्त में पुस्तकें भिजवाने की शिकायत करते हैं साथ ही मधुरेश को 50 रूपये का मनीआर्डर भी भेज देते हैं।

5, खुसरो बाग़ रोड, इलाहाबाद
31.12.69

प्रिय मधुरेश,
तुम्हारा 10.12.69 का पत्र यथा समय मिल गया था। मेरी नयी पुस्तकें 16 को Release होने वाली थीं, उसी में व्यस्त रहा। फिर मेरा छोटा लड़का और बहू दिल्ली चले गए और मुझे कौशल्या की सहायता के लिए दफ्तर में बैठना पड़ा, इसलिए तत्काल तुम्हारे पत्र का उत्तर नहीं दे सका। आशा है, तुम बुरा नहीं मानोगे। मैं परसों एक महीने के लिए दिल्ली जा रहा हूँ। अभी मुझे तैयारी करनी है, इसलिए मैं जल्दी में ये पंक्तियां लिख रहा हूँ। सबसे पहले नये वर्ष की शुभकामनाएं स्वीकार करो। नव वर्ष तुम्हारे तथा तुम्हारे परिवार के लिए सुख-समृद्धि तथा शांति लाये, इसकी कामना करता हूँ। आज अलग रजिस्टर्ड बुक पोस्ट से तुम्हारे लिए 25 श्रेष्ठ एकांकी तथा 'एक नन्ही किंदील' की एक प्रति भेज रहा हूँ। किसी पत्र-पत्रिका को इस अफ रातफ री में भेजना मुश्किल है। तुम्हें भेज रहा हूँ, कि तुमने लिखा था। मैं महीने बाद वापस लौटूँगा। तब तक आशा करता हूँ, तुम इन्हें पढ़ चुके होगे और प्रतिक्रिया दोगे।

मुझे याद नहीं आ रहा कि मैं ने तुम्हें ऐसा क्या लिखा था, जिसका तुम्हें बुरा लगा। पत्र की कोई प्रतिलिपि मुझे नहीं मिली। हो सकता है, पत्र पाते ही मैंने तात्कालिक मनःस्थिति में, उपन्यास लिखते-लिखते चंद पंक्तियां घसीट दी हों। अपने जिस पत्र का तुमने उल्लेख किया है, वह मुझे जरूर बुरा लगा था। कारण यह है कि मैंने तुम्हें पूंछकर ही पुस्तकें भिजवायी थीं। जब मैंने इंटरव्यू के लिए तुम्हें लिखा था तो तुम्हें वे सब बातें उसी वक्त लिख भेजनी चाहिएँ थी। मेरे पत्र के उत्तर में तुमने बड़े उत्साह से पत्र लिखा, बल्कि यहां तक लिखा कि पुस्तकें वी.पी. से भेज दीजिये। जब मैंने ढेर सी पुस्तकें भिजवा दीं तो तुमने लगभग महीना भर तक उनकी पहुँच ही नहीं दीं। और इंटरव्यू के संदर्भ में अपनी अरुचि प्रकट की। प्रकट ही मुझे बुरा लगा होगा और अपनी व्यस्तता में मैंने कोई वैसा पत्र लिखा होगा। यों इलाहाबाद तुम हमेशा आ सकते हो और मेरे साथ रह सकते हो। मेरी ग ैर-मौजूदगी में भी ठहर

सकते हो। मेरी मौजूदगी में आओगे तो यहाँ के सभी गुटों के साहित्यकारों से मिला दूँगा। फरवरी- मार्च में वापस आऊँगा और खाली रहूँगा। से.रा. यात्री, अमर गोस्वामी, रवीन्द्र नाथ त्यागी और बिहार के एक साहित्यकार के Rough interview लिखे पड़े हैं। उन्हें ठीक करना है और अगले वर्ष वह पुस्तक प्रेस में जायगी। दूधनाथ सिंह ने एक अत्यन्त विवादास्पद लंबा इंटरव्यू लिया है। वैसा ही एक सुदर्शन चोपड़ा ने लिया है। शेष शोध छात्रों के हैं (यानी अध्यापक के) यह सब सामग्री edit होगी, तभी जायगी। फिर मेरा लड़का नीलाभ आ जायेगा तो यह काम होगा। लेकिन उपन्यास लिखने में और यह काम करने में अन्तर है। यह सहज है। मैं खाली ही रहूँगा   लगभग छै (छः) महीने। फिर नया काम हाथ में लूँगा। आओ, जब चाहो इंटरव्यू मना करने वाली बात से मुझे बुरा नहीं लगा, बुरा सिर्फ इस बात का लगा कि जब मैंने लिखा था, तभी तुम्हें यह बात लिखनी चाहिए थी। आशा है, इस ज़रा से बारीक अंतर को तुम समझ जाओगे। इसमें किसी तरह की साहित्यिक राजनीति की बात नहीं। मुझे लगा, तुमने मुझे बेवकूफ बनाया है। बहरहाल यह किस्सा ख़त्म हुआ।

सस्नेह

उपेन्द्रनाथ अश्क

टिप्पणी : 31.12.69 के पत्र में रजिस्टर्ड पोस्ट से 25 श्रेष्ठ एकांकी भेजने की सूचना है।

5, खुसरो बाग़ रोड, इलाहाबाद
4.12.69

प्रिय मधुरेश,

आशा है, तुम सपरिवार स्वस्थ और सानन्द हो। परसों लगभग एक वर्ष के कठिन श्रम के बाद मैंने अपना उपन्यास 'एक नन्हीं किन्दील' खत्म कर दिया 420 पृष्ठों का बना। इसी बीच अपने चुने हुए 25 एकांकियों को Revise किया, दो को दोबारा लिखा। हरेक पर एक भूमिका लिखी और इन पचास भूमिकाओं के अलावा पुस्तक के शुरु में 'हिन्दी एकांकी और जीवन रंग- मंच : एक लंबी ढलान के दोनों ओर' शीर्षक से एक बहुत लम्बी भूमिका ख़त्म की और अब अपेक्षाकृत हल्का होकर दो दिन से इस बीच अभी डाक निबटा रहा हूँ। तुम्हारा 15.6.69 का पत्र मेरे सामने है। इस पर 'उत्तरित नहीं' लिखा है। जाने इसका जवाब दिया या नहीं? मुझे इतना स्मरण है कि इस बीच तुम्हें किताबें भेजी थीं और दो एक पत्र भी लिखे थे। बहरहाल डॉ. लाल के इंटरव्यू के उत्तर में तुमने जो टिप्पणी 'ज्ञानोदय' में लिखी है, वह मैंने पढ़ी है। मैं उसके लिए तुम्हारा आभारी हूँ। क्या डॉ. लाल वाला इंटरव्यू तुम्हारे पास नहीं? मैंने वह नहीं पढ़ा, हो और भिजवा सको तो आभारी हूँगा और पढ़कर उसी डाक से वापस भिजवा दूँगा। मुझे याद नहीं कि मैंने कौन सी, पर तुम्हें काफी पुस्तकें भेजी थीं। तुमने तो उन्हें वी.पी. से भेजने तक को लिखा था। जो पुस्तकें तुमने इतने उत्साह से मँगायी, उनके बारे में फिर एक पंक्ति भी नहीं लिखी?

मैं अपनी व्यस्तता में फिर इस बारे में तुम्हें याद नहीं दिला सका। तुम्हारा पत्र देख कर सोचा पूंछूँ, उन्हें किस कोल्ड स्टोरेज में डाल दिया? मेरी दोनों पुस्तकें दिसम्बर के अंत अथवा जनवरी के शुरू में निकलेगी। मैं इस महीने के तीसरे सप्ताह में महीने डेढ़ महीने के लिए दिल्ली चला जाऊँगा। आकर तुम्हें पुस्तकें भिजवाऊँगा। लेकिन 'एक नन्हीं किन्दील' पढ़ने का तभी मज़ा है, जब 'गिरती दीवारें' और 'शहर में घूमता आईना' पढ़ लो। क्योंकि यह उसका अविच्छेद अंग है। यूं मैं ने लिखा इसी तरह है कि जिसने वह दोनों न भी पढ़े हों, वह भी इसे पावे उपन्यास में। पर तुम आलोचक हो, तुम्हारे लिये उन्हें पढ़ना जरूरी है। इसी महीने साठवें में कदम रख रहा हूँ। ज़िन्दगी ने वफा की और आठ दस वर्ष भी और मिल गए तो 75-77 तक उपन्यास के पाँचों खण्ड पूरे कर दूँगा। अपनी कुशलक्षेम देना।

सस्नेह
उपेन्द्रनाथअश्क

टिप्पणी : 4.12.69 के पत्र में अपना उपन्यास 'एक नन्ही किन्दील' के पूरे कर लेने की सूचना है। साथ ही अपने 25 एकांकियों को रिवाइज़ करने की सूचना है।

Date : 15.12.65

प्रिय मधुरेश,

तुम्हारा 12.12.65 का पत्र मिला। मैं इस अगस्त के महीने मैं सख्त बीमार रहा हूँ, दमा हो गया था, बहुत कमज़ोर हो गया हूँ। और बड़ी कठिनाई से उस पर कुछ कंट्रोल कर पाया हूँ। उपन्यास शुरू किया था, चल निकला था, पर रुक गया। यही हाल एक नाटक का हुआ। कविताएँ जरूर कुछ लिखी हैं। दो नई पुस्तकें छपी हैं- 'परतों के आर-पार' (संस्मरण संग्रह) तथा 'खोया हुआ प्रभा मण्डल' (कविता संग्रह) पता नहीं तुम्हारी नज़र से गुज़रे हैं या नहीं?

तुम्हारा पत्र पाकर मैंने आलोचना का अंक ढुँढवाया है। सब तो नहीं, लेकिन आधा लेख जरूर पढ़ गया। मेरी आंखें खराब हैं। पूरा पढ़ने में कठिनाई हुई, पर जो बात कहनी है, इतना पढ़कर ही कह सकता हूँ। लेखकों की कला के बारे में तुमने विशिष्ट कहानियों से पहले जो नोट दिए हैं वे बहुत अच्छे हैं- शायद इसलिये कि उनके बारे में तुम्हें मसाला मिल गया, कुछ दूसरों के लेखों से, कुछ कथाकारों के अपने वक्तव्यों से, लेकिन कहानियों के संबंध में तुम्हारा विवेचन अत्यन्त त्रुटिपूर्ण है। एक पत्र में वह सब युक्ति युक्त ढंग से समझाना मेरे बस का नहीं, कभी इलाहाबाद आओ, एक- आध दिन यहाँ रहो तो तुम्हें समझाऊँ। औरों के बारे में बात न करके 'पलँग' की बात कहता हूँ। मेरे खयाल में 'पलँग' को तुम बिल्कुल नहीं समझे। जो गुण अथवा अवगुण तुमने गिनाये हैं, वे सब ऊपरी हैं, कहानी बनना निम्न कोटि की आलोचना है, उस समय तक कहानी अथवा उपन्यास का कथानक नहीं देना चाहिए जब कथानक में कोई त्रुटि दिखाना अभीष्ट न हो। उसके मर्म को छुपाते तो मैं दाद देता। जब तुमने मुझे लिखा तो मैं बड़ी आसानी से तुम्हें Tips दे सकता था, लेकिन मैंने जानबूझकर ऐसा नहीं किया कि देखूं तुम कितने पानी में हो। ऐसी आलोचना तुमने 'शहर में घूमता आईना' के बारे में की थी। बात तुम्हीं तक सीमित नहीं, **हिन्दी के आलोचकों का प्रायः यही हाल है।** 'पलँग' का अनुवाद खुशवन्त सिंह ने किया है और वह कहानी अंग्रेज़ी संकलन में छपी है। 'शहर में घूमता आईना' पर भारत में काम की एक भी आलोचना नहीं आयी, पर विदेश से आयी है। मैं कोरी प्रशंसा अथवा निंदा से संतुष्ट नहीं होता। **कहानी अच्छी है तो क्यों अच्छी है, बुरी है तो क्यों बुरी है? जो आलोचक इस प्रश्न का मुदल्लल**

(युक्तिपूर्ण) उत्तर नहीं देता, यानि जो मर्म पर उँगली नहीं रखता, **उसे मैं सफल आलोचक नहीं मानता।**

मेरे पत्र का यह अर्थ नहीं लेना कि मैं तुम्हारा आभार नहीं मानता। मैं आभारी हूँ। ये बातें मैंने केवल तुम्हारी सफलता के दृष्टिकोण से लिखी है। **आये दिन दोयम दर्जे का साहित्य छपता है, उसी तरह विश्वविद्यालय का हर एम.ए. पास आलोचना लिखता है।** इस भीड़ में कौन अपनी सत्ता मनवाता है, वही जो मर्म पर उँगली रखता है, वैसा करने के लिए गहरी दृष्टि और प्रचुर ज्ञान अपेक्षित है। वैसा ही तुम्हें भी प्राप्त करना चाहिए यदि वाकई कुछ करने की आकांक्षा है। मेरी किसी बात का बुरा न मानना मुँहदेखी बात करना मेरी आदत नहीं और यह सब मैं ने हितचिंता से लिखा है।

सस्नेह
उपेन्द्रनाथ अश्क

टिप्पणी :15.12.65 के पत्र में मधुरेश को उनकी कहानी संबंधी आलोचना की कमियाँ बतलाते हैं।

शेठिया सदन
माटुंगा-बम्बई-19
11.11.64

प्रियवर मधुरेश जी,
आपका 29.10.64 का कृपा पत्र इलाहाबाद से होकर मुझे यहाँ मिला। मैं डाक्टरों के चक्कर में फँसा हुआ था, इसलिए आपको तत्काल उत्तर न दे सका।

पिछले 16 वर्षों में जो अच्छी कहानियाँ मैंने लिखी हैं, उनमें निम्नलिखित उत्कृष्ट कह सकते हो, उनमें भी कौन सर्वश्रेष्ठ है, यह पाठक पर निर्भर करता है।

बच्चे = दो धारा
लिरेंजाइटिस = छींटें सत्तर श्रेष्ठ कहानियाँ

मौसी = काले साहब
अड्डी चुक भूनना = काले साहब
कहानी लेखिका और जेहलम के सातपुल

ठहराव
पलंग
आना और मुस्कान पलंग
बेबसी

इन में से <u>पलंग</u> अत्यधिक Discussed है। आप भी उसे ले सकते हैं। यद्यपि 'आग और मुस्कान' उससे भी बारीक कहानी है और 'बेबसी' कहीं सशक्त है। आप इन कहानियों को पढ़ लीजिए और तय कर लीजिए! पलँग वगैरह आप के पास न हो तो 'बच्चे' ले लीजिए!

शेष साथियों के बारे में मैं यहाँ बैठा आपकी ज्यादा मदद नहीं कर सकता तो भी रांगेय राघव की 'गदल' विष्णु प्रभाकर की 'धरती फिर भी घूम रही थी', यशपाल की 'धर्म युद्ध' अथवा 'अपनी-अपनी जिम्मेदारी', बेदी की 'अपने दुख मुझे दे दो', अमृत लाल नागर की 'लँगूरा', आपकी सूची में जरूर होनी चाहिए। भीष्म साहनी ने कुत्ते को लेकर एक बहुत अच्छी कहानी लिखी थी, उसे आप ले सकते हैं। 'चीफ की दावत' को ले सकते हैं, यद्यपि उस पर प्रेमचंद की 'बूढ़ी काकी' का स्पष्ट प्रभाव है।

मैं इलाहाबाद होता तो अपनी लाइब्रेरी में ढूँढकर आपकी मुश्किल आसान कर देता, पर बम्बई में बैठे आपकी सेवा कुछ नहीं कर सकता। बीमार हूँ और परेशान हूँ।

सस्नेह
उपेन्द्रनाथ अश्क

टिप्पणी :11.11.64 का पत्र शेठिया सदन माटुंगस बम्बई से लिखा गया है। इस पत्र में गत सोलह वर्षों में लिखी गयी अपनी उत्कृष्ट कहानियों की सूची देते हैं।

5, खुसरो बाग रोड, इलाहाबाद,
2.12.63

प्रिय मधुरेश,
तुम्हारा 14.10.63 का पत्र यथा समय मिल गया था। अस्वस्थतावश उत्तर नहीं दे सका। आँखें मेरी पहले से कुछ बेहतर हैं। 'बांधो न नाव इस ठाँव' पूरा हो गया है, पर दो- एक वर्ष बाद छपेगा। मैं कहानी या उपन्यास लिखकर छै (छः) महीने तक उसे दराज़ में डाल देता हूँ, फिर उठाकर दूसरी बार लिखता हूँ। कई बार कुछ portions तीसरी चौथी बार भी लिखता हूँ, तभी वह छपता है। जल्दी भी करूँगा तो साल से पहले नहीं छापूँगा। अभी rough लिखा है। वही नयी कहानियों में संक्षिप्त रूप से छप रहा है।

'लहर' का अंक तो नहीं, पर तुम्हारे review का तराशा मिला। पढ़ा भी था। कलकत्ते की किसी पत्रिका में भी उसके संबंध में तुम्हारे remarks भी देखे थे। एक बात तुमने ग़लत लिखी है कि 'शहर में घूमता आईना' में जो गली मोहल्लों का विशद वर्णन है वह 'झूठा सच' जैसा है। अगर तुमने 'गिरती दीवारें' और 'गर्म राख' पढ़े होते तो तुम्हें मालूम होता कि वे वर्णन उन्हीं उपन्यासों जैसे हैं। 'गिरती दीवारों' से पहले जैसे वर्णन कोई नहीं करता था, अब तो खैर 'परती परिकथा', 'लकीरें', 'बूंद और समुद्र' और यदि तुम्हारी बात सच है तो (मैंने झूठा सच अभी नहीं पढ़ा) झूठा सच ही है। मेरे यहाँ प्रभाव झूठा सच से आया है अथवा वहाँ 'गिरती दीवारें' से यह शोधकों का काम हैं। और आज कोई चाहे धाँधली से जो चाहे लिखे, आने वाला शोधक और आलोचक ठीक बात लिखने से डरेगा नहीं, इसका मुझे विश्वास है।

बाकी जो कुछ तुमने लिखा है, उसके संबंध में क्या कहूँ। **हिन्दी में आलोचना तो होती नहीं, राय और फतवे दिये जाते हैं,** वही बात तुमने किया है। दूसरा कुछ तुम्हारे लिए सम्भव भी नहीं। क्योंकि यही अग्रज आलोचक करते आए हैं, और जाने कब तक यह करते रहेंगे।

साधारण पाठकों में कुछ को बहुत अच्छा लगा है, कुछ को बोरिंग, और बिखरा-बिखरा। केवल एक पत्र मुझे मिला है। जिसने उपन्यास की कला को समझने और उसी के अनुसार उसका रस पाने का प्रयास किया है। अमरीका जाने से पहले श्री जगदीश चन्द्र माथुर ने एक लम्बा पत्र उपन्यास पढ़कर मुझे लिखा था। उसकी चंद पंक्तियाँ लिखता हूँ कि वह मेरे मन की बात कहता है।

"... आपके आईने में जाल घर के बिम्ब देखते-देखते jana joya के Ulysses

की याद आई। उसी के Dutlmers की। उसने डबलिन नगर के तटस्थ वर्णनों में एक ऐसी आत्मीयता की झांकियां दी हैं, जिन्हें पाने के लिए पाठक को गहरे में उतरना पड़ता है। आप का भटकता हुआ नायक भी एक साथ दो तरह की दृष्टियां फेंकता है। एक में तो वह समेट लेता है- मुखड़ों और मुखौटों को, गलियों और भवनों को रंगीनियों और संघर्षों को और दूसरी अँधेरे में खोये उस धागे को थामती चलती है जो व्यक्ति की अनुभूतियों में अकुलाहट उदासी और चुनौती को जोड़े हुए है, पर जिसके जोड़ने वाले रेशों का आसानी से पता नहीं चलता।''

यदि तुमने इस दृष्टि से उपन्यास पढ़ा होता तो तुम उसके मर्म को पा जाते और तुम्हें व्यर्थ के विस्तार की शिकायत न होती। बहरहाल यदि तुम पढ़ते रहे और लिखते रहे और आत्मालोचना से अपनी दृष्टि सँवारते रहे तो शायद हिन्दी, आलोचना को कोई नयी दृष्टि दो। तुम्हारे इस रिव्यू में और शेष आलोचनाओं? जो आए दिन हिन्दी के 'विज्ञ' आलोचक करते रहते हैं, कोई विशेष अंतर नहीं। मैं तुम्हारी सफलता की कामना करता हूँ।

सस्नेह
उपेन्द्रनाथ अश्क

पुनश्च : मैंने जेम्स जॉयस का उपन्यास नहीं पढ़ा, केवल एक कहानी पढ़ी है। यूलिसीज़ में और 'आईना' में कुछ समानता है या नहीं कह सकता पर माथुर साहब की शेष बातें ठीक है। उनसे मैं सहमत हूँ।

टिप्पणी : 2.12.63 के पत्र में अपने उपन्यास 'शहर में घूमता आईना' के ब्यौरों को यशपाल के 'झूठा सच' से अलग बतलाते हैं। वह कहते हैं कि उनके उपन्यास 'गिरती दीवारें' में भी बहुत से ब्यौरे हैं।

5, खुसरो बाग रोड, इलाहाबाद
24.11.63

प्रिय मधुरेश,
तुम्हारा पत्र आया था मैं बहुत बीमार हूँ, बहुत कमजोर हो गया हूँ, इसलिए उत्तर नहीं दे सका।

नहीं मैं यह नहीं मानता कि तुम्हारे मन में मेरे प्रति किसी तरह का पूर्वग्रह। मैं सिर्फ यही कहना चाहता था कि तुम्हारी आलोचना वही पुरानी cliches से भरी है। अनावश्यक विस्तार, व्यौरों का मोह वगैरह मेरी कमजोरियों की ओर पहले भी आलोचक लिख चुके हैं। जब इन बातों को जानते हुए भी मैं लिखता हूँ तो उसके reason हैं और गहरे में पैठने पर पता चल जाता है कि वे ब्योरे वैसे अनावश्यक नहीं हैं। रही abridged संस्करणों की बात तो संसार में जितने बड़े उपन्यास हैं, उन सबके abridged संस्करण मिलते हैं। तो क्या वे बेकार हैं? ये cliches हैं और नये आलोचक को इनसे बचना चाहिए। कोई भी साधारण पाठक यदि आलोचना करे तो ऐसी दस- बीस बातें लिख सकता है। नये आलोचक के लिए अथवा गम्भीर आलोचक के लिए पुस्तक के अन्तर्भूत सत्य को पकड़ना और उसकी आलोचना या प्रशंसा करना ज़रूरी है, जो तुमने नहीं किया। बहरहाल कभी मिलोगे तो बात करेंगे। दिसम्बर भर मैं यहीं हूँ।

हाँ नीलाभ प्रकाशन से किताब महल, हंस प्रकाशन, सरस्वती प्रेस, और भारती भण्डार की पुस्तकें मिल जाती हैं।

यह तुम्हारे पत्र की रसीद मांग रहे हैं। विस्तार से फिर कभी लिखूँगा।

सस्नेह
उपेन्द्रनाथ अश्क

टिप्पणी : 24.11.63 के पत्र में अपने उपन्यासों में ब्यौरे देने का तर्क देते हैं।

10.10.63

प्रिय मधुरेश,

तुम्हारा 7.10.63 का पत्र दफ्तर ने मेरे पास भेजा है। तुमने तो भाई लिखा था कि तुम्हें यशपाल जी के यहाँ सब पुस्तकें मिल गई हैं। बात यह है मित्र कि इन पुस्तकों की इतनी प्रतियाँ बंट गयी हैं कि मैनेजर ने objection कर दिया है। income tax वाले परेशान कर रहे हैं। उनका ख़याल है कि हम पुस्तकें व्यक्तिगत रूप से बेच लेते हैं। और रजिस्टर में नाम भर देते हैं। अश्क : एक रंगीन व्यक्तित्व की 100 प्रतियों से ऊपर बंट चुकी है। सब जगह review के लिए चली गई हैं। यही हाल वेद की पुस्तक का है। लेखक को जितनी प्रतियाँ दी जाती हैं, उससे ज्यादा वे मंगवा चुके हैं। इसलिए दफ्तर आपत्ति कर रहा है। ज्ञानोदय को दो प्रतियाँ review के लिए गई हैं। उन्होंने तुम्हें नहीं भेजी क्या? नया एक उपन्यास सुरेन्द्र पाल का छपा है। वह मैं तुम्हें भिजवा दूँगा, पर जिन पुस्तकों पर दफ्तर ने रोक लगा दी है, उन्हें भेजना कठिन है। चूँकि हम लोग महीनों बाहर रहते हैं, इसलिए मैनेजर को सब अधिकार दे रखे हैं। और जिस बात पर आपत्ति कर दें, हम नहीं करते, आशा है, इसके लिए तुम मुझे क्षमा करोगे। मेरे इतने मित्र परिचित हैं कि यदि कोई रोक न हो तो पूरा एक संस्करण मित्रों में बंट जाय। मैनेजर की बात बुरी लगती है। पर सच्ची है, इसलिए तुम से क्षमा माँग ले रहा हूँ।

सस्नेह
उपेन्द्रनाथ अश्क

टिप्पणी : 10.10.63 को बिसौली (चन्दौसी) के पते पर मधुरेश को मुफ्त पुस्तकें न भेजे जा सकने के कारण लिखते हैं।

5, खुसरो बाग रोड,
इलाहाबाद-211001
फोन-603023 घर
1.7.90

प्रिय मधुरेश,
तुम्हारा 4.6.90 का पत्र मिला। तुमने इस बात पर आश्चर्य प्रकट किया है कि मेरे वृहद उपन्यास को हिन्दी में किसी ने नहीं सेटा, जबकि रूसी, जर्मन, अमरीकी और जापानी विद्वानों ने इसे पसन्द किया है। प्रो. पीटर ग्यापके ने इसे आधुनिक हिन्दी उपन्यासों का एक मात्र महान कथा चक्र घोषित करते हुए उन तमाम हिन्दी विद्वानों और उनके ग्रंथों का नामोल्लेख अपने इतिहास में किया है। जिन्होंने इस उपन्यास को महत्व नहीं दिया। प्रो. आर. शौनक ड्यूक युनिवर्सिटी डरहम (अमरीका) ने 200 हिन्दी उपन्यास पढ़ने के बाद Self & Society नामक अपने शोध प्रबन्ध के लिए 'गिरती दीवारें' उपन्यास त्रयी को चुना था। (तब इसका चौथा खण्ड नहीं छपा था) अब जापानी अध्यापक यूई चिरो मिकी ने न केवल 'गिरती दीवारें' का अनुवाद जापानी में किया है; बल्कि वह इसके अन्य खण्डों को भी जापानी पाठकों के सामने रखना चाहता है।

इस वस्तु-स्थिति का कारण मेरे व्यक्तित्व का टेढ़ापन है, जो हिन्दी आलोचकों के सामने है और विदेशी विद्वानों के सामने नहीं है। उनके सामने केवल मेरा साहित्य है। हिन्दी विद्वान जब मेरा साहित्य पढ़ते हैं तो उनके सामने मेरा व्यक्तित्व आ जाता है। इतने उदार और बड़े आलोचक वे हैं नहीं, न इतने दयानतेदार कि अपने अहं और गुटों से उठकर मेरे साहित्य का जायजा लें। फिर हिन्दी में भयंकर गुटबाजियां रही हैं। मैं सभी विधाओं में लिखता हूँ। मेरे पास कभी इतना वक्त नहीं रहा कि मैं आलोचकों को पटाऊँ अथवा भगवतीप्रसाद वाजपेयी, भगवतीचरण वर्मा, या अज्ञेय की तरह गुट बनाऊँ और उन्हें पालूँ-पोसूँ। यशपाल को पार्टी और प्रगतिशील लेखक संघ का बल प्राप्त था। मेरी पीठ पर किसी गुट अथवा पार्टी का हाथ नहीं रहा। मैंने उन लोगों की परवाह नहीं की उन्होंने मेरी नहीं की। ऐसा ही होता है। नामवर, रामविलास शर्मा, शिवदान सिंह चौहान, अज्ञेय, साही, डॉ. रघुवंश, (मदान भी) राकेश का गुट सब तो मेरे खिलाफ रहे हैं। तब कौन मेरी रचना खूबियों की तलाश करता। आलोचना जब से निकली है प्रायः मेरे खिलाफ रही है। 30 वर्षों से तो मैंने उसकी शक्ल नहीं देखी। उपन्यास की आरंभिक योजनाएं दो खण्डों की थी। बाद में 5 की हो गई जिसके चौथे और पांचवे खण्ड में दो-दो उपन्यास होने थे। 'बांधो न नाव'

में दो मुकम्मल उपन्यास है। अन्तिम खण्ड का पहला पार्ट (यानि छठा उपन्यास) मैंने लिख लिया है। अगस्त में उसकी प्रेस कॉपी तैयार करूँगा। अगले साल 7 वें को हाथ लगाऊँगा। 80 का हो गया हूँ। बहुत बीमार हूँ। लिख पाऊँ या नहीं, कैसे कह सकता हूँ। कोशिश करूँगा। लिख भी ले गया तो शायद मेरी जिंदगी में न छपे। मेरे मरने के बाद उन सभी को एक साथ पढ़ना। कुछ समझ पाये तो लिखना। यहाँ तो उर्दू वाले और हिन्दी वाले दोनों ही इसे Comprehend नहीं कर पाये। यहाँ आलोचक स्वतंत्र सोच वाले नहीं हैं, वरना मुक्तिबोध को ही पहले कोई न पूछता। तुम्हारा लड़का यहाँ आ गया है। तुम जब उससे मिलने आओ तो मेरे यहाँ भी आओ। मैं प्रायः इतवार की शाम को खाली रहता हूँ। यूं कभी शाम को चले आओ। उस दिन काम नहीं करूँगा। नीलाभ प्रकाशन 11 बजे दिन से छै बजे शाम तक खुला रहता है।

सस्नेह
उपेन्द्रनाथ अश्क

पुनश्च : आज से लगभग 35 वर्ष पहले डॉ. रघुवंश ने आलोचना में लिखा था कि हम अश्क को उपन्यासकार नहीं मानते। यह तब 'गिरती दीवारें' छप चुका था, जो आज दुनिया भर में मशहूर हो गया।

हैदराबाद,
27.1.86

प्रिय भाई,

पत्र मिला और रचनाएँ भी। हैदराबाद आओ तो रेलवे के लि[ए] 44 प्रतिशत [illegible] लेते आना। आज ही [illegible] से मैं छुट्टी। उन्हें अभी बकाया पैसा नहीं मिला है। उनसे कुछ और पैसा लेने की बात हुई थी क्या? उनसे पत्र व्यवहार की बात न हो पायी।
डॉ. चन्द्रप्रकाश चौहान जी का नाम आपने को, मैंने कहा है कि कुछ समय [illegible] पाण्डुलिपि भेज दो। [illegible] रुपये [illegible] शेष भेज देना। [illegible] को [illegible] भी [illegible] दीजिए। [illegible] को मिल ही गयी है। ओ.प्र. [illegible] के अनुसार [illegible] पुस्तकों में कहीं होना चाहिए।
मैं इधर काफी कविताएँ, सब दुर्घटनाओं के बावजूद जीवित रह सका हूँ। [illegible] और [illegible] ने भी [illegible] दिया है। कुछ भी रचनात्मक हो नहीं पाया। [illegible] ही पा रहा हूँ।

डॉ. बलदेव वंशी को अपनी सुविधा की कोई तारीख या तारीखें भेज दो जब तुम दिल्ली में रहो और मुझे भी ताकि मैं छुट्टी ले लूँ। तुम्हारा और मेरा, विमोचन के समय रहना जरूरी है। या हैदराबाद आने के बाद विमोचन की तारीख [illegible] जल्दी लिखो। [illegible] हो, लो।
बहू-बच्चों को स्नेह।
पत्र जल्दी दो। शुभाशीष
ओमप्रकाश निर्मल

जवाबी
REPLY

श्री पं. विद्याधर शुक्ल
72, पूरा बल्दी, कीटगंज
इलाहाबाद (उ.प्र.)
पिन PIN 211003

हैदराबाद
27.1.86

प्रिय भाई,
पत्र मिला और 6 प्रतियाँ भी। हैदराबाद आओ तो रेलवे के लिए 54 प्रतियाँ लेते आना। आज ही दण्डमूड़ि से भेंट हुई। उन्हें अभी बकाया पैसा नहीं मिला है। उनसे कुछ और पैसा लेने की बात हुई थी क्या? आने पर बातचीत हो पाएगी।

डॉ. चन्द्र प्रकाश चौहान मेरे पास आये थे, मैंने कहा है कि कुछ रुपया और पांडुलिपि भेज दो। 32 पृष्ठ छपने पर जब पैसा मिल जाए तो शेष भेज देना। राजा दुबे का संग्रह भी छाप ही दीजिए। भूमिका तो मिल ही गई है। आं. प्र. हिन्दी अकादमी के अनुदान का ज़िक्र शुरू के पृष्ठों में कहीं होना चाहिए।

मैं इधर काफी कठिनाइयों, सड़क दुर्घटनाओं से बचकर जीवित रह सका हूँ। पाँव और कमर के दर्द ने भी कमज़ोर कर दिया है। कुछ भी रचनात्मक हो नहीं पाया। कथा-संग्रह वैसे ही पड़ा है।

डॉ. बलदेव वंशी को अपनी सुविधा की कोई तारीख या तारीखें भेज दो जब तुम दिल्ली में रहो और मुझे भी ताकि मैं छुट्टी ले सकूँ। तुम्हारा और मेरा, विमोचन के समय रहना ज़रूरी है। या हैदराबाद आने के बाद विमोचन की तारीख तय करोगे। बहरहाल जल्दी लिखो। जैसा भी निर्णय हो लो।

बहू बच्चों को स्नेह। पत्र जल्दी दो।

तुम्हारा ही
ओम प्रकाश निर्मल

टिप्पणी : 27.1.86 के पत्र में ओम प्रकाश निर्मल हैदराबाद से शुक्ल को राजा दुबे की कविता संग्रह छापने के लिए लिखते हैं तथा अपने भयानक सड़क दुर्घटना से बचने की बात भी बताते हैं।

Om Prakash Kela

HEWETT ROAD
ALLAHABAD

Dated ८ सितम्बर 19 ७७

श्री लक्ष्मीकांत जी वर्मा,

सम्पादक " जन साप्ताहिक "

२, विट्ठलभाई पटेल भवन,

रफी मार्ग,

नई दिल्ली - १

माननीय श्री लक्ष्मीकान्त जी,

आपका दिनांक २८ अगस्त का पत्र मिला ।

वैसे आपको प्रिय ही लिखना चाहता था किन्तु इलाहाबाद वालों के लिये दिल्ली का प्रत्येक निवासी माननीय है । अतः उसी संदर्भ में मुझे आपको माननीय लिखना पड़ रहा है ।

जैसा निष्कासन आपका इलाहाबाद से हुआ है वैसा ईश्वर करे सबका हो । श्री शाही, श्री लल्ला बाबू और श्री नरेश मेहता भी अभी भी दिल्ली में स्थान पाने के लिये तड़प रहे हैं ।

आप दिल्ली पहुंच गये इसमें किसी का कोई श्रेय नहीं है इस समय आपके सम्पूर्ण परिवार के ग्रह उच्च के हैं । आप जो चाहेंगे वह आपको प्राप्त हो जायेगा । आपको दिल्ली मिल गया और आपके छोटे भाई को इन्टरमीडियट बोर्ड की मेम्बरी ।

अभी तक आप लेखक थे अब आप सम्पादक हो गये हैं । प्रकाशक और लेखक के मध्य की कड़ी जिससे न प्रकाशक सन्तुष्ट रहता है और न लेखक । आप इस नये पद का निर्वाह कितनी भलीभांति करते हैं यह समय ही बतायेगा वैसे आपसे अभी तक किसी की स्पर्धा नहीं थी किन्तु अब आप भी उस वर्ग में आ गये हैं अब आपसे लोग स्पर्धा करेंगे, आपकी आलोचना करेंगे और आपके उन दोषों और उन गुणों को विस्तार से बतायेंगे जिनका ज्ञान आपको अभी तक नहीं है ।

मेरी शुभ कामना है कि आप इस नये पद पर सफल और यशस्वी हों ।

विनम्र,
आपका,
ओमप्रकाश केला
(ओमप्रकाश केला)

Om Prakash Kela

Hewett Road Allahabad
Dated : 8 सितम्बर, 1977

श्री लक्ष्मीकांत जी वर्मा,
सम्पादक- 'जन साप्ताहिक' 2, विट्ठल भाई पटेल भवन,
रफी मार्ग, नई दिल्ली 9

माननीय श्री लक्ष्मीकांत जी,
आपका दिनांक 28 अगस्त का पत्र मिला।

वैसे आपको प्रिय ही लिखना चाहता था किन्तु इलाहाबाद वालों के लिए दिल्ली का प्रत्येक निवासी माननीय है। अतः उसी संदर्भ में मुझे आपको माननीय लिखना पड़ रहा है।

जैसा निष्कासन आपका इलाहाबाद से हुआ है वैसा ईश्वर करे सब का हो। श्री साही, श्री लल्ला बाबू और श्री नरेश मेहता जी अभी भी दिल्ली में स्थान पाने के लिए तड़प रहे हैं।

आप दिल्ली पहुंच गये इसमें किसी का कोई श्रेय नहीं है इस समय आपके सम्पूर्ण परिवार के ग्रह उच्च के हैं। आप जो चाहेंगे वह आपको प्राप्त हो जायेगा। आपको दिल्ली मिल गया और आपके छोटे भाई को इन्टरमीडियट बोर्ड की मेम्बरी।

अभी तक आप लेखक थे अब आप सम्पादक हो गए हैं। प्रकाशक और लेखक के मध्य की कड़ी जिससे न प्रकाशक सन्तुष्ट रहता है और न लेखक। आप इस नये पद का निर्वाह कितनी भली भाँति करते हैं यह समय ही बतायेगा वैसे आप से अभी तक किसी की स्पर्धा नहीं थी किन्तु अब आप भी उसी वर्ग में आ गए हैं जब आप से लोग स्पर्धा करेंगे, आपकी आलोचना करेंगे और आप के उन दोषों और गुणों को विस्तार से बतायेंगे जिनका ज्ञान आपको अभी तक नहीं है।

मेरी शुभकामना है कि आप इस नये पद पर सफल और यशस्वी हों।

विनम्र आपका
ओम प्रकाश केला

टिप्पणी :8.9.77 के पत्र में इलाहाबाद से ही ओम प्रकाश केला ने परिहास किया हैं वैसे आपको प्रिय ही लिखना चाहता था। किन्तु इलाहाबाद वालों के लिए दिल्ली का प्रत्येक निवासी माननीय हैं। अतः उसी सन्दर्भ में मुझे आपको माननीय लिखना पड़ रहा है।

कमलेश्वर

दिल्ली

5. XI. 97

प्रिय भाई,

आपका पत्र, 'सर्वांग' के अंक मिले.

साक्षात्कार में कथन तो सब सही हैं पर स्थानों और तिथियों की भयंकर भूलें हैं, जिनके कारण यह साक्षात्कार अप्रामाणिक बन गया है. यह शायद जल्दबाजी के कारण हुआ है. इन्हें सही करना ज़रूरी है.

× ×

'मदर टेरेसा' वाली आपकी पुस्तक में मदर की आत्मा का समावेश है. आपने जितने श्रम और लगन से यह पुस्तक प्रस्तुत की है वह अनुमेय है. आजकल सकारात्मक आस्था के दर्शन नहीं होते, पर आपने मदर टेरेसा के जीवन का ही नहीं, उनकी भारतीय आत्मा का सहज-दर्शन भी दिया है और उनकी जीवन-करुणा को शब्द भी.

मदर टेरेसा की अंतिम यात्रा पर जब मैं लाइव कमेंट्री करने कलकत्ता आया था, तो आपकी पुस्तक मुझे अपने होटल के काउंटर पर इत्तफ़ाक़न ही मिली थी... मुझे आपकी पुस्तक से जानकारियाँ और तथ्य मिले थे, वे मेरे लिए बहुत सहायक सिद्ध हुए थे! इसलिए भी मैं आपकी पुस्तक का बहुत आभारी हूँ.

सस्नेह
कमलेश्वर

KAMLESHWAR
5/116, EROS GARDEN,
SURAJKUND ROAD,
NEW DELHI - 110 044.
Phones :
Delhi :: 8-2832116, 8-2831309
STD :: 0129 / 252116, 251309
Bombay :: 6410803 Jaipur :: 519405

श्री कृपाशंकर चौबे
कलकत्ता

कमलेश्वर

दिल्ली
5.11.97

प्रिय भाई,

आपका पत्र, 'सबरंग' के अंक मिले साक्षात्कार (साक्षात्कार) में कथन तो सब सही हैं परंतु स्थानों और तिथियों की भयंकर भूलें हैं, जिनके कारण यह साक्षातकार (साक्षात्कार) अप्रामाणिक बन गया है। यह शायद जल्दबाजी के कारण हुआ है। इन्हें सही करना ज़रूरी है।

'मदर टेरेसा' वाली आपकी पुस्तक में मदर की आत्मा का समावेश है। आपने जितने श्रम और लगन से यह पुस्तक प्रस्तुत की है वह अनुमेय है। **आजकल सकारात्मक आस्था के दर्शन नहीं होते,** पर आपने मदर टेरेसा के जीवन का ही नहीं, उनकी भारतीय आत्मा का सहज-दर्शन भी दिया है और उनकी जीवन-करुणा को शब्द भी।

मदर टेरेसा की अंतिम यात्रा पर जब मैं लाइव कमेंट्री करने कलकत्ता आया था, तो आपकी पुस्तक मुझे अपने होटल के काउंटर पर इंतजार करती मिली थी... मुझे आपकी पुस्तक से जो जानकारियां और तथ्य मिले थे, वे मेरे लिए बहुत सहायक सिद्ध हुए थे! इसलिए भी मैं आपकी पुस्तक का बहुत आभारी हूँ।

सस्नेह
कमलेश्वर

श्री कृपाशंकर चौबे
कलकत्ता

कमलेश्वर

दिल्ली
18.4.02

भाई कृपाशंकर,
मज़े में होंगे। चंद्रशेखर जी ने तो अटल बिहारी वाजपेयी को आड़े हाथों लिया। सही जगह पर पकड़ा।

एक मामूली-सी राय है श्री चंद्रशेखर को संसद के परिसर सें निकल कर जनता के बीच आना चाहिए। हम जैसे लोगों का भरोसा अब भी जनता पर है, पार्टियों के नेताओं के मुकाबले। अब एक ही ध्रुवीकृत फ्रंट है सेकुलरवाद के ज़रिए लोकतंत्र की रक्षा। गुजरात तो हिंदू नाज़ियों का गैस चेम्बर बना हुआ है। आरिफ मुहम्मद खान इसी प्रश्न पर बसपा से बाहर आये हैं ऐसे तमाम दूरदर्शी, जन हितैषी लोग, चंद्रशेखर सहित एक व्यापक-ध्रुवीकृत मंच पर आकर जनता के पास क्यों नहीं जा सकते? बहरहाल...

मैं उस समीक्षा का इंतजार कर रहा हूँ, जो आप भेजने वाले थे!

सस्नेह
कमलेश्वर

श्री कृपाशंकर चौबे
कलकत्ता

कमलेश्वर

दिल्ली
10.5.02

भाई कृपाशंकर,

'कि.पा.' पर आपकी टिप्पणी और दोनों पुस्तकें:
महाअरण्य की माँ
मृणाल सेन का छायालोक मिलीं। बहुत-बहुत धन्यवाद। मैं इन्हें समय मिलते ही पढ़ूंगा।

चंद्रशेखर जी ने मेरी बातों पर सोचा है, इतना ही बहुत है। आप तो जानते हैं, मैं अपने पढ़ने-लिखने में लगा रहता हूं। इस समय देश बहुत बेचैन है... यह तो आप भी जानते हैं...

इस परेशान देश के प्रति शुभकामनाओं सहित-

सस्नेह
कमलेश्वर

श्री कृपाशंकर चौबे,
हावड़ा

श्री:
[illegible]

प्रिय [illegible]जी, नमस्कार —

आज तक आप कोई पत्र [illegible] हूँ, लिखित नहीं, इसी [illegible] आपको यह पत्र लिख रहा हूँ। [illegible]।

आप [illegible] कि, आगामी [illegible] में, [illegible] भी, [illegible] पायेगी। [illegible] लिए मैं आपको [illegible] हूँगा। [illegible] [illegible]।

आपका —
[illegible]

श्री [illegible] ने भी [illegible] भेजने [illegible] बार [illegible]।

[illegible]

श्रीः

प्रिय अन्नपूर्णानन्द जी, नमस्कार-

आज कल आप जैसे कार्यव्यस्त हैं, चिन्तित हैं, उसे जानता हुआ भी यह पत्र लिख रहा हूँ। द्विवेदी अभिनन्दन ग्रन्थ प्रेस जा चुका है किन्तु छपते .छपते भी उसमें जो कुछ उत्तम मसाला दे सकूँ उसके लिए कोई बात उठा नहीं रखना चाहता। आप अपनी हास्य रस की कोई उत्तम रचना यदि इसी मास के भीतर भेज दें तो बड़ी ही प्रसन्नता हो। हमारे वर्तमान युग के आप हास्य रस के एक मात्र उभरे सर्वश्रेष्ठ लेखक हैं। इतना ही नहीं अब तक हिन्दी में जो कुछ भी हास्य रस के नाम से लिखा गया है, उसमें कितना हास्य रस है उसे बताने की आवश्यकता नहीं। फिर भी ऐसे अवसर पर आप की रचना न मिली तो कब। अभिनन्दन ग्रन्थ रोज रोज तो निकलेगा नहीं। यही नहीं ईश्वर ने चाहा तो आप देखेंगे कि आगामी दस वर्ष तक हिन्दी में, उसके इस उन्नति के जमाने में भी, इसके टक्कर की चीज न निकल पावेगी। ऐसी वस्तु के लिए मैं आपकी रचना-समुचित कृति-पाकर बड़भागी होउँगा। विशेष साग्रह अनुरोध।

आपका
कृष्णदास राय

श्री विनय कुमार सरकार ने भी लेख भेजने को कहा है। उन्हें भी याद दिलाएगा।
कृष्णदास राय

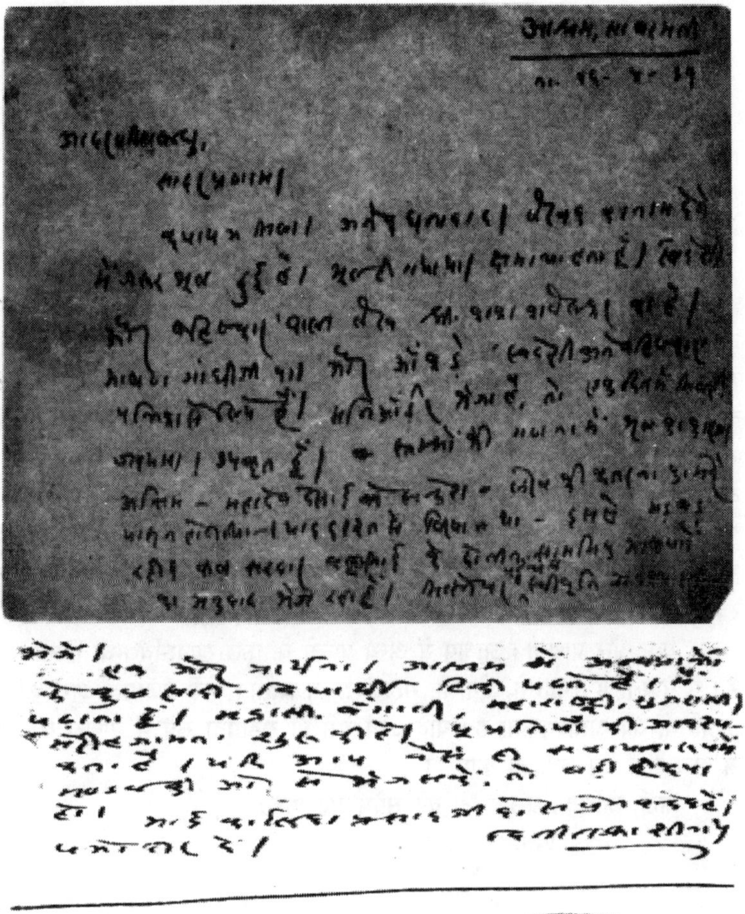
आश्रम, साबरमती

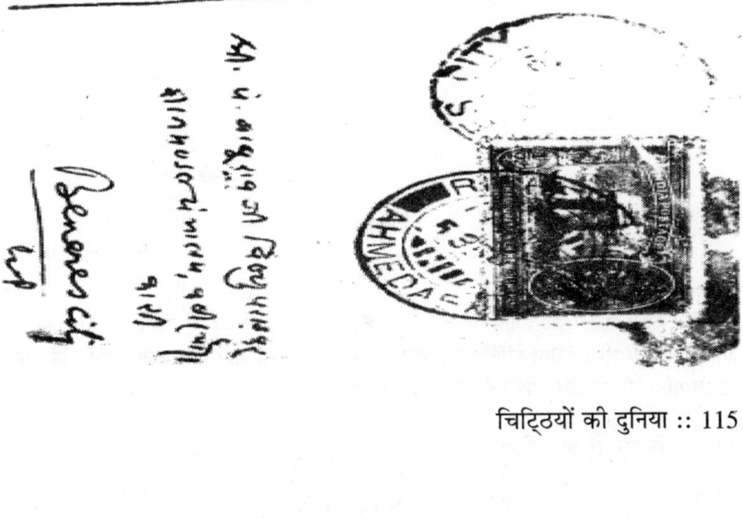
Benares City

आश्रम साबरमती
ता. 16.05.1931

आदरणीय बन्धु,

सादर प्रणाम।

कृपा पत्र मिला। अनेक धन्यवाद। लेखक का नाम देने में जरूर भूल हुई है। भूल ही गया था। क्षमा चाहता हूँ। 'स्वदेशी और बहिष्कार' वाला लेख श्री काका कालेलकर का है। भाषण गाँधी जी का। और आँकड़े 'स्वदेशी अनिवेतिअक्षरा' पत्रिका से लिये हैं। मनीऑर्डर भेजा है, लो एक दिन में मिल ही जायगा। उपकृत हूँ। स्तंभों की गणना में भूल का कारण अन्तिम-महादेव देसाई के संदेश-लेख की कतरन उनके पास न होना था। याददाश्त से लिखा तथा इससे गड़बड़ रही। कल सरदार बल्लभ भाई के दो तीन सामयिक भाषणों का अनुवाद भेज रहा हूँ। मिलने पर पहुँच व स्वीकृति अवश्य इसी तरह भेजें।

एक और प्रार्थना। आश्रम में अन्य प्रान्तों के कुछ खादी-विद्यार्थी हिन्दी पढते हैं। मैं पढ़ाता हूँ। मद्रासी, बंगाली, महाराष्ट्री, गुजराती। 'मेरी हजामत' शुरु की है। 5 प्रतियों की आवश्यकता है। यदि आप वैसे ही सहायता रूप में मण्डल की ओर से भेज सकें, तो बड़ी ही कृपा हो।

भाई कालिका प्रसाद जी को सप्रेम वंदे कहें।

पत्रोत्तर दें।

विनीत
काशीनाथ

टिप्पणी : काशी नाथ ने पंडित बाबू राव विष्णु पराड़कर को 16.5.31 के पत्र में लेखक का नाम देखने में भूल होने की बात लिखी है। क्षमा मांगते हुए लिखते हैं, स्वेदशी और बहिष्कार वाला लेख काका कालेलकर का, भाषण गांधी जी का और आँकड़े किस पत्रिका से लिए गए हैं।

21.1.41

प्यारे भाई,
केवल तुम्हारा अनुराग और हार्दिक प्रेम रंजित पत्र मिला। किन्तु अभी तक लेख नहीं मिला। यह क्या बात है? क्या तुमने लेख और पत्र साथ-साथ Post किया था? या किया ही नहीं या फिर पत्र पहिले और लेख बाद में? क्या हुआ है, जल्दी लिखो। भाई साहेब (प्रयाग भैया) को तुम्हारा पत्र दे दिया था। उन्होंने तुमको पत्र लिखा है मुझे सुनाया भी था। मिला होगा। और हाँ 'विचार' का 'पूजा स्पेशल' 21 सितम्बर को प्रकाशित होगा। उसके लिए तुम इतनी चीज़ें 15 या 25 अगस्त तक अवश्य भेज दो।

1. एक साहित्यिक आलोचनात्मक लेख जिसमें या तो आज के कान्टीनेन्टल साहित्य पर और या उसके लेखकों पर तुम्हारे विचार हों। यदि उनकी साइकोएनालिसिस करके भेजो तब तो फिर हिन्दी वालों के लिये वह एक नूतन वस्तु होगी।

2. कोई कहानी, उसके बारे में तुम्हें मुझे कुछ नहीं कहना है क्योंकि जीवन की अभिव्यक्ति के लिए और स्वयं अपनी अभिव्यक्ति के लिए तुम कहानी को best माध्यम समझते हो। और जो बिल्कुल सही भी है।

3. कोई बहुत सुन्दर कविता जैसी तुम्हारी march of life है।

4. और इस संबके बाद जो तुम ठीक समझो वह भेजो। अन्तिम निर्णय तुम्हारे ऊपर ही है। पत्र का उत्तर : महाराष्ट्रीय से मेरा स्नेह इसलिये भी है कि मेरा परिवार (यानी हम लोग) महाराष्ट्रीय परिवार से संबंधित हो गया है। और ये संबंध आज के नहीं हैं, बहुत पुराने हैं। इसलिये अब तो मैं भी पूरा महाराष्ट्रीय ही हूँ। जब घर में भाई-बहिन, मां और अन्य लोग वही संस्कृति बरतते हैं, तब अछूता कैसे रहा जा सकता है। हाँ, तुम्हारी दूसरी बात से मैं पूर्ण सहमत हूँ और वह यह कि मुझे तुम्हें इसलिये स्नेह न करना चाहिए कि तुम भी एक महाराष्ट्रीय हो। किन्तु भाई मेरे मैं भी तुम्हारी तरह महाराष्ट्रीयता से ही नहीं बल्कि ब्राह्मणपन तथा अन्य तमाम बातों से घोर विद्रोह किए बैठा हूँ। और इसका श्रेय मेरे बड़े भाई साहेब को है जो कम्यूनिस्ट हैं और आज कल अन्डरग्राउन्ड रह रहे हैं। ख़ैर मुझे ख़ुशी है कि मेरी तरह एक भाई मुझे और मिला। मैं तो आज सारी सोसाइटी में ही आमूल परिवर्तन चाहता हूँ। मैं उस आदर्शवाद या आदर्शवादी को पसन्द नहीं करता जो यह कहता है कि अतीत में जो कुछ सर्वश्रेष्ठ है, जो कुछ सर्वकल्याणकारी है, उसे लेकर वर्तमान के

Phone : 4393

THE VICHAR

LEADING HINDI WEEKLY

402, UPPER CHITPUR ROAD,
CALCUTTA

Ref.............

21/9/59

भाई साहब,

कैसा हाल तुम्हारा? अनुरोध और [illegible] [illegible] [illegible] तुमने [illegible] — [illegible] [illegible] [illegible] [illegible]

और हाँ, 'विचार' का [illegible] 21 अक्टूबर को प्रकाशित होगा। उसके लिए तुम कहानी भेजो 15-20 या 25 अक्टूबर तक अवश्य भेज दो।

1. एक साहित्यिक आलोचनात्मक लेख जिसमें या तो आज के आधुनिक साहित्य पर [illegible] तुम्हारे विचार [illegible] [illegible] [illegible] [illegible] [illegible] [illegible] 2000 शब्दों का होगा।

2. कोई कहानी, उसके बारे में तुम्हें पूरी छूट है। [illegible] जीवन की अभिव्यक्ति के लिए [illegible] [illegible] [illegible] के लिए तुम कहानी दो [illegible] [illegible] [illegible] [illegible] बिलकुल [illegible] हो

3. कोई बहुत सुन्दर कविता जैसी तुम्हारी Marshall life हो

साथ जोड़ एवं स्निग्ध भविष्य की मूर्ति गढ़नी चाहिए। मैं ऐसे आदमी को बिल्कुल अमनोवैज्ञानिक और मूर्ख समझता हूँ। लोग आज क्रांति की बातें तो करते हैं, लेकिन स्वप्न लेते हैं- एक ऐसे युनीवर्स का जो अजीब एक स्वप्न सी चीज़ है। जिसे वह इस Turmoil की दुनिया में रहकर सोचते हैं ऐसे लोग विज्ञान से घबराते हैं, मशीन से घबराते हैं, युद्ध से घबराते हैं। और तब वह अतीत की समाधि पर बैठ कर रोते हैं। मैं नहीं समझता और न जानता ही हूँ कि तुम मेरी इस विचारधारा को पसन्द करोगे या नहीं। लेकिन जहाँ तक मुझे भाई साहेब ने बताया है कि वहाँ तक मैं गुमान करता हूँ कि तुम मुझे Appreciate करोगे। और अधिक क्या लिखूँ। आशा है, तुम स्वस्थ्य एवं प्रसन्न होगे। सरविस मिल गयी, यह अच्छा हुआ। भाई साहेब मज़े में हैं। 'विचार' तुम्हारे दूसरे पते से भेजा जाता है, अब इस पते से आएगा। मिलता होगा। लिखना लेख के बारे में लिखना और 'पूजा स्पेशल' के लिये ज़रूर कहानी कविता और लेख भेजना।

तुम्हारा भाई

केशव मुक्तिबोध

टिप्पणी : 21.7.41 के पत्र में गजानन माधव मुक्तिबोध के प्रति श्रद्धा व्यक्त की गई है, क्योंकि मुक्तिबोध का प्रेम तथा अनुराग रहित पत्र मिला है।

कलकत्ता
14-6-41

भाई मुक्तिबोध,

प्रयाग भैया (जिन्हें मैं भाई साहेब कहता हूँ) से आपका (अगर आप अधिकार दें तो आपको इस वाक्य से तुम लिखूँ। देंगे? भले ही नये) किन्तु भाई साहेब से मेरा जो स्नेह है, और उनकी जो स्नेह-उदारता मुझे प्राप्त है, उस अधिकार से मैं आपको इसी पत्र में तुमसे संबोधित कर रहा हूँ।

कई बार सोच चुका कि तुमको पत्र लिखूँ लेकिन जीवन में व्यस्तता, असंतोष, अनिश्चितता और अव्यवस्था इतनी रहती है कि कुछ लिखने पढ़ने की बात तो दूर रही कुछ भी और किसी तरह का काम करने को जी नहीं चाहता।

अब कुछ अपनी बात कह लूँ। तुम्हारी लिखावट से मैं बहुत प्रभावित हूँ, और कभी- कभी तो ऐसा अनुभव करता हूँ कि मेरी जगह तुम्हीं ने लिख दिया है।

केशव मुक्तिबोध नाम से तुमने मेरे लेख पढ़े होंगे। वैसे मैं महाराष्ट्रीयन नहीं हूँ। लेकिन पहिली बात यह है कि मैं महाराष्ट्रीय नगर नागपुर में जन्मा हूँ। और इधर तो मेरे घर का सम्बन्ध (रिश्ता) एक महाराष्ट्रीय ब्राह्मण घराने (पोतदार) से हो गया है। दूसरे मेरा पालन-पोषण भी महाराष्ट्रीय परिवार की महलाओं (महिलाओं) द्वारा हुआ है। तीसरे महाराष्ट्रीय संस्कृति और साहित्य का मुझ पर इतना प्रभाव है कि मैं अपने को बिल्कुल महाराष्ट्रीय Feel करता हूँ। मेरी यह feeling इतनी तीव्र और गहन हो गई है कि मैं अपनी ब्राह्मण जाति की समस्त कैरेस्टिटिमा खो बैठा हूँ। हो सकता है कि तुम्हारे साथ मेरे प्रेम या स्नेह की जो भावना हो गई है, यह उसी का परिणाम हो।

इधर तुम्हारी दो कवितायें पंड्या ने भेजी थीं। क्षिप्राधारा तो छप गई। दूसरी भी छप जाएगी। ऐसा लगता है कि उन कविताओं में philosopher अधिक बोलता है। जीवन की आग उनमें कम है।

भाई साहब से ज्ञात हुआ है कि तुम साइकोएनालिसिस बहुत ऊँची, निष्पक्ष, और सुलझी हुई करते हो। क्या मुझे इतना अधिकार है कि 'विचार' के लिये तुमसे कुछ उसी प्रकार के निबन्ध माँगू।

और अधिक क्या लिखूँ। इस पत्र में पर्याप्त धृष्टता और हावी होने की मनोवृत्ति यदि तुमको मिले तो मुझे अपना भाई समझ कर मुआफ करोगे। उत्तर दोगे? भाई साहब मज़े में हैं। तुमको स्नेह कहा है। 'विचार' यहाँ से बराबर भेजा जाता है। मिलता होगा लिखना।

तुम्हारा अपना भाई
केशव मुक्तिबोध

टिप्पणी :- 14.6.41 के पत्र में गहरा असंतोष व्यक्त हुआ है। स्वयं को महाराष्ट्रीयन होने की सूचना है। नागपुर में जन्म हुआ है। और सम्बन्ध महाराष्ट्रीय परिवारों से बन गए है।

कलकत्ता
22.1.42

मेरे प्यारे भाई,

तुम्हारा स्नेह-कार्ड मिला। तुमने जो बातें लिखी हैं उन पर मैंने विचार किया, लेकिन वह गुर (बचपन में गणित पढ़ते वक्त यह शब्द अध्यापक के मुँह से कई बार सुना था) मैं पा नहीं सका, जिस ओर तुमने संकेत किया है।

अपने अंगारों को फैला सकूँ इसके लिए मेरे आदरणीय भाई तुम मेरे साथी बनो। मुझे बताओ कि मैं अपने अँगारों की ज़्वाला से किस तरह दुनिया के साथ खेल सकूँ। सच कहता हूँ एक ज़माना था ज़माना ही कहूँगा क्योंकि ऐसा लगता है कि वह अब स्मृति भर रह गया है, उसकी चेतना बुझ गई है। ख़ामोश है जब प्राणों में एक वेग था उद्दाम वेग।

सेक्स की दीप्ति चेहरे से लेकर शरीर की धमनियों और शिराओं को फाड़े दे रही थी। उस समय से लेकर अब तक जीवन में जो तूफान झेल चुका हूँ और उसके बाद भी जीवन में बालू ही बालू-कंकरीली रेत ही अधिक है। जीवन में जिसे रस, रोमान्स कहते हैं उनको कई बार पकड़ने की कोशिश की लेकिन व्यर्थ। और तब से देखता हूँ, कि उसकी प्रतिक्रिया से दिन-दिन बदल रहा हूँ। कटु, ज़हर, सुन्दर और भयंकर बस इन चार शब्दों की परिधि में आज मेरा जीवन घूमता है।

जब भाई साहेब (प्रयाग भाई) ने तुम्हारे पुनीत रोमान्स का तूफानगामी उल्लेख मेरे सामने किया था, तब उल्लास, खुशी की एक सिहरन से मेरी आँखें छल-छला आई थीं। तुम यक़ीन मानों मैं दुनिया (in the narrow sense of the word) में अपने को बड़ा हतभागी समझता हूँ। भाई साहेब ने इसीलिए मेरा नाम 'दुखी प्राण' रख दिया है।

आज कल एर्नज़र टोलेर को पढ़ रहा हूँ। बहुत दिन हुई इसकी I was a German (आत्मचरित) पढ़ी थी। इस व्यक्ति को पढ़ने के बाद बहुत पैनेपन के साथ प्रतीत हुआ कि व्यक्ति अपने रक्त से लिखता है। अपने लहू में कलम डुबोकर। मुझे ऐसी अनुभूति और किसी रचनाकार ने अब तक नहीं दी है।

और आज Letters From Prison पढ़ने पर उसकी महान आत्मा का अन्दाजा लगता है। टोलेर को देखकर ही थोड़ी प्रतीति होती है कि जर्मनी का साम्यवादी दौर कितना दृढ़ था। लेकिन उसको वहाँ के सोशल डेमोक्रेटों ने ऐसा 'सबोराज' किया कि हिटलर की उत्पत्ति (निश्चित) हो (सकी) ऐसे ही सोशल डेमोक्रेट काँग्रेस के हाई कमांड में भरे पड़े हैं। गांधी जी ने इस प्रकार तो जन- आंदोलन 'सबोराज' कर दिया।

आगे वे क्या करते हैं, सो कहना दुष्कर नहीं पर मन को विकृत कर देने वाला है।

मेरा 'निमंत्रण' शब्द तुमको बहुत याद आता है यह मेरे लिए खुशी और सुख दोनों की बात है। 'निमंत्रण' में मैं अपने प्राणों की सारी शक्ति को ध्वनित होते पाता हूँ।

युग की Best Spirits के सम्पर्क में आने का तुमने जो प्रकार पसन्द किया है, वह मुझे भी पसन्द है। मैं भी इसके प्रयत्न में बहुत दिनों से हूँ। अब एक से दो हो गए हैं।

'जाग्रति' सम्पादक को लिखना नहीं है। यह पत्रिका यहीं से निकलती है। मैंने उनसे पूछ लिया है। वह तैयार हैं। लेकिन वह अभी अपनी बहन की शादी में त्यौहार पर गए हैं। वहां से कुछ दिन में लौटेंगे। पंजाबी सज्जन हैं। विद्वान से अधिक वे सहृदय हैं। उनके लौटने पर मैं तुमको फौरन सूचित करूँगा, तब तुम लेख भेज देना। वैसे अभी पहिले से भेजना चाहो तो मेरे पास भेज सकते हो। मैं उनके आने पर उनको दे आऊँगा।

टोलर ने जेल से रोमांरोला को जो पत्र लिखा था, उसके साथ उसने The songs from prison भी भेजे थे। इसी सिलसिले में वह लिखता है :- To the men of the future, the young, to those who beleave in the healing power of humanity, to whom the humanity is a reality, greater than all the realities of the politicians of to day, to those who feel they are oppressed and who desire that all oppression shall cease - these my songs will speak, the root of energy peom is personal experience what we call form is love.

और अधिक क्या लिखूँ? तुम्हारा पत्र मन को शान्ति और एक आत्मीयता प्रदान करता है। देखो इस बार लम्बा पत्र लिखना भूलना नहीं।

और कलकत्ते में आजकल अन्धा कुप्प रहता है। रात के वक्त एक ख़ौफनाक़ तारों की तलवार सारे शहर पर झूलती रहती है। ...भयंकरता में बदल गया है।

उत्तर देना 'विचार' मिलता है या नहीं। नववर्ष की समस्त शुभकामनाओं के साथ

प्रणति

केशव मुक्तिबोध

टिप्पणी : 22.1.42 के पत्र में मुक्तिबोध को लिखा है। तुमने जो बातें लिखी हैं उन पर मैंने विचार किया लेकिन वह गुर मैं दे नहीं सकता।

बांदा।
12-3-81
रात 8 बजे

प्रिय भाई,

—एक पत्र में कविता लिखकर भेज चुका हूं। उसके विषय में कहना यह है कि वह नीचे लिखे रूप में ही रहेगी। जैसे:

"फूलों की बौछार से
रंगबिरंगी लहर से
उभर गया करतार बनाकर
अपने ही दामन में
अपना मुकुट उतार के
मुक्त हुआ मन-मोर से"

मैंने इसमें जो पाठांतर किया था वह सही नहीं है। डा. शर्मा के मैंने पत्र में इस संबंध में लिख दिया था और उन्होंने सही कर लिया। [illegible] [illegible] एक स्थान पर इस रूप को ही

मूल कविता रूप में [illegible] बात को [illegible] किया गया प्रभाव कविता को स्पष्ट कर देता है। कभी-कभी [illegible] बार-बार पढ़ना चाहिए और फिर उसे प्रकाशन में लाना चाहिए।

—आपकी पुस्तक पढ़ रहा हूं। [illegible] मनोयोग से [illegible] [illegible] [illegible] पहुंचा हूं। सप्रेम केदार

श्री नंदकिशोर नवल,
रानीघाट, महेन्द्रू,
पटना 6
(बिहार)
पिन PIN

बांदा

दिनांक : 12.3.81

रात 8 बजे

प्रिय भाई,

एक पत्र में कविता लिखकर भेज चुका हूँ। उसके विषय में कहना यह है कि वह नीचे लिखे रूप में ही रहेगी। देखें :

''फूलों की बौछार से
  रंग बिरंगे प्यार से
हार गया करतार कलाकर
  अपने ही दरबार में
अपना मुकुट उतार के
  मुक्त हुआ भव-भार से''

मैंने इसमें जो पाठांतर किया था वह सही नहीं है। डॉ. शर्मा से मैंने पत्र में इस संबंध में विवेचन मांगा और उन्होंने सही बात लिखी। मैंने मान ली है। अब आप भी इस रूप को ही मूल कविता समझें। कभी-कभी बाद को किया गया सुधार कविता को चौपट कर देता है। तभी धैर्य से बार-बार पढ़ना-समझना चाहिए और फिर उसे प्रकाश में लाना चाहिए।

आपकी पुस्तक पढ़ रहा हूँ। खूब मनोयोग से संभव है। शुक्ल जी वाले अंश तक पहुँचा हूँ।

सस्नेह

केदारनाथ अग्रवाल

टिप्पणी : 12.3.81 के पत्र में अपनी कविता भेजने और उसमें जो पाठान्तर किया है उसे सही नहीं मानते।

बांदा
9.3.48

प्रिय दास भाई,

इधर प्रयाग नहीं आ सका इससे एक लंबे अर्से से तुमसे मुलाकात नहीं हुई। फिर कोई पत्र व्यवहार भी नहीं हुआ। इधर घटनाएं भी महान शोकजनक हो गयी थीं कि धीरज खो गया था। अब फिर विपिन दहका है। तुम्हारी याद आई है इससे पत्र लिख रहा हूँ।

भाई, प्रगतिशील लेखक संघ क्या कर रहा है? उसके मंत्री कौन हैं? उसका पता क्या है? वह तो हम सबको एक भी सूचना नहीं देते। क्या "हम चेक ऑफ" कर दिए गए हैं? न कोई चंदा "निराला भवन" वाला माँगता है, न पत्र व्यवहार करता है। कुछ लिखो तब पता चले।

"नींद के बादल" मेरा प्रेम-गीत का संग्रह निकला है। कहो तो भेजूँ। पर उसमें "युग की गंगा" के पूर्व की कवितायें हैं जो केवल इसीलिए प्रस्तुत हुई हैं कि मेरा विकास कहाँ-से-कहाँ हुआ है समझा जा सके। पत्र पाते ही भेजूँगा।

भाई इन्द्र प्रताप तिवारी तथा मिस्टर श्रीवास्तव जी को नमस्ते।

अब सरोज जी का हाल कैसा है? नमस्ते। IPTA का क्या रंग है? कुछ ख़बरें नहीं पढ़ी। मिस्टर फिलिप कहाँ हैं? उनसे मेरा सलाम कहना है। Soviet Literature के कुछ अंक मैं लखनऊ से लाया था। नये साल के अंक आये या नहीं? आये हों तो वी. पी. भिजवा दो मैं छुड़ा लूँगा।

योग्य सेवा लिखना।

पत्र देना।

सस्नेह
केदारनाथ अग्रवाल

टिप्पणी : केदारनाथ अग्रवाल ने 9.3.48 के पत्र में दास बाबू से पूछा है कि प्रगतिशील लेखक संघ क्या कर रहा है? उसके मंत्री कौन हैं उनका पता क्या है?

बांदा
दिनांक : 30.8.86

प्रिय भाई,
दिनांक 24.8 का पत्र मिला।

मैं ठीक हूँ। शरीर शिथिल अवश्य है। पर अभी चेतना बरकरार है। चिंता की कोई बात नहीं है। अपनी पत्नी के न रहने पर भी मैं उन्हें अपनी कविताओं में जिलाये हूँ। और उनके साथ जी रहा हूँ। चेतन-सृष्टि तैयार होती है। प्रकृति की सृष्टि तो मिटती रहती है। मानवीय चेतना इसीलिए मृत्यु पर जीवन की जय की घोषणा करती रहती है।

'अज्ञेय' ने स्वयं दूसरे सप्तक के लिए कवितायें मांगी थी। मैं मायूस था कि उसमें मैं नहीं जा सकता। मैंने उन्हें 110 नाम की कविता भेजी। वह पाकर उसे छाप न सके। अन्य रचनायें मांगी। मैंने देने से इन्कार कर दी। लिखा भी था कि वैसी रचना ही मेरी प्रतिनिधि रचना है। नागार्जुन के बारे में मैं नहीं जानता कि उन्होंने क्यों नहीं दी।

पुस्तक मिलने पर अवश्य सूचित करूँगा।

सस्नेह
केदारनाथ अग्रवाल

टिप्पणी : 30.8.86 के पोस्ट कार्ड में अपने शरीर और चेतना की स्थिति बतलाते हैं ''शरीर शिथिल अवश्य है पर अभी चेतना बरकरार है। चिन्ता की कोई बात नहीं है।''

भारतीय जनता पार्टी

संदर्भ संख्या KNS-1/802 दिनांक 5•12•1991

प्रिय बहन पद्मा जी,

सस्नेह नमस्कार ।

मैंने "कश्मीर से गुमराह बच्चे कब लौटेंगे ?" पढ़ लिया है । बहुत अच्छा लगा है लेख । सुन्दर और सटीक है । मैं आप से पूर्णतः सहमत हूँ कि यदि सर्वसाधारण कश्मीरी को यह अनुभूति करा दी जाए कि देशवासी किसी कीमत पर भी काश्मीर को जाने नहीं देंगे, वह भारत माँ का मस्तक है तो फिर वहाँ पर व्यापक धारा बदल जाएगी ।

सरदार जी को कृपया नमस्कार देना ।

स्नेह के साथ,

भवदीय,

(केदारनाथ साहनी)

श्रीमती पद्मा सचदेव,
मितवा घर
16, टोडरमल रोड,
नई दिल्ली-110001

11, अशोक रोड, नई दिल्ली-110001 • दूरभाष : 3782163, 384531

भारतीय जनता पार्टी

संदर्भ संख्या : KNS-1/802 दिनांक 5.12.1991

प्रिय बहन पद्मा जी,

सस्नेह नमस्कार।

मैंने "कश्मीर के गुमराह बच्चे कब लौटेंगे?" पढ़ लिया है। बहुत अच्छा लगा है लेख। सुन्दर और सटीक है। मैं आपसे पूर्णतः सहमत हूँ कि यदि सर्वसाधारण कश्मीरी को यह अनुभूति करा दी जाए कि देशवासी किसी कीमत पर भी काश्मीर को जाने नहीं देंगे, वह भारत माँ का मस्तक है तो फिर वहां पर व्याप्त धारा बदल जाएगी।

सरदार जी को कृपया नमस्कार देना।

सस्नेह के साथ,

भवदीय

केदारनाथ साहनी

श्रीमती पद्मा सचदेव,
मितवा घर
16, टोडरमल रोड,
नई दिल्ली-110001

टिप्पणी : केदारनाथ साहनी 5.12.91 के टंकित पत्र में केदारनाथ साहनी ने भारतीय जनता पार्टी के पैड पर लिखा है कि उन्होंने पद्मा जी का लेख 'कश्मीर के गुमराह बच्चे' पढ़ लिया है। साथ ही यह भी लिखा है "यदि सर्व साधारण कश्मीरी को यह अनुभूति करा दी जाय कि देशवासी किसी कीमत पर भी कश्मीर को जाने नहीं देंगे, वह भारत माँ का मस्तक है तो फिर वहाँ पर व्याप्त धारा बदल जाएगी।"

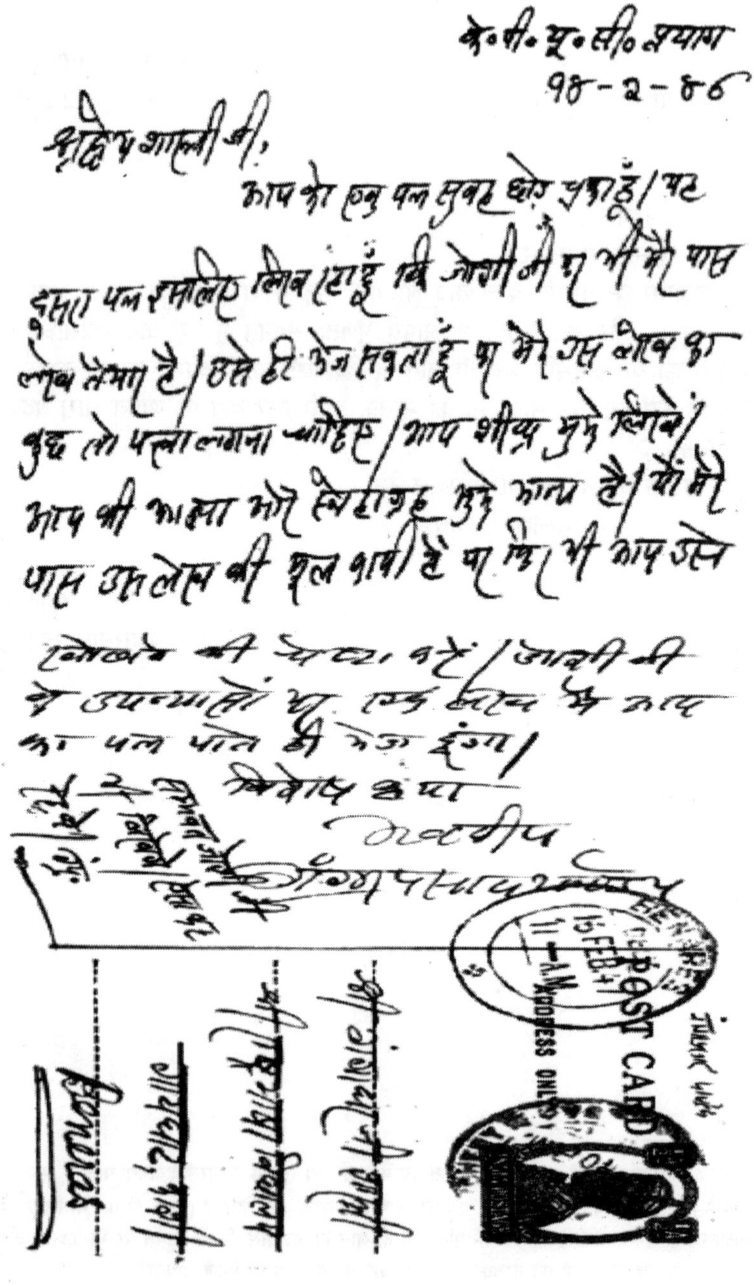
के० पी० यू० सी० प्रयाग
१४-२-८६

श्रद्धेय शास्त्री जी,

आप को एक पत्र सुबह छोड़ चुका हूँ। पर दूसरा पत्र इसलिए लिख रहा हूँ कि जोशी जी का भी मेरे पास लेख रखा है। उसे ही भेज सकता हूँ पर मैं उस लेख का कुछ तो पता लगाना चाहिए। आप शीघ्र मुझे लिखें। आप की आज्ञा और स्नेहाग्रह मुझे मान्य है। यों मेरे पास उस लेख की मूल प्रति है पर फिर भी आप उसे लौटाने की चेष्टा करें। जोशी जी के उपन्यासों पर एक लेख मैं बाद का पत्र पाते ही भेज दूंगा।

विशेष कृपा

भवदीय

गंगाप्रसाद पाण्डेय

के.पी.यू.सी. प्रयाग
दिनांक : 14.2.47

श्रद्धेय शास्त्री जी,

आपको एक पत्र सुबह छोड़ चुका हूँ। यह दूसरा पत्र इसलिए लिख रहा हूँ कि जोशी जी पर भी मेरे पास लेख तैयार है। उसे ही भेज सकता हूँ पर मेरे उस लेख का कुछ तो पता लगना चाहिए। आप शीघ्र मुझे लिखें। आपकी आशा और स्नेहाग्रह मुझे मान्य है। यों मेरे पास उस लेख की मूल कापी है पर फिर भी आप उसे खोजने की चेष्टा करें। जोशी जी के उपन्यासों पर एक लेख मैं आपका पत्र पाते ही भेज दूँगा।

विशेष कृपा

सम्भवतः जोशी जी भी लिखेंगे। ऐसा कह रहे थे।

भवदीय
गंगा प्रसाद पांडेय

टिप्पणी : 14.2.47 के पत्र गंगाधर शास्त्री को इलाचंद्र जोशी के उपन्यासों पर लेख तैयार होने की सूचना है।

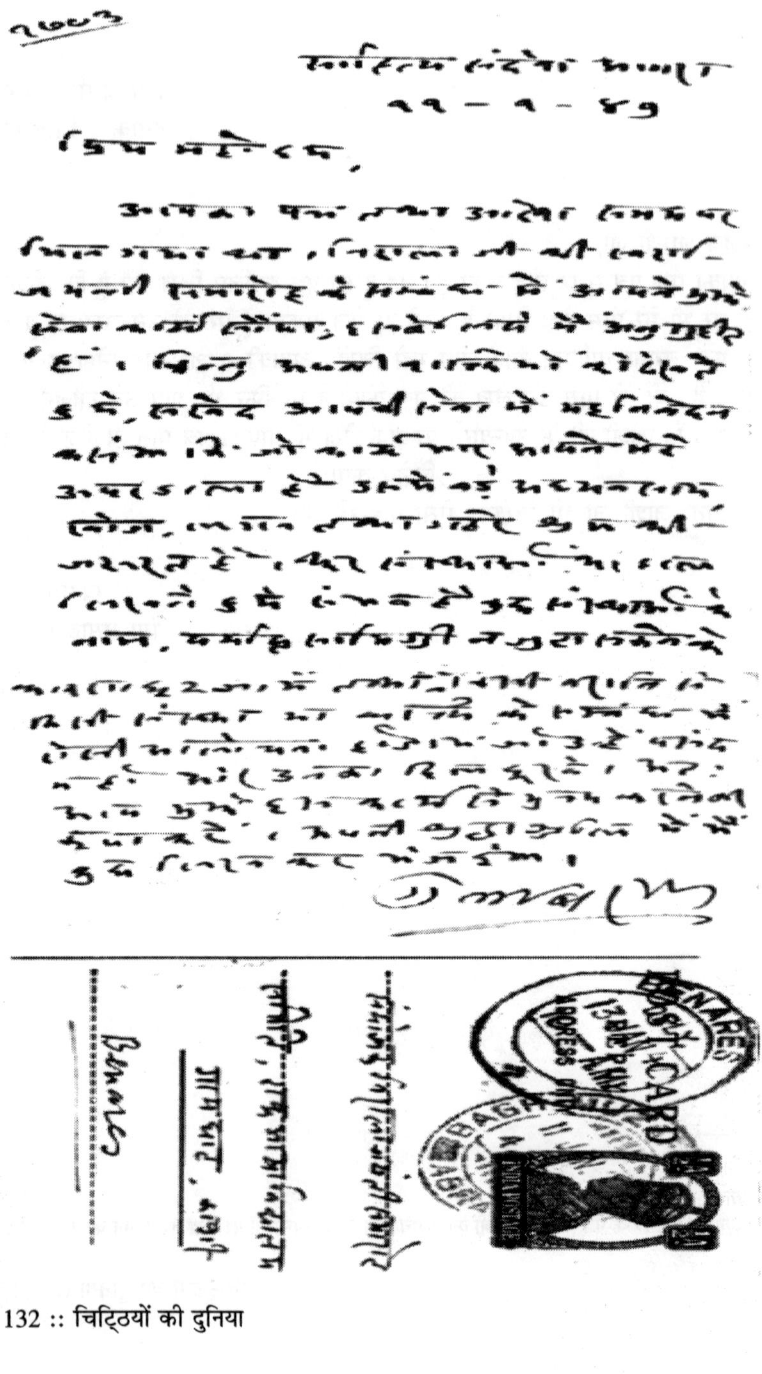
साहित्य संदेश आगरा
११-९-४९
प्रिय महोदय,
आपका पत्र तथा आदेश
BENARES
POST CARD
INDIA POSTAGE

साहित्य संदेश, आगरा
11.1.47

प्रिय महोदय,

आपका पत्र तथा आदेश समय पर मिल गया था। 'निराला जी' की स्वर्ण जयन्ती समारोह के संबंध में आपने मुझे सेवा कार्य सौंपा, इसके लिए मैं अनुगृहीत हूँ। किन्तु अपनी शक्तियों को देखते हुए सखेद आपकी सेवा में यह निवेदन करूँगा कि जो कार्य-भार आपने मेरे ऊपर डाला है उसमें बडे अध्यवसाय, खोज, लगन तथा गहरे श्रम की जरूरत है, फिर संस्थाओं का हाल लिखते हुए संभव है कुछ संस्थाओं के नाम पर्याप्त सामग्री न जुटा सकने के कारण से छूट जायँ तथा मेरे किसी वर्णन से किसी संस्था या व्यक्ति के संबंध में ऐसी आलोचना हो जाय जो उन्हें पसंद न हो और उनका दिल दुखे। अतः आप मुझे इस कार्य से मुक्त करने की कृपा करें। अपनी श्रद्धांजलि में मैं कुछ लिख कर भेज दूँगा।

गुलाब राय

टिप्पणी :11.1.47 को नंददुलारे वाजपेयी को निराला की स्वर्ण जयन्ती का कार्यभार सौंपने की जिम्मेदारी सौंपने पर उन्होंने असमर्थता जाहिर करते हुए इस संबंध में अपनी दैहिक शक्ति को इस कार्य के लिए अनुकूल न पाने का भी जिक्र किया है।

डॉ. जगदीश गुप्त एम.ए., डी.फिल्.
रीडर, हिन्दी-विभाग,
प्रयाग-विश्वविद्यालय, प्रयाग
फोन: ५२१३६, ... प्रयाग-६

॥ फ्रु ॥
॥२४॥ ॥७७॥

प्रिय एवं मान्य भाई 'कुंअरजी'

बेहद खुशी हुई यह जानकर कि अन्ततः तुम यहीं प्रयाग पहुँच गये। भाई [illegible] ने मुझे पहले ही बता दिया था। जब तुम कुछ भी करो तुम्हारी जन-प्रियता को कोई भी चैलेंज नहीं कर सकता। यह साप्ताहिक है यह और भी सुखद है क्योंकि उसके माध्यम से सम्पर्क की निरन्तरता भी बनी रहती है और दैनिक की हड़बड़ी भी नहीं सताती। मेरा पूरा सहयोग तुम्हें मिलेगा। अभी-२ की दो प्रतियाँ तुम्हारी चिट्ठी पहले ही मैंने भिजवा दी हैं। प्राप्ति सूचना देना।

सिलसिला का प्रतिनिधि समाज, होता हूँ, कई दृष्टियों से ऐतिहासिक होने जा रहा है। 'गाँव' का प्रकाशन अपनी विशेषता, यों भी रखता है। इसको कोई पूँजीपति नहीं निकाल रहा है, यह कम महत्व की बात नहीं है। लोहिया-स्मारक-'माध्यम' का यह प्रतिनिधि-पत्र उनकी मिलती-जुलती सोच, विचारों तथा उनसे प्रभावित पत्र-पत्रिकाओं वाले सभी लोगों का

पुनश्च के लिये दो रेखांकन तथा एक कविता भेज रहा हूँ। लगे तो छापना।

[illegible] मैं मानता हूँ!

पुनश्च — [illegible]

'शब्दों' की प्रति भी मिल गई है। उसमें अभी नहीं। सस्नेह
जगदीश गुप्त

डॉ. जगदीश गुप्त एम.ए., डी.फिल्. 24.8.77
रीडर, हिन्दी-विभाग, प्रयाग-विश्वविद्यालय-प्रयाग
फोनः 52135 : नागवासुकि, प्रयाग-6

प्रिय एवं मान्य भाई मुंशी जी,
बेहद खुशी हुई यह जानकर कि अन्ततः तुम सही जगह पहुँच गये। साही ने मुझे पहले ही बता दिया था। अब तुम कुछ भी करो तुम्हारी 'जन' प्रियता को कोई भी चैलेंज नहीं कर सकता। पत्र साप्ताहिक है यह और भी सुखद है क्योंकि उसके माध्यम से संपर्क की निरन्तरता भी बनी रहती है और दैनिक की दमतोड़ यान्त्रिकता भी नहीं सताती। मेरा पूरा सहयोग तुम्हें मिलेगा त्रयी-2 की दो प्रतियाँ तुम्हारी चिट्ठी पढ़ते ही मैंने भिजवा दी है। प्राप्ति सूचना देना।

सितम्बर का अन्तिम सप्ताह, देखता हूँ, कई दृष्टियों से ऐतिहासिक होने जा रहा है। 'जन' का प्रकाशन अपनी विशेषता यों भी रखता है। इसको कोई पूँजीधारी नहीं निकाल रहा है, यह कम महत्व की बात नहीं है। 'लोहिया-स्मारक-न्यास' का यह प्रतिनिधि-पत्र उनकी विचारधारा तथा उससे मिलती जुलती चेतना वाले सभी लोगों का अपना पत्र बन जायेगा।

प्रवेशांक के लिए दो रेखांकन तथा एक कविता भेज रहा हूँ। रुचे तो छाप देना।

पुनश्च : 'जगदीश गुप्त' तो तुम्हारे प्रबंधन्यासी पहले से ही बने बैठे हैं, अब हमें छाप कर उन्हें साहित्यकार कलाकार क्यों बनाना चाहते हैं।
वह प्रबंधन्यासी मैं सत्यानाशी!
'शम्बूक' की प्रति भी ड्यू है उस समय थी नहीं

भवदीय
जगदीश गुप्त

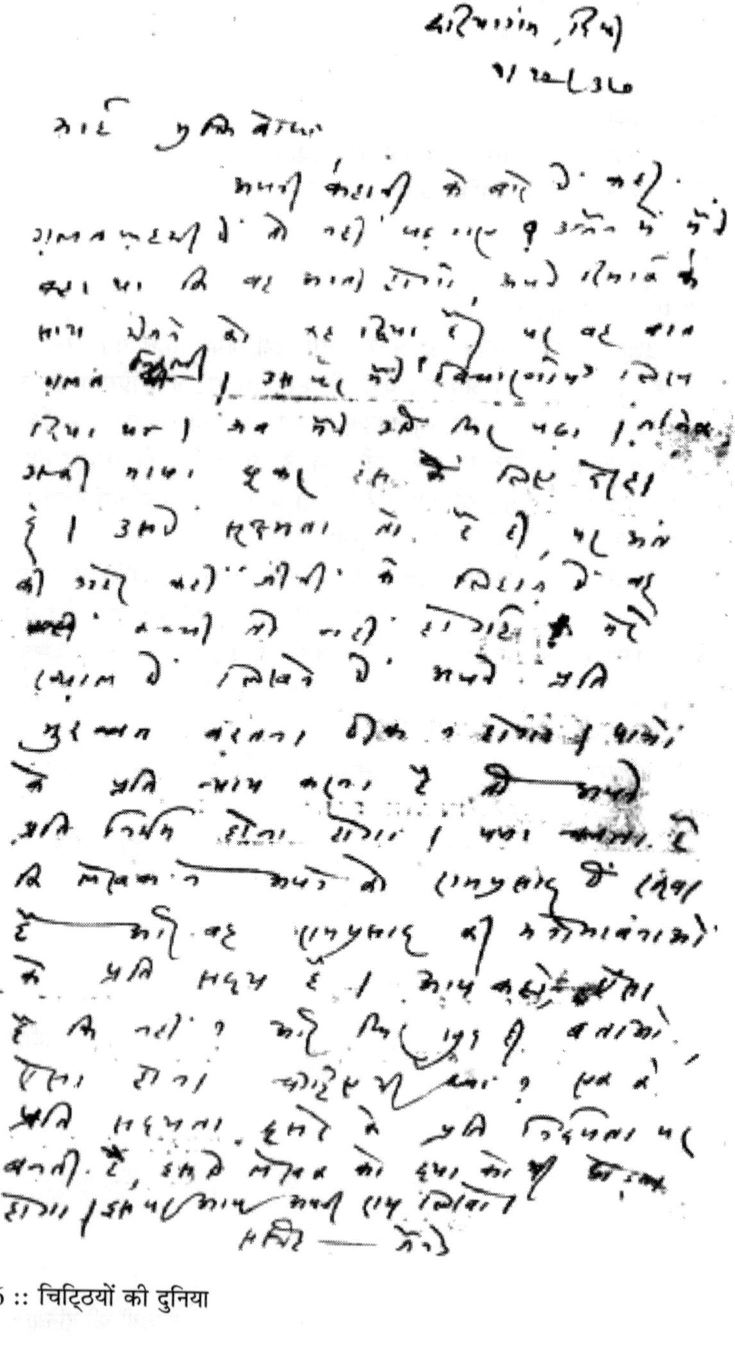

दरियागंज, दिल्ली
1.12.37

प्रिय भाई मुक्तिबोध,

अपनी कहानी के बारे में कहीं ग़लतफ हमी में तो नहीं पड़ गए? उज्जैन में मैंने कहा था कि वह आती होगी, अपने रिमार्क के साथ भेजने को कह दिया है। पर वह बात गलत निकली। उस पर मैंने 'विचारणीय' लिख दिया था। अब मैंने उसे फिर पढ़ा। तनिक उसकी भाषा छूकर हंस के लिए दे रहा हूँ। उसमें सूक्ष्मता तो है ही पर अंत की ओर कहीं 'जीजी' के लिहाज़ में वह कच्ची तो नहीं हो गई! मेरे ख़्याल में लिखने में अपने प्रति मुरव्वत बरतना ठीक न होगा। पात्रों के प्रति न्याय करना है तो अपने प्रति निर्मम होना होगा। पता चलता है कि लेखक ने अपने को रामप्रसाद ही रखा है और वह रामप्रसाद की मनोभावनाओं के प्रति सदय है। पात्रों के प्रति सदय है। आप कहो, ऐसा है कि नहीं? और फिर खुद ही बताओ ऐसा होना चाहिए भी क्या? एक के प्रति सदयता दूसरे के प्रति निर्दयता पर बनती है, इससे लेखक को दया को भी छोड़ना होगा। इस पर आप अपनी राय लिखो।

सस्नेह
जैनेन्द्र

टिप्पणी : जैनेन्द्र कुमार ने एक पत्र 1.12.37 को दरियागंज दिल्ली से मुक्तिबोध को लिखा है।

1.12.37 के पत्र में मुक्तिबोध की कहानी के बारे में अपना मन्तव्य लिखा है सम्भवतः यह कहानी 'हंस' में छापने के लिए स्वीकृत रही हो, उस कहानी पर जैनेन्द्र जी ने विचारणीय लिख दिया था। फिर से कहानी पढ़ने पर उन्होंने पाया कि कहानी में तटस्थता की कमी है। वह लिखते हैं–मेरे ख्याल में लिखने में अपने प्रति मुख्वत बरतना ठीक न होगा। पात्रों के प्रति न्याय करना है तो अपने प्रति निर्मम होना होगा। पता चलता है कि लेखक ने अपने को राम प्रसाद में रक्खा है और वह राम प्रसाद की भावनाओं के प्रति सदय है।

7/36, दरियागंज, दिल्ली
13.12.62

प्रिय श्री परिमलेन्दु जी,

मैं अभी 40 दिन के बाद दिल्ली आया हूं। अपने या अपनी रचनाओं के बारे में उत्तर देने में मैं अक्सर चूक कर जाता हूं। आपके पत्र का भी शायद उत्तर न जाता। लेकिन महीना भर देर हो जाने के कारण उत्तर न देने में संकोच होता है। लिखा हुआ समक्ष हो तो लिखने वाले को मुक्ति मिलनी चाहिए और मुझे अक्सर अपनी रचनाओं को याद करना अच्छा नहीं लगा करता है।

1. तपोभूमि का लगभग दो तिहाई अंश मेरा है। लिखे पृष्ठ मेरी ओर से रद्द हो चुके थे। ऋषभ चरण ने उन रद्दी कागजों को लिया और कहा कि वह खुद कहानी पूरी बना देना चाहता है। मैंने जेल से लिख दिया कि मेरी बला से, जो चाहो करो; मैं उस लिखे को भूल चुका हूं।

2. उपन्यासों का रचनाकाल, प्रकाशन-काल के आस पास का ही है। केवल तपोभूमि के पृष्ठ लिखे सबसे पहले गए और छपे शायद सुनीता के भी बाद।

3. नहीं, मैं कोई ब्लू प्रिंट तैयार नहीं करता। यहाँ तक की प्रस्तुत परिच्छेद की घटनावलि भी मेरे साथ पूर्वायोजित नहीं हो पाती।

4. व्यतीत या किसी दूसरे उपन्यास के चरित्र में जो सच्चाई हो वह कल्पनात्मक ही है। जयन्त में स्त्री के प्रति अरुचि नहीं है, अधिक रुचि है। रुचि की अधिकता ही उसे दूर और ग्रस्त बनाती है। अहमूवाद को मैं इसी रूप में समझ पाता हूं।

5. त्यागपत्र के समय तक मैं नहीं जानता कि शेखर उपन्यास छप चुका था।

6. उपन्यासों में ही मुझे विश्वास नहीं है। सुखान्त, दुःखान्त होने की बात फिर महत्त्वपूर्ण नहीं रहती।

आपने उत्तर अतिशीघ्र माँगा था। लेख यथाशीघ्र आपको पूरा करना था। मुझे आशा है, यह उत्तर कामलायक अब सिद्ध नहीं होगा।

सस्नेह आपका
जैनेन्द्र कुमार

टिप्पणी : जैनेन्द्र जी ने परिमलेन्दु को कुल 7 पत्र लिखे हैं। पहला पत्र 13.12.62 को लिखा गया है और अन्तिम पत्र 20.7.65 को पहले पत्र 13.12.62 में वह लिखते हैं कि उन्हें अपनी रचनाओं के नाम याद रखना अच्छा नहीं लगता है, अपने उपन्यास 'तपोभूमि' के सम्बन्ध में बतलाते हैं कि उसका दो तिहाई अंक ही उनका लिखा हुआ है। शेष ऋषभ चरण जैन ने पूरा किया है।

PURVODAYA PRAKASHAN
RISHI BHAVAN, 8 NETAJI SUBHASH MARG
DELHI

8.6.63

प्रिय भाई रामनिरंजन जी,

पत्र आपका पहला भी मिला था। मिलिंद जी के संग्रह के आपके लेख को मैंने देखा था। सच कहूं तो वह मुझे अपनी समझ से ऊपर है मालूम हुआ था। अब बताइये कहूं तो क्या कहूं। अपने निबंध में आपने अवश्य कुछ गूढ़ और सूक्ष्म कहना चाहा है, पर मैं उसे पकड़ नहीं पाया। शायद, जैसा कि आप लिखते है, आपके पास कहने के लिए बहुत है और अवकाश अधिक हो तो उसे खोलकर कह सकेंगे। मैं अपने संबंध में कम जानता हूं, इसलिए जो कुछ समीक्षक बन्धु कहते हैं, उसको हृद्गत करने के लिए उस स्वल्प के सहारे ही मुझे चलना पड़ता है।

'समय और हम' नामक एक पुस्तक निकली है, उसके साथ ही 'इतस्ततः' भी प्रकाशित हुआ है। अन्य कुछ लिखना तो नहीं हो पाया। मैं लिखने के बारे में सचिन्त कभी नहीं रहा हूं। बल्कि शायद उदासीनता ही चित्त में अधिक रही हो। यह पत्र हस्तलिखित नहीं हैं, इसके लिए क्या मुझे क्षमा मांगनी चाहिये?

आशा है आप सानंद हैं।

कृपाभिलाषी
जैनेन्द्र कुमार

जैनेन्द्र कुमार

7/36, दरियागंज, दिल्ली
13.7.63

भाई परिमलेन्दु जी,

आपका 8/7 का पत्र मिला। इससे तो लगता है, आगे मेरे जवाब देने की हिम्मत टूट सकती है। अमुक शब्दों को लेकर मैं विवाद में न पड़ूंगा। संवाद तक ही भाषा का सदुपयोग है। विवाद उपजता है तो मान लेना चाहिए कि भाषा और शब्द का दुरुपयोग हो रहा है। अस्थिरता के पक्ष में क्या मैं भी एक लेख नहीं लिख सकता? लेकिन आप मुझे समझने की कोशिश करें। फिर असहमत भी रहें तो कोई बाधा नहीं। सहमति आवश्यक वस्तु नहीं है। मन की स्वतंत्रता ही ठीक है।

'फांसी संग्रहः प्रकाशन सन् 1929 ई.। कहानियां : 9 फांसी, 2 स्पर्धा 3 ग़दर के बाद।

पाठशाला जैतो (पंजाब) मंडी में थी। हस्तलिखित पत्रिका का नाम ज्योति। बंधु का नाम कालीचरण शर्मा। जीवित हैं। पता नहीं मालूम। 'देश प्रेम, अंग्रेजी आ जाने के कारण 'ज्योति में नहीं गई और बहुत बाद 'त्यागभूमि' में छपी। फर्मायिश पर लिखे जाने का प्रश्न नहीं। खेल, छपने के कारण, शायद पहली मानी गई होगी। 'देश प्रेम' को बाद दे दें तो 'फोटोग्राफी' को पहली कहानी मानना होगा। वह प्रेमचंद के 'हंस' के पहले अंक में पहली बार निकली। 'ज्योति' का समय' 28 अंत या 29 का आरंभ रहा होगा।

आगे के आपके पत्रों में अन्यावश्यक जिज्ञासा ही रहनी चाहिए। उसमें लेख की सहायता के प्रयोजन से कुछ अधिक हो। विवाद का स्वर भी उसमें तनिक न आना चाहिए। आपको याद रखना चाहिए कि आप सुशिक्षित हैं, एम. ए. हैं, और मैं बहुत जल्दी रौब में आने को तैयार रहता हूं। आपको अधिक भाषा उसके लिए ख़र्च करने की ज़रूरत नहीं है।

आपका स्नेहीजन
जैनेन्द्र

टिप्पणी : जैनेन्द्र कुमार 13.7.1963 के पत्र में 8.7.1963 के पत्र के मिलने का उल्लेख है और यह निर्देश भी है कि आगे से आवश्यक जिज्ञासा ही प्रश्न के रूप में भेजी जानी चाहिए

PURVODAYA PRAKASHAN

RISHI BHAVAN, 8, NETAJI SUBHASH MARG, DELHI

भाई परिमल जी,

'नई धारा' में आपका लेख अच्छा लगा। कहानी के बारे में एक भेंट वार्ता कुछ दिन हुए 'आजकल' के कहानी विशेषांक में छपी थी। उसी का दूसरा खंड उसी पत्रिका में एकाध महीने बाद निकला था। कुछ वैसी ही चर्चा आगरा की 'सारिका' में आ रही है। उससे शायद आपकी जिज्ञासाओं की संगति बैठे। घटना जगत तो बहुत ही अस्थिर है। स्वयं में उसमें क्या सार है? सार शायद कुछ उसके पीछे के हेतु जगत में होगी। मेरी उधार की वृत्ति है। मैंने कभी अपने को कहानी लेखक नहीं माना। न तात्विक माना है। सदा अपने को आवारा भटका-सा प्राणी गिना है। साहित्यिक समीक्षाओं ने जो बता-बना दिया है वह सब मेरे लिए उपाधिवत् है। मेरा उससे लगाव नहीं है। हां, अधिकांश कहानियां मेरी किसी विचार-बिंदु से उपजी हैं। कभी वह बिंदु विचार से अधिक भाव का भी हो गया है। मुझे नहीं मालूम मेरी कहानियों में कोई शिल्प है भी। होगा तो विविध रुप होगा। अर्थात् कहीं से सीखा या उठाया हुआ वह नहीं है, मनमाना है। 'फांसी' संग्रह अब नहीं मिलता। लेकिन उसकी कहानियां, जो कुल तीन थीं, क्रम-खंडों में आ गई हैं। मेरी पहली कहानी 'देश प्रेम' है। मालूम नहीं वह उपलब्ध भी है कि नहीं। दूसरी है, 'खेल'। उपन्यासकारों में मुझे डास्टावस्की (दास्तोवस्की) प्रिय है। कहानी में चेखव। लेकिन कला की दृष्टि से मैंने उन्हें नहीं देखा है। गहरा झखझोरा है इसीलिए प्रियता है।

पहली कहानी यानी 'देश प्रेम' और उसके साथ तीन फोटोग्राफी; खेल और चोरी; एक चटशाला से निकलने वाली हस्तलिखित पत्रिका के लिए लिखी गईं थी। एक बंधु वहां अध्यापक बने और उनके कहने पर यों ही कुछ लिख भेजा था। बिना यह जाने कि ये कहानी हैं। 'देश प्रेम' में अंग्रेजी के दो पैराग्राफ आ गए थे। बाद में ध्यान आया, प्राइमरी स्कूल में अंग्रेजी कौन जानता है। इससे फिर वह रुकी रह गई। संग्रह में किसी में आई कि नहीं मालूम नहीं। शेष तीन संग्रहों में हैं ही।

आपने इतना मुझसे अपने बारे में लिखा लिया। मुझे अपने ऊपर या भीतर देखने तक में कष्ट होता है।

आशा है आप सानंद हैं।

7/36, दरियागंज, दिल्ली

आपका स्नेहाधीन

जैनेन्द्र

3.10.63

प्रिय श्री परिमलेन्दु जी,

आपका पत्र समय से आया होगा। लेकिन मैं अधिकांश इस काल बाहर था। कुछ समय तो देश से बाहर।

'जयवर्धन के हूस्टन' का विचार इस निमित्त आया कि मैं पुस्तक को घटनात्मक से ज्यादा अवगाहनात्मक रखना चाहता था। यह सुविधा डायरी में ही हो सकती है। डायरी मेरी हो, यह सम्भव नहीं था। क्योंकि उसमें गांधी-नेहरू का परिप्रेक्ष्य में नाम आना था। विल्बर शेल्डन 'हूस्टन' नाम मुझे एक अमेरिकन बन्धु से मिला। हां, यह रचना लिखाई ही गई है। जिन बन्धु ने आग्रहपूर्वक लिखवाना आरंभ किया वे सात मील दूर से केवल इतवार को आ पाते थे। कभी उस इतवार का भी नागा हो जाता था। इसी बीच मुझे यौरुप (यूरोप) भी जाना पड़ा। इस तरह वह बीच में समय का बड़ा-बड़ा अन्तराल देकर पुस्तक लिखाई गई। कुल मिलाकर एक-डेढ़ बरस भी लग गया हो तो अचरज नहीं। लेकिन यों काम के चालीस घंटे से अधिक न लगे होंगे।

'कल्याणी' 'त्यागपत्र' के बाद लिखी पुस्तक है। त्यागपत्र से पहले 'सुनीता' छपी थी। 'सुनीता' पर जो विवाद चला तो किसी ने पुस्तक के पार लेखक को भी धर दबाया। इसलिए सोचा कि आगे मैं लेखक रहूं ही नहीं तो इस जैनेन्द्र को महत्व मिलने का अवकाश न रहेगा। 'त्यागपत्र' में इसीलिए मैंने युक्तिपूर्वक अपनी स्थिति 'अनुवादक' की बना ली। कल्याणी में वकील की उद्‌यापना में भी वही कारण है।

'कल्याणी' में या किसी में मैं एक पात्र नहीं हूं। कारण कि जाने अनजाने सभी पात्र में हूं।

आपका स्नेहाधीन
जैनेन्द्र

टिप्पणी : 3.10.1963 के पत्र में 'जयवर्धन' उपन्यास के पात्र हूस्टन के बारे में बतलाते हैं कि 'हूस्टन' का विचार इस निमित्त आया कि पुस्तक को घटनात्मकता से ज्यादा अवगाहनात्मक रखना चाहता था। 'कल्याणी' उपन्यास को 'त्यागपत्र' उपन्यास के बाद की रचना मानते हैं।

7/36 दरियागंज, दिल्ली
30.7.63

भाई परिमलेन्दु जी,
पत्र मिला।

1. वाद दो या अधिक हो सकते हैं और विवाद को बचाया जा सकता है। संवाद अपेक्षित हो तो विवाद को बचाना ही चाहिए।

2. अहं व्यष्टि जीवन का आधार है। समर्पण समष्टि-जीवन का आरंभ।

3. तपोभूमि को मैं अपनी रचना नहीं गिनता हूं। उसमें शुरू दो खंड मेरे हैं। अंतिम, ऋषभचरण का। हां अंतिम खंड बहुत बाद लिखा गया है। मेरी तरफ से वह लिखा रद्द हो गया था। सन् 32 में जेल हुआ तो पीछे घर आकर ऋषभ ने कागज़ निकाल लिए और मुझे जेल में लिख भेजा कि वह उसे पूरा कर रहा है। मेरे पास और उपाय न था सिवा यह कह देने के कि मेरी बला से, जो चाहो करो। जॉन फील्डिंग की मैंने कोई रचना अब तक नहीं पढ़ी।

4. 'सुनीता' ऋषभ के साप्ताहिक पत्र 'चित्रपट' के लिए लिखायी (लिखाई) गई रचना है। लिखाई का मतलब कि उसने मुझे ऊपर कमरा बन्द कर दिया और नीचे चिट सरकाकर बताया कि उपन्यास का पहला परिच्छेद हो जायगा (जायेगा)। तब दरवाजा खुलेगा। ऐसे पुस्तक शुरू हुई। फिर हर हफ्ते आदमी आता, पहला लिखा सुनाता, अगला लिख ले जाता। ऐसे दो तिहाई किताब हुए और चित्रपट में छपती गई। बाद पुस्तक सीधी छपी और एक साथ बोली लिखी गई। ब्लू प्रिंट वगैरह का सवाल ही नहीं उठता।

जो अंतिम ठीक को जानता है वह लिखने से पार हो गया। मुझे नहीं मालूम कौन ठीक है, हरिप्रसन्न या श्रीकांत। दो हैं तो अपनी जगह दोनों ही ठीक होंगे। जिज्ञासा है तभी तक लिखना है। ज्ञानी जन बंद हो जाते हैं। मुक्ति के लिए अज्ञानी रहना ही ठीक है।

स्नेहाधीन
जैनेंद्र

टिप्पणी : 30.7.1963 के पत्र में फिर 'तपोभूमि' के संबंध में कहते हैं कि वह उनकी रचना नहीं है। लिखने को लेकर कहते हैं जो अंतिम ठीक को जानता है वह लिखने से पार हो गया। 'सुनीता' उपन्यास के बारे में कहते हैं, "मुझे नहीं मालूम कौन ठीक है हरिप्रसन्न या श्रीकान्त दो हैं तो अपनी जगह दोनों ही ठीक होंगे। जिज्ञासा है तभी तक लिखना है। मुक्ति के लिए अज्ञानी रहना ही ठीक है।"

दिनांक 20.7.65

प्रिय परिमलेन्दु जी,

हां, पहली प्रश्नावली जाने कहां हो (खो) गई। प्रति हो उसकी तो भेज देना। उत्तर देने का प्रयास करुँगा। अपनी अस्त व्यस्तता के कारण ही आपके पत्र का उत्तर नहीं दे पाया था। क्षमा प्रार्थी हूँ। मसूरी हम लोग सवा दो महीने के क़रीब रहे और पिछले सोमवार को ही वापस हुए हैं।

'मुक्तिबोध' पर आपकी प्रतिक्रिया क्या हुई, यह जानने की उत्सुकता है। मैं अपने कहानी- उपन्यासों पर शिल्प आदि की दृष्टि से बिल्कुल विचार नहीं कर पाता हूँ। उधर मेरा ध्यान ही नहीं। इससे उस स्तर की समीक्षा मुझे असंपृक्त छोड़ जाती है। आशा है आपका लेख उससे अधिक जीवन-परक मुद्‌दों को लेकर बनेगा। शेष आप सब तरह सांनद होंगे।

सस्नेह आपका
जैनेन्द्र

टिप्पणी : 20.7.1965 के पत्र में 'मुक्तिबोध' पर परिमलेन्दु की प्रतिक्रिया जानने की उत्सुकता प्रकट की गई है, साथ ही यह भी लिखा है ''मैं अपनी कहानी उपन्यासों पर शिल्प की दृष्टि से बिल्कुल विचार नहीं कर पाता हूँ।

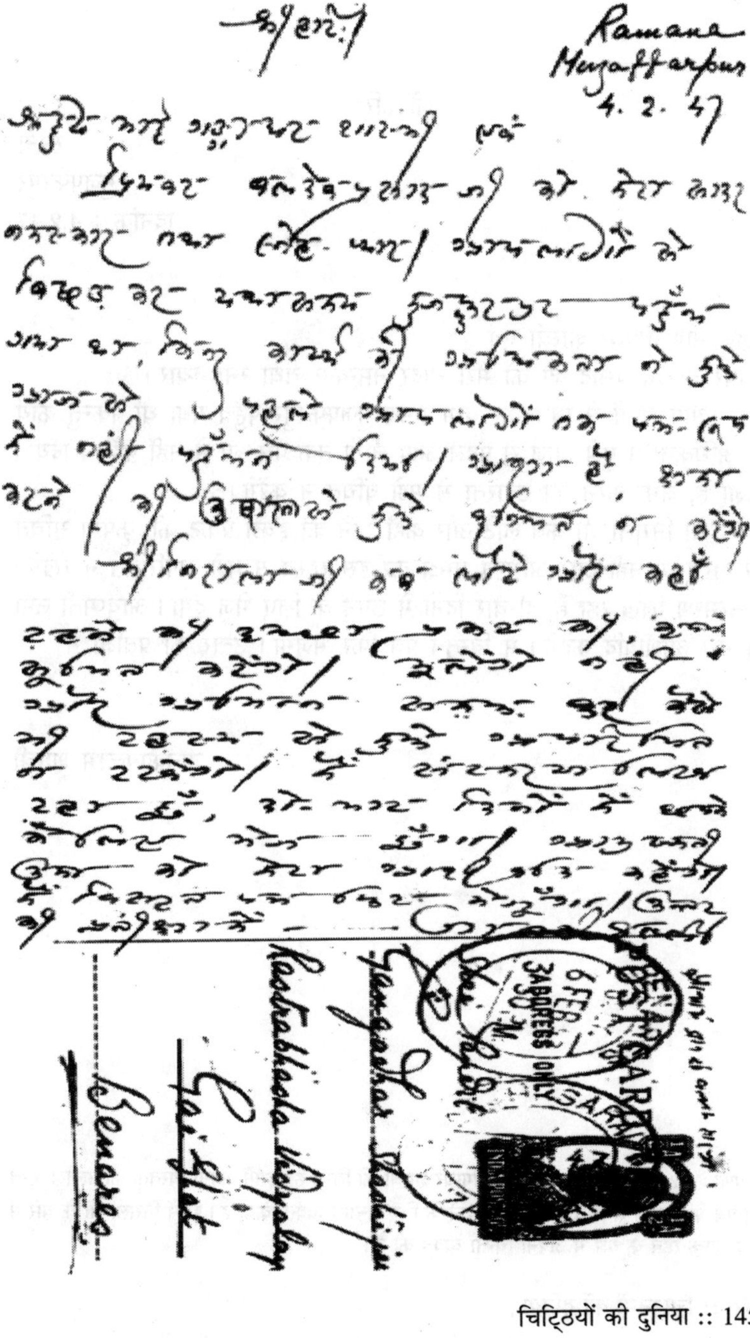
Ramana
Muzaffarpur
4. 2. 47
Benares

श्री हरिः

रमना

मुजफ्फरपुर

दिनांक : 4.2.47

श्रद्धेय भाई गंगाधर शास्त्री एवं
प्रियवर बलदेव प्रसाद जी को मेरा सादर नमस्कार तथा स्नेह प्यार।

आप लोगों से बिछड़कर यथा समय मुजफ्फरपुर पहुँच गया था, किन्तु कार्य की अधिकता ने मुझे आज से पहले आप लोगों तक पत्र-रूप में नहीं पहुँचने दिया। आशा है, क्षमा करने की उदारता से मुझे वंचित न करेंगे।

श्री निराला जी कब लौटे और कहाँ रहने की इच्छा प्रकट की, कृपया सूचित करेंगे। भूलेंगे नहीं और अभिन्न समझ कर इस रहस्य से मुझे अपरिचित न रखेंगे। मैं संस्मरण लिख रहा हूँ, दो-चार दिनों में छपने के लिए भेज दूँगा। आयुष्मती उमा को मेरा आशीर्वाद कहेंगे। मैं विस्तृत पत्र फिर भेजूँगा। उत्तर की प्रतीक्षा में

जानकीबल्लभ शास्त्री

टिप्पणी : 4.2.47 का पत्र शास्त्री जी ने गंगाधर शास्त्री को लिखा है। इसमें अपनी व्यस्तता का उल्लेख करते हुए पत्र के माध्यम से मिलने का सुयोग पाने के लिए सन्तोष व्यक्त किया है। इसमें निराला जी के बारे में तथा उनके रहने के बारे में अपनी चिन्ता व्यक्त की है।

Mujaffarpur
दिनांक : 28.12.47

परम् पूज्य निराला जी के श्री चरणों में जाकर,
सविनय प्रणाम।
आपके पत्र अनेक संकेत स्थलों से आए और मेरा शायद एक ही उत्तर आपकी बुआ जी के द्वारा मिला।

मैं इन दिनों बहुत अधिक अशान्त और चिन्तित हूँ। उसकी मृत्यु के उपरान्त शैल यहीं आ गई हैं। उसी की परिचर्या में सारा दिन बीत जाता है। प्रथमा पास हो चुकी है, इस वर्ष मध्यमा देगी। सातवें दर्जे की पढ़ाई उधर ही तय कर चुकी है। आपको प्रणाम वह कह रही है। दैन्य के कारण उसे खुद नहीं रख पाता। आय का कोई मार्ग नहीं। दिन भर पढ़ता-पढ़ाता ही रहता हूँ। परन्तु सरस्वती की कृपा से लक्ष्मी अनुकूलता नहीं दिखलाती।

"महाकवि निराला" के 62 फर्मे छप चुके हैं। तीन आज प्रूफ देखने के लिए आए हैं। अर्थाभाव के कारण प्रगतिरूद्ध है। कोई सहायक नहीं। सब अलग डेढ़ चावल की खिचड़ी पकाने वास्ते हैं।

आज रविवार होने के कारण कार्ड लिख रहा हूँ। अब फिर रविवार को लिखूँगा।

जानकी बल्लभ शास्त्री

टिप्पणी : 28.12.47 का पत्र निराला जी को ही संबोधित है। इस पत्र में शास्त्री जी ने अव्यक्त प्रशान्त होने का उल्लेख किया है। अपनी आर्थिक दुरावस्था के विषय में भी लिखा है " दिन भर पढ़ता पढ़ाता रहता हूँ परन्तु सरस्वती की कृपा से लक्ष्मी अनुकूलता नहीं दिखलाती।"

श्रीः

ज्वालादत्त शर्मा

किसरौल, मुरादाबाद

२६-१०-१९२६

प्रिय [illegible] जी,

'प्रतिभा' का [illegible]

[illegible]

[illegible]

[illegible] । [illegible] आपका

पत्र [illegible] लिखा, पर कोई [illegible]

[illegible] हुई। आपने 'इजाजत' अभी तक

नहीं भेजी है। [illegible]

[illegible]

[illegible]

[illegible] 'इजाजत' [illegible]

श्रीः

ज्वालादत्त शर्मा

किसरौल, मुरादाबाद

26.10.1931

प्रिय अन्नपूर्णानन्द जी,

'प्रतिभा' का निकालना सार्थक हो गया कि आप जैसे अहले नज़र को उसके प्रथम अंक की आवश्यकता प्रतीत हुई। इस बहाने से आपका पत्र तो मिला, यही बड़े गौरव की बात हुई। आपने 'हजामत' अभी तक नहीं भेजी है। मेरा अनति दूर भविष्य में श्री काशी आने का विचार हो रहा है, तलाश करके वह अंक साथ लाऊँगा और तभी आपकी 'हजामत' हस्त बदस्त ले लूँगा। यदि वह अंक पहले ही मिल गया तो डाक से भेज दूँगा। वह अंक आपको अवश्य मिलेगा। क्या मासिक पत्रों का कोई इतिहास लिखना चाहते हैं?

भवदीय

ज्वालादत्त शर्मा

टिप्पणी : यह पत्र 26.10.1931 का है जो किसरौल मुरादाबाद से लिखा है कि वह (ज्वालादत्त शर्मा) काशी आने के बारे में सोच रहे हैं।

ज्वालादत्त शर्मा

किसरौल, मुरादाबाद
28.10.1930

प्रिय अन्नपूर्णानन्द जी,
आर्शी :।

आपका एक पत्र और 'मगन रहु चोला' की प्रति प्राप्त हुई। अनेक धन्यवाद। मैं बाहर था, कल ही लौटा हूँ, विलंब से पहुँच लिखने का यही कारण है।

पं. पद्म सिंह जी के पास मैंने आपकी यह पुस्तक देखी और सब पढ़ी थी, बहुत उत्तम है, बहुत शुद्ध मजाक है, हिंदी में अपने ढंग की नई चीज़ है, ऐसी सुंदर व्यंग्य पुस्तक लिखने के लिए मैं आपको बधाई देता हूँ। हिंदी में इस ढंग के आप ख़ास लेखक है, ईश्वर आपको चिरजीवी करे और सुखी रखे जिससे कि अच्छी-अच्छी पुस्तकें आप हिंदी को दे सकें।

'हजामत' पढ़ने का मुझे बहुत चाव है, अवश्य छप जाने पर भेजिएगा।

काशी आने पर आपसे मिलूँगा भी।

शुभैषी
ज्वालादत्त शर्मा

ज्वालादत्त शर्मा

किसरौल, मुरादाबाद
28.12.1930
मफ़ र्त
हिंदी ग्रन्थरत्नाकर
हीरा बाग
गिरगाँव बम्बई

प्रिय अन्नपूर्णानन्द जी,
आपका एक बदि 3 का कृपा पत्र मुझे मकान पर उसी दिन मिला था, जब मैं इधर के लिए चल रहा था। यहाँ आकर प्रेमी जी से मैंने आपके 'मगन रहु चोला' की प्रशंसा की, उन्होंने आपकी 'हजामत' भी मुझे पढ़ने को दी, यद्यपि मैं उसे अवकाश न मिलने के कारण पढ़ नहीं सका हूँ किन्तु जो 10-11 पृष्ठ मिलते ही मैंने पढ़ी है उनसे ही कह सकता हूँ आपकी यह पुस्तक भी हास्य रस की साहित्य की उज्ज्वल सरिता है आप बहुत अच्छा लिखते हैं, हास्य रस की नब्ज़ पहचानते हैं,...और...सब जानते हैं किन्तु...और शुद्ध व्यंग्य बहुत कम लोगों को आता है, बड़ी खुशी की बात है कि वह आपको आता है और उसे आप अच्छी तरह भाषा द्वारा व्यक्त कर देते हैं। मैं अभी 10-11 दिन इधर हूँ, 7 जनवरी तक मकान पहुँचने का विचार है। आप 'हजामत' अवश्य भेजिए। आशा है आप सानन्द हैं।

शुभचिंतक
ज्वालादत्त शर्मा

(19) २७.९.७२

धर्मयुग

पो. ऑ. बॉक्स नं. ११३, टाइम्स ऑफ इंडिया बिल्डिंग, बंबई-४००००१

प्रिय कुमार,

तुम्हारा यह चेक बैंक से लौट
आया। बैंक ने लौटाने का कोई
कारण भी नहीं बताया। [illegible]
इस [illegible] का अपना [illegible]
[illegible] का दिया है। [illegible]
नहीं भी लगता कि लोगों को पता
चल गया कि यह [illegible]
है। अगर [illegible] नहीं करता है तो
ठीक [illegible] मुझे [illegible] देना
और अगर नया [illegible] है
तो पुराना को [illegible] देना और नया
चेक बना देंगे। एक चेक और
बैंक को लौटा होगा या लौटाया
होगा।

[illegible] ३० मार्च के
अंक में आ रहा है। [illegible]
वाला अंक १३ अप्रैल में और
अगला [illegible] २० अप्रैल
के अंक में।

[illegible] के [illegible]
आज साहित्यिक लोगों का कहना है कि
[illegible] है [illegible]
[illegible] ऊपर [illegible]
[illegible] जिनका [illegible] के
साथ है —

शेष लौटकर आने पर

[illegible]

धर्मयुग

दिनांक : 27.9.42

प्रिय पद्मा,

तुम्हारा यह चेक बैंक से लौट आया। बैंक ने लौटाने का कोई कारण भी नहीं बताया। क्या इस नम्बर का अपना एकाउन्ट क्लोज़ कर दिया है। क्या पूछ-ताछ नहीं की वरना कि लोगों को पता चल जाता कि यह एकाउन्ट किसका है। अगर नम्बर नहीं बदला है तो बैंक जाकर उसे जमा करा देना और अगर नया एकाउंट नम्बर हो तो पुष्पा को बता देना फिर नया चेक बनवा देंगे। एक चेक और बैंक को गया होगा या जाने वाला होगा।

फिल्मावलोकन 30 मार्च के अंक में जा रहा है। शरतवानी माथुर वाला लेख 13 अप्रैल में और अगला फिल्मावलोकन 20 अप्रैल के अंक में।

फिल्मावलोकन में अब कुछ बदलाव आना चाहिये। लोगों का कहना है कि व्यंग्य अधिक हो रहा है विश्लेषण कम दूसरे, अधिकतर वे फिल्में उतर चुकी होती हैं जिनका जिक्र फिल्मावलोकन में होता है

शेष लौटकर आने पर

धर्मवीर भारती

टिप्पणी : 27.9.42 के पत्र में पद्मा जी को भेजा गया धर्मयुग का चेक लौटाने की सूचना है। यह पत्र भी बम्बई से धर्मयुग के पैड पर ही भेजा गया है। और जो स्तंभ पद्मा जी 'फिल्मावलोकन' धर्मयुग में लिखती थीं। उसमें कुछ बदलाव लाने के लिए कहा गया है।

एम-४३३/ई-७/अरेरा कालोनी/भोपाल-४६२०१६./फोन: ५६४२१२ ./१३ .०९.१९९९

प्रिय शुक्ल जी,

आपका ३१.०८.९९ का पत्र मिला .धन्यवाद .लेख का निराला स्मृति अंक भी मिला .इसे भिजवाने के लिए मैं आपका विशेष आभारी हूं । मैंने ५८-५९ में निराला पर अपनी पहली किताब लिखी थी .१९६० में वह प्रकाशित हुयी.तीन संस्करण हुये उसके .तब रामविलास जी की एक गुटका किताब ही थी उन पर ..बहरहाल ..निराला स्मृति अंक अधिकांशतः पढ़ गया । खासा महत्वपूर्ण काम किया है आपने .एक दूसरी/सम्पूर्णता-कांक्षी जीवनी के लिए प्रेरित करती सामग्री ।...

सम्पादकीय भी पढ़ा .जिस प्रसंग में 'प्रेरणा' वाले इन्टरव्यू के अंश को आपने उद्धृत किया है/जो कई लोगों ने पसन्द किया है। ...जबान मेरी कभी दबी नहीं रही;बल्कि जबाँदराजी के लिए ही बदनाम रहा हूं और उसीका अभिशाप भुगता है..भुगत रहा हूं । बहरहाल ..आपके स्नेह/सम्मान/प्रेम-सद्भाव के लिए कृतज्ञ हूं उन पर तो नहीं/मगर 'नागार्जुन स्मृति' के लिए लिखने का वायदा करता हूं । पक्का |बाबा जब भी भोपाल आये/एक दिन-रात घर पर जरूर बिताया उन्होंने पत्नी को उन्होंने अपनी बिटिया मान लिया था । उनके पत्र हैं-- बच्चों के नाम .कई कई यादें हैं ... संस्मरण के अलावा एक लम्बा लेख भी जरूर लिखूंगा लेखक के चरित्र के बारे में कुछ लिखने के आपके आग्रह के सन्दर्भ में ।..अलग डाक से एक लेखमाला:पाँच लेख: के रिप्रिन्ट भिजवा रहा हूं । उसके पहले लेख में मैंने अपनी बात कहने की कोशिश की है/हालाँकि सन्दर्भ अलग है । यह लेख माला भोपाल की एक स्थानीय किस्म की पत्रिका में छपी है। एक पूर्वपरिचित सम्पादक-पत्रकार के आग्रह पर। उनकी योजना तो यह थी कि इसे पुस्तिका के रूप में प्रकाशित कर साहित्यिक हलकों में भेजेगा लेकिन वो ऐसे गायब हुआ जैसे गधे के सर से सींग ...। खैर ..

आपके पढ़ने के लिए भेज रहा हूं। यदि आपको लगे कि इसकी कुछ सार्थकता और प्रासंगिकता है तो इसका जैसा उचित समझें/उपयोग कर लें। मेरी तमन्ना सिर्फ इतनी है कि यह काम-कम-से-कम उन लोगों तक तो पहुंचे जिनको यह संबोधित है...और यदि यह इस काबिल न हो तो कृपया पढ़कर लौटाने का कष्ट करें । इसके मिलने की सूचना जरूर दें ...

आपका,

॥ धनञ्जय वर्मा ॥

स्थ-433/ई-7, अरेरा कॉलोनी, भोपाल-462.016./फोन:564212

दिनांक : 13.9.1999

प्रिय शुक्ल जी,

आपका 31.8.99 का पत्र मिला। धन्यवाद। लेखन का निराला स्मृति अंक भी मिला। इसे भिजवाने के लिए मैं आपका आभारी हूँ। मैंने 58-59 में निराला पर अपनी पहली किताब लिखी थी, 1960 में वह प्रकाशित हुयी, तीन संस्करण हुए उसके, **तब रामविलास जी की एक गुटका किताब ही थी उन पर**...बहरहाल... निराला स्मृति अंक अधिकांशतः पढ़ गया। खासा महत्वपूर्ण काम किया है आपने, एक दूसरी, सम्पूर्णता-कांक्षी जीवनी के लिए प्रेरित करती सामग्री। सम्पादकीय भी पढ़ा, जिस प्रसंग में 'प्रेरणा' वाले इन्टरव्यू के अंश को आपने उद्धृत किया है। उसे कई लोगों ने पसन्द किया है।... जबान मेरी कभी दबी नहीं रही, बल्कि जबाँदराजी के लिए ही बदनाम रहा हूँ और उसी का खामियाज़ा भुगता है...भुगत रहा हूँ। बहरहाल...आपके स्नेह सम्मान/प्रेम-सद्भाव के लिए कृतज्ञ हूँ उन पर तो नहीं, मगर 'नागार्जुन स्मृति' के लिए लिखने का वायदा करता हूं। पक्का! बाबा जब भी भोपाल आये, एक दिन- रात घर पर जरूर बिताया उन्होंने पत्नी को अपनी बिटिया मान लिया था। उनके पत्र हैं बच्चों के नाम कई-कई यादें हैं...संस्मरण के अलावा एक लम्बा लेख भी जरूर लिखूंगा लेखक के चरित्र के बारे में कुछ लिखने के आपके आग्रह के सन्दर्भ में।...अलग डाक से एक लेखमाला : पाँच लेख : के रिप्रिन्ट भिजवा रहा हूँ। इसके पहले लेख में मैंने अपनी बात कहने की कोशिश की है, हालाँकि सन्दर्भ अलग है। यह लेख माला भोपाल की एक स्थानीय किस्म की पत्रिका में छपा है। एक पूर्वपरिचित सम्पादक-पत्रकार के आग्रह पर। उसकी योजना तो यह थी कि इसे पुस्तिका के रूप में प्रकाशित कर साहित्यिक हलक़ों में भेजेगा लेकिन वो ऐसे गायब हुआ जैसे गधे के सर सींग...। खैर... आपके पढ़ने के लिए भेज रहा हूँ। यदि आपको लगे कि इसकी कुछ सार्थकता और प्रासंगिकता है तो इसका जैसा उचित समझें, उपयोग कर लें। मेरी तमन्ना सिर्फ इतनी है कि यह कम-अज-कम उन लोगों तक तो पहुंचे जिनको यह संबोधित है... और यदि यह इस काबिल न हो तो कृपया पढ़कर लौटाने का कष्ट करें। इसके मिलने की सूचना अवश्य दें...

आपका

धनंजय वर्मा

टिप्पणी : धनंजय वर्मा ने विद्याधर शुक्ल को 'निराला स्मृति अंक भेजने पर धन्यवाद दिया है। इसे एक महत्वपूर्ण कार्य बताते हुए कवि नागार्जुन पर अंक निकालने की योजना का स्वागत किया है। उसे विशेषांक के लिए लेख भेजने का भी वचन दिया है।

११ ए, लूकरगंज, इलाहाबाद।
२ मार्च १९६४।

प्रिय मुक्तिबोध जी,

आपका पत्र पढ़कर अत्यन्त दुःख हुआ। आपके पक्षाघात की बात पढ़कर लगा कि जैसे मुझे लकवा मार गया। शायद ऐसी ही बातें देख-सुन कर अनेक बार जाने किन-किन बातों एवं आस्थाओं पर से विश्वास डगमगाने लगता है। महिमा ने कहा कि मैं न हो तो एक बार वहाँ जा कर देख आऊँ। अब मन कितना कर रहा है कि न जाकर केवल पत्र देना अपने मन के साथ ही विश्वासघात है। मैं अवश्य ही आना चाहता हूँ तथा आऊँगा भी। मुझे लगता है कि अगले महीने जरूर ही संभव होना चाहिए। इस समय चूँकि कचहरी से पेशगी ले चुका हूँ और काम पूरा कर के देना है इसलिए चाहते हुए भी आ नहीं पा रहा हूँ पर विश्वास रखें कि मैं अपनी सम्पूर्ण आस्था के साथ आपके साथ हूँ।

ऐसी अजीब बात है कि जीवन भर संघर्ष का ऐसा शारीरिक प्रतिदान है यह। लेकिन मेरा विश्वास है कि अब तक आप अवश्य ही स्वास्थ्य लाभ कर चुके होंगे। भाभी की निष्कम्पता कैसे रह रह कर कांप उठती होगी इसकी मैं कल्पना कर सकता हूँ। आप दोनों सारे लेखकों के बीच शिव-पार्वती की भांति हैं। संभव है कि किसी तार्किक को यह बात निरी भावुकता लगे, पर अपना-अपना दृष्टिकोण है। मैंने आपको सदा सदाशिव रूप में ही जाना है। निराला, नवीन, मुक्तिबोध जिस निकष पर परखे जाते हैं उस पर हम जैसे साधारण एक क्षण को भी खरे नहीं ठहर सकते। यद्यपि मुझे स्वयं यह बात अनाधुनिक लगती है पर अपने संस्कारों को क्या करूँ ?
स्वास्थ्य के बारे में शीघ्र सूचना दें। भाभी को प्रणाम। बच्चों को प्यार। जो भी शीघ्र लेना हो अवश्य लें। महिमा का यथायोग्य स्वीकारें।

आपका,

Replied
6.3.64

99 ए, लूकरगंज इलाहाबाद
2 मार्च 1964

प्रिय मुक्तिबोध जी,

आपका पत्र पढ़कर अत्यन्त दुख हुआ। आपके पक्षाघात की बात पढ़कर लगा कि जैसे मुझे लकवा मार गया। शायद ऐसी ही बातें देख-सुन कर अनेक बार जाने किन-किन बातों एवं आस्थाओं पर विश्वास डगमगाने लगता है। महिमा ने कहा कि मैं न हो तो एक बार जाकर देख आऊँ। सच मन कितना कर रहा है कि न जाकर केवल पत्र देना अपने मन के साथ ही विश्वासघात है। मैं अवश्य ही आना चाहता हूँ तथा आऊँगा भी। मुझे लगता है कि अगले महीने जरूर ही संभव होना चाहिए। इस समय चूँकि कइयों से पेशगी ले चुका हूँ। औ काम पूरा करके देना है इसलिए चाहते हुए भी आ नहीं पा रहा हूँ पर विश्वास रखें कि मैं अपने सम्पूर्ण मनस के साथ आपके साथ हूँ।

कैसी अजीब बात है कि जीवन भर संघर्ष का कैसा शारीरिक प्रतिदान है यह। लेकिन मेरा विश्वास है कि अब तक आप अवश्य ही स्वास्थ्य लाभ कर चुके होंगे। भाभी की निष्कम्पिता कैसे रह रह कर कांप उठती होगी इसकी मैं कल्पना कर सकता हूँ। आप दोनों सारे लेखकों के बीच शिव-पार्वती की भांति हैं। संभव है कि किसी तार्किक को यह बात निरी भावुकता लगे, पर अपना-अपना दृष्टिकोण है। मैंने आपको सदा सदाशिव रूप में ही जाना है। निराला, नवीन, मुक्तिबोध, जिस निकष पर परखे जाते हैं उस पर हम जैसे साधारण एक क्षण को भी खरे नहीं ठहर सकते। यद्यपि मुझे यह बात अनाधुनिक लगती है पर अपने संस्कारों को क्या करूँ।

स्वास्थ्य के बारे में हमें सूचना दें। भाभी को प्रणाम। बच्चों को प्यार। जो भी योग्य सेवा हो अवश्य लें। महिमा का यथायोग्य स्वीकारें।

आपका
नरेश मेहता

टिप्पणी : नरेश मेहता - 2 मार्च 1964 का पत्र मुक्तिबोध को लूकरगंज इलाहाबाद से लिखा गया है। इसमें मुक्तिबोध की बीमारी के प्रति हार्दिक चिंता व्यक्त की गई है।

4.12.63

प्रिय मुक्तिबोध जी,

क्या यह अच्छा न होता कि आप थोड़े और दूर होते मन से तो बरस दो बरस में औपचारिक पत्र लोगों को लिख देता हूँ। वैसा ही आपको भी लिखता रहता। कैसी अजीब बात है कि जब कभी (अर्थात नित्य) सोचता हूँ कि पत्र लिखा जाय तभी लगता है कि अरे कितना सारा लिखना है। और पत्र की कल्पना एक उपन्यास का रूप ही धारण कर लेती है। और मैं नहीं चाहता कि उस पत्र उपन्यास को छापने के लिए ही आपको स्वयं प्रकाशक बनना पड़े। अस्तु महिमा रोज कहती हैं कि रमेश को तथा भाभी जी को वह पत्र लिखना चाहती है। पर बेचारी रोज सबेरे पाँच बजे जागकर घर का काम निबटा नौकरी पर जाती है। और शाम को वहाँ से लौटकर फिर खाना बनाकर आज इस ड्रामे का रिहर्सल तो कल उस एकांकी की प्रैक्टिस के लिए प्रभाकर का एक सिरे से दूसरे सिरे तक चक्कर लगाती हैं तथा शाम को इस जाड़े में भी ईशान को अपने साथ-साथ टाँगे फिरती है। रोज यही होता है यह करने के लिए कई बार तय हुआ कि न जायँ पर सभी पात्रों की जो कमी है उसे देखकर लोग हैं कि भाभी जी, मामी जी, कह कर पीछे ही पड़े रहते हैं। दोपहर भर या पूरे दिन इंजानिक को ईशान की देख-रेख करनी होती है। मतलब कि मुझे लिखने पढ़ने का मौका इतना कम मिल पा रहा है कि तबियत झुंझला उठती है उस पर सिर पर हर माह का खर्च, बीमारी, डाक्टरी इलाज, बस, बस कुछ न पूछिए। लेकिन कैसी अजीब बात है कि मैं उस व्यक्ति को यह सब लिख रहा हूँ जो दुःख पारंगत हो चुका है। और मुझसे कोई पूछे कि क्यों साहब! इतने दिनों बाद क्या इस तरह का पत्र लिखा जाता है? पर सच माने आपको यह लगता है कि जब तक अपनी बातें न कर ली जाएँ तब तक साहित्य-चर्चा बड़ी व्यर्थ लगती है। मूल्यों की संक्रांति, साहित्यिक विघटन, अनुभूति हीनता -- सब आजाद इस अर्थ में लगते हैं कि व्यक्ति इन सबसे बड़ा है मैं देखना चाहता हूँ कि आप तथा भाभी इस समय कैसे लग रहे हैं, धूप किस खिड़की से कहाँ गिर रही है। भाभी क्या बना रही हैं, आपकी आंखों में किस ज्वालामुखी सन्ध्या का वीरानापन डोल रहा है। हाँफते हुए वैसे ही सुन्दर लग रहे हैं कि नहीं, आपकी श्याम अंगुलियों में सिगरेट का पीलापन कैसा लग रहा है- उसके बाद, हाँ उसके बाद ही बौद्धिक मुद्दा परामर्श, विषय के लिए तैयार हुआ जा सकता तो बड़ा फिजूल लगता है कि मैं लिखूँ कि मैंने यह लिखा कि अब बताइये आपने

क्या लिखा? यह सब बकवास है। **साहित्य, जीवन से, संबंधों से बड़ा नहीं होता।** चार दिन अनवरत बातें करने के बाद पांचवे दिन थककर, हारकर तब साहित्य पर बातें करता तो समीचीन लगता है। इसलिए इस बार यह बताइये कि आप या मैं किसी भी तरह मिलें। अब यह आपको तय करना है कि कब और कैसे। यदि आप कुछ तय न कर सकें तो आप यह सोचें कि कभी न कभी हम सब आपके यहाँ रुक सकते हैं, वैसे यह पत्र अधूरा है इस अर्थ में कि जो बातें करनी हैं वह दूसरे पत्र में करुँगा। इस बार एक दो दिन में ही दूसरा पत्र लिखूँगा आपकी अनेक किताबें मुझे भेजनी हैं। रमेश का पत्र मिल गया था जिसके बारे में महिमा अलग से पत्र लिखने के लिए कह रही थी। यह उसका खाता है और उसमें घपला नहीं करना चाहता हूँ। वैसे आज एक पत्र अपने बारे में, घर के बारे में विस्तार से लिखें, तब जानूं। अरे हाँ, आपके पैरों के क्या हाल हैं? अवश्य लिखें? हम लोगों को बड़ी चिन्ता हुई थी पढ़कर। भाभी तथा बच्चों को यथायोग्य।

आपका
नरेश मेहता

13, जनपथ, नयी दिल्ली 1
1.10.58

प्रियवरेषु,

कृति का प्रथम अंक कल निकल गया। अनेक कहानियाँ थीं इसलिए प्रथम अंक में देरी हो गई किन्तु अगला निकल ही गया, अब देखें क्या होता है। आपकी राय, विशेष रूप से जानना चाहूँगा। क्योंकि मेरे लिए उसका बहुत मूल्य है। निश्चय है कि जैसा आप और हम सब चाहते रहे हैं वैसा तो नहीं बन सका है फिर भी एक प्रयास है। हर बार लगता है कि जो हम कहना चाहते थे वह यह नहीं था। आदर्श 'वह'- सदा ही शफरी की भाँति निश्छल जाता है। खैर, आपकी प्रतिक्रिया बिना किसी लाग-लपेट के लिखिएगा। श्रीकांत जी लौट आए हैं। बताया कि आपसे भेंट न हो सकी। कृपया शीघ्रातिशीघ्र अपनी कविताएँ भेज ही दें क्योंकि दूसरे ही अंक में आप पर लेख जाने हैं। उनकी प्रतिलिपियाँ करवाकर नामवर को भेजनी है। नेमी जी से कह तो रहा हूँ किन्तु अभी मैं निश्चित रूप से आश्वस्त नहीं हूँ कि वे सहयोग देंगे कि नहीं। खैर, आप कविताएँ तथा चित्र किसी भी हस्तलिपि में भेज दें शीघ्र। हालाँकि जब मैंने आपको लिखा था तभी आप भेज देते तो ठीक रहता। हाँ आपका लेख यहाँ बहुत पसन्द किया जा रहा है। मुझे स्वयम् भी शमशेर में कवि को समझनें में कितनी मदद दे सका क्या बताऊँ।

'नवीन' जी से परसों आपकी चर्चा आयी थी। इधर हम सब लोगों की धारणा यही बनी है कि वृद्ध लोगों में जितने बड़े मुनष्य नवीन हैं उतने बड़े दिल्ली में कोई नहीं है। उनका एक महाकाव्य 'उर्मिला' छपा है। मैंने एक प्रति आपकी उनसे ली है। वह मैं भेजूँगा। यदि समय हो तो उस पर एक लेख जरा विशद सा लिख भेजिएगा तो कृति में उसका सदुपयोग हो जाएगा। वे अब बहुत कृशकाय एवं वृद्ध हो गये हैं। हमारा वैसे भी उनके प्रति कर्तव्य है। खैर, कविताएँ और चित्र वाली बात भूलिएगा नहीं।

हमारी पूज्य भाभी जी के क्या समाचार हैं? बच्चे अच्छे हैं? घर तो अब काफी बड़ा मिल गया है आपको। एक दीर्घ काल की साधना एवम् तपस्या के बाद यदि आप मनोनुकूलता अनुभव कर रहे हों तो कितनी अच्छी बात है। मैं अच्छा हूँ। महिमा जी सम्प्रति यहीं पर हैं। इस बीच अपने बारे में कभी कुछ लिख ही नहीं सका हूँ। एक इस बात पर से ही समझ लीजिएगा कि मेरा वजन 140 पौण्ड से घटकर 125 रह गया है। और इस प्रकार दिल्ली की जलालत में हूँ। बाकी सब ठीक है। पत्र दें।

आपका
नरेश मेहता

टिप्पणी : 1.10.58 में कृति पत्रिका के लिए कविताएं भेजने का आग्रह है। इसके साथ ही बाल कृष्ण शर्मा नवीन के काव्य उर्मिला पर एक लेख लिखवाने की भी इच्छा व्यक्त की है।

13, जनपथ, नई दिल्ली-1
18.8.58

परम प्रिय,
आपका लेख मिल गया है। क्या आप चाहेंगे कि मैं अपना आभार प्रदर्शित करूँ? मुझे ऐसा शोभनीय नहीं लग रहा है अतएव आभार-वाभार कुछ नहीं। लेख किंचित बड़ा है। कुछ इसको तराशना पड़ेगा, जिसके लिए क्षमा माँगे लेता हूँ। पूरे लेख की एक प्रति अलग से भिजवा दूँगा। तराशने के बाद आपको असंतोष न होगा इसकी भरसक चेष्टा करूँगा। नामवर जी का भी लेख दो एक दिन में आ जाएगा। प्रथम अंक का मैटर लगभग आ चुका है। दो एक दिन में प्रेस में दे दिया जायेगा। वात्स्यायन जी का पत्र आया था। वे कुछ विशेष प्रसन्न नहीं लगे। प्रथम अंक देखकर कुछ भेजेंगे। जितनी सदाशयता बरतनी चाहिए थी वह बरत दी गयी। अब उनकी इच्छा। 'परिमल ग्रुप' एक न एक बहानेबाजी के द्वारा Strategy बनाने में पूर्ण रूप से संलग्न हैं। लेकिन दूसरे लेखकों ने बहुत अच्छा एवं उत्साह के साथ सहयोग दिया है। हाँ आप शीघ्र एक सप्ताह तक अपना चित्र अवश्य ही भेज दें।

इस दीनो-दुनिया के बाद यह बताइये कि आपके व्यक्ति के क्या हाल हैं? मैं समझता हूँ कि अब आपको किंचित् मानसिक एवं आर्थिक निश्चिंतता अनुभव होगी। मैं समझता हूँ कि अब आप स्वयं को अधिक सहेज सकेंगे। इतने दिनों-वर्षों के दीर्घ संघर्ष के बाद आप सुचिन्त होकर कुछ कर सकने की स्थिति में आ सके हैं। लोग-बाग आपको दिल्ली बुलाने पर आतुर थे। अच्छा था आप आ जाते तो क्योंकि हम सबका भिन्न स्वार्थ तो था ही लेकिन मेरी राय भिन्न थी। आप उस धातु के नहीं हैं। दिल्ली एक महान वेश्यालय है। हम जैसे लोग वेश्यालय में सब लोभी या सरंगिया ही हैं। और मैं नहीं चाहता था कि आप भी हमारी पंक्ति में यहाँ बैठते। भगवान ने अपार दया की कि आपको भले ही साधारण प्रोफेसरी प्रदान की किन्तु यही उपयुक्त Line थी आपके लिए। मैं अपने थोड़े से छोटे से अनुभव के द्वारा बताता हूँ कि यदि साहित्यकार जब तक जीवित रहकर लिखना चाहता है, वह दिल्ली की राजकीय अर्द्धराजकीय किसी नौकरी में न जाये। और फिर नवयुवक लेखक जिस अनुभव प्राप्ति के लिए आते हैं दिल्ली का अनुभव उतना बड़ा नहीं जितना कि आपने उज्जैन, काशी या जबलपुर, या नागपुर में एकत्र किया है। यहाँ का अनुभव, प्रताड़नाएँ व्यक्ति को छोटा बनाती हैं ओछा कर देती हैं। आज कुछ ऐसे ही पत्र लिखने की इच्छा हुई लिखने बैठ गया। अब आप किसी प्रकार कोई बड़ी रचना के

लिए अपने को सहेजिए। आप उस वासुदेव की भाँति हैं जो अपने जीवन के लिए जल, वायु आदि प्रकृति से ही ग्रहण नहीं करते किन्तु व्यक्ति के गंगा भाव को अपने लिये अच्छा बनाते हैं। भाभी जी कैसी हैं? दो एक दिन से बड़ी इच्छा हो रही है कि राजनाँदगाँव आकर कुछ दिन साथ रहूँ और नयी शक्ति, प्रकाश पा सकूँ। यहाँ तो दिल्ली रोग हो गयी है। महिमा जी यहीं हैं वे अनेक बार 'पत्र आया' 'पत्र भेजा' कहकर पूछती रहती हैं। वो टेक्स्ट बुकों में जो नयी कविता वाला मसाला है उसे जरूर भेज दें। अवश्य उपयोगी होगा। बच्चों को असीम प्यार। इतनी दूर से बच्चों को केवल प्यार ही कर सकता हूँ।

अपने व्यक्ति के बारे में विस्तार से लिखिये न?

आपका

नरेश मेहता

पुनश्च : आपकी 20/27 कविताएँ फौरन से पेश्तर चाहिए। आप चाहें तो पत्रोत्तर न दें किन्तु लौटती डाक से कविताएँ भेज दें।

दिनांक 29 जनवरी, 1957

प्रिय बन्धु,

आपका एक पत्र आया था जिसका उत्तर अभी देना है। कुल मिलाकर इतनी बातें कहना चाहता हूँ कि लिखना नहीं हो पाता क्योंकि लिखना तभी संभव होता है जब दो एक बातें लिखने को होती है। मेरा ख्याल है कि आपके और मेरे बीच पत्र व्यवहार हो ही नहीं सकता क्योंकि पत्र नामक संज्ञा का कैसा ही विस्तार वह अभिव्यक्ति नहीं दे सकता जो कि होना चाहिए। यही कह सकता हूँ कि आजकल मुझसे लिखना नहीं होता या यूँ कहूँ कि मेरे अन्दर का लेखक...प्राचीन काल में जिस प्रकार कोई दूसरे के शरीर में प्रविष्ट हो जाता था, वाली कथा का सा ही लगता है। जो भी हो मुझे तो यह भी अपना एक फोर्मिलेज्म लगता है। कुल मिलाकर अपने से न केवल असन्तोष बल्कि चिढ़ सी हो गयी है ईमानदारी तो ईमानदारी बल्कि उसके पड़ोसी बेईमानी तक की छाया नहीं दिखाई देती। जितना अपने को देखता हूँ केवल मिथ्या की बालू ही हाथ लगती है तब बताओ, क्या तो लिखूँ और किस बात पर मुट्ठियाँ तानूँ? जिस शिवत्व के दर्शन आप में करता हूँ उसका रंचमात्र भी न तो मुझमें और न अपने लेखन में ही दीखता है। लगता है कि स्टेज सैटिंग के लिए बनाया गया खोखला वट वृक्ष का आभास था। और कदाचित् इसीलिए अब अपने को लेखक कहते भी आज लाज लगती है। (यह कथन भी शायद मेरे अवचेतन में इस बात का द्योतक लगता है कि इसके द्वारा आपका 'पिटी' (Pity) का भाव मुझे प्राप्त होगा), जो भी हो जब लिखता था तब भी सत्य था आज नहीं लिखता यह भी सत्य है, दोनों गुण विरोधी जरूर हैं लेकिन काल-विरोधी नहीं। इस सारी मूर्खता की दवा सब बड़े लोगों के शब्दों में एक मात्र है...विवाह, (यही दवाई मैं श्रीकांत जी को कई बार देने की सोच चुका हूँ लेकिन वे इतने तंदुरूस्त हैं कि इसकी उन्हें जरूरत ही नहीं होती)। तो आपको जानकर प्रसन्नता होगी कि यह दुर्घटना आगामी 16 फरवरी को प्रयाग के एक परिवार के साथ होने वाली है जिसके लिए आवश्यक आमंत्रण तो भेजा ही जायेगा किन्तु मेरी यह हार्दिक अभिलाषा है कि इसी बहाने (हालांकि यह कोई ऐसा बहाना नहीं है) देहली आएँ ताकि कुछ दूसरी बातें हो सकें। नहीं जानता कि आपकी वहाँ की क्या परिस्थितियाँ हैं, भाभी कैसी हैं...फिर भी यदि एकदम असम्भव न हो तो आप जरूर ही आयें। सचमुच नागपुर के वे दिन, भाभी का वह समई का दीप जैसा मुख, बच्चों का वह आह्लाद आज भी खिंचे हुए हैं। कैसा अजीब है कि हम जाने किस भवतव्य की प्राप्ति के लिए जो होता है उसे छोड़ते जाते हैं और वह प्राप्ति

कितनी कुछ हो पाती है यह स्पष्ट ही है। केवल पैरों में थकान और मन में प्रलाप लिए हुए एक बार छोड़ने के नियति ही हो जाते हैं। पता नहीं कि आपमें वह कहाँ और कौन सा आदर्श उत्स है जिसे धार कर आप गजानन नहीं गंगाधर हो जाते हैं और कदाचित् इसीलिए पहाड़ों में हिमालय, देवों में शंकर और समकालीन लेखकों में गजानन के प्रति ही मेरा मस्तक नत हो जाता है, बस आज इतना ही।

पत्र की प्रतीक्षा में,

नरेश मेहता

टिप्पणी : 29 जनवरी 57 का पत्र भारतीय श्रमिक के पैड पर लिखा गया है। इस पत्र में मेहता जी ने मुक्तिबोध को उन दिनों 'नया खून' अखबार के संपादक थे। अपने विवाह (16 फरवरी) की सूचना भी देते हैं। अपनी रचना उर्मिला पर संदेह भी व्यक्त करते हैं। जितना ही अपने को देखता हूँ केवल मिथ्या की बालू ही हाथ लगती है।

साहित्यकार
(द्वैमासिक)

33, कैनिंग लेन, नयी दिल्ली-1
दिनांक : 8.4.54

प्रिय बन्धु,
कल मेरा पत्र मिला होगा, और आज यह नये प्रकार का पत्र शीर्ष देख आश्चर्य होगा कि यह कैसा नया पत्र निकल रहा है? ठीक है आश्चर्य, पर यह भी जान ले कि पत्र निकल रहा है जून को पहली तारीख से। आप उत्सुक होंगे कि यह सब कैसे हुआ, है न? पिछले दिनों यहाँ के कई नये- लेखकों से भेंट हुई और पाया कि उनका असंतोष पुरानी पीढ़ी, वात्स्यायनवाद, भयंकर साम्यवाद सबसे है और वे अनुभव करते हैं कि बम्बई से 'नया साहित्य' या 'प्रतीक' या लंदन से नवप्रकाशित जान लोमेन का लंदन योगझील जैसा पत्र होना अति आवश्यक है। इसी प्रश्न पर कई लेखकों से महीनों में व्यक्तिगत रूप से बातचीत हुई और पाया कि बंगला के 'परिचय' पत्र की भाँति यदि हिन्दी में चलाया जाय तो संभव है कि 'हंस' या प्रयाग वाले 'नया साहित्य' या 'नया पथ' की सी संकीर्ण अकलात्मक वामपक्षीयता न दुहरे और आधुनिक नवलेखकों को आपस में मिलजुलकर नये पंथ के क्षितिज दिखाई पड़ जायें। मैं इसी संबंध में एक महीने से परेशान लोगों से मिलता रहा। कई बार मिला और तब पाया कि पत्र हो। प्रारम्भ में द्विमासिक हो और साल भर बाद इसे अगर देखते हैं कि response हुआ है और इसे मासिक किया जा सकता है तब मासिक किया जाये। प्रारम्भ में न तो सम्पादन के लिए मैं ही कुछ लूँगा एक वर्ष तक और न अन्य सहकार समिति के सदस्य और न लेखकों को ही दिया जायेगा। लेखकों को मैं व्यक्तिगत रूप से (लगभग 200 लेखकों को) लिख रहा हूँ, स्थिति स्पष्ट करने में लगा हूँ। और अभी मुझे अब तक शुभ ही सुनने में आया है। बिना आप, या नेमि जी जैसे- विचारक मित्रों के सम्पूर्ण सहयोग के पत्र का स्तर और सही कलात्मक स्वस्थ जीवन का साहित्य कैसे सामने रखा जा सकता है? इसलिए नेमि जी को सौन्दर्य के प्रश्न वाला लेख भेज देने के लिए आग्रह किया है।

आपसे मेरा आग्रह, अधिकार, धृष्टता, यही है कि दो कविताएं भेजें। यदि सम्भव हो तो (बल्कि निश्चित ही) साहित्य या कला संबंधी किसी एक समस्या पर लेख मुझे इसी मास तक भेज दें क्योंकि सामग्री प्रथम मई को प्रेस में देनी है और मैं चाहता हूँ कि 30 मई को लोगों के पास हम प्रतियाँ पहुँचा दें। साथ ही अपनी 'कामायनी' पुस्तक भी भेज दें। आलोचक का नाम चाहें तो लिख दें कि किससे review करवाया जाये। नहीं तो फिर हम ही प्रबंध करवा लेंगे। साथ ही मैं यह

चाहूँगा   सब कुछ आपकी परिस्थिति जानते हुए भी कि अगर चार रुपये, ग्राहक के निमित्त भेज दें तो आभारी हूँगा। इस सब कथन के पीछे आप मेरा अधिकार- समझें, दुराग्रह समझें   लेकिन इतने काम आपको करने ही होंगे, चाहे कुछ भी हो। अस्तु-

नये मुक्तिबोध साहब कैसे हैं? भाभी जी को क्या हमारा स्मरण क्या रहा होगा?? बच्चे भी 'काका आले' भूल गये होंगे। वैसे मैं स्वामी जी को एक पत्र लिख रहा हूँ पर उनसे कम से कम 15 रु. दिलवा सकते हैं? पालीवाल जी का, शरत बाबू का पता क्या है? विद्रोही जी कैसे हैं? अगर संभव हो तो द्विवेदी जी को ग्राहक बनवा दो। ग्राहक के लिए 4 रु. चाहिए। क्या मिस टेम्बुनीकर नहीं ग्राहक हो सकतीं? और वे हनुमान तिवारी जी? लिखिये तो एक कापी रसीदों की भेज दूँ? यह काम आप जानते ही हैं कि एक challange के रूप में पुरानी पीढ़ी की ओर से आया है कि बड़ों बड़ों के पत्र बैठ जाते हैं और अब 'ये' चले हैं पत्र निकालने। पूनम चंद जी राँका, ललिता शंकर जी अग्निहोत्री बहुत से ऐसे हैं कि आप, पालीवाल जी, बिन्दा, विद्रोही जी प्रयत्न करें तो 25 ग्राहक तो बन सकेंगे।

शरत बाबू से प्रथम अंक के लिए 'मराठी साहित्य की आधुनिक प्रवृत्तियाँ तथा नये लेखक' पर एक लेख चाहता हूँ क्योंकि इस पत्र का संकलन कुछ स्थायी स्तंभों में इस प्रकार रहेगा- नवकृति (पुस्तक समीक्षा), प्रादेशिका (प्रान्तीय साहित्य, लोक साहित्य आदि) विदेशिका (विदेशी साहित्य जिसमें अंग्रेजी के अलावा साहित्यों पर हमारा ज़ोर होगा। इसके लिए दूतावासों के द्वारा भी और स्वलंब रूप से फ्रांस, चेकोस्लोवाकिया, मिस्र, ईरान, हँगरी, अफगानिस्तान आदि को लिखा है।)- एक अंतिम पृष्ठ पाठकों का होगा जो कि साहित्यिक प्रश्नों, समस्याओं पर अपने विचार देंगे। हम मात्र उन्हें सवाँर देंगे। बाकी लेख, कविताएँ, कथा आदि रहेंगे। 64 पृष्ठों का द्वैमासिक यह होगा। वार्षिक मूल्य 4 रु. एक प्रति 111 आने मूल्य होगा। अन्य जो सम्पादन सहयोगी होंगे उनमें रामकुमार (प्रसिद्ध चित्रकार, कहानीकार) भीष्म साहनी (प्रसिद्ध कहानीकार) निर्मल कुमार (बहुत ही अच्छा नये आलोचक कहानीकार, ये अब तक अंग्रेजी में लिखते थे पर अब कल्पना, प्रतीक आदि में लिखने लगे हैं) तथा मनोहरश्याम जोशी (जिनकी कहानियाँ, प्रतीक, कल्पना में आती हैं नये कवि बहुत अच्छे हैं) इस प्रकार मैं देखता हूँ कि सभी उत्साही हैं और कदाचित् हम बंगला के परिचय जैसा पत्र निकाल ले जायें। लेकिन, परिश्रम चाहेगा और मित्रों का सहयोग। वह मैं जानता हूँ कि आप जैसों से ले लूँगा।

इसके बाद कहने के नाम पर यही है कि जून में अंक निकलने पर देखिये।

रामकृष्ण जी कहाँ है? उनकी कोई कृति अप्रकाशित भिजवा दें। साथ ही उन्हें भी ग्राहक बनाइयेगा।

अपने बारे में यही है कि 'डूबते मस्तूल' राम राम करके अब छपना शुरु हुआ

है और इसी मास में आशा है निकल आएगा। 'धर्मयुग' पूरा कर रहा हूँ। फुटकर लेख जीविका के लिए लिख रहा हूँ। आय मेरी यही है मार्च मास में 75 रु. लिखने से मिले खैर और ऊपर से अब यह पत्र। समझ लें कि प्यासा बहुत हूँ।

भाई अच्छे हैं। आपके लिए हम बहुत प्रयत्न में हैं कि मध्यभारत में कहीं हो जाये। आशा भी है, देखें क्या होता है।

पत्र, रचनाएँ, पुस्तक की आशा में

आपका
नरेश मेहता

टिप्पणी : नरेश मेहता के 8.4.54 के पत्र जो कैनिंग लेन दिल्ली से साहित्यकार छै मासिक के पैड पर लिखा है पत्र मुक्तिबोध को लिखा गया है। इसमें नई पीढ़ी की रचनात्मकता को रेखांकित करने का निश्चय व्यक्त किया गया है। उन दिनों मेहता जी कितनी आर्थिक विषमताओं से घिरे हुए थे। इस ओर भी संकेत है।

28 फरवरी, 1986

नंदकिशोर नवल को संबोधित

प्रिय भाई,

आपका 27 जनवरी का पत्र मिला। 'पत्र तुम्हारा पाया' पुस्तक आपको उपयोगी लगी, यह जानकर संतोष हुआ। आपकी सद्भावनाओं के लिये मैं आभारी हूँ।

आपने अपने पत्र में जिन प्रश्नों के उत्तर जानने चाहे हैं, उनके बारे में मेरे मन में कई प्रकार का असमंजस है। कुछ के बारे में अनिश्चय भी है। बहरहाल, कुछ बातें लिख रहा हूँ, आशा है वे आपको उपयोगी लगेंगी।

1. मुझे स्वयं यह कहना अजीब लगता है कि मुक्तिबोध की 'मेरे सहचर मित्र' कविता मुझे ही संबोधित थी। इसकी पुष्टि उनके ही पत्रों आदि से ही होना उचित होता। उन्होंने यह कविता मुझे भेजी अवश्य थी। मेरी भी एक कविता उन्हें संबोधित है। जो 'पाया पत्र तुम्हारा' में छपी है। मैंने भी कभी उनको यह नहीं लिखा। यही मानता रहा हूँ कि हम दोनों के बीच एक ऐसा अदृश्य भावनात्मक सूत्र था जिसके कारण कई बार एक-सी प्रतिक्रियाएं होती थीं।

2. आर्थिक सहायता संबंधी प्रश्न और भी संकोचकारी है। उन पत्रों से आप ही यह अनुमान लगा सकते हैं कि वे कभी ऐसी स्थिति में रहे या नहीं कि रुपये वापस कर सकें। मैं इतना कह सकता हूँ कि मेरी ओर से ऐसी कोई आशा भी कभी नहीं की गयी। पर यह सब लिखना बहुत अटपटा लगता है।

3. उनकी अनेक कविताओं में निस्संदेह एक तीव्र निजी भाववेग है। वह बहुत ही संवेदनशील और अदम्य ऊर्जा वाले व्यक्ति थे। इसलिए उनकी कई एक नितांत राजनीतिक अथवा बहिर्मुखी कविताओं के पीछे भी एक निजी आवेग की उत्कटता है जो एक-साथ ही दो-तीन अनुभव-स्तरों की व्यंजना करती है, जहाँ तक उस विशिष्ट प्रेम व्यापार का सवाल है जिसका उनके पत्र में संकेत है, दुर्भाग्य से उसके बाद मेरी उनसे भेंट नहीं हुई कि और विस्तार से उसके बारे में आंतरिक बातें हो पातीं। मैं यह भी नहीं जानता कि किसी अन्य व्यक्ति को भी इस बारे में उन्होंने कुछ और लिखा था या कोई और व्यक्ति उनके इस प्रसंग के बारे में कुछ जानता है या नहीं।

4. मैं यह निश्चित नहीं जानता कि मुक्तिबोध कम्युनिस्ट पार्टी के विधिवत्

सदस्य कब बने। उन प्रारंभिक दिनों में सदस्यता बहुत आसानी से नहीं मिलती थी और वर्षों लोग पूरी तरह पार्टी के काम में संलग्न होकर भी औपचारिक रूप से 'हमदर्द' ही रह जाते थे। मुक्तिबोध किसी पार्टी इकाई के सदस्य थे या नहीं यह मैं पक्की तौर पर नहीं कह सकता, न ही यह कि वह पार्टी से औपचारिक रूप से अलग हुए या नहीं हुए। दरअसल, अगर उनके समीक्षात्मक लेखन को सावधानी से पढ़ा जाये तो स्पष्ट हो जाता है कि प्रगतिशील लेखक संघ के नेतृत्व के साथ उनका सदा गहरा मतभेद रहा। उनकी संस्कृति और इतिहास संबंधी पुस्तक के सिलसिले में भी कम्युनिस्ट पार्टी की भूमिका बहुत विपरीत और निराशाजनक थी।

5. जहां तक मेरा अपना सवाल है, कम्युनिस्ट आंदोलन से मेरा संबंध 1938-39 में आगरा में हुआ। मैं प्रगतिशील लेखक संघ की आगरा शाखा का सचिव या संयोजक था और थोड़ा-बहुत पार्टी के टेक्नीकल कार्य से भी जुड़ा था। मगर उन दिनों सदस्यता का प्रश्न ही नहीं उठता था। 1941-42 में शुजालपुर में भी स्थिति यही थी जहां मुक्तिबोध और मैं एक साथ रहे। 1942 के आंदोलन के बाद हम लोग वहां से अलग-अलग जगहों पर बिखर गये। अक्टूबर 1942 से अप्रैल 1944 तक मैं कलकत्ते में एक औद्योगिक संस्थान में नौकरी करता था। तब वहां से मजदूरों के लिए जो पार्टी का साप्ताहिक पत्र निकलता था, उसमें काम करने के अलावा मैं फासिस्ट-विरोधी लेखक और कलाकार संघ, फ्रेन्ड्स ऑफ दी सोवियत यूनियन और बाद में जन नाट्य संघ से भी संबद्ध रहा। 1944 के प्रारंभ में बंगाल के अकाल पीड़ितों की सहायता के लिये बने जननाट्य संघ के दल में शामिल होकर मैं अपनी पत्नी रेखा के साथ बम्बई आया। तभी से पार्टी मुख्यालय में मेरा पूरा-वक्ती काम शुरू हुआ। एक वर्ष तक मैं लोकयुद्ध और हिंदी इकाई में काम करता था और मेरी पत्नी रेखा केन्द्रीय नृत्य-दल में। उसके बाद मैं भी केन्द्रीय दल में शामिल हुआ और मार्च, 47 तक हम दोनों पूरे-वक्ती कार्यकर्ता के रूप में वहीं रहे।

1947 के प्रारंभ में मैं इलाहाबाद आ गया, जहां 'प्रतीक' में काम शुरू हुआ है। वह कुछ ही महीने चल सका और दूसरे अंक के बाद मैं उससे अलग हो गया। इलाहाबाद में पार्टी का पूरा-वक्ती कार्यकर्ता तो मैं नहीं रहा, पर प्रगतिशील लेखक संघ और जन नाट्य संघ के साथ बहुत सक्रिय रूप से जुड़ा हुआ था। 1949 में इलाहाबाद में जन नाट्य संघ की राष्ट्रीय कान्फ्रेन्स के समय मैं अखिल भारतीय जन नाट्य संघ का संयुक्त सचिव था और उस आयोजन का मुख्य संयोजक। कुछ वर्ष मैं इलाहाबाद पार्टी की जिला समिति का सदस्य भी था।

मगर उस दौर में पार्टी की संकीर्णतावादी और अति-वामपंथी नीतियों और गतिविधियों से मुझे बहुत असंतोष था। वे मुझे गलत और आत्मघाती लगती थीं। इसके अतिरिक्त उन दिनों मेरा सक्रिय संपर्क कामरेड पी.सी. जोशी से भी था जिनके प्रति

उन दिनों पार्टी नेतृत्व का रुख बहुत ही दुर्भाग्यपूर्ण और घटिया स्तर के विरोध का था। इसने भी मुझे बहुत उद्विग्न किया था। इलाहाबाद की पार्टी उन दिनों धीरे-धीरे सीमित और निष्क्रिय भी होती रही थी। उसी प्रक्रिया में 52 से 54 के बीच पार्टी में बहुत सक्रिय नहीं रह सका। इस अलगाव ने अधिक स्पष्ट रूप मेरे 1954 में दिल्ली आने पर ले लिया।

उसके बाद तो धीरे-धीरे पार्टी के इतने टुकड़े हो गये हैं कि अब कभी-कभी तो उसकी सार्थकता भी संदिग्ध जान पड़ती है। शायद हर गुट आंशिक रूप से सही है और साथ ही हर गुट के नेतृत्व पर अवसरवादी या वैयक्तिक उद्देश्यों से प्रेरित लोगों का कब्जा जान पड़ता है। ऐसे में किस के साथ हुआ जाय? भले ही आज भी आम तौर पर वामपंथी राजनीति से ही प्रतिबद्धता महसूस होती हो।

मैं आज भी मानता हूँ कि मेरी अधिकांश वैचारिक मान्यताओं का आधार मार्क्सवादी जीवन-दृष्टि ही है, यद्यपि मैं मार्क्सवाद की वैसी व्याख्या नहीं करता, जैसी कि बहुत-से कठमुल्ला मार्क्सवादी करते हैं। दरअसल, मुझे लगता है कि दुनिया के इतिहास में तमाम विचारधाराओं की भांति मार्क्सवाद भी अब, एक और, एक तरह के कट्टर फंडामेन्टलिज़्म का रूप धारण करने लगा है, और, दूसरी ओर, उसके इतने अलग-अलग टुकड़े हो गये है कि उसके किसी एक रूप को ही प्रामाणिक मानना मुश्किल ही नहीं अविवेकपूर्ण है। मेरी पीढ़ी के लोगों को मार्क्सवाद, और बातों के अलावा इसलिए भी मूल्यवान लगा था कि वह विवेकसम्मत था, अंधश्रद्धा पर आधारित वैचारिक मठाधीशी के विरुद्ध था। मेरा विश्वास है कि आज हमें मार्क्स या लेनिन की स्थापनाओं को शास्त्र की तरह भक्तिभाव से मानने की बजाय उनका सूक्ष्म परीक्षण और मूल्यांकन करना चाहिए। तभी हम उनका अपने- आज के काम में सार्थक उपयोग कर सकते हैं। इसीलिए मुझे 'संशोधनवाद' की अवधारणा धार्मिक मठाधीशों की कट्टरता जैसी ही लगती है।

दुर्भाग्य से इप्टा और प्रगतिशील लेखक संघ आज भी वैसी ही कट्टरता और वैचारिक कूपमंडूपता और उनसे पैदा होनेवाली आत्मरति से ग्रस्त हैं। वैचारिक सहअस्तित्व की उनमें कोई गुंजाइश ही नहीं। उनके भी उतने ही टुकड़े हो गये हैं जितने स्वयं कम्युनिस्ट आन्दोलन के। इससे दूसरी तमाम बातों के अलावा कम से कम यह तो प्रमाणित होता ही है कि इप्टा और प्रगतिशील लेखक संघ सांस्कृतिक कर्मियों के स्वतंत्र संगठन नहीं, कम्युनिस्ट पार्टी के इस या उस गुट के पिछलग्गू मोर्चे हैं।

मेरा यह दृढ़ विश्वास है कि आज के उपभोक्ता समाज की विकृतियों से संस्कृति को बचाने के लिए एक व्यापक और सक्रिय आन्दोलन की आवश्यकता है और इस कार्य में इप्टा और प्रगतिशील लेखक संघ जैसे आन्दोलनों का बड़ा

योगदान हो सकता है। पर यह तभी संभव है जब वे स्वयं अवसरवादी राजनीति की विकृतियों के औजार न रहें, संकीर्णता से मुक्त हों, और विचारों तथा सृजनात्मकता के क्षेत्र से वास्तविक सह-अस्तित्व में यकीन करें और उसका आदर करें।

मैं नहीं जानता कि आप इन विचारों को मार्क्सवाद का, पार्टी का, या इप्टा तथा प्रगतिशील लेखक संघ का विरोध मानेंगे या समर्थन। बहरहाल, आपने अपने पत्र में मेरी राय जानने की उत्सुकता दिखाई, इसलिए यह सब लिख रहा हूँ। ज़ाहिर है, यह सब आपकी जानकारी के लिए ही है, किसी तरह के दूसरे उपयोग के लिए नहीं।

आशा है आप स्वस्थ और सानंद हैं।

आपका,
नेमिचंद्र जैन

ज.ने.वि.
नई दिल्ली 110057
1.11.77

प्रिय [illegible] जी,

1. 'हिन्दी आलोचना में रूपवाद' शीर्षक लेख के लिए धन्यवाद। दोनों [illegible] आलोचकों का [illegible] [illegible]; अच्छा है। लेकिन 'रूपवाद' शब्द को लेकर कुछ प्रश्न उठ सकते हैं; जैसे क्या आचार्य शुक्ल में 'रूपवाद' नहीं है? यदि है तो उनका 'रूपवाद' इन दोनों आलोचकों के 'रूपवाद' से किन बातों में भिन्न है? फिर 'रूपवाद' केवल [illegible] [illegible] [illegible] का [illegible]-सामाजिक आधार क्या है? केवल [illegible] आधार लेकर [illegible] [illegible] [illegible] नहीं करती। क्या यह [illegible] नहीं है? [illegible], ये कोई [illegible] हैं जो [illegible] [illegible] मन में उठे; लेकिन ये बुनियादी प्रश्न नहीं हैं। इसी [illegible] के बारे में मेरे मन में कुछ बुनियादी प्रश्न हैं, जिनका [illegible] [illegible] हो सकता है। [illegible] यह [illegible] होगा है।

2. '[illegible]' [illegible] [illegible] धन्यवाद। आपका 'पूर्वग्रह' वाला लेख [illegible] [illegible] आया है। पूर्वग्रह की [illegible] [illegible] का [illegible] [illegible] विश्लेषण आपने किया है। इस दृष्टि से यह पहला लेख मेरे देखने में आया। [illegible] प्रायः [illegible] [illegible] की [illegible] और से लोग आँख मूँद लेते रहे हैं। '[illegible]' लेकिन [illegible] [illegible]; '[illegible]' पर ही [illegible] ध्यान केन्द्रित किया है। इससे [illegible] मुझे ऐसा लगता है कि [illegible] की आलोचना के [illegible] पूर्वग्रह की कविता की आलोचना अभी शेष रहती है और उस पर आपको एक लेख और लिखना चाहिए।

आशा है, [illegible] और [illegible] हैं?

'आलोचना'-४१-४२ आपको मिल गई होगी?

आपका
नामवर

ज.ने.वि., नई दिल्ली 110057
1.11.77

प्रिय नवल जी,

1. 'हिंदी आलोचना में समन्वयवाद' शीर्षक लेख के लिए धन्यवाद। तीनों शुक्लोत्तर आलोचकों का मूल्यांकन सामान्यतः अच्छा है। 'लेकिन समन्वयवाद' शब्द को लेकर कुछ प्रश्न उठ सकते हैं, जैसे क्या आचार्य शुक्ल में 'समन्वयवाद' नहीं है, यदि हाँ तो उनका 'समन्वयवाद' इन तीनों आलोचकों के 'समन्वयवाद' से किन बातों में भिन्न है? फिर 'समन्वयवाद' के इन दो भिन्न रूपों का ऐतिहासिक सामाजिक आधार क्या है? केवल मध्यवर्गीय आधार के रूप में इसकी व्याख्या विश्वसनीय नहीं बनती। क्या यह सरलीकरण नहीं है? बहरहाल ये थोड़े से प्रश्न हैं जो निबंध पढ़ते-पढ़ते तत्काल मन में उठे; लेकिन ये बुनियादी प्रश्न नहीं हैं। पूरी लेखमाला के बारे में मेरे मन में कुछ बुनियादी प्रश्न हैं, जिनपर कभी मिलकर ही बात हो सकती है। देखिए यह कब संभव होता है।

2. 'धरातल' मिल गया। पुनः धन्यवाद। आपका 'धूमिल' वाला लेख सचमुच बहुत अच्छा है। धूमिल की राजनीतिक समझ का बहुत संगत विश्लेषण आपने किया है। इस दृष्टि से यह पहला लेख मेरे देखने में आया। अभी तक प्रायः धूमिल के इस पक्ष की ओर से लोग आँख मूँद लेते रहे हैं। लेकिन आपने अधिकांशतः 'पटकथा' पर ही अपना ध्यान केन्द्रित किया है। इसके अलावा मुझे ऐसा लगता है कि विचारों की आलोचना के बावजूद धूमिल की कविता की आलोचना अभी बच रहती है और उस पर आपको एक लेख और लिखना चाहिए।

आशा है स्वस्थ्य और प्रसन्न हैं?

आलोचना 41-42 आपको मिल गई ना!

आपका
नामवर सिंह

टिप्पणी : 1.11.77 को जे.एन.यू. से नवल को जो अन्तर्देशीय लिखा गया है उसमें हिंदी आलोचना में समन्वयवाद की...चर्चा है।

आलोचना
त्रैमासिक

राजकमल प्रकाशन प्राइवेट लिमिटेड, 8, फ़ैज बाजार, दिल्ली-6, फोन : 274463

14.4.77

सम्पादकः नामवर सिंह

प्रिय नवल जी,

आपका 'आचार्य शुक्ल' वाला लेख यथा समय मिल गया था। खेद है कि मैं आपको तुरन्त न लिख सका। आलोचना 41 की सामग्री प्रेस में देने से पहले लेखों का संपादन आरंभ किया तो कल आपके लेख को ध्यान से आद्यन्त पढ़ा। आप बुरा न मानें तो साफ बात कहूँ। इस लेख ने मुझे काफी निराश किया है। आपने प्रायः शुक्ल जी के विचारों को चुनकर विषयानुसार एक क्रम में सँजोने का काम भर किया है। निस्सन्देह चयन में आपके सूक्ष्म विवेक का परिचय मिलता है और संयोजन में आपकी बौद्धिक निपुणता निहित है। अपनी टिप्पणियाँ देने में आपने निश्चय लोभ का संवरण किया है। 'बात बोलेगी हम नहीं वाली' शैली निस्सन्देह सराहनीय है। लेकिन बंधुवर, भारतेन्दु युग की समीक्षा के लिए यह पद्धति जितनी उपयोगी है, उतनी शुक्ल जी तथा उनके बाद के आलोचकों के लिए नहीं। शुक्ल जी के विचारों से लोग भलीभांति परिचित हैं। रही सही कमी डा. रामविलास शर्मा और डा. विश्वनाथ त्रिपाठी की पुस्तकों ने पूरी कर दी। ऐसी स्थिति में आपने उद्धरणों का ढेर लगाकर कोई उपयोगी कार्य नहीं किया। इसे तो आप भी स्वीकार करेंगे कि आपका यह निबंध बहुत कुछ डा. शर्मा की ही चिंतन परंपरा में है Approach के मामले में। मुझे आपसे अपनी टिप्पणियों की अपेक्षा थी। मैं लगातार यही ढूंढता रहा कि आपने अपनी मौलिक व्याख्या क्या दी है? और मुझे स्वीकार करना पड़ रहा है कि मैं इस तलाश में निराश रहा।

बहरहाल प्रेस में तो इसे देना ही था। आलोचना के आकार को देखते हुए लेख बहुत बड़ा है। काट-छांट जरूरी थी। लेकिन आपके लेख की आत्मा और समग्रता को भी सुरक्षित रखना था। इसलिए मैंने इस निबंध के दो खंड कर दिए सिद्धान्त और व्यवहार। इस दृष्टि से शुरु के 21 पृष्ठ और अंत के 18 पृष्ठ चुन लिए। बीच की कड़ी जोड़ने के लिए 30 और 31वें का पहला पैरा ले लिया। इस प्रकार मेरे पास आपके 22-29 और 32-47 पृष्ठ अवशिष्ट हैं। अपने वर्तमान संपादित रूप में भी

लेख काफी लम्बा है। फिर भी चलेगा। कृपया अपनी टंकित प्रति से मिलाकर इसे देख लें। आज यह सामग्री प्रेस में जा रही है। यदि आप इसके विषय में कोई सुझाव देना चाहें तो कृपया तुरंत भेंजे। आखिर लेख आपका है। मैं उसके साथ मनमानी करने का अधिकारी नहीं।

यह अवश्य कहूँगा कि पुस्तकाकार प्रकाशित करते समय आप अपने मूलरूप को restore कर लें और भूमिका में लिख दें कि स्थानाभाव के कारण आलोचना में इसके कुछ अंश प्रकाशित होने से रह गए थे। आपकी दूसरी किस्त के भी अवशिष्ट अंश मेरे पास सुरक्षित हैं।

भविष्य के लिए एक अनुरोध है, कृपया 30-32 पृष्ठ तक ही एक किस्त को सीमित रखें तो अच्छा है। किस्तों की संख्या बढ़ जाय तो कोई बात नहीं। वैसे, यह भी आवश्यक नहीं, कि आलोचना में पूरी पुस्तक छपे। पुस्तक समाप्त हो गई हो तो पूरी पांडुलिपि भेज दें। उसे प्रेस में दे दिया जायगा। और पुस्तक प्रकाशित होने तक 'आलोचना' में जितना आ सकेगा आ जाएगा। मैंने आत्मीयता वश ही साफ -साफ लिखा है। आशा है आप बुरा न मानेंगे। और हतोत्साह तो बिल्कुल न होंगे। उत्तर की प्रतीक्षा में।

पुनश्च : पत्र के लिए पता
भारतीय भाषा केंद्र
जवाहरलाल नेहरू विश्वविद्यालय
नई दिल्ली-110067

आपका
नामवर सिंह

टिप्पणी : 14.4.77 के अन्तर्देशीय में आचार्य शुक्ल पर नवल का लेख मिलने का उल्लेख है। इस लेख पर नामवर सिंह ने बहुत निराशा व्यक्त की है।

ज.ने.वि नई दिल्ली-110067
27.6.80

प्रिय नवल जी,

1. मेरा द्विवेदी जी वाला लेख आपको पसंद आया तो मेरा श्रम सार्थक हुआ।

2. आप प्रेमचंद के 'साहित्य चिंतन' पर ही लेख भेजें।

3. वाणी प्रकाशन के अशोक ने लगभग दस दिन पहले फोन पर खबर दी थी कि आपकी पुस्तक छप गयी है। उम्मीद है जल्द ही प्रकाशित भी हो जाएगी।

4. 'संभावना' प्रकाशन को आप अपने निबंधों का संग्रह जरूर दें। और उसे गद्य-संबंधी लेखों का संकलन ही रखें।

5. पटना विश्वविद्यालय में भाषण के लिए आना संभव न हो सकेगा। निमंत्रण देर से मिला। तब तक राष्ट्रीय व्याख्यान योजना के सभी व्याख्यान तय हो चुके थे। मई के अन्दर-अन्दर ही उसे समाप्त करना था।

6. इस ग्रीष्मावकाश में द्विवेदी जी पर ही काम करता रहा। तीन लेख और तैयार हैं। इन्हें 12-14 जुलाई को भोपाल में व्याख्यान के रूप में प्रस्तुत करना है। 'पूर्वग्रह' में छपेंगे प्रस्तावित मार्क्सवादी सौन्दर्यशास्त्र वाला काम अगली गर्मियों के लिए स्थगित है।

आशा है आप स्वस्थ्य एवं प्रसन्न हैं।

आपका
नामवर सिंह

टिप्पणी : नामवर सिंह के पत्र नन्द किशोर नवल के नाम- 27.6.80 के पत्र में प्रेमचंद के साहित्य चिंतन पर लेख की योजना है।

लोलार्ककुंड, भदैनी, वाराणसी
1 मई 57

प्रिय भाई मुक्तिबोध जी,
आज रात विष्णु ने आपका पत्र दिया। देर तक उसे पढ़ता रहा अर्थात् लिखी हुई पंक्तियों के बीच में प्रवाहित होने वाली अनलिखी (?) आत्मीयता के बीच बहता रहा। और अब सोचता हूँ तो लगता है कि यह आत्मीयता आकस्मिक नहीं है। 'समानधर्मा' शब्द आपने एकदम ठीक प्रयोग किया है–उस पर आपत्ति! और मुझे हुआ वह तो मेरी संपत्ति है।

कितनी बार आपको लिखने का विचार आया, आज वह सब कहना बेकार है। कहने के लिए बहुत सी बातें थीं और समझ में नहीं आता था कि कहाँ से शुरू करें।

'नया खून' के अंक आते ही रहते हैं। सोचा, एक बार, इसी को लेकर कुछ लिख भेजूँ : कम से कम कृतज्ञता- ज्ञापन का सौजन्य तो दिखाना चाहिए। लेकिन पता नहीं क्यों, वैसा पत्र मुझसे नहीं लिखा जा सका। फिर एक दिन अप्रैल की वसुधा में 'साहित्यिक डायरी' देखी तो लगा कि मेरे ही मन की बात आपने निकाल कर बाहर रख दी है। बातें तो उसमें कई हैं जैसे "साहित्य के लिए, साहित्य से निर्वासन आवश्यक है," "आधुनिक भावबोध में वह हिस्सा शामिल नहीं है जो आवेश मूलक है" आदि; लेकिन 'अपने द्वारा तैयार की गई निःसंगता' की 'दुधारी तलवार' तो जैसे मेरे अपने ही सीने पर रखी हुई दिखाई पड़ी।

उस अलिखित पत्र में मैं ये तमाम बातें लिखना चाहता था लेकिन बहुत चाहता था इसलिए लिख न सका। अच्छा हुआ कि 'कवि' के इस नोट ने वह चीज दूर कर दी। और आपने चूँकि पत्र लिखा है इसलिए उस नोट को मैं पत्र ही समझता हूँ।

'आजकल' में 'नई कविता' पर नेमि का लेख देखकर भी इसी तरह मुझे पत्र लिखने की इच्छा हुई थी। लेकिन अभी तक वह इच्छा ही है। इलाहाबाद में जब तक वे थे, यूँ ही पत्रों का सिलसिला चालू था : आपसी बातचीत का सिलसिला कायम रखने के लिए पत्र अनिवार्यता बन गए थे। अब तो सब कुछ पहाड़ मालूम होता है। खैर, नई कविता का मैं तो एक विद्यार्थी हूँ : समझना चाहता हूँ। उसके संबंध में अपने विचारों का विश्लेषण करना चाहता हूँ। पिछले दो साल से जगह-जगह मुझे पुराने संस्कार वाले तथा एकदम अबोध, नई पीढ़ी के युवकों के बीच 'नई कविता' पर बोलने का अवसर मिला है। जहाँ मुझसे 'नई कविता' के नये भाव-बोध के ठोस उदाहरण माँगे गए। यथाशक्ति मैंने उनकी मांग का कुछ भाग पूरा किया, लेकिन इन गोष्ठियों ने मेरे अपने अज्ञान को स्वयं मेरी ही आंखों के सामने लाकर पहाड़

की तरह खड़ा कर दिया। तब से मैं अपनी ही कठिनाइयों से लड़ रहा हूँ। प्रगतिवाद के 'रूढ़' संस्कार और निजी अनुभवों के बीच का संघर्ष भी कम नहीं है। इसलिए आजकल मैं 'नई कविता' पर एक छोटी सी समीक्षा की पुस्तक केवल अपने लिए तैयार कर रहा हूँ। काश, कविता, कहानी, उपन्यास की तरह समीक्षा भी स्वान्त : सुखाय (साथ ही आत्मबोधाय) लिखने की परंपरा हिंदी में चल पाती।

पुस्तक पूरी होने पर, छपने से पूर्व आपके और नेमि के पास विचारार्थ भेजूँगा। मेरी हार्दिक इच्छा है कि आप लोगों के विचारों का पूरा लाभ उठाऊँ! इस तरह के निजी संपर्क से जितना काम हो सकता है, उतना 'प्रगतिशील लेखक संघ' के पुनर्जीवित करने से नहीं हो सकता चाहे आप मुझे व्यक्तिवादी या स्वार्थवादी कहें, लेकिन भारी भरकम संगठनों से मेरी तबियत ऊब गई है। आधी उम्र बीत गई और शेष दिन ऐसे व्यर्थ के कामों में नहीं गँवाना चाहता। ऐसे काम करने के लिए नेताओं की कमी नहीं हैं। अगर वे लोग जोर मारेंगे तो अपनी शक्ति के अनुसार हम लोग भी योग देंगे। लेकिन उनसे हमें कोई सही दिशा मिलेगी, इसकी उम्मीद कत्तई नहीं है। उनमें से अधिकांश जन उच्चकोटि के अवसरवादी हैं, उनके लिए विचार कपड़े हैं; किसी भी समय बदल सकते हैं। और उसे Dialectics का नाम दे सकते हैं, हमारा तो मरण है! यह हमसे न होगा।

इसलिए मेरे प्यारे भाई, प्रगतिशील लेखक संघ और आंदोलन की बात छोड़िए। जब 'उपयुक्त अवसर' आएगा तो उसे जिलाने वाले बहुत मिलेंगे। आप क्या समझते हैं कि हमारे नेता लोग इस ओर से बेख़बर हैं। इस संगठन से लाभ उठाने का अवसर आते ही वे सारा आलस्य छोड़कर उठकर खड़े होंगे; जैसे सात साल बाद 1953 में दिल्ली में उनकी मुस्तैदी दिखाई पड़ी थी, वैसे ही एक दिन आप देखेंगे कि एक कान्फरेंस होने जा रही है।

इन सब बातों का उत्तर रचना के द्वारा ही दिया जा सकता है। यदि जनता की शक्ति में हमारा दृढ़ विश्वास है तो एक बार जो दृष्टि हमें प्राप्त हो गई है, उसे बदलती हुई परिस्थितियों के बीच निरंतर आँजते और माँजते हुए हम साहित्य- रचना का काम कर सकते हैं और वह साहित्य सच्चे अर्थों में प्रगतिशील होगा; वह किसी नेता के निर्णय का मोहताज नहीं है।

आशा है, आप इसी तरह अपनी रचनाओं तथा पत्रों के माध्यम से मुझे शक्ति और सहयोग देते रहेंगे। आप विश्वास रखें, इस पथ पर हम अकेले नहीं हैं : ऐसे समानधर्मा अनेक हैं।

सस्नेह
आपका
नामवर सिंह

पुनश्च : संयोग से मैं मई जून की छुट्टी बिताने आप ही की तरफ आ रहा हूँ। रायगढ़ में मेरे एक मित्र हैं : कोयले की खान के मैनेजर। उनके साथ कुछ दिन हीराकुंड बाँध, पुरी, कोणार्क, विशाखापट्टम (विशाखापट्टनम) वगैरह का चक्कर लगाकर दो एक दिन रायपुर में बिताते हुए संभव हुआ तो जून में किसी समय नागपुर भी आऊँगा। और आऊँगा तो आपको पहले ही सूचित कर दूँगा।

नामवर सिंह

टिप्पणी : गजानन माधव मुक्तिबोध को 1.5.57 का पत्र लोलार्क कुंड, भदैनी, वाराणसी से लिखा गया है। इस पत्र में वसुधा में मुक्तिबोध की डायरी छपने तथा नामवर सिंह द्वारा पढ़ने का उल्लेख है। अपने भावोद्‌गार प्रकट करते हुए लिखते हैं कि मेरे ही मन की बात आपने बाहर निकाल कर रख दी है। बातें तो उसमें कई हैं जैसे "साहित्य के लिए साहित्य से निर्वासन आवश्यक है। आधुनिक भाव-बोध में वह हिस्सा शामिल नहीं है जो आवेश मूलक है।"

लोलार्क कुंड, भदैनी
वाराणसी-1
21.2.58

भाई मुक्तिबोध जी,

आपका पत्र मिला। यह सोचकर बड़ा संकोच हुआ कि आप झंझटों में थे और मैंने आपके सामने बेकार की साहित्यिक चर्चा छेड़ दी। खैर, कविताओं के संकलन का कार्य आप इतमीनान से कीजिएगा।

अभी इतना ही कहना है कि जबलपुर का साहित्य समारोह 9 मार्च रविवार को हो रहा है। पारसाई (परसाई) तथा गुरु के पत्र के अनुसार काशी से पं. हजारी प्रसाद जी द्विवेदी को लेकर मैं वहाँ पहुँच रहा हूँ। क्या आप भी उस अवसर पर वहाँ आ सकेंगे, यदि आपको सुविधा हो और अवकाश निकल सके तो जरूर आइए। बहुत सी काम की बातें करनी हैं जो मिलकर ही हो सकती है।

आशा है, आप अब निश्चिन्त होंगे। शेष मिलने पर।

आपका
नामवर सिंह

लोलार्क कुंड, भदैनी
वाराणसी
1.8.61

आदरणीय भाई मुक्तिबोध जी,

आपकी 'कामायनी : एक पुनर्विचार' पुस्तक मिल गई। विज्ञापन देखकर पुस्तक की एक प्रति के लिए आपको लिखने ही वाला था कि प्रकाशक ने स्वयं ही (अथवा आप के निर्देश के अनुसार) कृपापूर्वक भेज दी। अधिकांश पढ़ गया लेकिन दो-एक मेहमान आ गए इसलिए अभी पुस्तक खत्म नहीं कर सका। आपने इतनी नई बातें कहीं हैं कि एक विस्तृत समीक्षा की अपेक्षा है और शीघ्र ही इसकी रिव्यू लिखने जा रहा हूँ। अभी यह निश्चय नहीं किया है कि किस पत्रिका में भेजूं। अन्ततः आपकी यह चिर प्रतीक्षित पुस्तक प्रकाशित देखकर बेहद खुशी हुई।

पुस्तक पढ़ते समय केवल एक बात खटकी कि 'मार्क्सवादी जार्गन' से सामान्य पाठक भड़क न जायँ। मेरा ऐसा ख़्याल है कि हम लोगों को वर्तमान स्थिति में इस 'जार्गन' से बचना चाहिए। आपका क्या ख़्याल है?

अब वसुधा में प्रकाशित 'डायरी' भी जितनी जल्दी प्रकाश में आ जाय उतना ही अच्छा।

और आजकल आप क्या कर रहे हैं? कृपया खबर दें। मैं मज़े में हूँ।

आपका
नामवर सिंह

लोलार्क कुंड, भदैनी
वाराणसी
15.9.60

आदरणीय भाई मुक्तिबोध जी,
आपका पत्र मिलने के बाद मैंने अंतिम रूप से रायपुर न जाने का फ ैसला कर लिया है। इस लिए उस सम्मेलन की बात अपने लिए ख़तम।

श्रीकांत जी का पत्र कृति-विशेषांक के लिए आया है और इससे मालूम हुआ कि वे अब एकदम कविता-विशेषांक ही निकालना चाहते हैं। इलाहाबाद में नरेश भाई से मुलाकात हुई थी तो यही बात मालूम हुआ उनका आग्रह कविता-विशेषांक पर ही है। ख़ैर, अब विचारों के स्पष्टीकरण वाली योजना छोड़ देनी पड़ेगी- यानी योजना का वह सैद्धान्तिक रूप जो आपने सोचा था और मुझे भी जो ज़्यादा जरूरी लगता था। उसके लिए आगे कार्यक्रम बनाया जायगा (जाएगा)।

लेकिन कविता-विशेषांक को भी उसी दृष्टि से निकालना होगा। कविता-संबंधी चर्चा काफ ी हो चुकी है यहाँ तक कि इस चर्चा ने विचार का एक ख़ास दायरा बना दिया है जो काफ ी तंग हो चुका है। तमाम लोग उसी दायरे के अन्दर चक्कर काटते दिखाई देते हैं इसलिए ज़रूरत perspective ठीक करने या विस्तृत क़रने की है।

इस सिलसिले में एक सूचना दे दूँ कि प्रयाग के परिमलियों की पत्रिका 'नयी कविता' का नया अंक निकलने ही वाला है जिसमें एक सिम्पोज़ियम आ रहा है- "क्या नयी कविता निस्तेज हो रही है?" इसमें लिखने के लिए मुझसे भी कहा गया था, लेकिन मुझे स्वीकार नहीं हुआ। फिर उन लोगों ने 'भाषा' पर लिखने का सुझाव रखा। कुछ सोच- विचार के बाद मैंने हाँ कर दिया। ख़ैर,

एक बार आप से नयी कविता के उदय कालीन इतिहास की चर्चा हुई थी- एक अरसे से मेरे दिमाग़ में वह सवाल चक्कर काट रहा है। भाषा वाले निबंध में मैं उसी पर विचार करना चाहता हूँ : अर्थात पूर्ववर्ती कविता से मुक्ति पाने के लिए 40 के आसपास किन-किन दिशाओं से किस-किस प्रकार के प्रयत्न हुए- ख़ास तौर से भाषा- निर्माण के क्षेत्र में मुझे बार- बार लगता है कि अज्ञेय के नेतृत्व ने तार सप्तक कालीन विराट काव्यान्दोलन को आगे ग़लत दिशा में मोड़ दिया; फलस्वरूप आरंभिक प्रयोगों के जीवंत तत्व क्रमशः उपेक्षित होकर बैक ग्राउंड में चले गए- तत्कालीन प्रगतिशील आंदोलन की कम निगाही कहिए कि उससे भी उस जीवंत प्रवृत्ति को प्रोत्साहन या मार्ग- निर्देश नहीं मिल सका। जो हो, अब वह समय आ गया है कि पूरी बात सामने रखी जाय क्योंकि नई पीढ़ी ने अज्ञेय वाली sophisticated प्रवृत्ति को दरकिनार करके नये स्रोतों की खोज़ शुरू कर दी है। मैं तो, ख़ैर

लिखूँगा ही, लेकिन क्या आपके लिए यह संभव नहीं है। मेरी सीमा यह है कि मुझे उस संक्रांति काल का प्रत्यक्ष अनुभव नहीं है। आप उस इतिहास के निर्माताओं में से हैं- आपका और शमशेर का तत्कालीन 'संस्मरण' बहुत ही महत्वपूर्ण हो सकता है।

बेहतर हो 'कृति' में आप इसी पर लिखें- मैं कृति में कुछ और लिखना चाहता हूँ। क्या? अभी तय नहीं किया है

'लहर' में प्रकाशित परिमलियों के 'मूल्य' संबंधी परिसंवाद के बारे में आपने बहुत ठीक सुझाव दिया है। हमें इस पर अवश्य विचार करना चाहिए। लेकिन एक बात बताइये क्या हमारी चर्चा का आधार भी ''मूल्य'' की Category होगा?

मेरे विचार से स्वयं इस Category को मानकर आगे चलना ही गलत शुरुआत है। दरअसल उनका विचार सिर के बल खड़ा है और उस पर आक्रमण करने के लिए पहले उसे पैर के बल खड़ा करना होगा। विस्तार से इस पर फिर कभी।

नवंबर में ही सही। आपकी कविताओं को इस साल पुस्तकाकार निकलना ही है। मुद्रण की व्यवस्था इलाहाबाद या बनारस में होगी, प्रकाशक भले ही साथी बुक डिपो, सागर रहे। हम चाहते हैं कि वह बोर्जुआ रुचि को चुनौती देता हुआ निकले।

जहाँ तक कि आपकी कविताओं के बारे में मेरी आलोचना-चर्चा का सवाल है, आप चाहते हैं तो मुझे भी संकोच छोड़कर निवेदन करना होगा (संकोच आपका नहीं, अपनी समझ का)। अच्छा अब अगले पत्र में। कुशल से तो हैं न आप?

आपका

नामवर सिंह

टिप्पणी : 15.9.60 को अन्तर्देशीय पत्र में 'तार सप्तक' को लेकर वह अपने विचार व्यक्त करते हैं। मुझे बार-बार लगता है कि अज्ञेय के नेतृत्व में 'तार सप्तक' कालीन विराट आन्दोलन को आगे गलत दिशा में मोड़ दिया गया है। फलस्वरूप आरम्भिक प्रयोगों के जीवन्त तत्व क्रमशः उपेक्षित होकर बैक-ग्राउंड में चले गए हैं।

जोधपुर

26.8.62

प्रिय बहिन सरोज,

राखी मिली। वक्त से। मैंने बांधी। आंखें भर आईं। बहुत सी बातें याद आईं। जिंदगी में अब यही रह गया है। 'सोच लें और उदास हो जाएं'। कैसी हो? तुम्हें देखे युग बीत गया। सितंबर के आखिरी हफ्ते में बनारस जाने की सोच रहा हूँ। तुमसे मिलने भी जरूर आऊँगा।

भाई साहब को मेरा प्रणाम कहना।

साथ में काग़ज के दो टुकड़े और हैं- चुपचाप रख लेना प्रतीक मात्र।

सस्नेह

नामवर सिंह

श्रीमती सरोजनी दास

2 डी, मिंटो रोड, इलाहाबाद

लोलार्क कुंड, भदैनी
बनारस
11.8.58

प्रिय सरोज,
राखी के दिन आना न हो सकेगा। क्षमा करना। 'संचयिता' आज भेज दी। पहुँच की ख़बर देना। सजिल्द नहीं ली; कारण उसका जिल्द बहुत कमजोर है। मिलते ही जिल्द बंधवा लेना, खर्च मेरा रहेगा। स्वस्थ्य तो हो न? कभी कभी खबर देने से तबियत खराब न हो जायगी।

मार्कण्डेय की चिट्ठी मिली। विस्तार से लिखना है 'पान-फूल' पर इसीलिए अभी कुछ नहीं लिख रहा हूँ। अपने रिसर्च के लिए वे 'हिंदी कथा साहित्य में यर्थाथवाद का विकास' विषय चुनें। अच्छा रहेगा विषय की रूपरेखा शीघ्र भेज रहा हूँ। मार्कण्डेय को स्नेह। सुधा और बीना को प्यार।
आदरणीय दास बाबू को प्रणाम।

तुम्हारा
नामवर

टिप्पणी : 11.8.58 के पत्र में 'संचयिता' पुस्तक भेजने की सूचना है। 26.8.62 का पत्र अत्यन्त भावुकतापूर्ण है। राखी मिली वक्त से मिली, आंखें भर आईं। बहुत सी बातें याद आईं। जिन्दगी में अब यही कुछ रह गया है। सोच लें और उदास हो 3.8.66 के पत्र में राखी एकदम समय से मिलने की सूचना है।

लोलार्क, कुंड भदैनी
वाराणसी-1
2/2/55

प्रिय सरोज,

बहुत दिन हुए तुम्हारी कोई खबर नहीं मिली। रात सोते समय मन इधर- उधर भटकता हुआ अनायास इलाहाबाद पहुँच गया तो याद आया कि न जाने कितने दिन बीत गए न तुमने कुछ लिखा और न मैंने ही। जो लिखा जाय, उसे अपने पास ही रख छोड़ा जाय- यह तुम्हारी आदत अभी तक मुझमें नहीं आ सकी है। लेकिन तुम्हारी इस आदत का तो कायल हूं ही कि लिखा तभी जाय जब लिखने का मन करे। मन होना ही काफी है, फिर इसकी चिन्ता कौन करे कि क्या लिखना है। वह समस्या तो अपने आप हल हो जाती है जैसे कि मैं बिना बात की बात इतनी लिख आया।

ख़बर दो, जिज्ञासा है। क्या अभी काफ ी दिन नहीं हुए? तबीयत तो ठीक है न? और वह तुम्हारी सुधा? वह सुधा जिसका संबंध तुम्हारी तबीयत से है।

क्या कभी काशी की ओर भटकना न होगा? मुझे तो इलाहाबाद अभी नहीं खींच रहा है। दादा को सलाम।

सस्नेह
नामवर सिंह

प्रिय मार्कण्डेय भाई,

थीसिस की रूपरेखा तो ऐसी दाब बैठे कि फिर सांस ही न ली। काम चल गया या नहीं क्या हुआ उसका यह सब तो बतलाना था। लेकिन आप हैं कि चुप।

'एक दिन की डायरी' कहानी पढ़ गया। जिस अलस व्यथा के साथ कहानी लिखी गई वह तो मन में चुभी, लेकिन 'कहानी' नहीं जमी। इस poetic कहानी के लिए मेरी शतशः शुभशंसाएँ!

सस्नेह
नामवर

पुनश्च : दो काम अत्यंत आवश्यक है 1. 'किताब महल' वाले श्रीनिवास जी से मिलकर मेरी पुस्तक की भेंट-प्रतियाँ मँगवाना और उसे बाज़ार में छोड़ना। 2. 'साहित्य भवन' के नर्मदेश्वर जी से भी भेंट प्रतियाँ भेजवाना क्या इसमें कर्तव्यपरायणता की आशा करूँ :

नामवर

टिप्पणी : नामवर सिंह ने श्रीकृष्ण दास की पत्नी सरोजिनी दास को 5 पत्र लिखे हैं- सब पत्र घरेलू स्तर पर गहरी अध्येयता से संबंधित हैं। 2.2.55 के पत्र में लिखते हैं रात सोते समय मन इधर उधर भटकता हुआ अनायास इलाहाबाद पहुँच गया तो याद आया कि न जाने कितने दिन बीत गए न तुमने कुछ लिखा न मैंने ही, जो लिखा जाय, उसे अपने पास ही रख छोड़ा जाय...

१५/६

Deccan College
Poona -6
18.5.55

प्रिय सरोज,

आज पूने से प्रस्थान करने के लिए कागज-पत्र समेटने लगा तो अचानक यह अन्तर्देशीय मिल गया। देखने से मालूम हुआ कि आज से लगभग एक महीने पहले तुम्हें पत्र लिखने के लिए जिस अन्तर्देशीय को पता इत्यादि से अंकित कर रखा था, वह अभी तक मेरे ही पास पड़ा है। 'देर आयद दुरुस्त आयद' को ध्यान में रखकर मुझे क्षमा करना, और उस क्रोध के लिए भी अपनी सहानुभूति देना जो इस अलिखित पत्र का उत्तर न पाने के कारण समय-समय पर भड़का था।

अब यह तो बताना ही बेकार है कि मैं 8 मई से पूना हूँ और अब 17 जून को दक्षिण भारत की यात्रा के लिए रवाना हो रहा हूँ। मेरी यात्रा के मुख्य स्थान होंगे : मैसूर, बंगलोर, मद्रास, मदुरा, रामेश्वरम, त्रिवेन्द्रम, और कन्याकुमारी। लगभग 8 जुलाई तक बनारस लौटूँगा।

पूना रहते हुए भी महाकालेश्वर, बम्बई, अजंता तथा एलौरा आदि महत्वपूर्ण स्थान भी देख लिया। मार्कण्डेय के हैदराबाद न जा सका, इसका खेद है।

जगह यह अच्छी है; अबाध हवाएँ चौबीस घंटे चलती रहती हैं, शहर पहाड़ियों से घिरा है। हमारे यहां जैसा मौसम नवंबर के आरंभ में रहता है प्रायः वैसा ही मौसम यहाँ इस गर्मी में भी है।

मुझे भीतर ही भीतर कुछ ऐसा लग रहा है कि यह पत्र अत्यंत 'मैटर ऑफ फैक्ट' हो गया। और ऐसा रूखा पत्र तुम्हें शायद ही कभी लिखा हो। पता नहीं क्यों इस पुराने कागज़ पर लिखते मन उमड़ नहीं रहा है। बस यही समझना कि भाषा विज्ञान के इस रूखे वातावरण में रहते रहते पुराना ठूँठ कुछ और उकठ गया है। शायद यह प्रवास असह हो उठता यदि अत्यधिक कार्य और अपनों का अन्तः स्मरण न होता।

मार्कण्डेय को मेरा स्नेह देना और दादा को प्रणाम तुम लोगों का समाचार कैसे

पाऊँ जब स्वयं अपना कोई निश्चित ठिकाना ही नहीं है। यदि हो सके तो निम्न लिखित पते पर पत्र देना।

Namwar Singh
C/o V. Lakshmi
191 : 6th Cross Road
Gandhi Nagar, Bangalore–2

सस्नेह
नामवर सिंह

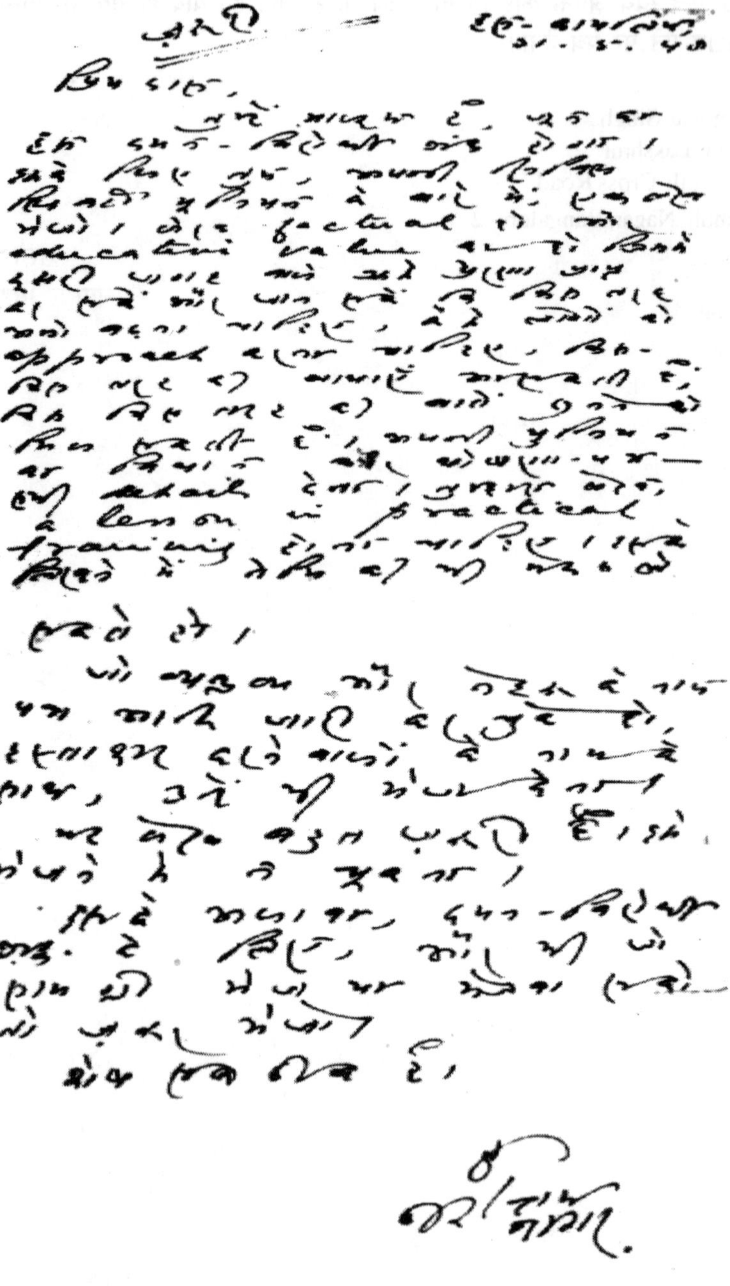

जरूरी

हंस कार्यालय
दिनांक : 31.5.48

प्रिय दास,

तुम्हें मालूम है, जून का 'हंस' दमन-विरोधी अंक होगा। इसके लिए तुम, अपनी सिविल लिबर्टी यूनियन के बारे में, एक लेख भेजो। लेख Factual हो और Educative Value का हो जिससे दूसरी जगह वाले उससे प्रेरणा प्राप्त कर सकें और जान सकें कि किस तरह आगे बढ़ना चाहिए, कैसे लोगों को Approach करना चाहिए, किस-किस तरह की बाधाएँ आ सकती हैं; किस-किस तरह की बातें सुनने को मिल सकती हैं। अपनी यूनियन का विधान और घोषणा पत्र सभी Detail देना। तुम्हारा लेख, lesson in practical Framing होना चाहिए। इसके लिखने में नेमि की भी मदद ले सकते हो । जो व्यक्तव्य और नेहरू के नाम पत्र आदि जारी कर चुके हो, हस्ताक्षर करने वालों के नाम के साथ, उन्हें भी भेज देना।

यह लेख बहुत ज़रूरी है। इसे भेजने में न चूकना।

इसके अलावा, दमन-विरोधी अंक के लिए, और भी जो सामग्री भेज या भेजवा सको तो ज़रूर भेजो।

शेष सब ठीक है।

तुम्हारा
नरोत्तम नागर

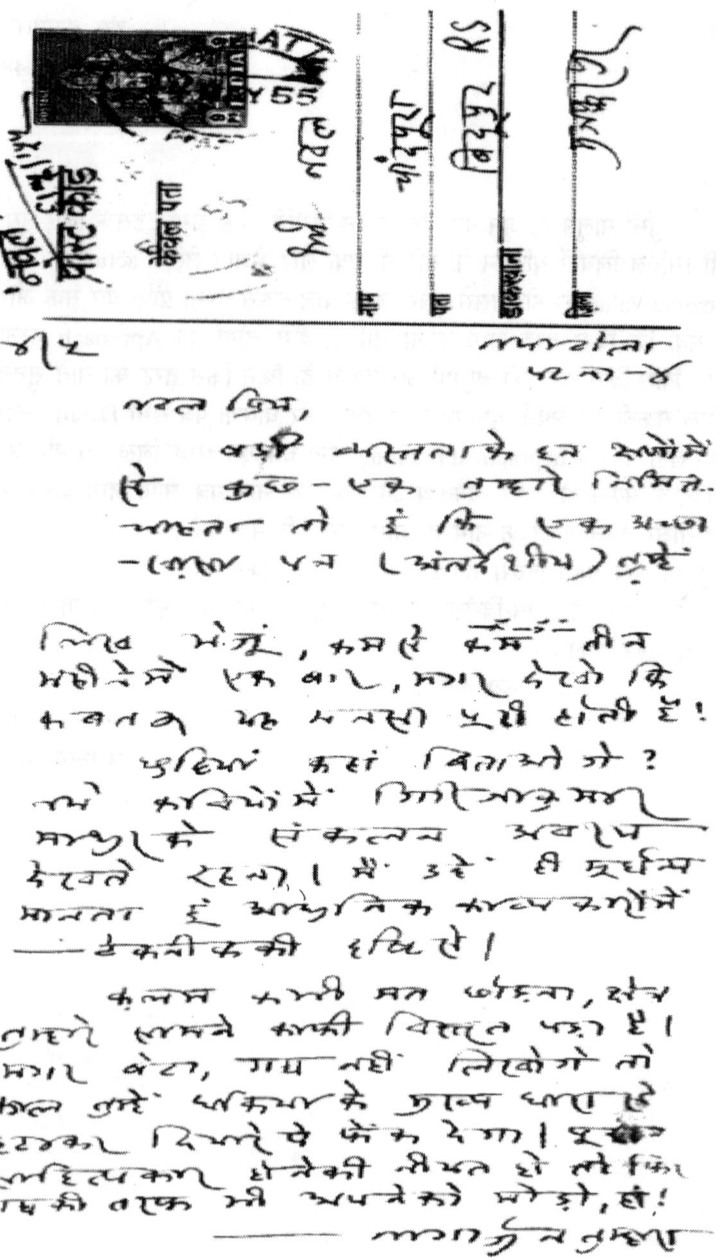

[illegible] प्रिय,

[illegible] के इन क्षणों में
से कुछ-एक तुम्हारे लिखित..
मानता तो हूँ कि एक अन्त-
-र्देशीय पत्र (अंतर्देशीय) तुम्हें
लिख भेजूँ, कम से कम तीन
महीने में एक बार, मगर देखो कि
कब तक यह मनसा पूरी होती है!

छुट्टियाँ कहाँ बिताओगे?
नये कवियों में गिरिजाकुमार
माथुर के संकलन अवश्य
देखते रहना। मैं उन्हें ही सर्वप्रथम
मानता हूँ आधुनिक काव्यकारों में
— टेकनीक की दृष्टि से।

कलम कभी मत छोड़ना, [illegible]
तुम्हारे सामने काफी विस्तृत पड़ा है।
मगर बेटा, गद्य नहीं लिखोगे तो
काल तुम्हें [illegible] के [illegible]
[illegible] फेंक देगा। [illegible]
साहित्यकार होनेकी नीयत हो तो फिर
गद्य की तरफ भी अपने को मोड़ो, हाँ!

— नागार्जुन तुम्हारा

4-5-55
नया टोला, पटना-4

नवल प्रिय,
बड़ी व्यस्तता के इन क्षणों से कुछ-एक तुम्हारे निमित्त...चाहता तो हूँ कि एक अच्छा-ख़ासा पत्र (अंतर्देशीय) तुम्हें लिख भेजूं, कम से कम तीन महीने में एक बार, मगर देखो कि कब तक यह मनसा पूरी होती है!

छुट्टियां कहां बिताओगे? नये कवियों में गिरिजा कुमार माथुर के संकलन अवश्य देखते रहना। मैं उन्हें ही मूर्धन्य मानता हूं आधुनिक काव्यकारों में टेक्नीक की दृष्टि से।

क़लम कभी मत छोड़ना, क्षेत्र तुम्हारे सामने काफी विस्तृत पड़ा है। मगर बेटा, गद्य नहीं लिखोगे तो काल तुम्हें धकिया के मुख्य धारा से हटाकर दियारे पे फेंक देगा। **पूरा साहित्यकार होने की नीयत हो तो फिर गद्य की तरफ भी अपने को मोड़ो, हाँ!**

नागार्जुन तुम्हारा

टिप्पणी :-4.5.55 के पत्र में अपनी व्यस्तता का उल्लेख करते हुए एक लम्बा पत्र लिखने तथा नवल के कभी कलम न छोड़ने का आग्रह करते हैं। गद्य लेखन पर नागार्जुन का जोर है।

दिनांक : 7.5.56

प्रिय नवल,

3/5 का पोस्ट कार्ड सामने है। सकुशल ख़त्म हुआ इम्तहान, यह जानकर खुशी हुई। अच्छा है कि रेस्ट ले रहे हो। अपना नया उपन्यास 'वरुण के बेटे' अलग से पुस्तकाकार तो अब तक नहीं छप सका है। हाँ, ''संकेत'' नामक वृहत् संकलन (कीमत 15 रु.) के अंदर प्रकाशित हुआ है। मुझे एक ही प्रति मिली है संकेत की। शायद पटना जाओ तो बेनीपुरी या शिवपूजन बाबू या नलिन जी के यहां 'संकेत' का दर्शन पाओगे। बाकी कोई काम (उल्लेखनीय) नहीं किया है कि बताऊँ... शायद 15 दिनों के लिए दरभंगा जाना हो...

नागार्जुन तुम्हारा

टिप्पणी : 7.5.56 का पत्र इलाहाबाद से है। इस पत्र में अपने उपन्यास 'वरूण के बेटे' को पूरा करने के बारे में लिखते हैं। यह उपन्यास अश्क ने अपने 'हिंदी संकेत' में पहली बार प्रकाशित किया था। इस (पत्र में) पुस्तकाकार छपने की सूचना है।

दिनांक : 18.1.59

प्रिय नवल,
नया उपन्यास 'वरुण के बेटे' अभी पिछले दिनों समाप्त किया है। यह मलाहों-मछुओं के जीवन पर आधारित है।

परीक्षा की तैयारियों में गर्क़ (निमग्न) हो न फिर लिखूंगा। 24 ता. 4 फरवरी तक पटना और फिर यहां वापस आ जाना है। जून तक तीन लघु- उपन्यास और लिखने हैं न।

नागार्जुन तुम्हारा

19-4-77

प्रिय नवल,

15.4 वाला पोस्टकार्ड मिला हालात मालूम हुए...तसल्ली हुई। हां, इधर पत्र लिखने की रफ्तार बेहद धीमी हो गई। कारण? कारण कई थे नेशनल लाइब्रेरी में इधर प्रतिदिन आठ-आठ दस-दस घंटे बैठना हुआ। यशपाल एवं उनके समकालीन विप्लवियों के बारे में जानकारी हासिल करना मुख्य उद्‌देश्य था बल्कि, है...दूसरा कारण रहा ऋतुचक्र की धुरी का, अपनी लपेट में समुद्री झंझावात को लिये-लिये, प्रतिदिन अपराह्न में उद्दाम नर्तन...रोज आंधी! रोज़ तूफान! रोज़ वर्षा! 'काल वैशाखी' प्रकृति का ऐसा रुद्र रूप लगभग 40 वर्षों बाद ही साक्षात् अनुभव कर रहा हूँ।...तीसरा कारण? रहन-सहन की अनियमितता! हां, सर्दी का वह प्रकोप पीछे छूट गया है। काम चलाऊ तौर पर ठीक हो गया हूं. या रत्नेश (चौधरी) पिछले दस महीने से यहां रह रहे हैं रत्नेश यानि सुकान्त के बड़े बहनोई। लगभग 400/प्रति मास पा जाते हैं।

रत्नेश का आग्रह रहा कि मैं अपना मुख्य अड्डा कलकत्ता को ही बना लूं। रतन को पता है कि दिल्ली की तुलना में उनके 'पिताजी' (यानि श्वसुर जी) को कलकत्ता अधिक प्रिय है। हमारी उर्मिल भी मेरी इस कमजोरी को अच्छी तरह जानती है अर्थात मैं यदि यहां रहने लग जाऊं तो उर्मिल भी बीच-बीच में कलकत्ता आ सकेगी.

दानिढ़ यानि, सचमुच ही मैं कलकत्ता रहने लग सकता हूं! दिल्ली में भी लिखाई की तरफ से वितृष्णा रहती है (पटना की तरह) हां, इलाहाबाद में लिखने का जी करता है। पूरा का पूरा 159 में कलकत्ते में पूरा किया था। 'प्यासी पथराई आंखें' (संकलन) की अधिकांश रचनाएं उन्हीं दिनों तैयार हुई थीं इसी महानगर के माहौल में! हमें

दूसरी, और, सबसे बड़ी खूबी इस महानगर की बतलाऊं? यानि? मेरी निगाहों में कलकत्ता उतना 'महानगर' नहीं है, जितना कि महाग्राम है! हजार-हजार गांव इसकी गलियों में फुटपाथों पर, हुगली नदी वाले इसके तटवर्ती अंचलों में, उपनगरीय बस्तियों में फैले पड़े हैं...भोजपुरी, मगही, अंगिका, बज्जिका, मैथिली, नेपाली, उड़िया, असमिया, पंजाबी, तेलगू, संथाली, राजस्थानी, जैसी भाषाएं-विभाषाएं-उपभाषाएं बोलकर भी अपना काम मजे में चला लेते हैं...बंगला, हिन्दी और

अंग्रेजी के बिना भी लाखों लाख' कामन मैन' अपना गुजारा यहां कर रहा है...हथेली पर सुर्ती मसलता हुआ, मैं यहां घंटों घूम सकता हूं लुंगी या गमछा-गंजी लपेटकर-जी, हां! दिल्ली की निस्बत कलकत्ता सस्ता भी तो खूब ही पड़ता है! दो रूपये साथ ले लो, समूचा शहर चक्कर लगा आओ, हो सकता है, 10 मई के बाद पटना आ जाऊं तुमने आमों की बात लिखी, पकने के मौसम तक क्या वे आंधी की मार से महफ़ूज़ रह सकेंगे? शेष बातें अब दूसरे पत्र में लिखूंगा। हो, 23 के बाद। चिं-पू-रा के क्या हाल हैं? रा-चिं-पू- पू-पू-पू-पू....

नागार्जुन

टिप्पणी : 19.4.77 यह अन्तर्देशीय कलकत्ता से लिखा गया है। जिसमें बहुत रोचक शैली में कलकत्ता नगर के माहौल और मिजाज को अलग अलग 5 भागों में विभाजित किया गया है।

दिनांक : 9.9.55

नवल,

पत्र मिला। मैं इन दिनों बेहद व्यस्त हूं। मरने की भी फुर्सत नहीं है। अभी मुझ पर निबन्ध- विबन्ध न लिखा करो, अधिक से अधिक स्वाध्याय और अधिक से अधिक परिपाचन चलने दो अभी। बाक ी पर्यवेक्षण की क्षमता और सहज प्रतिभा तो है ही तुम्हारे अंदर। यों, किसी को समझने के लिए उसकी कृतियों का परिशीलन अनिवार्य होना चाहिए। मेघदूत अक्टूबर में निकल आएगा। तुम्हारे गीतों का दूसरा संकलन कब तक निकलेगा?

सस्नेह
नागार्जुन

पुनश्च : गोली काण्ड पर दस कवितायें तैयार हैं। बुकलेट यदि निकली तो भेज दूंगा।

नागार्जुन

टिप्पणी : 9. 9. 55 के पत्र में अपने ऊपर निबंध वगैरह न लिखने की हिदायत देते हैं और अधिक स्वाध्याय पर बल देते हैं।

दिनांक : 3.6.55

प्रिय नवल,
पत्र मिला। गिरिजा कुमार के बारे में लिखने का मेरा यह मतलब कहां था कि बग़ैर सोचे-समझे ही तुम उन्हें मूर्धन्य मान लो। हाँ, **मैं उन्हें नई पीढ़ी के कवियों में टेकनीक की दृष्टि से सर्वश्रेष्ठ मानता हूँ** सो, यह दूसरी बात हुई।

जून के अंत में रांची जाना है, 10 दिनों के लिए आओ तो सूचित करना। मस्त रहो बबुआ...

नागार्जुन तुम्हारा

टिप्पणी : 3.6.55 के पत्र में गिरिजा कुमार माथुर को टेकनीक की दृष्टि से सर्वश्रेष्ठ मानते हैं

दिनांक : 22.6.55

पत्र तुम्हारा मिला। नवल, यह जानकर खुशी हुई कि पटना आने वाले हो। मैं बराबर इधर ही हूं। जुलाई तक कहीं जाना-वाना नहीं है। हां, डेढ़ दो महीने बाद कुछ अर्से के लिए पटना छोड़ना होगा...

तुम्हारा गद्य खूब ही पवित्र होता है, इसका सबूत इन पत्रों से मिला। बिन्दु-विसर्ग या कॉमा तक की त्रुटि तुम्हारी लेखनी को अज्ञात है यह एक भारी चमत्कार है बबुआ : मैं तुम्हारी प्रतिभा के प्रति आस्थावान हो उठा हूँ। मेरी यह लालसा है कि आगे चलकर तुम्हें गद्य की तरफ मुड़ा हुआ पाऊँ।

'मंजीर' पर लिखित सम्मति साक्षात्कार होने पर मिल जाएगी। वहां, देहात में सामयिक साहित्य के नाम पर क्या-क्या चीज़ निगाहों से गुजरती है? कल्पना, अजंता, साप्ताहिक हिन्दुस्तान तो नहीं मिलते होंगे। बाहर के इन तीनों पत्रों का पारायण यदि सुलभ होता तो अच्छा था। **आज के मासिकों में कल्पना (हैदराबाद) सर्वश्रेष्ठ है**। और, कार्ड के माथे पर सिर्फ चांदपूरा और तारीख मत डाला करो!

पूरा पता...
नागार्जुन
राष्ट्रीय प्रकाशन मंडल
मछुआ टोली
पटना-4

टिप्पणी : 22.6.55 के पत्र में नवल को उनके गद्य की शक्ति बताते हैं। तथा उनके व्याकरण सम्यक शुद्ध लेखन की प्रशंसा करते हैं।

''खिलौना''
- कार्यालय
''विद्यार्थी''
सं.

हिन्दी प्रेस, प्रयाग

ता.-20.8.30

प्रियवर महोदय,
2 भादपद्र का कृपा पत्र आज मिला, मैं सम्भवतः 25.8 सोमवार को किसी समय काशी पहुँचूंगा। कसौड़ा (मेरठ) के असहयोगी रईस श्रीमान चौ. रघुवीर नारायण सिंह जी से मिलने उनके सुपुत्र चौ. रघुवंश नारायण सिंह के साथ 24.8 को गाजीपुर जेल में जाने का प्रोग्राम है, वहाँ से लौटता हुए काशी उतरुँगा, यदि वापस में चौ. रघुवंश नारायण सिंह भी काशी उतरे तो ठहरना उनके इच्छाधीन रहेगा, वर्ना मैं सेवा उपवन में ही आऊँगा। चौ. साहब को कुछ आपत्ति न होगी तो उन्हें भी वहीं अपने साथ लाने की चेष्टा करूँगा। बाकी मिलने पर ।

श्रीमान बाबू साहब से जब आप मिलें तो मेरा सप्रेम नमस्कार निवेदन कर दीजिएगा।

भवदीय
पं. पद्मसिंह शर्मा

टिप्पणी : पद्म सिंह शर्मा के अन्नपूर्णा नन्द जी को लिखे दो पत्र है। पहला 20.8.30 का है। इस पत्र में 24.8.1930 को गाजीपुर जाने तथा वहाँ से लौटत हुए काशी में रुकने की सूचना है।

३० [illegible]
[illegible]
[illegible] -२-९१

प्रिय भाई नमस्ते।

१०-२-९१ का आपका पत्र और [illegible] [illegible] [illegible] [illegible] [illegible] चुका हूँ, [illegible] [illegible] [illegible] [illegible] [illegible] [illegible] हूँ। [illegible] साहित्य में [illegible] [illegible] साहित्य [illegible] [illegible] है। [illegible] मैं [illegible] [illegible] कीजिए, [illegible] हैं, [illegible] दिया है, [illegible] है, [illegible] है [illegible] [illegible] करेंगे।

भवदीय — [illegible]

चांदपुर (बिजनौर)
19.2.31

प्रियवर नमस्ते,
10.2.31 का कृपा कार्ड भी मिला, पहले पत्र का उत्तर दे चुका हूँ। और फिर एक का निवेदन कर चुका हूँ, मन की अस्वथता के कारण लेख लिखने में इस समय असमर्थ हूँ। अतएव क्षन्तव्य हूँ। संस्कृत साहित्य में हास्यरस पर पं. शालग्राम जी शास्त्री साहित्याचार्य से एक लेख ले सकें तो अच्छा हो, निश्मंदिती मैं करता हूँ, गिरफ्तार आप कीजिए, वह आप से परिचित हैं। मैंने आपकी पुस्तकें दिखाकर परिचय करा दिया है। आपके प्रशंसक हैं, आपके अनुरोध का पालन कर देंगे।

भवदीय
पद्म सिंह शर्मा

"खिलौना"
- कार्यालय
"विद्यार्थी"
सं.

हिन्दी प्रेस, प्रयाग

ता.-26.9.30

प्रिय बा. अन्नपूर्णानन्द जी नमस्कार,

मैं अभी यहीं हूँ, कई कारण से संतुष्ट कि न जा सका। आपका 31 भाद्रपद का पत्र घर के पते पर भेजा हुआ, मुझे यहाँ आज मिला, यह जानकर संतोष हुआ कि श्री गुप्त जी प्रसन्न हैं और श्री सम्पूर्णानन्द जी की चिकित्सा का प्रबन्ध किया जा रहा है।

काशी में आपके कारण मुझे कुछ भी कष्ट नहीं हुआ, बड़ा सुख मिला, हाँ श्री गुप्त जी की अनुपस्थिति बेशक खटकती थी, परमात्मा उन्हें निरोग और प्रसन्न रक्खे (रखे)। काशी से लौटकर पं. रामजी लाल शर्मा जी की मृत्यु के कारण चित्त बहुत ही खिन्न और उदास रहा और इन लोगों ने यहां से जाने की छुट्टी न दी, कुछ भी लिख पढ़ न सका 'मगन रहु चोला' पर सम्मति भी वि.भा. को न भेज सका। अब कल यहां से जा रहा हूँ। अगली संख्या में अवश्य भेज दूँगा, इस विलंब के लिए आशा है आप क्षमा करेंगे।

भवदीय
पद्मसिंह शर्मा

टिप्पणी : प्रयाग से 26.9.30 के पत्र में काशी में ठहरने और अन्नपूर्णानन्द जी की सहायता का उल्लेख है।

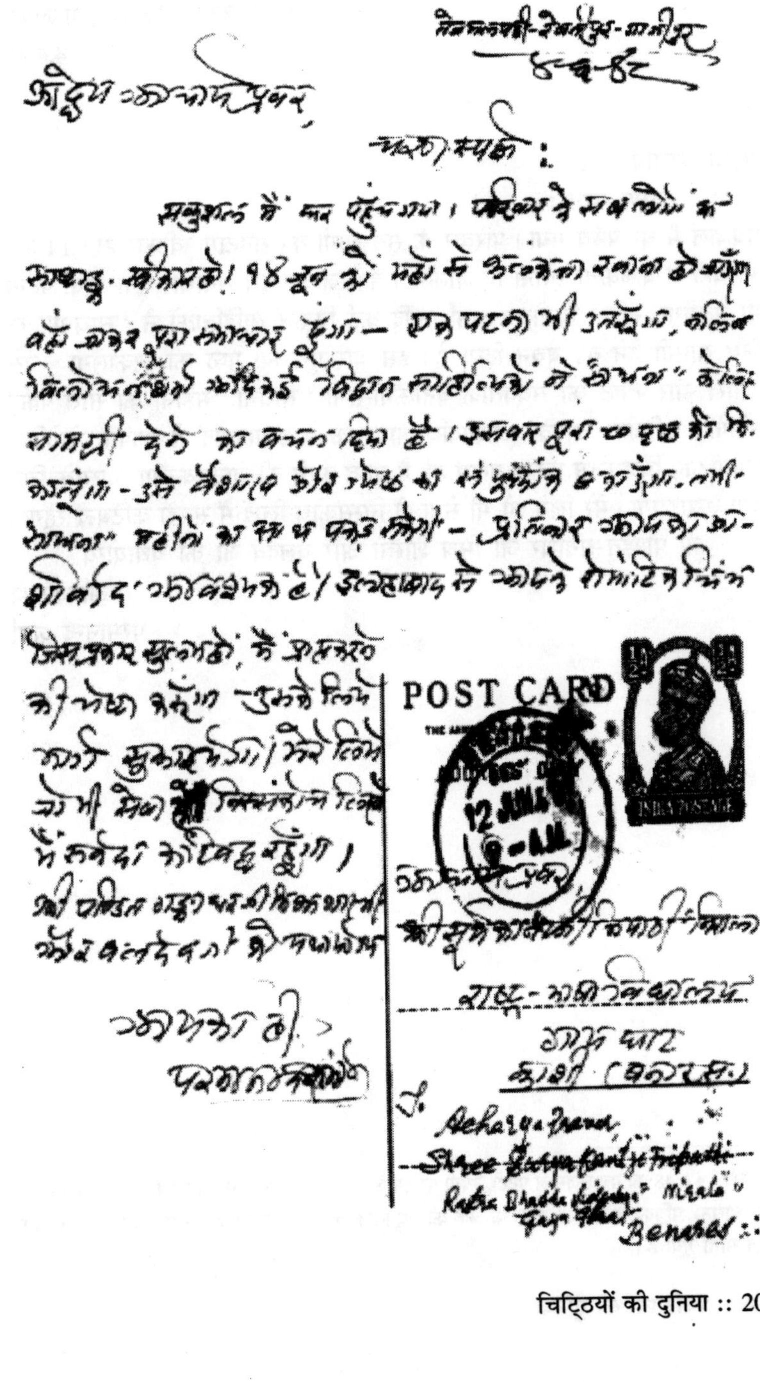
POST CARD
INDIA POSTAGE
Benares

तेजमाल पट्टी- रेवतीपुर, गाजीपुर
4.6.48

श्रद्धेय आचार्य प्रवर,

चरण स्पर्श :

सकुशल मैं घर पहुँच गया। परिवार के सब लोगों का साष्टांग स्वीकार हो। 14 जून को यहाँ से कलकत्ता रवाना हो जाऊँगा। वहाँ जाकर पूरा समाचार दूँगा- एक पटना भी उतरूँगा, नलिन विलोचन शर्मा आदि कई विद्वान साहित्यिकों ने "साधना" के लिए सामग्री देने का वचन दिया है। इस बार पूरा 80 पृष्ठ की निकालूँगा उसे वैशाख और ज्येष्ठ का संयुक्तांक बनाऊँगा-तभी "साधना" महीनों का साथ पकड़ सकेगी प्रतिकार आपका आशीर्वाद आवश्यक है इलाहाबाद से आपके रोमोटिक (रोमांटिक) चित्र जिस प्रकार सुलभ हों, मैं प्राप्त करने की चेष्टा करूँगा उसके लिए मार्ग सुझाइयेगा। मेरे लिये जो भी सेवा हो निस्संकोच लिखें मैं सर्वदा कटिबद्ध रहूँगा।

श्री पंण्डित गंगाधर जी मिश्र शास्त्री ओर बलदेव जी को यथायोग्य

आपका ही
परमानन्द शर्मा

टिप्पणी : 4.6.48 का पत्र तेजमाल पट्टी, रेवती पुर (गाजीपुर) से परमानन्द शर्मा ने लिखा है। पत्र में 14 जून को 'साधना' पत्रिका के वैशाख-ज्येष्ठ के अंक को संयुक्तांक बनाने की सूचना है। निराला जी से उनका एक चित्र मांगा गया है।

गणेश भवन, माधव नगर, उज्जैन
दिनांक : 11.1.47

मान्यवर,
आपका विस्तृत पत्र मिला। 'निराला के उपन्यास और कहानियाँ' शीर्षक लेख एक हफ्ते के अन्दर भेज दूँगा। कुछ बड़ा हो गया है। प्रकृतिवाद (Naturalism) संबंधी आपकी बातों को भी ध्यान में रखा है। उसकी लेख में चर्चा है।

इसके अलावा 'निराला' पर अब तक मैंने निम्न लेख लिखे हैं और प्रकाशनार्थ निम्न पत्रों में भेजे हैं। उन- उन पत्रों में आपके कोई परिचित हों तो वे छप जायँ ऐसी व्यवस्था करें।

'नया साहित्य' के लिए (स्वीकृत, छप गये होंगे)

1. निराला जी महाराज को रकुआ,
   महंगू, झींगुर का ख़त (कविता)
2. 'अनामिका' का कवि
3. 'बेला' और 'नये पत्ते'

2. 'सारंग रेडियो- पत्रिका की पुरानी फाइल मिले तो अक्टूबर नवंबर 1944 के करीब मैंने लखनऊ से एक सुंदर 'टाक' (वार्ता) दी थी 'निराला की कविता में भाव और विचार सामंजस्य' (प्रति मेरे पास नहीं है) सारंग में छपी है।

3. (मराठी) उच्च कोटि की साहित्यक मासिक पत्रिका 'अभिरुचि' : बड़ौदा : 'निराला' (एक स्केच)।

4. (अंग्रेजी) 'लीडर' में निराला की कवितायें आधुनिकता पर समीक्षात्मक लेख (साप्ताहिक)।

5. (अंग्रेजी) 'बांबे क्रानिकल' साप्ताहिक में The genius of modern Hindi Poetry Nirala उनकी सात कविताओं के अंग्रेजी अनुवाद के साथ।

6. (अंग्रेजी) 'भारत ज्योति' के लिए 'The Revolutionary Hindi Poet' परिचयात्मक यह सब लेख भेज चुका हूँ। अब और आपके लिए जो कहेंगे, लिखूँगा। प्रस्तुत हूँ।

दोनों रसीद बुकें मिल गईं। यहाँ, इंदौर और रतलाम से हम चँदा इकट्ठा कर रहे हैं। रतलाम के संस्कृति सदन में निराला दिन मनाना सोचा है मुझे प्रमुख

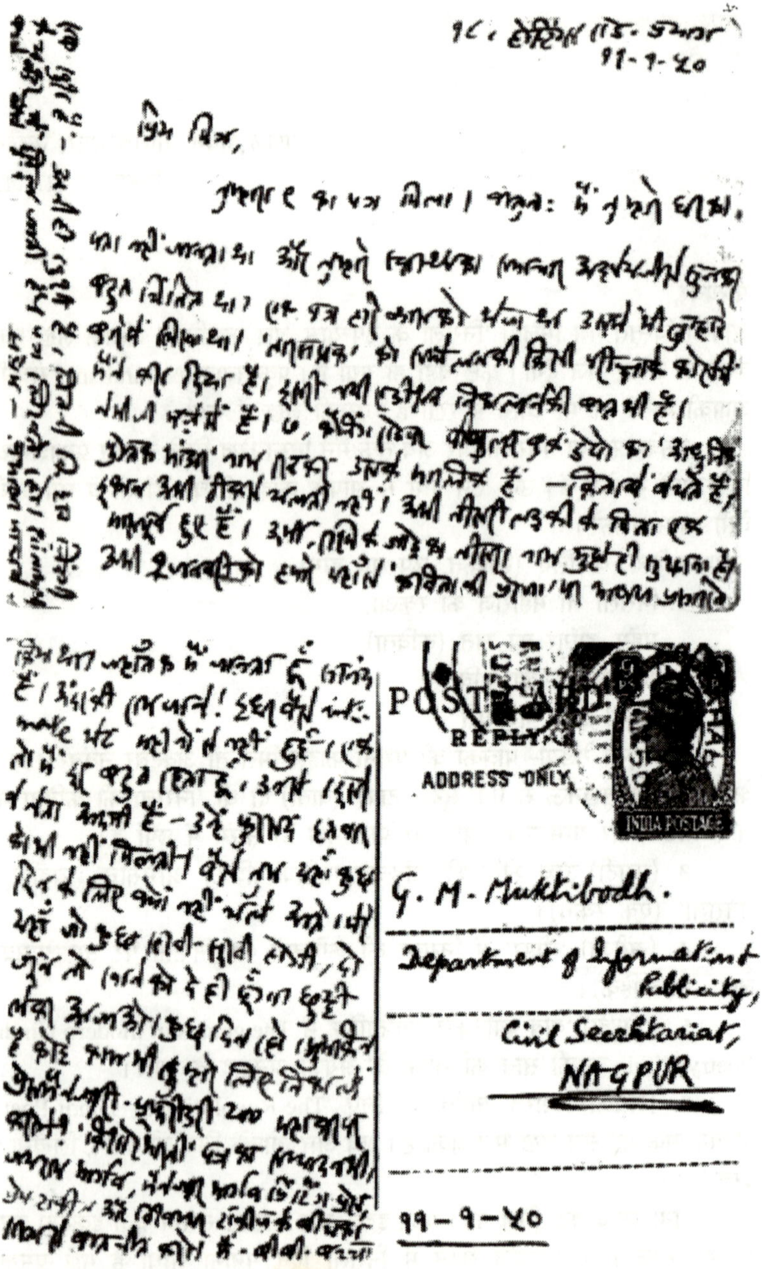

१८, हेस्टिंग्स रोड, इन्दौर
११-१-४०

प्रिय मित्र,

POST CARD
REPLY
ADDRESS ONLY
INDIA POSTAGE
G. M. Muktibodh.
Department of Information & Publicity,
Civil Secretariat,
NAGPUR
११-१-४०

व्याख्याता के नाते बुलाया है। यहाँ कॉलिज (कालेज) में भी निराला- दिन कर रहे हैं। कोटा से भी चंदा मिलेगा; साहित्य परिषद से। प्रयाग चंद्र शर्मा (संपादक आगामी कल) खण्डवे में बसंत पंचमी निराला- दिन का विशाल आयोजन कर रहे हैं। 21 से 24 मुझे साहित्यरत्न की परीक्षा लेने उदयपुर जाना है। तो भी काशी आने का प्रयत्न करूँगा।

प्रेषक
प्रभाकर माचवे

टिप्पणी : यह पत्र 11.1.47 को वाजपेयी जी को लिखा गया है निराला जी की जयंती पर निकलने वाले ग्रंथ के लिए निराला जी के उपन्यासों कहानियों पर इस हफ्ते में लेख भेजने का आश्वासन है।

नई दिल्ली-11
18.2.64

प्रिय भाई,
अभी-अभी श्रीकांत वर्मा का फोन आया और सुना कि तुम्हारे बाँये अंग पर पक्षाघात या पैरेलिसिस का attack हो गया। बहुत बुरी खबर है।

मैं बहुत अपराधी हूँ कि हमेशा तुम्हारी चर्चा करते रहता हूँ- पर अर्से से पत्र नहीं भेज पाया। परसों ही नेमीचन्द्र जैन और भारत भूषण से बात हो रही थी। एक माह पहले, 'अज्ञेय' के अमरीका जाने से पूर्व वह तुम्हारी लम्बी कविता जो 'तार सप्तक' के पुर्नसंस्करण में जा रही थी- लेकर आये थे, और मेरे ही कमरे में भारत भूषण अग्रवाल ने उसका पाठ किया था। हम सब ने उसे बहुत- बहुत सराहा था।

आशा है, तुम जल्दी स्वस्थ हो जाओगे। शान्ता बाई और बच्चों को धीरज किन शब्दों में दूँ।

मैंने और श्रीकांत ने सलाह की है हम (यहां के नये साहित्यिक, तुम्हारे प्रशंसक) शीघ्र ही द्वारका प्रसाद मिश्र को व्यक्तिगत पत्र भेज रहे हैं। और जो भी बन सकेगा जल्दी ही तुम्हारे पास एक चेक पहुँचेगा।

भले आदमी, ऐसे समय मित्र काम नहीं आयेंगे तो कौन आयेंगे? ज्यादा नहीं लिखता।

सप्रेम
प्रभाकर माचवे

टिप्पणी : 18.2.64 के इस पत्र में मुक्तिबोध के बायें अंग पर पक्षाघात होने के प्रति चिंता व्यक्त की गई है और जल्दी ही स्वस्थ्य हो जाने की शुभकामनाएँ व्यक्त की गई हैं।

दिनांक : 29.4.47

मान्यवर,

आपने कॉलिज की पुस्तक 'कुल्ली भाट' वापिस नहीं भेजी। कृपया वह रजिस्ट्री से भेज दें।

'निराला अभिनन्दन ग्रंथ' के संबंध में निश्चित प्रकाशन-तिथि क्या है? काम कहाँ तक आगे चला है। वर्ना जिन लोगों से हमने चंदा लिया है, उन्हें वह वापिस करना होगा। देशदूत आदि समाचार पत्रों में जो कुछ निकला है, उससे तो जान पड़ता है कि ग्रंथ शायद निकले ही नहीं। ऐसी दशा में उपयुक्त तो यही होगा कि जो रसीद बहियाँ आपको भेजी हैं। उन चंदा देने वालों के नाम चंदे की रकम सहित आप मुझे वापिस भेज दें। जब ग्रंथ छप जाय, तैयार हो जाय, इन ग्राहकों को- जो अपने ही हैं ग्रंथ नगद दाम पर दे सकेंगे। यह पेशगी और उसके लिए इतने सब लोगों के व्यंग- प्रहार तो नहीं सहने होंगे। सो या तो निश्चित दिन-मास बता दीजिए कि इतने- इतने महीनों बाद उन ग्राहकों को निराला अभिनंदन ग्रंथ मिल जायेगा; या फिर वह रकम ही लौटा दें तो बहतर (बेहतर) होगा। क्योंकि मेरे भेजे हुए सभी रुपये ग्रंथ के पेशगी दाम के रूप में थे यद्यपि वे स्वागत समिति सदस्य वाली रसीद बही में वसूल किए गए थे। कम से कम चंदा देने वालों की एक सूची- कितनी चंदे की रकम उन्होंने दी और रसीद किसने दी है उन नामों सहित भेज दें। मेरे पास उसकी जो प्रतिलिपि थी, कहीं खो गई है।

ग्रंथ में मेरे कौन-से कौन-से लेख जा रहे हैं यह भी लिखें। बचा हुआ मैटर लौटा दें! अन्यत्र काम आ जायेगा। पत्र-पत्रिकाओं में छप जायगा।

कृपया इन सब बातों का सविवरण समाधान करें 'कुल्ली भाट' पुस्तक अवश्य भेजें- जो ग   लती से मैंने आपको भेज दी थी।

सादर
प्रभाकर माचवे

टिप्पणी : 29.4.47 के पत्र में माचवे जी गंगाधर शास्त्री से पूछते हैं निराला अभिनन्दन ग्रंथ के संबंध में निश्चित प्रकाशन तिथि क्या है। काम कहां तक आगे बढ़ चला है वरना जिन लोगों से हमने चंदा लिया है उन्हें वापिस करना होगा।

माचवे जी ने यह भी पूछा है ग्रंथ में मेरे कौन-कौन से लेख जा रहे हैं यह भी लिखें।

18, होस्टिंग्स रोड, प्रयाग
11.1.50

प्रिय मित्र,
तुम्हारा 9 पत्र मिला। वस्तुतः मैं तुम्हारे घर का पता नहीं जानता था और तुम्हारे स्वास्थ्य का समाचार अज्ञेय जी से सुनकर बहुत चिंतित था। एक पत्र हरिदास को भेजा था उसमें भी तुम्हारे बारे में लिखा था। 'तार सप्तक' को सम्मेलन की किसी परीक्षा के कोर्स में मैंने करा दिया है। दूसरी नई एडिशन निकालने की बात भी है। नेमि जी मज़े में हैं। 7, कैनिंग रोड पर पीपुल्स बुक डिपो का 'आधुनिक पुस्तक भंडार' नाम रखकर उसके मालिक हैं- किताबें बेंचते हैं; दूकान (दुकान) अभी ठीक से चलती नहीं। अभी तीसरी लड़की के पिता एक मास पूर्व हुए हैं। अभी राशि के जोड़ का तीसरा नाम मुझे ही सुझाना है। अभी 2 जनवरी को हमारे यहाँ से 'कविता की प्रेरणा' पर भाषण प्रसारण किया था। जहाँ तक मैं जानता हूँ सानंद हैं। अंदर की राम जानें! इधर वैसे intimate भेंट महीनों से नहीं हुई। एक तो मैं दूर बहुत रहता हूँ, उनसे। दूसरे वे नेता आदमी हैं उन्हें फुरसद (फुरसत) इतवार को भी नहीं मिलती। वैसे तुम यहाँ कुछ दिन के लिए क्यों नहीं चले आते। मेरे यहाँ जो रूखी-सूखी होगी, दो जून तो खाने को दे ही दूँगा। छुट्टी लेकर आ जाओ। कुछ दिन रहो। मुमकिन है कोई काम भी तुम्हारे लिए निकालें प्रेस मैनेजरी प्रूफरीडरी 200 माहवार पर करोगे? 'किशोर भारती' पत्र का सम्पादन भी। जयराम भार्गव, मैनेजर भार्गव प्रिंटिंग प्रेस, प्रेम टाक़ीज और विश्वम्भर टाक़ीज के बीच का रास्ता से बात चीत करो। मैं बीबी बच्चा सब खुश हैं- उतनी ही खुशी है। जितनी की इस ज़िन्दगी के चक्कर में मिल जाती है। पत्र लिखते रहो। शांता भाभी बच्चे कैसे हैं?

सप्रेम
प्रभाकर माचवे

टिप्पणी : 11.1.50 के पत्र में मुक्तिबोध के पास कोई स्थायी नौकरी न होने के कारण उन्हें अपने पास प्रयाग बुलाने का निमंत्रण है वैसे तुम यहाँ कुछ दिन के लिए क्यों नहीं चले आते मेरे यहाँ जो रूखी-सूखी होगी 2 जून तो खाने को दे ही दूँगा।

17-9-49

प्रिय मुक्तिबोध,

आपका अ- तिथि (बिना तारीख का) पत्र मिला। मैंने तुम पर ज़्यादह लिखा था- संपादक ने Space Limitation से शायद कम कर दिया। Even then, I have in my heart the same respect and feeling for you as I had 12 years before. I do not know from your side it might have undergone many changes 'मुझे तुम्हारा वाक्य- 'मुझे आपके प्रति कृतज्ञता के अन्य सहस्र कारणों और अकारणों में से एक यह भी रहा कि आपने मुझसे अपनी कृतियों पर लिखने की संकल्पपूर्ण इच्छा ज़ाहिर न की थी।' कुछ भी समझ में नहीं आया। when did I expect anything from you? क्या अपने मित्रों से भी कहा जाता है कि- अच्छा भाई, अब मुझ पर लिखो, या मेरी यों प्रशंसा करो या निंदा करो। अस्तु

मैं इलाहाबाद से और इस नयी सरकारी नौकरी से कोई संतुष्ट नहीं- क्योंकि लिखने- पढ़ने पर, बोलने तक पर सब हलचलों पर मुंहबंदी, रोक और अंकुश है 'चित्रशाला' का अनुवाद आप करें। मेरे कई pious resolution में से वह भी एक था अब भी है। पर समय नहीं मिलता। घर में सब लोग प्रसन्न तो हैं नहीं, पर ठीक है चलता है।

द्वितीय 'तारसप्तक' का कोई अन्दाज़ नहीं। नागार्जुन, केदार, रांगेय राघव, पहिले थे- अब शायद वे कविताएँ नहीं दे रहे हैं। परंतु शमशेर, हरि व्यास, भवानी मिश्र, धर्मवीर भारती, रघुपति सहाय, आदि विभिन्न हैं। एक दो और हो जायेंगे। ऐसा सुनता हूँ। कब तक छपेगा- खुदा जानें। या कहें 'अज्ञेय' है। हाँ, वात्स्यायन जी मज़े में हैं। नेमि मिलते रहते हैं। मज़े में ही हैं जितने कि मज़े में एक hunted व्यक्ति रह सकता है। वे अब 'मनमोहन' में नहीं हैं।

और कुछ? कभी दो-चार साल में मेरी आठ-दस चिट्ठियों के बाद एकाध पोस्टकार्ड भेज दिया करो। रामानन्द, हरिव्यास को नमस्कार।

सस्नेह

प्रभाकर माचवे

टिप्पणी : 17.7.49 के पत्र में मुक्तिबोध के बिना तारीख के पत्र के बारे में प्रभाकर माचवे ने लिखा है कि इस पत्र में आपने जो वाक्य मुझे आपके प्रति कृतज्ञता के अन्य सहसा कारणों और अकारणों में से एक यह भी रहा है कि आपने मुझसे अपनी कृतियों पर लिखने की संकल्पपूर्ण इच्छा जाहिर न की थी। समझ में नहीं आया।

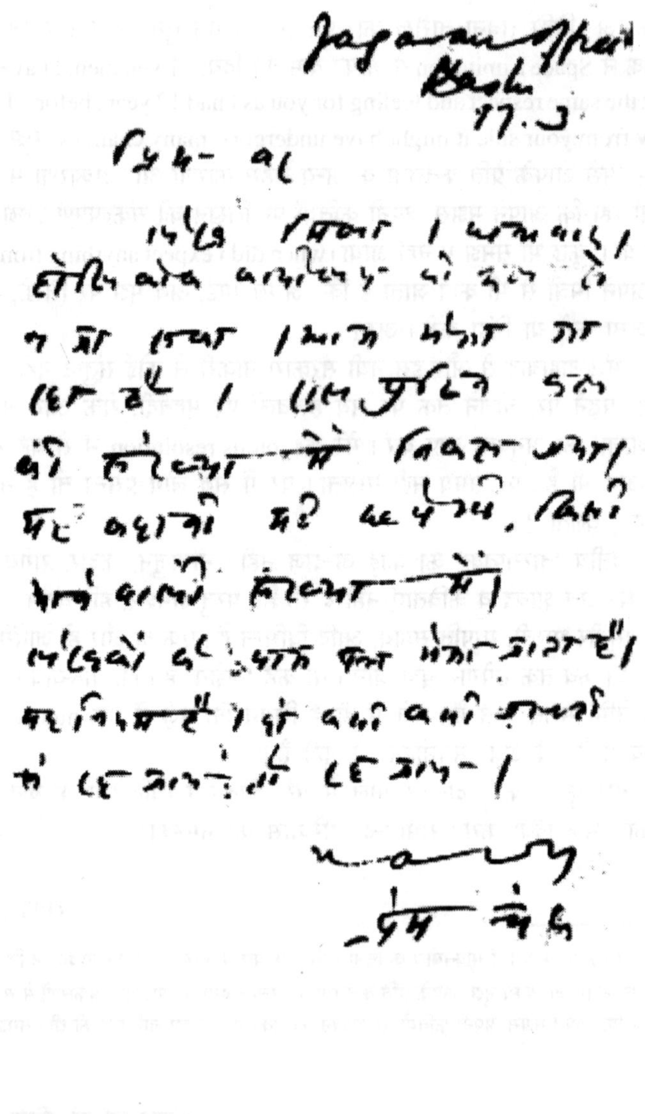

Jagran office
Kashi
17.3

प्रियवर,

लेख मिला। धन्यवाद। होलिकांक कार्यालय की भूल से न जा सका। आज भेजा जा रहा है। रास पुटिन दस की संख्या में निकल गया। यह कहानी भी छपेगी। किसी आने वाली संख्या में।

लेखकों के पास पत्र भेजा जाता है। यह नियम है। जो कभी कभी गलती से रह जाय तो रह जाय।

भवदीय
प्रेमचंद

[illegible]
कानपुर
११-१२-[illegible]

प्रिय [illegible] वंदे

आपकी चिट्ठी के लिए
धन्यवाद। अभी यहाँ कुछ
दिन ठहरा हूँ। होलिकोत्सव में दिल्ली
को लौट जाऊँगा।

आप होलिकोत्सव की शोभा
'जोगीड़ा' पर कोई लेख लिख
सकते हैं ?

[illegible]
[illegible]

जागरण कार्यालय,
काशी
11.2.33

प्रियवर
कलंकिनी के लिए धन्यवाद। अभी पढ़ नहीं सका हूँ। होलिकांक में देने की चेष्टा करूँगा।

आप होलिकांक के लिए जोगीड़ा पर कोई लेख लिख सकते हैं!

भवदीय
ध.राय.

टिप्पणी : एक पत्र 11.2.1933 का है जिसमें कलंकिनी के लिए धन्यवाद दिया है। होलिकांक के लिए 'जोगीड़ा' पर कोई लेख लिखने को आमंत्रित किया है। पत्र के अंत में अपना नाम ध. राय धनपत राय लिखा है। (प्रेमचंद नहीं) यह पत्र जागरण कार्यालय से भेजा गया है।

बिल्कुल नयी कविताओं को 'साहित्य-भारती'
के द्वारा प्रस्तुत करना, आज तक के उनकी
रचनाकारों को अपना के रखना।

आपकी ही पत्रिका सार्थक हो।

B.16 [illegible]
भोपाल, 462003
28/11

सस्नेह

[illegible]

प्रिय भाई,

साहित्य-भारती ? का अंक मिला आभार।
मैत्रेयी हमारे आदरणीय बुजुर्ग लेखक।
उन्होंने बड़ी पीढ़ी के साथ चुप रहते नहीं हैं,
और यदि साहित्य-भाषा को देखें तो भी
उन्होंने कुछ मुलायम प्रश्न उठाए हैं जैसे रचना
की समग्रता: रचनाकार के बुढ़ापे का लिखना
बंद हो जाना अथवा लेखक के संदर्भ में
आत्म-संघर्ष की बात।

समकालीन हमारे सबसे लोकप्रिय समीक्षकों में
और उन्होंने बहुत स्तर पर विचार किया है।
लेखक के जटिल जीवनानुभव की बात करते हुए भी
उन्हें यह एहसास है कि वैचारिकता के माध्यम
से सामाजिक दायित्व निभाने का प्रश्न बना हुआ है।

B- 16, सा.वि.वि.
सागर, 470 003
28/10

प्रिय भाई,
साहित्यनामा 7 का अंक मिला आभार। भैरव जी हमारे आदरणीय बुजुर्ग लेखक। उन्होंने बड़ी पीड़ा के साथ कुछ बातें कही हैं, और यदि व्यष्टि-चर्चा को छोड़ दें तो भी उन्होंने कुछ मूलभूत प्रश्न उठाए हैं जैसे रचना की समस्या प्रेरणास्रोत के सूख जाने पर लिखना बन्द हो जाना अथवा लेखन के संदर्भ में आत्म-अंकुश की बात।

नामवर जी हमारे सबसे समझदार समीक्षकों में और उन्होंने गहरे स्तर पर विचार किया है। लेखक के जटिल जीवनानुभव की बात करते हुए भी उन्हें यह एहसास है कि वैयक्तिकता के माध्यम से सामाजिक दायित्व निभाने का प्रश्न बना हुआ है।

बिल्कुल नयी प्रतिभाओं को 'साहित्यनामा' में देखकर अच्छा लगा, ख़ास तौर पर उनकी संभावनाओं को ध्यान में रखकर।

कामना कि पत्रिका सार्थक हो।

भाई
प्रेमशंकर

टिप्पणी : सागर विश्वविद्यालय से 28.10 के पत्र में प्रेमशंकर ने लिखा है कि साहित्यनामा-7 मिल गया है। बिल्कुल नई प्रतिभाओं को साहित्यनामा में प्रकाशित देखकर प्रसन्नता व्यक्त की है।

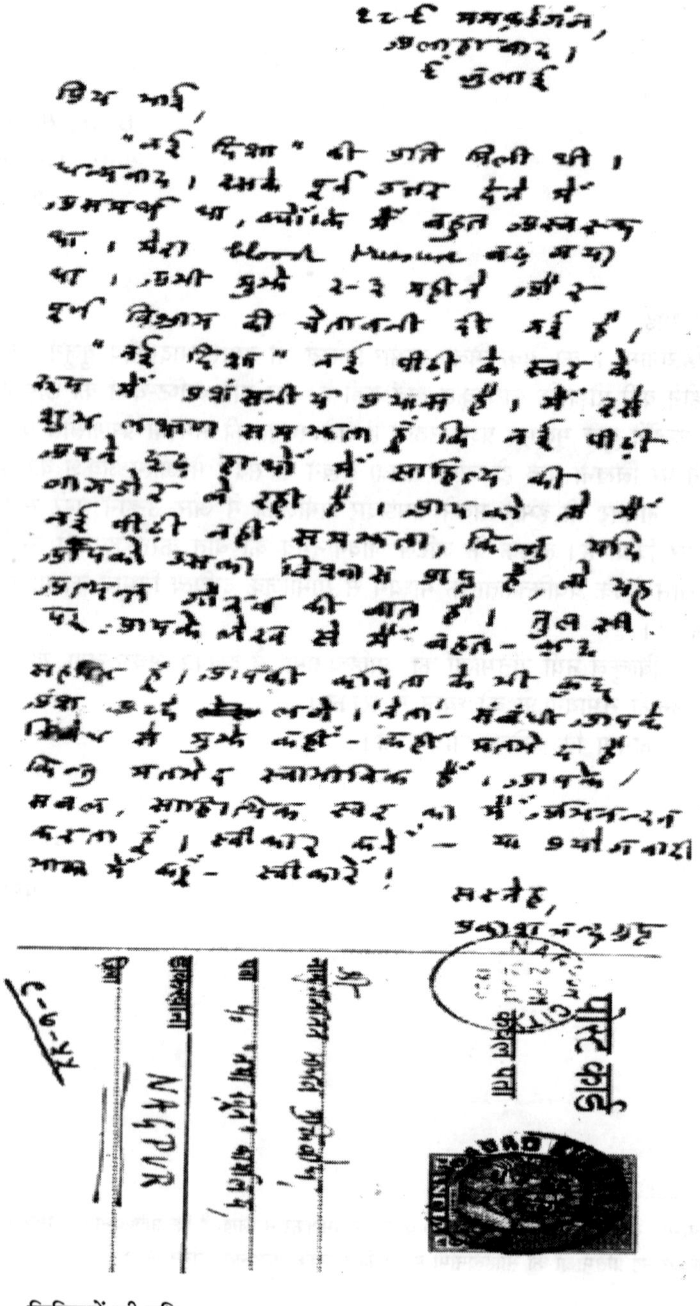

२८९ ममफोर्डगंज,
इलाहाबाद,
६ जुलाई

प्रिय भाई,

"नई दिशा" की प्रति मिली थी। धन्यवाद। इसके पूर्व उत्तर देने में असमर्थ था, क्योंकि मैं बहुत अस्वस्थ था। मेरा blood pressure बढ़ गया था। अभी मुझे २-३ महीने और पूर्ण विश्राम की चेतावनी दी गई है।

"नई दिशा" नई पीढ़ी के स्वर के रूप में प्रशंसनीय प्रयास है। मैं इसे शुभ लक्षण समझता हूँ कि नई पीढ़ी अपने दृढ़ हाथों में साहित्य की बागडोर ले रही है। आपको तो मैं नई पीढ़ी नहीं समझता, किन्तु यदि आपको उसका विश्वास प्राप्त है तो यह अत्यन्त गौरव की बात है। तुलसी पर आपके लेख से मैं बहुत-कुछ सहमत हूँ। आपकी कविता के भी कुछ अंश अच्छे लगे। 'रेखा'-संबंधी आपके विचार से मुझे कहीं-कहीं मतभेद है किन्तु मतभेद स्वाभाविक है। आपके सबल, साहित्यिक स्वर का मैं अभिनन्दन करता हूँ। स्वीकार करें — या धन्यवादी भाव से कहूँ - स्वीकारें!

सस्नेह,
प्रकाशचन्द्र गुप्त

पोस्ट कार्ड
केवल पता

श्री
नाम ...
पता ...
डाकखाना NAGPUR
ज़िला

189 ममफर्डगंज
अलाहाबाद
9 जुलाई 55

प्रिय भाई,

''नई दिशा'' की प्रति मिली थी। धन्यवाद। इसके पूर्व उत्तर देने में असमर्थ था, क्योंकि मैं बहुत अस्वस्थ था। मेरा Blood Pressure बढ़ गया था। अभी मुझे 2-3 महीने और पूर्ण विश्राम की चेतावनी दी गई है।

''नई दिशा'' नई पीढ़ी के स्वर के रूप में प्रशंसनीय प्रयास है। मैं इसे शुभ लक्षण समझता हूँ कि नई पीढ़ी अपने दृढ़ हाथों में साहित्य की बागडोर ले रही है। आप को तो मैं नई पीढ़ी नहीं समझता, किन्तु यदि आपको उसका विश्वास प्राप्त है, तो यह अत्यन्त गौरव की बात है। तुलसी पर, आपके लेख से मैं बहुत-कुछ सहमत हूँ। आपकी कविता के भी कुछ अंश अच्छे लगे। 'नेता' संबंधी आपके निबंध से मुझे कहीं-कहीं मतभेद है। किन्तु मतभेद स्वभाविक हैं, आपके सबल, साहित्यिक स्वर का मैं अभिनन्दन करता हूँ। स्वीकार करें-या प्रयोगवादी भाषा में कहूँ स्वीकारें।

सस्नेह

प्रकाश चन्द्र गुप्त

टिप्पणी : प्रकाश चन्द्र गुप्त इलाहाबाद से 9.7.55 के पत्र में मुक्तिबोध को ''नई दिशा'' पत्रिका मिलने की सूचना के साथ नई पीढ़ी के स्वर की प्रशंसा करते हैं।

189, ममफर्डगंज,अलाहाबाद
ता. 8.9.55

(मुक्तिबोध को संबोधित)

प्रियवर,

आपका पत्र पाकर हर्ष हुआ। मैं सोच रहा था कि शायद आपको मेरा पत्र मिला ही न हो; यह भी सोचता था कि किसी कारणवश आप शायद रुष्ट हों। मैं यह तो समझता ही हूँ कि मेरे अनेक कार्य ऐसे हैं, जिनके कारण मित्र और साथी मुझसे असंतुष्ट हो सकते हैं। अतएव आज जब आपका पत्र मिला, तो मुझे हार्दिक प्रसन्नता हुई।

बीमार तो मैं काफी दिन से हूँ। किन्तु कुछ न कुछ स्वास्थ्य बराबर सुधर भी रहा है। मुझे High blood pressure हो गया था और अत्यन्त हल्का पक्षाघात। दाहिना हाथ और पैर सुन्न पड़ गए थे अब ठीक हूँ काफी, किन्तु दाहिने अंग अब भी कुछ कमजोर हैं। किन्तु पहले की तुलना में अब स्वस्थ हूँ। 12 सितम्बर तक छुट्टी पर हूँ। फिर यूनिवर्सिटी जाने लगूँगा। किन्तु डाक्टर का कहना है कि कठिन परिश्रम कुछ वर्ष नहीं कर सकूँगा।

काम सब साथी मिलकर हाथ में लें, तभी कुछ प्रभाव पड़ेगा। "नया पथ" की स्थिति बड़ी खराब है, पता नहीं आगे निकलेगा भी या नहीं। यदि निकले तो आप उसके लिए लेख जरूर भेजिए। आपकी लेखनी में बल है और हममें से प्रत्येक अपने स्थान पर नेता हैं, और वैसे कोई भी कुछ नहीं है। प्रभाकर माचवे भी इधर "परिमल" का साथ दे रहे हैं, यह लोग (परिमल ग्रुप) बड़े चालाक और ...हैं। नेमी और भारत भूषण पता नहीं, क्या सोचते हैं। शमशेर अपने cause के प्रति बड़े Loyal हैं, किन्तु कम लिखते हैं। नई पौध उठ रही है, उसका आप भी सही मार्ग-प्रदर्शन करें जैसा आप सही समझें।

इसलिए आशा करता हूँ कि आपका पत्र निकलता रहेगा। उसमें नई पीढ़ी का सक्षम स्वर था।

मात्र सफेदपोशी से तो कोई प्रभावित होता नहीं, किन्तु उधर से भी लोग टूट कर आते हैं। और जो भी जितना दे, उसका स्वागत होना चाहिए। इसलिए, उधर

से भी आप पूर्णतया आँख न मींच लें। मैं अपनी ओर से कह सकता हूँ कि सफेदपोशी को प्रतिभा का पर्याय मैं नहीं मानता।

सरला और मुन्ना आप को नमस्कार कहते हैं। मुन्ना आजकल यहीं एम.ए. फाइनल में पढ़ रहा है। आशा करता हूँ आप सपरिवार आनन्द से हैं।

पत्र लिखत रहें।

सस्नेह,
प्रकाश चन्द्र गुप्त

टिप्पणी : 8.9.55 के अन्तर्देशीय में काम सब साथी हाथ में लें तथा कुछ प्रभाव पड़ेगा कि बात कहते हैं तथा 'नया पथ' पत्रिका की स्थिति बड़ी खराब होने की बात लिखते हैं।

189, ममफर्डगंज, इलाहाबाद
ता. 21.10.55

(मुक्तिबोध को संबोधित)

प्रियवर,

आपका पत्र पाकर बहुत प्रसन्नता हुई। पता नहीं मेरा पत्र आपको इतनी देर से क्यों मिला।

'नई दिशा' का दूसरा अंक भी मिला। यह अंक पिछले से हर मानी में बेहतर लगा। रूप सज्जा में, अधिक महत्वपूर्ण रचनाओं में, अधिक लेखकों को प्रकाश में लाने की दृष्टि से। आशा करता हूँ कि किसी प्रकार भी आप इस पत्रिका को जीवित रखेंगे। मैं नई पीढ़ी की प्रतिभा से अवगत हूँ। इस पीढ़ी के प्रगतिशील रुझान से मैं अपने में नया बल और साहस अनुभव करता हूँ। 'नई दिशा' में ही रामविलास शर्मा की सौंदर्यपरक दृष्टि से मैं बहुत प्रभावित हुआ। आप हर प्रकार से मेरे सहयोग का आश्वासन रक्खें (रखें)। आप मेरी तरफ से किसी प्रकार की सहायता, शुभकामना और सहयोग का नई पीढ़ी को वचन दे सकते हैं। आपके वचन को मैं अपने लिए पूर्ण रूप से बाध्य मानूँगा।

मेरे और आपके बीच में किसी प्रकार की गलतफहमी का सवाल नहीं उठता। मतभेद स्वाभाविक हैं और हमारे जाग्रत होने के चिन्ह हैं। उनसे लाभ ही होना चाहिए, यदि विचार-विनिमय का स्तर ऊँचा रक्खा (रखा) जाय। वह हम ऊँचा रक्खेंगे (रखेंगे) ही। आप 'नया पथ' के लिए अपनी रचनाएँ भेजते रहिए। मैंने सम्पादक-मंडल से भी अनुरोध किया है कि आपसे आग्रहपूर्वक लिखवाएँ। आप स्वयं अपने मित्रों से कह कर 'नया पथ' के लिए अच्छी रचनाएँ भिजवाएँ। पत्र का स्तर उठाने और उसे बचाने का यही एक उपाय मैं समझ रहा हूँ।

यहाँ से 'अश्क' के संपादकत्व में 'संकेत' नाम से एक संकलन हम लोग निकाल रहे हैं। उसके लिए रचना अवश्य भेजिएगा। नई पीढ़ी के लेखकों के संबंध में सविस्तार आप मुझे अवश्य लिखें। मैं इस दिशा में क्या कर सकता हूँ, यह जानने के लिए मैं बहुत उत्सुक हूँ। शायद आप यह भी जानते हैं कि अच्छे इरादे रखने के बावजूद मैं बहुत संकोची भी हूँ; अब इधर स्वास्थ्य टूट जाने के कारण और भी पंगु अनुभव कर रहा हूँ। मैं साहित्य की और नई पौध की अब कोई विशेष सेवा कर

सकूँगा, यह आत्म-विश्वास और आत्म-बल मैं खो चुका हूँ। अच्छे इरादों और सीमित स्फूर्ति के बल पर नाव कितनी दूर जा सकेगी, यह देखना है!

मैं अच्छा हो रहा हूँ। आप लोगों के उत्साह और स्फूर्ति को देखकर एक बार फिर झंडा उठा कर आगे बढ़ने की तीव्र आकांक्षा अपने में अनुभव कर रहा हूँ। सरला और बच्चे सब ठीक हैं। आशा है आप सपरिवार आनन्द से हैं। सरला आपको शान्ता जी और बच्चों को स्नेह-अभिवादन भेजती हैं।

सस्नेह

प्रकाश चन्द्र गुप्त

पुनश्च : आप नई पीढ़ी की एक विराट गोष्ठी का नागपुर में आयोजन करें। उसमें हिन्दी प्रदेश के सभी नए लेखकों का सहयोग माँगें। नरेश भी इस दिशा में कुछ सोच रहे हैं, उनसे पत्र व्यवहार करें।

189, ममफर्डगंज, अलाहाबाद (इलाहाबाद)
ता. 27.9.57

प्रियवर,

(1) आपका पत्र पाकर प्रसन्नता हुई। पढ़कर दुःख भी हुआ। आपके संघर्षों की कहानी से मैं अच्छी तरह परिचित हूँ। मैं आपकी रचनाएँ पढ़ता हूँ और उनमें नई शक्ति और नई ही चेतना अनुभव करता हूँ। मैं समझता हूँ कि प्राणों का होम करके ही, उनकी बाज़ी लगा कर ही, ऐसे काव्य की सृष्टि होती है। इस पीड़ा की तुलना निरन्तर प्रसव की पीड़ा से हुई है। मैंने "संकेत" की आलोचना करते हुए 'वसुधा' में आपके काव्य के संबंध में लिखा था। "साहित्यिकी" कार्यक्रम के लिए आपकी रचनाएँ मांगी थीं और उनके संबंध में कुछ कहा भी था। दुर्भाग्यवश आपकी कविताओं का पाठ अच्छा नहीं हुआ। इतनी लम्बी कविताओं में सशक्त पंक्तियों के साथ कभी-कभी कुछ शिथिल पंक्तियाँ भी आना अनिवार्य है। अपनी कविताओं को यदि आप कुछ दिनों बाद फिर से पढ़ें, तो आसानी से उन्हें पकड़ सकते हैं। तुलसीदास पर आपका निबंध मुझे बहुत अच्छा लगा था। इतने ऊँचे सैद्धान्तिक स्तर पर बहस करके ही प्रगतिवादी आलोचना आगे बढ़ सकती है। आपकी डायरी भी मुझे अच्छी लगती है।

(2) आप कहीं शिक्षक का कार्य कर सकें तो अति उत्तम हो। आप मुझे अपनी डिग्री qualifications आदि का हवाला लिख भेजें। कहीं कुछ पता चला तो सूचित करूँगा। कठिनाइयाँ तो हैं ही।

(3) आपको "नया पथ" लगातार मिलना चाहिए। मैं उन्हें लिखूँगा। इसमें कोई दिक्कत नहीं होगी। आप भी क्यों नहीं राजीव सक्सेना को एक पत्र डाल देते? कोई रचना भी भेज दें। मैं तो उन्हें लिख ही रहा हूँ।

वैसे नया पथ की स्थिति बहुत डाँवाडोल है। पता नहीं कब तक चल सकेगा।

(4) मेरी भी इच्छा आपसे मिलने की बहुत है। आप लिखेंगे, तब आने का भरसक प्रयत्न करूँगा। blood pressure तो कुछ अधिक रहता ही है।

(5) हरिश्चन्द्र श्रीवास्तव को आप एक कार्ड डाल दें कि वे मुझसे मिलें। उनसे मिलूँगा। क्लास बड़ी है, वहाँ कुछ पता नहीं चलता।

(6) आपका पता पढ़ना कठिन है। आशा करता हूँ, पत्र मिल जाएगा।

सरला आपका समाचार पाकर बहुत प्रसन्न हुईं। आजकल रुस्तम भी आए हुए हैं। आपको नमस्कार कहते हैं। सरला शान्ता जी और बच्चों को प्यार भेजती हैं।

सस्नेह,
आपका
प्रकाश चन्द्र गुप्त

टिप्पणी : 27.9.57 के पत्र में 'वसुधा' पत्रिका में मुक्तिबोध के काव्य पर लिखने की सूचना देते हैं साथ बतलाते हैं कि लम्बी कविताओं में सशक्त पंक्तियों के साथ कभी-कभी कुछ शिथिल पंक्तियों की आस अनिवार्य है।

'विशाल भारत'

टीकमगढ़,
ता० 20/3/40

पूज्य बहन,

वन्दे। कृपया साथ की चिट्ठी [illegible] "हिन्दुस्तान" वालों के यहाँ भिजवा दीजिये। [illegible]

[illegible]

[illegible] मेरी चिट्ठी [illegible]

[illegible]

[illegible]

20.3.40

2

[illegible] appreciation [illegible]

[illegible] Home Biography [illegible] या नहीं?

[illegible] आशीर्वाद।

[illegible]

'विशाल भारत' टीकमगढ़,
20/3/40

प्रिय बहन,
सादर वन्दे। कृपया साथ की चिट्ठी लेख के साथ 'हिन्दुस्तान' वालों के यहाँ भिजवा दीजिये। शायद वे छाप दें। परिषदों के बजाय ये गोष्ठियाँ मेरी समझ में बहतर (बेहतर) साबित होंगी। 4-5 दिन से अधिक की न होनी चाहिये। बुलाने वाले पर श्रम तो पड़ ही जाता है। मैं अनुमान कर सकता हूँ कि मेरी दिल्ली यात्रा से आप सब को काफी कष्ट हुआ होगा। उत्तमतर यह होगा कि कहीं दो तीन कमरे खाली करा के वहीं 5-7 आदमी ठहरा दिये जावें।

साल में एक बार दिल्ली में इस प्रकार की गोष्ठी अवश्य होनी चाहिये। खर्च एक आदमी पर न पड़े। भोजन में तो विशेष व्यय होता नहीं पर दो तीन आदमियों को 'पाथेय' जरूर देना पड़ेगा। मुझे तो जरूरत नहीं पर, अधिकांश साहित्य सेवी इतने साधनहीन हैं कि थर्ड क्लास का किराया भी नहीं दे सकते। उन्हें इंटर क्लास किराया दे देना ठीक होगा।

कहानी संग्रह के विषय में मैंने प्रेमी जी को फिर लिखा है पर अभी जवाब नहीं आया। कलकत्ते वाले तो बड़े धूर्त निकले। मेरा इतना समय खराब किया और फिर कुछ नहीं किया। अच्छा हुआ कि मैंने कहानी संग्रह उन्हें नहीं दिया।

आपकी कहानियाँ निस्सन्देह बहुत अच्छी हैं और मुझे दृढ़ विश्वास है कि छपने पर उनका खूब स्वागत होगा। यह हिन्दी जगत की विचित्र लीला है कि ऐसी उत्तम रचनाओं के लिए प्रकाशक ढूँढ़ने पड़ते हैं! कुसूर मुख्यतया आलोचकों का है। जब तक अधम कोटि के साहित्य की खरी आलोचना नहीं होगी और बढ़िया चीजों का Appreciation तब तक साहित्य में यह धाँधली बनी ही रहेगी।

सौभाग्यवती कान्ता बहन को मेरा नमस्ते लिख भेजें। पूज्य माता जी की Home Biography आप ने लिखी या नहीं?

आशा है कि आप सकुशल हैं। श्रीमान मल्लिक जी को प्रणाम, बच्चों को आशीष।

विनीत
बनारसीदास

टीकमगढ़
27.1.38

प्रिय बहन,

सादर प्रणाम। 24 ता. का कृपा पत्र मिला। कृतज्ञ हूँ। हिन्दी भवन के उत्सव के विषय में मैंने एक कार्ड पहले आपको भेजा था पर वह मेरे पास ही लौट आया क्योंकि उस पर पता सेण्ट्रल-एवेन्यू का ही था। उत्सव का वृतान्त श्री हजारीप्रसाद जी द्विवेदी से आप को ज्ञात हो जायगा। वे लेख लिख रहे हैं। हिन्दी भवन के लिए मुझे डेढ़ वर्ष में 16 बार बोलपुर जाना पड़ा था। सौभाग्य से मेरा हिन्दी भवन विषयक स्वप्न सत्य हो रहा है। 16 हजार रुपये से भवन बन रहा है पर मैं इसे सदा अपना सौभाग्य ही समझता रहूँगा कि हिन्दी के अनेक लेखक लेखिकाओं को कवीन्द्र की सेवा में उपस्थित करने का सुअवसर मुझे ही प्राप्त हुआ।

मेरा दिल इस बात के लिये बराबर चिन्तित रहता था कि कहीं आतिथ्य में कोर कसर न रहे और साथियों को कष्ट न हो। **शान्ति निकेतन मेरा द्वितीय जन्म स्थान है** और जब कोई हिन्दी लेखक वहाँ की असुविधाओं की शिकायत करता तो मुझे बड़ी शर्म आती।

आपने जिस प्रकार अपनी असुविधाओं का खयाल न करके शान्ति निकेतन की तीर्थ यात्रा की और जिस सुसंस्कृति का परिचय दिया उसे मैं कभी नहीं भूलने का।

आप आश्चर्य करेंगी पर बात यह ठीक है कि 70-75 फीसदी यात्रियों ने मुझे लज्जित ही किया है। शान्ति निकेतन में त्रुटियाँ हैं, इसे मैं खूब जानता हूँ। पर वे त्रुटियाँ तो हम सब की ही हैं। कवीन्द्र तो बीसियों बार स्वीकार कर चुके हैं कि वे अच्छे प्रबन्धक नहीं। मैं कभी कभी कल्पना करता हूँ कि क्या उज्जैन में कालिदास के घर जाने वाले व्यक्ति भी उसी 'असंस्कृति का परिचय देते रहे होंगे, जिसका परिचय प्रायः हमारे हिन्दी वाले यात्री शान्ति निकेतन में देते हैं। और **कवीन्द्र दरअसल कालिदास के वंशज हैं।** हजार वर्ष में दो ही तीन व्यक्ति ऐसे आते हैं।

कवीन्द्र की एक कविता 'दुःसमय' मैं प्रातः काल में नित्य पढ़ता हूँ कृपया हजारी प्रसाद जी को लिखकर उसे 'अनुवाद सहित, अवश्य मँगा लिजिए। श्री

मलिक जी को तथा उनके भाई साहब को प्रणाम तथा बच्चों को आशीष। ऐण्ड्रज़ साहब सम्भवतः दिल्ली आवेंगे सेण्ट स्टीफन्स कालेज में या श्री रघुवीर सिंह के यहाँ ठहरेंगे। परिचय पत्र लिख दिया है।

टिप्पणी : 27.1.38 के पत्र में सत्यवती मलिक के शान्ति निकेतन की यात्रा करने में जो असुविधा हुई उसको स्मरण करते हुए लिखते हैं आपने जिस प्रकार अपनी असुविधाओं का खयाल न करके शान्ति निकेतन को तीर्थ यात्रा की ओर जिस सुसंस्कृति का परिचय दिया उसे मैं कभी नहीं भूलने का।

टीकमगढ़
8.6.40

प्रिय बहन,

सादर प्रणाम। कृपा पत्र के लिए कृतज्ञ हूँ। विशाल भारत में जो कुछ आपके विषय में लिखा गया है उसमें आपके भावों का पूरा पूरा ख़याल रखा गया है, 8-10 दिन के भीतर वह लेख आप की सेवा में पहुँच जावेगा। मुझे विश्वास है कि उसमें कोई अनुचित बात आपको न मिलेगी।

थोड़े दिन पहले श्रीमान काका साहब ने मेरा एक स्कैच लिखकर मुझे ही देखने के लिए भेज दिया था। यह उनकी कृपा थी, पर यह ढंग मुझे पसंद नहीं आया। अपने स्कैच को मैंने रुकवा दिया, क्योंकि वह बिल्कुल अधूरा था। और उसमें मेरी अत्यधिक प्रशंसा की गई थी!

आपका जो स्कैच है वह काफी तुला हुआ है balanced और उसमें वही शिष्टता है, जो किसी माता या बहन के विषय में लिखते समय होनी चाहिए। **रेखाचित्र मेरा मुख्य और प्रिय विषय है** और उसमें फेल होने की संभावना मेरे लिए कम ही है।

'उन्माद' की भूमिका में मैंने अधिक स्वतंत्रता से काम लिया था, क्योंकि श्रीमान डाक्टर चौधरी साहब को उस तरह के मजाकों से कोई ऐतराज नहीं था और बहन कमला देवी भी डाक्टर साहब से वैसे मजाक किया करती हैं! वह भूमिका छपने से पहले उनको दिखला भी ली थी।

साहित्य सेवा के विषय में मेरे और आपके विचारों में विशेष अन्तर नहीं है। कीर्ति और विज्ञापन बिल्कुल खोखली चीज़ है और यदि हम अपने नित्य प्रति के कर्तव्यों का पालन ढंग के साथ नहीं करते या स्थिर फर्जों को अदा नहीं करते तो यह सब साहित्य सेवा कोरी बकवास है।

आपका परिचय देने में मेरा केवल एक ही उद्‌देश्य है- वह यह कि इस प्रकार आप जनसाधारण के निकटतर आ जावेंगी और भविष्य में उनके लिए अधिक उपयोगी बन सकेंगी। दीनबन्धु ऐण्ड्रयूज़ मेरे इस दुभाषियेपन (interpreting) की कद्र इसीलिए करते थे वैसे उन्हें कीर्ति की कोई लालसा नहीं थी।

मेरे मन में यह ख़याल आया भी कि आपका स्कैच पहले आपको भेज दूँ। पर इसमें मुझे कृत्रिमता जँची और इसलिए ऐसा नहीं किया। चूँकि पुस्तक के प्रारम्भ में यह स्कैच उद्धृत होगा। इसलिए यदि कोई शब्द या वाक्य आप निकलवा देना

चाहेंगी तो निकाल दूँगा। 'दो फूल' के प्रूफ आना प्रारंभ हो गया है। आप ही श्री यशपाल की सहायता से देखकर उन्हें सीधे बम्बई भेज दिया कीजिये।

मुझे उस कविता की टाइप की हुई कापियाँ आज अभी मिल गई हैं। एक प्रति भेजता हूँ। लीजिये। निराश व दुखी प्राणियों के लिए यह अत्यन्त सान्त्वनाप्रद है।

'मूमू' रूसी कहानियों के संग्रह में है। 'पिस्तौल का निशाना' में होगी। आप अभी संग्रह कर लीजिये, मैं उसे क्रमानुसार ठीक करके तय्यार (तैयार) कर दूँगा।

हिन्दू वाली कहानी आपने खूब लिखी है पर इतना नोट देना आप भूल गईं कि यह घटना सच्ची है।

यदि साधारण किसान और मज़दूर बहनों के स्कैच पुस्तक में न रहे तो वह बिल्कुल अधूरी ही रह जायेगी। असाधारण व्यक्ति तो दुनियाँ में बहुत थोड़े ही हैं। **दुनिया तो साधारण व्यक्तियों के प्रेम सहयोग तथा सद्व्यवहार पर कायम है।** यहाँ आकर मुझे जो अनुभव पराधीन स्त्री जगत के विषय में हुए हैं, उन्हें पढ़कर आप को खेद होगा पर अवकाश मिलने पर कभी लिख भेजूँगा।

केशव को खूब स्वस्थ बनाइये- अच्छा खिलाड़ी। मेरे छोटे लड़के को आप देखेंगी तब बहुत खुश होंगी। बहुत ऊधमी हैं। आपको खूब हँसावेगा! कुत्ते की बोली तो ऐसी बोलता है कि आसपास के कुत्ते भागने लगते हैं! ऊट पटांग कविता भी करता है। उसने एक तुकबन्दी अपनी "भावी पत्नी" के विषय में की है। दुनियाँ भर की काली चीजें उसमें रख दी हैं भटा सी, तवे सी इत्यादि!

ऐसी बहू (पुत्रवधू) के हाथ की चाय आप को कभी पिलाऊँगा।

बहन होमवती जी की एक कहानी 'नारीत्व' (नवम्बर 1937) में प्रतिमा के साथ जो दुर्व्यवहार किया गया है उससे मुझे बड़ा खेद हुआ। उसमें त्रिभुवन ने असंस्कृति की हद कर दी है। क्या शारीरिक सौन्दर्य ही सब कुछ है? शीतला तो चाहे जिसको निकल सकती हैं। महात्मा जी ने माज़ाक में एक बार कहा था "मैं तो दुनियाँ में सबसे सुन्दर स्त्री बा (कस्तूरबा) को मानता हूँ" बा बड़ी भोली भाली हैं। जब उनसे श्रीमती सरोजनी नायडू ने यह बात कही तो वे बोलीं 'क्या बापू सचमुच ऐसा कहते थे'?

बा तो जगत्माता हैं। उनका वृतान्त भी आपकी पुस्तक में रहेगा।

विनीत

बनारसीदास

टिप्पणी : 8.6.40 के पत्र में जो सत्यवती जी के बारे में जो कुछ छपा था उसके विषय में लिखते हैं। विशाल भारत में जो कुछ आपके विषय में लिखा गया है। उसमें आपके भावों का पूरा-पूरा खयाल रखा गया है।

बनारसी दास चतुर्वेदी
अध्यक्ष-हिन्दी
अ. भा. पत्रकार संघ

टीकमगढ़
(बुन्देलखण्ड)
तारीख- 28.5.46

प्रिय बहिन,

सादर प्रणाम। कृपा पत्र मिला। बहिन कपिला के प्रथम डिवीज़न में सर्वोच्च सफलता प्राप्त करने का शुभ समाचार मैंने उसी दिन हिन्दुस्तान Times में पढ़ लिया था।

आज मैंने उसे बधाई का पत्र भेज दिया है। सचमुच उसने बड़े कमाल का काम किया है। भावी जीवन में उससे इससे भी अधिक सफलता प्राप्त हो, यही हम सब की कामना है।

कल मैं आगरे जा रहा हूँ। वहाँ गीता मन्दिर में कुछ पारस्परिक मतभेद हो गया है। उसे दूर कराने का प्रयत्न करूँगा। यदि बन सका और तबीयत ठीक रही तो तत्पश्चात दिल्ली भी आ सकता हूँ। निश्चयपूर्वक तो नहीं कह सकता, पर 2-3 तारीख को मैं दिल्ली पहुँच सकता हूँ। आगरे में मेरा पता होगा C/o श्री हरिशंकर जी शर्मा शंकर सदन राजा मंडी, आगरा।

आपकी स्कैच बुक अब तय्यार (तैयार) हो जानी चाहिये, मेरी इच्छा है कि उसमें लुई माइकेल तथा ऐमा गोल्डमैन, पतिव्रता जैनी माकर्म, मिसेज स्टो और मेरी रीड ये पाँच रेखा चित्र अवश्य रहें, ये महिमामयी नारी के भिन्न-भिन्न रूप हैं। और उनका चित्रण जरूर होना चाहिये।

क्या श्रीयुत चन्द्रगुप्त जी अभी दिल्ली आ सकते हैं। तब तो रेखा चित्र की पुस्तक जल्दी से जल्दी तैयार हो सकती है। शुभकार्य में विलम्ब हर्गिज़ न होना चाहिये।

मैं तो सारे काम को समेट रहा हूँ   यहाँ भी कुछ स्थायित्व नहीं, चाहे जब काम छूट सकता है   और पुरानी जिम्मेवारियों से मुक्त होना अत्यन्त आवश्यक है। इस वर्ष तबीयत ऐसी ही रही है।

श्रीमान मलिक जी को प्रणाम।

बच्चों का आशीष।

विनीत
बनारसीदास

'विशाल भारत' टीकमगढ़

ता. 28.09.40

प्रिय मित्तल जी,

वन्दे! कल श्रीयुत पुलिन बिहारी सेन का प्रवासी प्रैस (प्रेस) से जो पत्र आया है उसे आपकी सेवा में भेजता हूँ।

मुझे इस बात से अत्यन्त हर्ष हुआ कि आपके दोनों चित्र प्रकाशनार्थ स्वीकृत हो गये हैं। नवम्बर में आपके चित्र वापस मिल जावेंगे।

'प्रवासी' में छपने पर फिर 'विशाल-भारत' में भी उनका उपयोग हो जायगा। निस्संदेह 'प्रवासी' में उनका छपना आपकी कला के लिए बड़े गौरव की बात है, क्योंकि उस पत्र में अच्छे अच्छे कलाकारों के ही चित्र छपते हैं। 'कल्याण' में चित्रों के छपने का कोई महत्त्व नहीं।

आशा है कि आप अपने पथ पर निरन्तर अग्रसर होते रहेंगे।

सुनीति बाबू की चिट्ठी की नक़ल कराके मूल आप को रजिस्ट्री द्वारा भेज दूँगा, इस प्रकार की चीज़ आपको मामूली डाक से न भेजनी चाहिये थी, सुनीति बाबू भारत के इने गिने विद्वानों में से हैं और उनके पत्र वस्तुतः महत्वपूर्ण होते हैं।

स्व. शारदा उकील के कुछ संस्मरण आप क्या लिख सकेंगे? मार्डन रिव्यू के अक्टूबर के अंक में उनके विषय में एक अच्छा लेख निकला है।

आपके पिछले पत्र का उपयोग मैं करूँगा।

यहाँ से मधुकर नामक एक पत्रिका व पत्र निकलने वाला है और उसी में व्यस्त हूँ।

विनीत

बनारसीदास

बहन उर्मिला देवी की बड़ी बहन श्रीमती सत्यवती मलिक Cannaught Circus, 5/9 New Delhi को आप अपनी Art Gallary में अवश्य बुलावें। कभी कभी वे भी धर्मेंद्र नाथ जी के यहाँ जाया भी करती हैं। चित्रकारी की शौकीन भी हैं। उनकी कहानियों का संग्रह 'दो फूल' श्रीयुत प्रोफेसर धर्मेन्द्र शास्त्री जी से लेकर पढ़िये। बहन सत्यवती जी आपकी गैलरी के विषय में जरूर लिखेंगी।

Tikamgarh C.G. 9.3.1948

प्रिय बहन,

प्रणाम। कृपा पत्र मिला। कृतज्ञ हूँ।

Mrs. Boshi sen C/o Dr. Boshi Sen
Botanic Research Institute Orighton Corner, Almora

ये एक अमरीकन महिला हैं और 'एशिया' पत्रिका को जो भी चीज़ भारत से भेजी जाती है वह प्रायः इन्ही के मार्फत जाती है। कृपया सुन्दर अक्षरों में कपिला जी से एक पत्र इनको भिजवाइये कि आप काश्मीर के विषय में एक सचित्र लेख तैयार कर रही हैं। और उसे एशिया में छपाना चाहती हैं। अपने काश्मीर निवास का पूरा परिचय भी दे दीजिये। मुझे ऐसा ख़याल पड़ता है कि जब श्रीमती पर्लबक कलकत्ते पधारी थीं तब मैंने उनके साथ Great Eastern Hotel में उनके दर्शन किए थे। मैं भी आपके बारे में उन्हें लिखूँगा। पर्लबक को भी लिखूँगा।

विनीत

बनारसीदास

पुनश्च : मैंने यहाँ से त्याग पत्र दे दिया है सामान पैक करने के लिए दो से ढाई महीने और रहना है।

पत्रोत्तर का पता : टीकमगढ़
18.1.45

श्रद्धेय बहन,
सादर प्रणाम। कृपा पत्र मिला था और एक सौ रूपये का मनीआर्डर भी मिल गया।

मेरी बहन रामप्यारी और पुत्री देवकी दोनों की सम्मति यही थी कि मैं धन्यवाद पूर्वक मनीआर्डर वापस कर दूँ, क्योंकि हमारे सिद्धान्तानुसार किसी भी हालत में कभी भी किसी बहन का पैसा नहीं लिया जा सकता। मैंने तुरन्त ही मनीआर्डर वापस करना अनुचित समझा। एक तो उससे आपको दुःख होता और दूसरे मुझे उस समय पैसे की जरूरत भी थी। एक ही शर्त पर मैंने उन्हें स्वीकार किया कि एक सौ की जगह एक सौ एक आपको वापस कर दूँगा। दो महीने के अन्दर ही।

मैं प्रबंध ठीक नहीं कर पाता बस यही भारी त्रुटि है। चि. बुद्धिप्रकाश को 100 रु. महीने मिलते हैं, चि. गुपलेश को 100 रु. और मुझे 280 रु. इस प्रकार 480 रु. मासिक की आय है, जो किसी दशा में कम नहीं मानी जा सकती। पर व्यवस्था के अभाव में गड़बड़ी हो जाती है। अब 53वीं वर्ष में प्रबंध शक्ति लाना मेरे लिए कठिन ही है।

आपकी सहृदयता का मैं क़ायल हूँ। निस्सन्देह आपने एक प्राचीन प्रथा की याद दिला दी। **पहले लोग एक दूसरे के संकट में सहायक हुआ करते थे, अब तो वह बात रही नहीं।** अगर कोई भाई ऐसा करता है तो मैं अवश्य ही प्रसन्न और संतुष्ट होता पर बहन को ऐसा करना पड़ा, यह मेरे लिए लज्जा की बात है।

आप से कोई बात छिपाने की नहीं है। मेरा प्रत्येक मास का आतिथ्य का व्यय 30-40 रु. से कम शायद ही आता हो। **उन्मुक्त द्वार रखने में ही अपना तथा घर का कल्याण मानता हूँ।**

पैसा मैं हरेक से थोड़े ही स्वीकार कर सकता हूँ यदि मैं आपको बहन न मानता तब तो बात दूसरी थी पर इधर 9-10 वर्षों से मैंने आपको कोरम कोर लेखिका के रूप में नहीं, बहन के रूप में ही देखा है। इसी भावना को ज़िन्दगी भर बनाये रखना चाहता हूँ। बजाय आपको कुछ भेंट करने के आपसे उल्टा लूँ, यह तो घोर असांस्कृतिक कार्य होगा।

घर में तो मैं देवकी से भी उधार ले लिया करता हूँ। और फिर ब्याज सहित वापस दे देता हूँ। यही सिद्धान्त आपके विषय में भी लागू है। इसलिये एक रुपया ब्याज आपको मिल जायगा।

आपका कागज़ पत्र रखने का चमड़े का थैला बहुत काम आ रहा है और नित्य

प्रति मुझे आपकी सहृदयता का स्मरण दिला देता है। पर चि. बुद्धिप्रकाश को यह बात पसन्द नहीं आई कि मैंने इतना पैसा आपका क्यों खर्च करा दिया। मैं इसका क्या जवाब दूँ? आपने बिना मुझसे पूछे यह गलती कर दी। मैंने बहुत मना भी किया था पर आप न मानीं।

पैसों के विषय में मेरी कुछ धारणाएं हैं। अभी श्रीमान साहु शान्ति प्रसाद जी डालमिया जी के दामाद ने रु. 1150 ग्यारह सौ पचास रुपये मुझे दिए थे। उनको व्यय करने की मुझे पूरी स्वाधीनता भी दी थी। मैंने उसी समय एक हजार श्री सम्पूर्णानन्द जी को चैक द्वारा भिजवा दिये और डेढ़ सौ रामधन को उसके कर्ज को अदा करने के लिये। साहू जी का एक धेला भी मैंने नहीं लिया। दो महीने की यात्रा में काफी शारीरिक कष्ट रहा पर मैंने आफिस से स्टेट के नियमानुकूल सैकिंड क्लास का किराया नहीं लिया, इंटर, थर्ड में जो खर्च पड़ा ले लिया उससे मैं घाटे में ही रहा।

अमर शहीद की 50 प्रतियां टाइप कराने में मैंने 18 अट्ठारह रुपये अपने पास से व्यय कर दिये। इधर सवा दो महीने का सर्वोत्तम समय मैंने अमर शहीद के प्रचारार्थ ही व्यय किया है। दूसरा कोई काम नहीं किया।

अभी पन्द्रह दिन उन्हीं के कार्य के लिये छपरा ज़िले की यात्रा के लिये देने हैं। इस चीज़ को छपाना आसान नहीं था। और अब तो सवा लाख पाठकों तक वह चीज़ पहुँच चुकी है-

	पत्र कितना छपता है	**पाठक कितने हैं,**
हिन्दुस्तान	9/10 हजार × 5	45/50 हजार
विशाल भारत	2.50 हजार × 10	25 हजार
स्वतंत्र	1 हजार × 5	5 हजार
प्रताप	4 हजार × 5	20 हजार
आज	4/5 हजार × 5	25 हजार
		योग करीब सवा लाख

उक्त लेख में वर्णित उद्‌देश्यों की पूर्ति के लिये जो भी सेवा मुझसे बन पड़ेगी करूँगा।

बहन तारा देवी अत्यन्त ही भावुक हैं। चिट्ठियों में वे अपने स्नेह का सारा बर्तन ही सिर पर उड़ेल देती हैं। यदि आप उनके पत्र पढ़ें तो आश्चर्यचकित और दुःखित हो जायँ, दुःखित इसलिए कि देश के कार्यकर्ता उनके भावनाओं की कद्र करना नहीं जानते। बिहार के विशेष ग्यारह नेताओं से उन्हें कोई आश्वासन नहीं मिला! इसी कारण तो हम लोग पराधीन हैं।

मेरे जैसे क्षुद्र, भारग्रस्त और प्रमादी व्यक्ति को जब कोई अधिक श्रद्धा देने लगता है तब सचमुच हृदय को पीड़ा होती है। उस श्रद्धा का उपयुक्त पात्र कैसे

बनूँ। अब मैंने निश्चय कर लिया है कि अपनी शक्ति के प्रत्येक कण को सुरक्षित रखूँगा।

आपकी पुस्तक के विषय में श्रीमती रमा रानी जी (श्री साहू शान्तिप्रसाद जी की धर्मपत्नी) अध्याक्षा (अध्यक्षा) भारतीय ज्ञानपीठ की चिट्ठी आयी होगी तो उसकी सूचना आपको भेजूँगा। आप अपने साहित्यिक प्रगति की सूचना बराबर भेजती रहिये।

आपके प्रचारार्थ भेजे जाने वाले लेखों की 6/6 प्रतियाँ मैं सीताराम जी से टाइप करा सकता हूँ।

सम्पादन तो कर ही दूँगा। साहित्य क्षेत्र के कार्यों में जो भी सेवा आप मुझसे लेना चाहें निःसंकोच लीजिये।

बच्चों को आशीष, मलिक जी को प्रणाम।

विनीत
बनारसीदास चतुर्वेदी

अध्यक्ष (बुन्देलखण्ड)
आ. भा. हिन्दी-पत्रकार-संघ तारीख : 10.1.1947
श्रीमान मलिक जी को नमस्ते।

प्रिय बहन,

सादर प्रणाम। बच्चों को आशीष।

क्षमा कीजिये मैं पत्र नहीं भेज सका। 'मधुकर' बन्द हो रहा है और उसी के कार्य को समेटने में मैं व्यस्त हूँ। प्रत्येक लेखक के प्रति व्यक्तिगत तौर पर कृतज्ञता प्रकट करनी है। 6 वर्ष तक इस मानस संतान को जीवित रखने में जिन्होंने मदद दी, उनमें आपका नाम अग्रगण्य है। आपकै (आपके) तो कितने ही लेख छापने का मुझे सौभाग्य प्राप्त हुआ था।

किसी भी पत्र का अंतिम अंक निकालना अत्यन्त कष्टप्रद कार्य है। शीघ्र ही रेखा चित्रांक आपकी सेवा में पहुँचेगा। फरीदी साहब वाला लेख उसमें दे दिया गया है और भूमिका में भी आपका ज़िक्र है। जगदीश जी दिल्ली पहुँच ही गये, यशपाल जी भी 3 ता. को दिल्ली तथा देहरादून गये हैं। वे भी दिल्ली में ही रहैंगे (रहेंगे)- या बम्बई में श्री प्रेमी जी के पास।

इस प्रकार यहाँ की छोटी-सी कॉलोनी टूट चुकी है।

मेरी इच्छा थी कि श्री मलिक जी आप तथा बच्चे इस जगह को देखते। फरीदी साहब के बौरे हुए आम ज़रूर देखने हैं वसन्त ऋतु में। उनका पूरा पता क्या है?

यद्यपि कश्मीर के मुक़ाबले में तो यह कुछ भी नहीं है, पर आगरे वालों के लिए अच्छी जगह है। आप लोगों को आने में कष्ट बहुत होगा। ललितपुर से 9. 30 बजे सवेरे मोटर से चलकर 32 मील दूर कुण्डेश्वर आना होता है। मुझे सबसे बड़ी चिन्ता यह है कि इस संग्रहालय को कहाँ (रखा) जाय? केन्द्र से बहुत दूर होने के कारण **हर स्थल** कार्य के लिए उपयुक्त नहीं है। उधर जीविका का प्रश्न भी है, यद्यपि अभी मेरी नौकरी बरकरार रखी गई है। पर पता नहीं यह क्रम कब तक चलेगा।

चिन्ताग्रस्त होने के कारण लिखाई के काम में बाधा पड़ जाती है। आपकी पुस्तक की मुझे चिन्ता है। मैडम क्यूरी वाली चीज़ लिखूँगा। जल्दी ही उसे लिखना है।

भूमिका के लिए मेरी समझ में अब डाक्टर अग्रवाल (श्री वासुदेव शरण जी) उपयुक्त होंगे। श्रद्धेय राजेन्द्र बाबू तो अत्यन्त व्यस्त होंगे। प्रकाशक का वक्तव्य मैं लिख दूँगा। दिल्ली में किसी ऐसी जगह 5/6 दिन रहना चाहता हूँ, जहाँ मिलने

वाले न पहुँच पावें, किसी होटल में रहने में मुझे तो कुछ बुरा न लगेगा पैसे भी खर्च कर लूँगा पर कुछ लिखाई का काम तो हो जायेगा। आपके पास ठहरने में तो मिलने वालों का ताँता लग जाता है और आपको तो कष्ट होता ही है काम भी नहीं हो पाता।

यहाँ मेरा तो बहुत सा समय आतिथ्य में ही बीत जाता है। अभी एक संस्कृत के पंडित जी, जिनके नेत्र जाते रहे हैं, अपने सहायक तथा भतीजे (छोटे बच्चे) के साथ 15/16 दिन रहे थे। मैं तो बराबर निमंत्रण देता रहता हूँ। आपके पूज्य पिता जी का इस विषय में अनुयायी बनना चाहता हूँ। **आतिथ्य में कभी घाटा नहीं रहता। जो व्यय होता है वह आशीर्वाद रूप में मिल जाता है।** पर घरवालों पर बड़ा बोझ पड़ जाता है। आपने तो अपने पूज्य पिता जी से इस गुण को खूब ग्रहण कर लिया है पर मैं निजी अनुभव से जानता हूँ कि आतिथ्य कितना परिश्रम साध्य और व्यय साध्य कार्य है। और मेरे जैसे विज्ञापित अतिथि से तो सम्पूर्ण गृह व्यवस्था में ही गड़बड़ पड़ जाती है। बारह तेरह वर्ष से परिचय होने के कारण अब मेरे मन में कोई संकोच नहीं रह गया है। और अब तो आपके सुसंस्कृत कुटुम्ब का मैं भी एक सदस्य बन गया हूँ।

पर मेरे मन में कुछ साधना करने की उत्कंठा है साम्यवादी अराजकवादी साहित्य बेंचकर अखबारों में लेख लिखकर गुजर करने की लालसा है। यहाँ के आराम विश्राममय जीवन के बाद ऐसी प्रतिक्रिया स्वाभाविक ही है। मैलटेस्टा (इटैलियन) शाम को लंदन में शर्बत बेंचते थे और रात को साम्यवादी इटैलियन पत्रों के लिए लेख लिखते थे। क्यों दिल्ली में मैं ऐसा न करूँ? कि कभी आप के यहाँ से साग तरकारी लेकर और बाजार से डबलरोटी खरीद कर खाना चाहता हूँ और बहन मोहिनी देवी के यहाँ भी कभी मदरासी साग मिल ही जाया करेगा। पर ऐसा सौभाग्य मुझे अभी कहाँ मिला है। हाँ जब ढाई तीन वर्ष घर बैठा रहा था 1925- 27 में तब कुछ साधना ज़रूर की थी।

35 वर्ष तक लिखने के बाद भी (सन् 1912 से लिख रहा हूँ।) लिखकर जीविका चला लेना मेरे जैसे मामूली हिन्दी पत्रकार के लिये बहुत ही कठिन है।

इस प्रकार की समस्यायें कभी कभी चित्त को उद्विग्न भी कर देती हैं। 'मधुकर' की सेवा से मुक्त होने पर मैं अधिक कार्य कर सकूँगा। अभी तो प्रत्येक लेखक तथा कवि के प्रति कृतज्ञता प्रकट कर रहा हूँ।

विनीत

बनारसीदास चतुर्वेदी

टिप्पणी : 10.1.47 में टीकमगढ़ (म.प्र.) से छपने वाली पत्रिका 'मधुकर' के बंद होने की सूचना देते हुए लिखते हैं। 6 वर्ष तक इस मानस सन्तान को जीवित रखने में जिन्होंने मदद दी उनमें आपका नाम अग्रगण्य है।

बनारसीदास चतुर्वेदी

'मधुकर' कार्यालय
टीकमगढ़
17.1.41

श्रीमती सत्यवती जी मलिक

प्रिय बहन,

सादर प्रणाम। श्री यशपाल जी 8 दिन की छुट्टी पर जा रहे हैं। आपको यहाँ की परिस्थिति से वे परिचित करावेंगे। दिल्ली को साहित्यिक तथा सांस्कृतिक केन्द्र बनाने की मेरी अभिलाषा उत्कट से उत्कटतर होती जा रही है। मैं अभी से स्वप्न देख रहा हूँ कि दस बारह वर्ष के भीतर ही दिल्ली में हिन्दी का प्रबल गढ़ स्थापित हो जायगा। आप, जैनेन्द्र जी, यश्पाल जी, तथा अन्य भाई बहनों को तदर्थ साधना करनी पड़ेगी। 'दो फूल' को इस साधना के मार्ग की प्रथम मील का स्तम्भ मानता हूँ। आपके व्यक्तित्व के विकास में मैं अपने उपयुक्त उद्देश्य की पूर्ति देखता हूँ। **व्यक्तियों के प्रति मेरा सम्मान भाव उसी मात्रा तथा इसी उद्देश्य में होता है कि वे किसी महान लक्ष्य के साधक बनें।** मेरठ के श्रीकृष्ण चन्द्र जी को अंग्रेजी में एक पत्र मैंने भेजा था, उसकी नकल भिजवाऊँगा।

पुत्री कपिला को आशीष और प्रणाम।
बच्चों को आशीष। श्री मलिक जी को नमस्कार

विनीत
बनारसीदास चतुर्वेदी

टिप्पणी : 17.1.41 के पत्र में व्यक्तियों का सम्मान करने की अपनी विचार धारा के तहत लिखते हैं। व्यक्तियों के प्रति मेरा सम्मान भाव उसी मात्रा तथा इसी उद्देश्य से होता है कि वे किसी महान साधक के लक्ष्य बने।

120/2, Upper Circule Road,
Kolkata
28.5.36

प्रिय बहन,
प्रणाम। 'आदर्श' नामक पत्र ने जो श्री रामचन्द्र जी शर्मा द्वारा हरिद्वार से सम्पादित तथा प्रकाशित होता है, आपकी कहानी की आलोचना की है। इसमें उन्होंने सहृदयता पूर्वक लिखा है। इसे श्री चन्द्रगुप्त जी को भेज दीजिये। वे कहाँ हैं? अज्ञेय जी का भी कोई पत्र नहीं आया, वे काश्मीर पहुँचे या कुल्लू?

रामनारायण आप से मिला होगा। अधिक बात करने से अथवा कब्जी की वजह से वह absent minded दो चार मिनट के लिये हो जाता है। यह एक मानसिक बीमारी है और इसलिए उसे विश्राम की काफी जरूरत है आशा है कि आप उसे सुसंस्कृत पावेंगी।

मेरा जीवन तो एक प्रकार से सार्वजनिक बन गया है और अपने निकटस्थों की कुछ भी सेवा या सहायता मुझसे नहीं बन पड़ती है। इसमें मेरी अव्यवस्था भी दोषी है और मेरे नाम का जो अत्यधिक विज्ञापन हो गया है उसका भी यह परिणाम है।

मैं यह नहीं चाहता कि आप रामनारायण के लिये चिन्तित हों। कभी-कभी बातचीत कर लेना भर काफी होगा। कलकत्ते के व्यस्त जीवन के बाद स्वयं आप को विश्राम की जरूरत है।

दरअसल मेरा विचार रामनारायण को मसूरी भेजने का था, काश्मीर का ज़िक्र मैंने चलते हुए ट्रेन पर आपसे कर दिया था पर यह आकस्मिक घटना हो गई। मैंने रामनारायण को लिखा भी नहीं था और मसूरी के लिए लिखा पढ़ी भी की थी। पर मसूरी के जिन सज्जन को लिखा था वे मसूरी से दिल्ली चले आये!

ख़ैर जो कुछ हुआ बहुत अच्छा हुआ। पर मेरे मन में संकोच है कि कहीं रामनारायण के कारण आप लोगों को कष्ट न हो।

पूज्य पिता जी को मेरा प्रणाम कहिये।

विनीत
बनारसीदास

फिरोजाबाद, आगरा दिनांक : 3.6.78

प्रिय श्री वाजपेयी जी,

सादर प्रणाम।

प्रवासी भारतीयों के इतिहास के प्रश्न पर मैंने पुनर्विचार किया है और मैं अब यह अनुभव करता हूँ कि इस महान यज्ञ का प्रधान होता बनने का सामर्थ्य मुझमें नहीं है। यह कार्य तो मिशनरी भावना से युक्त युवकों का है 86 छियासी वर्ष के डोकरे का नहीं, जमुना जी के कछुये जिसका रास्ता देख रहे हों।

आपकी दूरदर्शिता का मैं कायल हूँ और प्रवासी भारतीयों के लिए आप जो कुछ करेंगे उसमें मेरा पूरा पूरा सहयोग निश्चित समझ लीजिये।

यदि हम यह मानकर चलें कि फिलहाल उक्त इतिहास के लिए सामग्री इकट्ठी करना ही हमारा मुख्य उद्देश्य है तो उचित होगा। मुझे विश्वास है कि आपका शासन काल लम्बा होगा। और आप इस यज्ञ को पूर्ण करा सकेंगे। पर मैं अपने जीवन काल में इस सर्वांगीण इतिहास को प्रकाशित देखने की आशा नहीं रखता। प्रवासी भारतीयों का प्रथम इतिहास मैंने 1915-17 में लिखा था और 728 पृष्ठों का ग्रन्थ वह 1918 में दीन बन्धु C.F. ANDREWS की भूमिका के साथ छपा भी था।

यदि आज्ञा हो तो प्रवासी विभाग के लिए कुछ व्यवहारिक सुझाव भेज दूँ। मेरी सेवायें सर्वथा निस्स्वार्थ ही रहेंगी।

विनीत

बनारसीदास चतुर्वेदी

टिप्पणी : एक पत्र 3.6.78 का है जो उन्होंने फिरोजाबाद से अटल बिहारी वाजपेयी को भेजा है।

फिरोजाबाद आगरा
11-3-39

प्रिय बहन,

सादर प्रणाम। मैं कलकत्ते जा रहा हूँ और वहाँ 15 दिन रहने का विचार है। विशाल भारत कार्यालय (120/2, Upper Circular Road, Calcutta) यह पता रहेगा। कलकत्ते से लौटने के बाद दिल्ली आने का विचार है। पंडित पद्म सिंह शर्मा के घर की तीर्थ यात्रा करनी है और दिल्ली बीच में पड़ती है।

क्या आपने अपना कोई चित्र खिंचवाया है? संघर्ष में या किसी अन्य पत्र में मैंने देखा था। न खिंचवाया हो तो अब किसी अच्छे फोटोग्राफर से खिंचवाकर अच्छी तरह पैक करके विशाल भारत कार्यालय में भेज दीजिये। ब्लॉक बनवा लूँगा, जो फिर आपके कहानी संग्रह में भी काम आ जायगा।

परिषद के विषय में यदि आप कुछ लिख सकें तो मैं उसे विशाल भारत में छाप दूँगा। जहाँ कहीं भी ईमानदारी के साथ साहित्य देवता की उपासना होती हो तो उसे मैं अभिनन्दनीय तीर्थ मानता हूँ। दिल्ली में यदि जैनेन्द्र जी और आप साहित्यिक जागृति उत्पन्न कर सकें तब निस्सन्देह बड़ी भारी सेवा होगी। पर मुझे सभा सुसाइटियों में बिल्कुल विश्वास नहीं रहा। समान शील व्यसन वाले दो चार व्यक्तियों के सहयोग को मैं सभा सुसाइटियों की अपेक्षा अधिक महत्व देता हूँ।

परिषद द्वारा आप क्या काम करना चाहती हैं इसका पूरा पूरा ब्यौरा मुझे लिख भेजिये। **बड़ी मुश्किल तो यह है कि साहित्य सेवियों के पास प्रायः साधनों की कमी रहती है। और उन्हें साधन सम्पन्न व्यक्तियों का आश्रय लेना पड़ता है और धनी व्यक्तियों में 95 फीसदी ऐसे होते हैं जो साहित्य ख़ाक धूल नहीं जानते पर साहित्यिक मामलों में टाँग अड़ाते हैं।**

"संस्थाएं कार्य में बाधक होती हैं, सहायक नहीं। मेरे 35 वर्ष का अनुभव सुन लो। अपने विषय में प्रेम रखने वाले 4/5 आदमियों का Neuclus समूह बना लो और स्वयं केन्द्र बन जाओ। स्वयं अपने को संस्था बना लो" यह बात आज से 19 वर्ष पहले कलकत्ते में पूज्य महात्मा जी ने मुझसे कही थी, जब मैंने उनसे प्रवासी भारतीयों के लिये एक संस्था बनाने का आग्रह किया था। उस वक्त यह बात मेरी समझ में नहीं आयी पर आज तो मैं इसे पूर्ण सत्य मानता हूँ।

मुझे पता नहीं कि आपका इस विषय में क्या अनुभव है।

'दिल्ली में साहित्यिक जाग्रति'

इस विषय पर आप अपने विचार संयत भाषा में लिख भेजिये। बल्कि मुझे एक विस्तृत पत्र इसी विषय पर लिखिये। मैं उसे अपने किसी नोट में उद्धृत कर दूँगा।

कोई कहानी तय्यार हो तो वह भी भेजिये। पहले 'विशाल भारत' के लिये 15/16 दिन कलकत्ते रहना पड़ा था और अब फिर जाना पड़ रहा है। ग्राहक करीब 150 के घट गए हैं। 'विशाल भारत' को मैं देवकी का छोटा भाई समझता हूँ। यदि यह बात न होती तो मैं कलकत्ते एक क्षण के लिए भी न जाता।

साहित्य सम्बन्धी अपने विचार 'विशाल भारत' में लिखूँगा। इस बीच में (18 महीने में) मैंने बहुत कम लिखा है इसलिये लिखने का आयाम छूट सा गया है। हाँ पढ़ता जरूर रहा हूँ। **एक बात मुझे बहुत खटक रही है, वह यह है कि अनेक हिन्दी लेखक बड़ी उलझी हुई भाषा का प्रयोग करते हैं। अपने भावों को ज्यों का त्यों कागज़ पर उतार देना सचमुच एक कला है, पर जिनके दिमाग ही साफ नहीं हैं वो क्या करें**? लोग दो टूक बात क्यों नहीं कहते? जब तक हम घुमा फिरा कर आडम्बर युक्त भाषा में अपनी बात कहते रहेंगे तब तक हमारा कार्य आगे नहीं बढ़ सकता।

"We Must Write so that the Peasant women who clear the work-shops and office's understand"

लैनिन (लेनिन) का यह वाक्य हमारा यह मोटो होना चाहिए। हिन्दी में कितने ऐसे लेखक हैं जिनकी भाषा को कहारिनें और मज़दूरनी समझ सकें?

मैं खुद अपने को आदर्श लेखक नहीं मानता क्योंकि मेरा जीवन जनता से बहुत दूर जा पड़ा है। प्रवाह तथा संघर्ष का उसमें अभाव सा हो गया है। यद्यपि मानसिक अन्तर्द्वन्द उसमें बहुत काफ ी है।

चिट्ठी का उत्तर कलकत्ते के पते पर चित्र सहित भेजिये।

आशा है कि आप सकुशल हैं। श्रीमान मलिक जी को प्रणाम तथा बच्चों को आशीष।

विनीत

बनारसीदास चतुर्वेदी

पुनश्च : अभी मैं अपनी बैठक के ऊपर के अंत में बैठा हुआ यह पत्र लिख रहा हूँ, नींचे के आँगन में मेरी बहनें दूसरी सजातीय महिलाओं से बातें कर रही हैं। एक ने कहा "हमैं तो तुलसीदास अच्छे लगतैं तुलसी जग में आइ कैं कर लीजौ दो काम। दैबे कों टुकड़ा भलै लै को हरिनाम।" उन्हे नहीं मालूम कि ऊपर ये बातें

मैं भी सुन रहा हूँ। महाकवि तुलसीदास जी की लोकप्रियता का मुख्य कारण उनकी सरलता, प्रसाद गुण है।

इसी तरह जब कोई फकीर आवाज़ लगाता है सब 'ठाठ पड़ा रह जावेगा, जब लाद चलेगा बंजारा' तब मैं कविवर नज़ीर को मन ही मन प्रणाम कह लेता हूँ।

आपको यह जानकर आश्चर्य होगा कि भाई सियाराम शरण जी ने सर्वोदय (मार्च) में साहित्यिक दुरुहता का समर्थन किया है (गो खुद वे काफी साफ लिखते हैं)

तुलसी नज़ीर और लैनिन (लेनिन) की बात ठीक है या 'केशव' 'पंत' 'प्रसाद' की इसका फैसला आप पर छोड़ता हूँ।

Tikamgarh
Dt. 27.5.38

प्रिय बहन,
वन्दे, 24 ता. का कृपा पत्र मिला। रामधन और श्री वी.पी. सिन्हा के पत्र पढ़ लिये। 'एक संध्या' अच्छी चीज है। contrast प्रभावशाली है। बहन सरस्वती देवी ने 'यह और वह' नामक कहानी में इसी प्रकार कलकत्ते की घटना लेकर अच्छा contrast (परस्पर विरोधी चीज़ों की तुलना) किया था। बहुत दिनों से उनका कोई समाचार मुझे नहीं मिला। कला के विषय में मेरे विचारों में और भी परिवर्तन हो गया है। और अब तो मैं गोर्की (दादा गोर्की) के विचारों से अधिकांश में सहमत हो गया हूँ। खेद है कि अब मैं अपने विचार स्वाधीनता पूर्वक प्रकट नहीं कर सकता। श्रीमान ओरद्द्देश का इतना ऋणी हूँ कि अपने उग्र विचारों द्वारा उनके राज्य के अधिकारियों की स्थिति को गम्भीर नहीं बनाना चाहता।

बिना संघर्षमय जीवन के (संसार की प्रगतिशील विचारधारा में निर्भय होकर अन्तः करण को स्नान कराये बिना) क्या कोई सजीव चीज़ लिखी जा सकती है? यदि हम लोगों का नित्य प्रति का जीवन अन्यायों तथा अत्याचारों, असमानताओं तथा जुल्मों के विरोध में तय करते हुए नहीं बीतता तो फिर हमारे लिखने से लाभ ही क्या? पर मनुष्य परिस्थितियों का दास है और उन परिस्थितियों पर काबू करना महापुरुषों का ही काम है।

अभी Seven women against the world नामक पुस्तक, जो साढ़े दस शिलिंग में मिलती है, मैंने मँगाई है। सात क्रान्तिकारिणी महिलाओं के चरित्र हैं। लुई माइकेल (फरासीसी (फ्रांसीसी) अराजकवादी वीर महिला) का वृतान्त किसी पत्र में प्रकाशित कराऊँगा। ख़ासी चीज़ है। पढ़कर तबियत फड़क जाती है।

Uncle Tom's Cabin की रचयिता मिसेज़ स्टो का विस्तृत जीवन चरित प्रकाशित हुआ है। उसे भी मैंने मंगवाया है। आने पर लिखूँगा। ऐसा सोच रहा हूँ कि एक साप्ताहिक या पाक्षिक चिट्ठी, जो 5/6 पृष्ठ की हो, टाइप कराके 10/12 जगह भेजा करूँ। इससे एक लाभ यह होगा कि आपस में साहित्यिक वार्तालाप का कुछ आनन्द आ जायगा (जाएगा)।

आप मिस शेफर्ड से मिल नहीं (नहीं) सकीं (सकीं) इसका मुझे खेद है। ऐसे मौकों पर तुरन्त कार्रवाई करना अधिक उपयोगी होता है। मैं स्वयं बड़ा दीर्घ सूत्री हूँ पर इसका यह अभिप्राय नहीं (नहीं) है कि आप मेरे इस दुर्गुण की नकल कर लें! यह तो ख़ैर मज़ाक की बात है, मैं आपकी कठिनाई समझता हूँ। बिना ढंग के

साथ निवास स्थान बनाये, मिलना जुलना कठिन ही था। हम पुरुषों के लिए खानाबदोशी गौरवजनक हो सकती है पर स्त्रियों के लिये तो उनका कार्यक्षेत्र ग्रह (गृह) सबसे अधिक आवश्यक चीज़ है। आप एक 100/200 पुस्तकों का छोटा सा निज़ी पुस्तकालय अपने घर पर जरूर बनावें इसकी ज़रूरत है। पुस्तक कोई अच्छी जँचेगी तो मैं उसकी सिफारिश समय समय पर कर दिया करूँगा।

मेरे जीवन में प्रायः depression अनुक्ताह के दिन अदा करते हैं और तब मैं पत्र व्यवहार बन्द कर देता हूँ। यदि ऐसी सनक कभी आवे तो कृपया उसे मेरी क्षणिक बीमारी समझकर क्षमा कर दीजिये।

'दो फूल' को प्रैस (प्रेस) में देने के पहले मैं एक बार पढ़ लेना चाहता हूँ। शायद कुछ suggestions सूझ जायँ। पट्टियों के विषय में आप पानी पड़ने पर तलाश कीजिये। गर्मी में कहाँ जावेंगी। अभी स्कूल भी बन्द होने जा रहे हैं (1 महीने के लिए) हाँ यदि किसी अन्य आदमी द्वारा आप पट्टियों के भाव का पता लगवा सकें तो कोई बात नहीं।

मैं आजकल तैरना सीख रहा हूँ। कोठी के नीचे ही नदी है। और अच्छा पक्का तालाब बना हुआ है। श्रीमती महारानी साहबा भी और राजकुमार भी इधर ही नहाने आते हैं। कार्क की पेटी बांधकर मैं भी तैरता हूँ, पर पेटी खोलने की हिम्मत नहीँ (नहीं) पड़ती। बुद्धिप्रकाश ने तो तैरना सीख लिया है, वह उस पार चला जाता है- पारंगत हो गया है पर मैं फिसड्डी रह गया हूँ।

जब आपको अवकाश हो तब पत्र लिखिये और यही स्वाधीनता मैं अपने लिए भी चाहता हूँ। अब तैरने के लिए जाता हूँ शेष फिर।

विनीत
बनारसीदास चतुर्वेदी

बच्चों को आशीष।

श्री मलिक जी यदि महीने भर बम्बई में रह आवें तो दिल्ली की भयंकर गर्मी से बचे रहेंगे। मैं जानता हूँ कि दिल्ली इस गौसम में आगरे की भी नानी है। पर थोड़ी सी सावधानी रखने से यह स्थिति सहज हो सकती है। महारानी जी का यह कथन ठीक है कि भोजन तथा रहन सहन में परिवर्तन करके मनुष्य किसी भी स्थल को उपयुक्त कार्यक्षेत्र बना सकता है।

टिप्पणी : 27.5.38 का लम्बा पत्र है। इसमें वास्तविक लेखन के संबंध में मन्तव्य लिखा है। बिना संघर्षमय जीवन के संसार में प्रगतिशील विचारधारा में निर्भय होकर अन्तःकरण को स्नान कराये बिना क्या कभी कोई सजीव चीज लिखी जा सकती है।

वसन्तोत्सव

टीकमगढ़

ता. 22.8.40

प्रिय बहन,

वन्दे, शीघ्र ही आपकी सेवा में तीन लेख भिजवाऊँगा, दो अपने और एक स्वर्गीय लाला हरदयाल जी का

1- साहित्य और जीवन

2- आयर्लैन्ड के अमर कलाकार

3- तुम्हारा नगर और उसकी सेवा   लेखक स्वर्गीय लाला हरदयाल जी।

अत्यन्त कृतज्ञ होऊँगा यदि आप तीनों लेखों के पढ़ने का कष्ट स्वीकार करें। ये एक दूसरे से संबद्ध हैं। पहले में मैंने साहित्य और जीवन सम्बन्धी अपने विचार लिखे हैं। और दूसरे में आयर्लैन्ड के उस महान कवि/लेखक और समाज सेवक का स्कैच है, जिसने साहित्य तथा जीवन दोनों को सार्थक किया था।

तीसरे लेख में लाला जी ने बड़े प्रभावशाली शब्दों में यह बतलाया है कि हम लोग अपने चारों ओर के जीवन को सुधारने के लिए क्या क्या कर सकते हैं।

ये तीनों लेख मिलकर इस प्रश्न पर कि वर्तमान युग में साहित्य सेवा का आदर्श क्या होना चाहिये शायद कुछ प्रकाश डाल सकते हैं।

मालूम नहीं कि आप इन विचारों से कहां तक सहमत होंगी, बड़ी कृपा होगी यदि आप इन लेखों के विषय में अपने विचार विस्तार पूर्वक मुझे लिख भेजें, ताकि विशाल भारत में मैं उनका समुचित उपयोग कर सकूँ। इस कष्ट के लिए

क्षमा प्रार्थी

बनारसीदास चतुर्वेदी

फोन : 41616 कल्पना 516, सुलतान बाज़ार,
हैदराबाद -1

साहित्यिक तथा सांस्कृतिक मासिक पत्र

23.1.63

श्री गजानन माधव मुक्तिबोध, राजनांदगांव

प्रिय मुक्तिबोध जी,

आपका 24 दिसम्बर का पत्र मिला, धन्यवाद। मैं 20 दिसम्बर को बाहर चला गया था और 20 जनवरी को ही लौटा इसलिये आपके पत्र का उत्तर न दे सका, क्षमा कीजिये।

आपकी पाठ्य पुस्तक के रूप में स्वीकृत पुस्तक को गृह विभाग ने गै र क ानूनी कर दिया जानकर अफ सोस हुआ। यदि यह मामला उच्च न्यायालय में नहीं है तो इस पर एक टिप्पणी आप कल्पना में अवश्य लिखिये।

पत्रं पुष्पं के बिना रचना न छापने की कल्पना की नीति है। बहरहाल, हम आपकी सद्भावना के लिए कृतज्ञ हैं।

रचनाएँ कृपया तुरन्त भेजिए। इनकी इतनी कमी है कि फ रवरी अंक के लिए (तक) पर्याप्त सामग्री नहीं मिल पायी है।

आशा है आप सानन्द हैं।

आपका
बद्री विशाल

हैदराबाद
१.११.६३

प्रिय मुनिन बोराजी,

अपनी रचना, अपना काव्य, अपनी सूझबूझ के अधिकारी स्वयं आप ही हैं। आपकी कहानी बिलकुल [illegible] मिली है। सिर्फ अच्छी कहानी, सुन्दर कहानी कह कर ही उसकी अच्छाई की अभिव्यक्ति करना बड़ा मुश्किल है। यह है आपकी कहानी "मेरा आकाश" के अनुवाद में जिसका शीर्षक हमने "पक्षी और दीमक" कर दिया है। मुझे आशा है, इसमें आपको किसी प्रकार की आपत्ति न होगी, और यदि हो तो कृपया तुरन्त सूचित कीजिए, क्योंकि यह दिसम्बर अंक में प्रकाशित हो रही है।

आशा है, स्वस्थ और सानन्द हैं।

आपका,
बदरीविशाल

हैदराबाद
1.11.63

प्रिय मुक्तिबोध जी,

इतनी रवानी, इतना काव्य, इतनी सूक्ष्मता के अधिकारी शायद आप ही हैं। आपकी कहानी बिलकुल बाँध लेती है। सिर्फ अच्छी कहानी, सुन्दर कहानी कहकर ही उसकी अच्छाई की अभिव्यक्ति करना बड़ा मुश्किल है। यह है आपकी कहानी "मेरा भाग्य" के सम्बन्ध में जिसका शीर्षक हमने "पक्षी और दीमक" कर दिया है। मुझे आशा है, इसमें आपको किसी प्रकार की आपत्ति न होगी, और यदि हो तो कृपया तुरन्त सूचित कीजिये, क्योंकि वह दिसम्बर अंक में प्रकाशित हो रही है।

आशा है, स्वस्थ और सानन्द हैं।

आपका
बद्री विशाल

फोन : 41616 कल्पना 516, सुलतान बाज़ार,
हैदराबाद 1

साहित्यिक तथा सांस्कृतिक मासिक-पत्र

24.1.63

श्री गजानन माधव मुक्तिबोध, राजनांदगांव,

प्रिय मुक्तिबोध जी,

माचवे जी का एक पत्र आज आया। उसे पढ़कर धक् रह गया कि आपको पक्षाघात हो गया है। यह पक्षाघात तीव्र नहीं हुआ होगा। मुझे पता नहीं राजनादगाँव में उपयुक्त उपचार की व्यवस्था है या नहीं। पक्षाघात का जोर रहते हुए तो मैं नहीं कहूँगा कि आप हैदराबाद आएं किन्तु जब भी डाक्टर लोग आपको यात्रा करने की अनुमति दे दें, आप अवश्य हैदराबाद आइये। यहाँ की जलवायु, मुझे आशा है, फायदेमन्द होगी और हम लोगों को सेवा करने का कुछ अवसर भी मिलेगा।

कल्पना 146 और 147 में प्रकाशित आपकी रचनाओं का पारिश्रमिक क्रमशः साठ रूपये और चालीस रूपये, कुल एक सौ रूपये आज ही तार मनीआर्डर से भेजा जा रहा है। इस संबंध में एक निवेदन और है, और वह यह कि इलाज के लिए जब भी पैसे की ज़रूरत हो, कृपया हमें निःसंकोच लिखिये। हमारे साहित्यकारों की आर्थिक सहायता करने की जो दिखाऊ अपीलें निकलती हैं, वह मुझे अच्छी नहीं लगतीं। इसी एक बात के उल्लेख करने से आप समझ गए होंगे कि ऊपर मैंने जो लिखा है, वह "सहायता" करने के भाव से अथवा एहसान करने की मंशा से नहीं लिखा है, क्योंकि स्वाभिमानी व्यक्ति उन्हें पसन्द नहीं करेगा, बल्कि इसी दृष्टि से कि कल्पना परिवार के आप एक सदस्य हैं। मुझे आशा है, आप उपर्युक्त बातों को अन्यथा न मानेंगे।

पत्र लिखना आपके लिए कठिन हो सकता है इसलिए आप कष्ट न करें। अपनी तबियत के बारे में किसी से लिखवा दीजिए तो चिन्ता कम होगी।

आप शीघ्र ही स्वस्थ हों, ऐसी कामना सहित,

आपका
बद्री विशाल

डॉ. हरिवंश राय बच्चन,
एम.ए., पी-एच.डी. (कैन्टब)

विदेश मंत्रालय, नई दिल्ली
19.8.58

प्रिय श्री,

पत्र के लिए धन्यवाद।

मुझे प्रसन्नता है कि आप ईट्स के संशोधनों पर कार्य करना आरंभ कर रहे हैं। परंतु मुझे इसमें तनिक भी संदेह नहीं कि यह काम भारत में रहते हुए असंभव है। इंग्लैंड और आयरलैंड में रहकर इसमें सफलता की आशा है। वहाँ जाने पर ईट्स संबंधी अन्य विषय भी लिए जा सकते हैं- ईट्स के विशेषज्ञों की सलाह से। निराला जी ने अपनी कई किताबों को कॉपीराइट कर दिया था, पर अब वे उस बंधन से मुक्त हो गए हैं। अब उनके अधिकतर प्रकाशक ऐसे हैं जो निराला जी के प्रशंसक और मित्र हैं और वे उन्हें ठीक रायल्टी देते हैं। रायल्टी की रक़म क्या होती है, मैं नहीं जानता। निराला जी लोकप्रिय नहीं रहे, जो उनके नाम की अब दुहाई देते फिरते हैं उनके घर भी निराला का पूरा सेट शायद ही मिले। लेखक का स्वाभिमान तो इसी में है कि उसकी कलम उसकी आवश्यकताओं की पूर्ति करे। निराला की कलम में वह शक्ति है, पर निराला को अपनी आवश्यकता पूर्ति करने को पैसे नहीं चाहिए। उनकी नजर दूसरे की आवश्यकताओं पर जाती है। उन्हें तो कुबेर का धन भी दे दिया जाय तो वे औरों को दे डालेंगे। ऐसे दानी को मान (दान) करने को धन कौन देगा। कितना देगा? और अब तो वे अपने पैसे का हिसाब-किताब भी नहीं रख सकते। उनके नाम से खानेवालों की संख्या उनके चारों ओर बढ़ रही है। मेरा दृढ़ विश्वास है कि धन से निराला की सेवा नहीं की जा सकती। मैं फिर कहूँगा कि मैं तो किसी लेखक के प्रति श्रद्धा प्रकट करने का इसे अच्छा तरीका नहीं जानता कि उसके ग्रंथों को खरीद कर अपने पास रखूँ और पढ़ूँ। उसकी खूबियों का प्रचार करूँ। कविता के अंतिम सत्य के लिए अगर जन स्वीकृति पर्याप्त न हो तो मैं समय- स्वीकृति भी जोड़ देना चाहूँगा। मेरे आगे का मोड़ मेरी पिछली रचनाओं पर निर्भर है। आजकल मैं मैकबेथ को रंगमंच पर लाने का प्रयत्न कर रहा हूँ। मेरा गीता का अनुवाद इसी जन्माष्टमी को प्रकाशित होगा। यह अनुवाद अवधी भाषा और दोहा चौपाई में है। रुचि हो तो देखें।

शेष कुशल
बच्चन

टिप्पणी : निराला जी की बीमारी को लेकर हाय-हाय करने वालों की झूठी संवेदना की प्रतिक्रिया में 19.8.58 के पत्र में लिखते हैं। जो उनके निराला जी के नाम की दुहाई देते फिरते हैं उनके घर में निराला जी का सेट शायद ही मिले हैं।

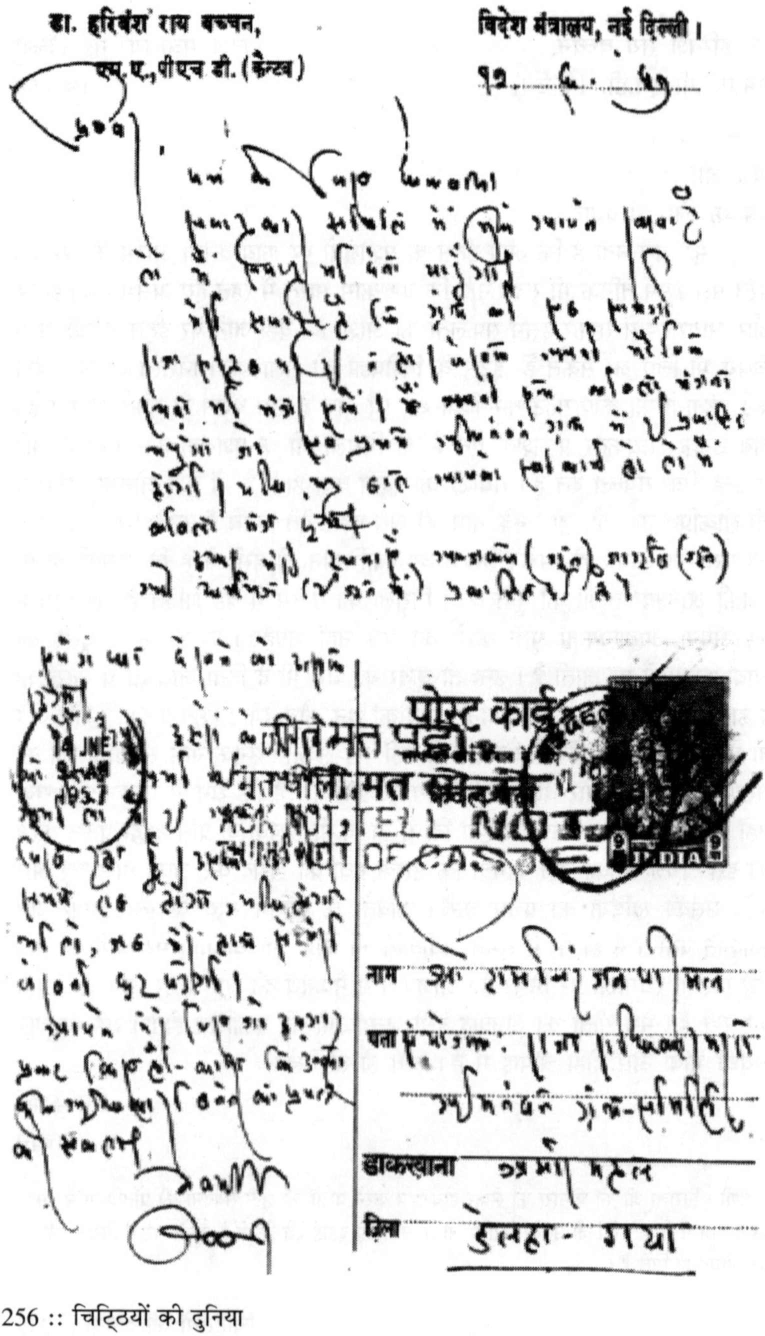
डा. हरिवंश राय बच्चन,
एम.ए., पीएच डी. (कैन्टब)
विदेश मंत्रालय, नई दिल्ली।
पोस्ट कार्ड
जाति मत पूछो
जाति मत बतलाओ
ASK NOT, TELL NOT, THINK NOT OF CASTE
INDIA
नाम
पता
डाकखाना
जिला

डॉ. हरिवंश राय बच्चन,
एम.ए., पी-एच.डी. (कैन्टब)

विदेश मंत्रालय, नई दिल्ली
12.6.57

प्रियवर,

पत्र के लिए धन्यवाद।

सलाहकार समिति में मुझे आपने रखा है तो मैं सलाह भी देना चाहूँगा। मेरी सलाह है कि ग्रंथ की सब सामग्री राजा साहब पर ही न हो। लेखक अपनी मौलिक रचना भी भेज सकें। मैं अपनी एक कविता भेजना चाहूँगा जो सर्वप्रथम अभिनंदन ग्रंथ में ही प्रकाशित होगी। यदि यह बात आपको स्वीकार हो तो मैं कविता भेज दूँगा।

इधर मेरी रचनाएँ आजकल (जून) जागृति (जून) और धर्मयुग (9 जून में) प्रकाशित हुई हैं। सर्पगंधा देखने को उत्सुक रहूँगा।

मेरे ऊपर दूसरों के लिखने का समय अभी नहीं आया। अभी तो मैं ही अपने ऊपर लिख रहा हूँ। उसका उचित समय तब होगा, यदि होगा भी तो, जब मेरे हाथ से मेरी लेखनी छूट पड़ेगी।

आपने मेरे लिए जो उद्‌गार प्रकट किए हैं   काश कि उनका कुछ अधिकारी बनने का प्रयत्न कर सकता।

भवदीय
बच्चन

टिप्पणी : 12 जून 1957 के पत्र में उन्होंने परमिलेन्दु से राजा राधिका रमण सिंह के अभिनन्दन ग्रंथ के प्रकाशन की सूचना पाकर उन्हें सुझाव दिया मेरी सलाह है कि ग्रंथ की सब सामग्री राजा साहब पर ही न हो। लेखक अपनी मौलिक रचनाएँ भी भेज सकें। मैं अपनी एक कविता भेजना चाहूँगा।

डॉ. हरिवंश राय बच्चन,
एम.ए., पी-एच.डी. (कैन्टब)

विदेश मंत्रालय, नई दिल्ली
28.8.57

प्रियवर,

पत्र के लिए धन्यवाद।

मैं वाद नहीं देखता, कवित्व देखता हूँ।

तार सप्तक वह बच्चा है जो अपनी माँ के पेट से मरा हुआ पैदा हुआ था। अज्ञेय जी अपने जीवन भर उसमें साँसें डालने के लिए उस पर उचके लगाते रहे हैं। उसकी कोई देन नहीं और है भी तो कोई ऐसी नहीं जो और तरफ से भी नहीं आई। अज्ञेय जी ने साहित्यकारों के दल में नेता बनने के लिए उसे झण्डे की तरह उपयोग किया है।

गद्य की ओर नहीं जा पाया क्योंकि कविता ने जाने नहीं दिया। निशा निमंत्रण के गीत लगभग एक वर्ष में लिखे गए, पर जितने लिखे गए उनमें से सब प्रकाशित नहीं किए गए।

मधुशाला और निशा निमंत्रण का अंतर मेरे जीवन का अंतर है। जीवन दो दिन भी एक तरह का नहीं रहता।

'जब देश जल रहा था उस वक्त क्या निशा निमंत्रण उचित था?' इसके जवाब में मुझे यह कहना है कि कविता लिखते समय मैं इस बात का विचार नहीं करता कि यह लिखना उचित है कि नहीं। मैं केवल देखता हूँ मैं जो लिख रहा हूँ वह बल पूर्वक उतर रहा है कि नहीं। जो मेरे दिल को फाड़ कर निकल रहा है यदि वह उचित नहीं है तो संसार में कुछ भी उचित नहीं है।

'जीवन के पहिए के नीचे' पर आप ने जो उद्‌गार प्रकट किए हैं, उसके लिए आभारी हूँ। मेरी खामियाँ मुझसे बताइए, मेरी खूबियाँ औरों से कहिए।

जो लिखता हूँ पत्र पत्रिकाओं में भेज देता हूँ। वही देखें। कृपा रखें।

भवदीय
बच्चन

पुनश्च : जो मुझे महाकवि लिखता है, मैं समझता हूँ वह मुझ पर व्यंग्य करता है। मैंने कौन सा पाप किया है कि मुझ पर व्यंग्य किया जाए?

टिप्पणी : 28.8.57 के पत्र में अज्ञेय द्वारा संपादित 'तार सप्तक' के सम्बन्ध में अपने विचार व्यक्त करते हैं। तार सप्तक वह बच्चा है जो अपनी मां के पेट से मरा हुआ पैदा हुआ है...अज्ञेय जी ने साहित्यकारों के दल में नेता बनने उसे झंडे की तरह उपयोग किया है।

डॉ. हरिवंश राय बच्चन,
एम.ए., पी-एच.डी. (कैन्टब)

विदेश मंत्रालय, नई दिल्ली
2.9.57

प्रियवर,

पत्र के लिए धन्यवाद।

आप मुझे महाकवि समझें आपको अधिकार है पर मुझे महाकवि कहने में आपको मेरी भावनाओं का ध्यान रखना चाहिए। मुझे यह बुरा लगता है।

शोध Exploration के बगैर कोई कला जीवित नहीं रह सकती। पर शोध जीवन के सत्यों की करनी चाहिए। जीवन के नए सत्य अपने अनुरूप नए माध्यम स्वयं खोज लेते हैं। माध्यम की नवीनता को पकड़कर जीवन के सत्यों को पकड़ने का प्रयास नादानी है। प्रयोगवाद कपड़े बदल कर शरीर और आत्मा का परिष्कार करना चाहता है। मन भर प्रेरणा हो तो रत्ती भर प्रयोग बुरा नहीं और प्रयोग जब मन भर हो और प्रेरणा रत्ती भर हो तो उसका परिणाम स्वस्थ नहीं होगा।

बेकार तो जीवन में कुछ नहीं है। साहित्य और जीवन सब प्रकार की प्रवृत्तियों से कुछ सार खींच लेते हैं।

हिंदी साहित्य के लिए हिंदी की परंपरा ही मुख्य बल हो सकती है। उससे मेल खाती वस्तु बाहर से भी ली जा सकती है। मेल न खाने पर वह विजातीय द्रव्य बनकर रह जाएगी।

कविता की स्पष्टता कवि के जीवन और भावों की स्पष्टता से आती है। जो स्वयं अस्पष्ट है उसकी कविता स्पष्ट नहीं हो सकती। स्पष्टता अस्पष्टता शब्दों का विषय नहीं है।

मेरी थीसिस अभी प्रकाशित नहीं हुई। जो लिखता हूँ पत्रों में छपता रहता है।

महाकाव्य लिखने की सुविधा मेरे जीवन में नहीं। महाकाव्य लिखने वाले 10 से 5 तक दफ्तर में नहीं बैठते। उनका संपूर्ण जीवन, संपूर्ण समय वाणी को समर्पित होता है। मैं ऐसा नहीं कर सकता। गांधी पर महाकाव्य लिखा जायेगा, इस पर 'खादी के फूल' या 'सूत की माला' में एक कविता है। देखें।

शेष कृपा

भवदीय
बच्चन

टिप्पणी : प्रयोग के विषय में 2.9.57 के पत्र में वह लिखते हैं ''मन भर प्रेरणा हो तो रत्ती भर प्रयोग बुरा नहीं है। और जब प्रयोग मन भर हो तो उसका परिणाम स्वस्थ नहीं होगा।''

डॉ. हरिवंश राय बच्चन,
एम.ए., पी-एच.डी. (कैन्टब)

विदेश मंत्रालय, नई दिल्ली
24.7.58

प्रिय श्री,

पत्र के लिए ध.।

'ईट्स के संशोधन' पर कार्य करने के लिए इंग्लैंड और आयरलैंड के पुस्तकालयों में ही काम करना होगा।

थीसिस की मेरी प्रति एक प्रकाशक के पास है। अभी नहीं लौटी। यदि प्रकाशन का तै होगा तो शायद लौटे भी न? तब तो आप छपित ही देख सकेंगे। वैसे टाइप कॉपी को कहीं भेजना खतरा उठाना भी है। मैं आजकल उसके प्रकाशन के संबंध में बातचीत कर रहा हूँ।

इसुएल्ट गॉन (Iseult Gonne) का पता मुझे स्वयं नहीं मालूम। मिसेज ईट्स का पता मेरे पास रखा था, पर इस समय वह कहीं गुम हो गया है।

प्रांतीय और केंद्रीय सरकार निराला जी के विषय में जो कर रही है, उससे अधिक तो शायद न कर सके। शायद दोनों मिलकर लगभग 300/ (रु.) प्रति मास उनके खर्च के लिए भेजती है। पर हिंदी भाषी जनता अगर अपना कर्त्तव्य समझे तो इतनी सहायता उनकी हो सकती है कि यह नगण्य प्रतीत हो।

निराला के लिए हाय! हाय! करने वाले बहुत और उनकी रचनाओं को खरीद कर पढ़ने, औरों में उसका प्रचार करने वाले कम हैं। निराला जी की इससे बड़ी सेवा नहीं हो सकती कि हिंदी भाषी उनकी रचनाओं को खरीदें और पढ़ें। निराला अपनी कमाई के पैसों से अपना भरण-पोषण-इलाज कराना ही अपने आत्मसम्मान के अनुरूप समझेंगे। मुझे संदेह है कि निराला इस बात से सचेत हैं कि उन्हें सरकारी सहायता दी जा रही है। सजग रहने पर ऐसी सहजता से शायद ही स्वीकार करते! निराला की सेवा में हर हिंदी पाठक को लगना है और उनकी सबसे बड़ी और ससम्मान सेवा यही है कि उनकी रचनाओं को खरीदा-पढ़ा और उनका प्रचार किया जाय।

सप्रेम
बच्चन

डॉ. हरिवंश राय बच्चन,
एम.ए., पी-एच.डी. (कैन्टब)

विदेश मंत्रालय, नई दिल्ली
20.5.62

प्रिय श्री,

पत्र के लिए ध.।

आर्थिक संकट से सारा देश गुजर रहा है। लेखक तो जनता का आदमी है।

राहुल जी को सरकारी सहायता भी मिली है। 1500/ (रुपये) उ. प्र. सरकार ने भेजा। 1000/(रुपये) म. प्र. ने, 1000/(रुपये) केंद्रीय सरकार ने। श्री हु. व. ने शायद 2000/(रुपये) और भेजने का वादा किया है। मेरी अपील पर लगभग 1000/(रुपये) मेरे पास आए। वह कमला जी को भेज दिया गया। लगभग 1500/ (रुपये) सीधे कमला जी को गया जिसकी सूचना मुझे मिली। सा. हि. की अपील पर कम से कम 1500 रुपये भटनागर जी के नाम आए जो क. जी को भेजे गए। और भी संस्थाओं-नगरों ने उन्हें आर्थिक सहायता भेजी है। पत्र में यह स्वीकार किया है कि धन की अब आवश्यकता नहीं   अब उनके इलाज की योजना होनी चाहिए।

निराला जी की मृत्यु धनाभाव के कारण नहीं हुई। 100/ (रुपये) केंद्र और 150/ (रुपये) प्रांतीय सरकार से प्रति मास उन्हें मिलते थे- शायद पिछले 15 वर्षों से। इलाहाबाद के सिविल सर्जन की सेवाएँ उन्हें हर समय सुलभ थीं उनका रोग धन के बस का नहीं था।

इलाज साहित्यकार का चाहे क्यों न हो सीमा में रहकर ही किया जाना चाहिए। वैसे कारूँ के खज़ाने से मौत कितनी बार पराजित हुई है, पूछना चाहूँगा।

हम राहुल जी के स्वस्थ होने के लिए भगवान से प्रार्थना करें। अपनी रुचि की 2-4 उनकी किताबें खरीद कर अपने घर रख लें। हिंदी के साहित्यकार की सबसे बड़ी असमर्थता यह है कि उसके पाठक नहीं हैं।

सरकार को साहित्कारों का डॉक्टर बनाने के पक्ष में मैं नहीं हूँ।

मेरा चित्र आपको मिला?

शुभ कां.
बच्चन

डॉ. हरिवंश राय बच्चन,
एम.ए., पी-एच.डी. (कैन्टब)

15 जून, 1964

सम्मान्य बंधु,

पत्र के लिए धन्यवाद। श्री मुक्तिबोध की चिकित्सा के लिए भारत सरकार से जो अपील की गई है उसमें मैंने भी अपना नाम दिया है। लेखक मंडल जब प्रधानमंत्री से मिलेगा तो मैं भी साथ जाऊँगा। आशा है, मुक्तिबोध जी के समुचित उपचार का प्रबंध हो सकेगा। अज्ञेय जी तो आजकल अमरीका में हैं। पंत जी पहाड़ पर हैं, संभवतः उनसे संपर्क स्थापित नहीं किया जा सका नहीं तो अपील में वे भी सम्मिलित होते। साहित्यकार लोग अपने चंदे से कुछ धन एकत्रित करें तो वह केवल सांकेतिक होगा। अभी तक साहित्यकारों से चंदा एकत्रित करने की कोई योजना,जहां तक मुझे मालूम है, नहीं बनी है। सरकार से हमारी आशाएं हैं। शेष समाचार साधारण हैं।

शुभकामनाएं
बच्चन

डॉ. हरिवंश राय बच्चन,
एम.ए., पी-एच.डी. (कैन्टब)

13, विलिंगडन क्रिसेंट, नई दिल्ली-11
21 जनवरी, 1965

सम्मान्य बन्धु,

पत्र के लिए धन्यवाद। मेरा स्वास्थ्य अब पहले से अच्छा है। दफ्तर आने लगा हूँ। दवा अभी चल रही है, कमजोरी अभी पूरी तरह नहीं गई। आशा है, समय से ठीक होगा। मेरे और मेरी कविताओं के लिए आपने जो उद्‌गार व्यक्त किए उनके लिए आभारी हूँ। जनवरी के अंत में अपना नया काव्य-संग्रह प्रेस भेज रहा हूँ। नाम है, 'सिसिफस बरक्स हनुमान'। यह वर्ष ईट्स का जन्म-शताब्दी वर्ष है। मैंने ईट्स की 50-60 कविताओं का अनुवाद किया है जो इस वर्ष एक भूमिका के साथ प्रकाशित करना चाहता हूँ। नाम रखना चाहता हूँ 'मरकत द्वीप का स्वर' Ireland को Emerald Ireland कहते हैं। Emerald यानी मरकत नाम कैसा लगा आपको?

आपके दिल्ली आने का सुयोग लग सके तो मुझे प्रसन्नता होगी।

मेरी शुभकामना

सप्रेम
बच्चन

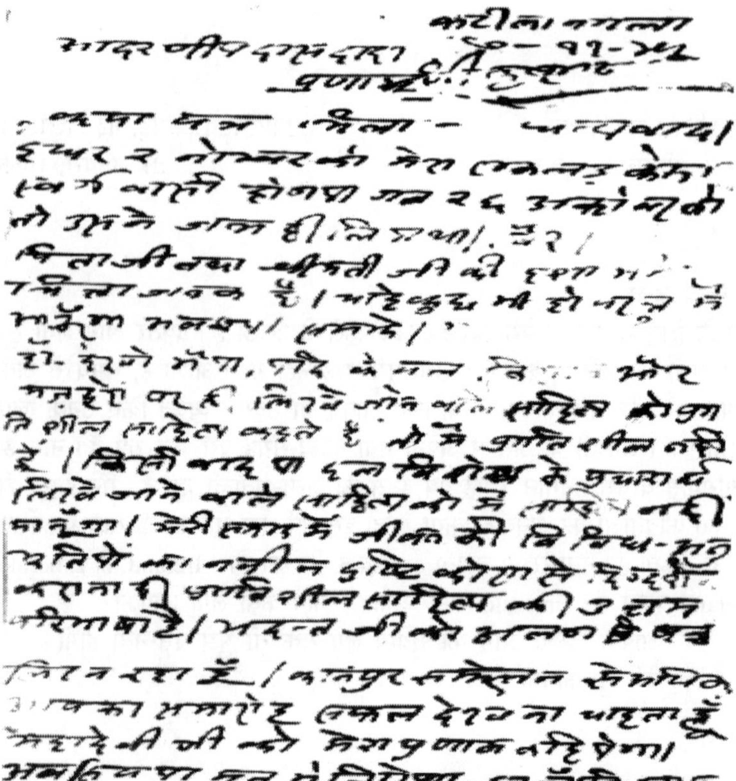

कटीला नगला
दिनांक : 7.11.45

आदरणीय दास दादा,
प्रणाम श्रीकृष्ण दास जी,
कृपा पत्र मिला धन्यवाद।

इधर 2 नोम्बर (नवंबर) को मेरा एक लड़के (लड़का) स्वर्गवासी हो गया गत 26 अक्टोबर (अक्टूबर) को तो उसने जल ही लिया था। ख़ैर।

पिता जी तथा श्रीमती जी की दशा भी चिन्ताजनक है। चाहे कुछ भी हो परन्तु मैं आऊँगा अवश्य। समझें।

हाँ- देखो भैया, यदि केवल किसान और मज़दूरों पर ही लिखे जाने वाले साहित्य को प्रगतिशील साहित्य कहते हैं तो मैं प्रगतिशील नहीं हूँ। किसी वाद या दल विशेष के प्रचारार्थ लिखे जाने वाले साहित्य को मैं साहित्य नहीं मानूंगा। मेरी समझ में जीवन की विविध अनुभूतियों का नवीन दृष्टि कोण से दिग्दर्शन कराना ही प्रगतिशील साहित्य की उत्तम परिभाषा है। भदन्त जी को अलग से पत्र लिख रहा हूँ। कानपुर सम्मेलन से अधिक आपका समारोह सफल देखना चाहता हूँ महादेवी जी को मेरा प्रणाम कहिएगा। अब रुपया मत भेजिएगा, हालाँकि इस समय मुझे रु. की सख़्त जरूरत है। परन्तु आप लोगों से रुपया लेना युग के साथ अन्याय करना है। अपना मुद्रित प्रोग्राम अवश्य भेजिएगा। कानपुर से मेरे साथ जगन लाल भी आवेंगे।

पत्रोत्तर शीघ्र देना

आपका ही
बलवीर सिंह 'रंग'

टिप्पणी : बलवीर सिंह का पत्र 7.11.45 को कटीला नगला (एटा) से भेजा गया है। इसमें अपने व्यक्तिगत दुख के अलावा कविता पर भी अपना अभिमत व्यक्त किया गया है। केवल किसानों और मज़दूरों पर ही लिखे जाने वाले साहित्य को प्रगतिशील साहित्य कहते हैं तो मैं प्रगतिशील नहीं हूँ।

BHAGWAT SARAN UPADHYAYA बोरीविला,
आ[illegible]
१६.८.६१.

प्रिय मधुरेशजी,

आपका २.५.६१. का कृपापत्र बनारस से घूम कर कुछ दिन हुए यहाँ मिल गया था। बाहर रहने के कारण उत्तर देने में देर हुई, क्षमा करें। इस संबंध में और पत्रव्यवहार की आवश्यकता हो तो मेरे काशी के पते पर ही करें, क्योंकि मैं यहाँ से कल कलकत्ते के लिए रवाना हो जाऊँगा और २१ तक काशी पहुँच जाऊँगा।

'दिव्या' पर मेरी समीक्षा सन् ४५ के हंस के किसी अंक में निकली है। मेरी समीक्षाओं का एक संग्रह भी 'कसौटी' नाम से छप चुका है। उसमें भी दिव्या संबंधी आलोचना संगृहीत है। वह रीगल पब्लिशर्स, नई सड़क, दिल्ली से प्रकाशित हुई है। वहाँ से एक प्रति मंगा लें। प्रकाशकों से मेरा कोई संबंध नहीं रह गया है। मेरे पास भी उसकी कोई प्रति नहीं है। संस्कृति-समाज संबंधी मेरी ही एक पुस्तक है, 'भारतीय समाज का ऐतिहासिक विश्लेषण', उसमें काफी सामग्री मिल सकती है। पुस्तक स्वयं उपलब्ध नहीं है, पर शायद पोथी पर हो। [illegible] अन्य पुस्तकों का उत्तर व काशी पहुँच कर ही दे सकूँगा। वहीं लिखकर मुझसे पूछ लें। मैं आज लौटने की तैयारियों में लगा हूँ। यशपाल कार्य कर रहे हैं; [illegible] पत्र के लिए अभिनन्दन दें।

सप्रेम
भगवत शरण उपाध्याय

बोरसिला, आसाम
दिनांक : 17.5.61

प्रिय मधुरेश जी,

आपका 3.5.61 का कृपा पत्र बनारस से घूम कर कुछ दिन हुए यहाँ मिल गया था व्यस्त रहने के कारण उत्तर देने में देर हुई, क्षमा करेंगे। इस संबंध में और पत्र व्यवहार की आवश्यकता हो तो मेरे काशी के पते पर ही करें, क्योंकि मैं यहाँ से कलकत्ते के लिए रवाना हो जाऊँगा और 21 तक काशी पहुँच जाऊँगा।

'दिव्या' पर मेरी समीक्षा सन् 45 के हंस के किसी अंक में निकली है। मेरी समीक्षाओं का एक संग्रह भी 'कसौटी' नाम से छप चुका है उसमें भी दिव्या संबंधी आलोचना संगृहीत है। वह 'रीगल पब्लिशर्स, नई सड़क, दिल्ली' से प्रकाशित हुई है। वहाँ से एक प्रति मँगा लें। प्रकाशकों से मेरा कोई संबंध नहीं रह गया है। मेरे पास भी उसकी कोई प्रति नहीं है। संस्कृति समाज संबंधी मेरी ही एक पुस्तक है, 'भारतीय समाज का ऐतिहासिक विश्लेषण' उसमें काफी सामग्री मिल सकती है। पुस्तक अब उपलब्ध नहीं है, पर शायद मेरे घर पर हो। इस तथ्य की अन्य पुस्तकों का उल्लेख काशी पहुँच कर ही कर सकूँगा। वहीं लिखकर मुझसे पूँछ लें। मैं आज लौटने की तैयारियों में लगा हूँ। यशपाल कार्य कर रहे हैं। सुन्दर पत्र के लिए धन्यवाद।

भवदीय
भगवत शरण उपाध्याय

टिप्पणी : उपाध्याय जी ने मधुरेश को दो पत्र लिखे हैं। पहला पत्र 17.5.61 का है जिसमें यशपाल के उपन्यास 'दिव्या' पर लिखी गई समीक्षा के उपलब्ध होने का पता लिखा है।

'THE PRATIK'

EDITORS & PUBLISHERS

14 HASTINGS ROAD ALLAHABAD

भाई भारत,

जब से आया हूँ तभी से लिखने की सोच रहा था पर मेरी आदत तो जानते ही हो, वह अब मेरी नियति बन चली है। वैसे भी, अभी यहाँ आये १५ दिन ही हुए हैं, और अभी मामला कुछ जम नहीं रहा है। जम जाये तब शायद कुछ सुधार की आशा करना शुरू करूँगा।

मैंने एक पत्र और भी लिखा था, उत्तर की अपेक्षा में रहा। दो-तीन दिन पहले अमृतजी जबलपुर गये थे उनसे भी कहलाया कि तुमसे कह दें कि मैं यहाँ आ गया हूँ। काम भी थोड़ा-बहुत शुरू कर ही दिया है। फिलहाल पुस्तक-विभाग मेरे जिम्मे है और इस नाते से यह पत्र उसी विषय में है।

यह निश्चित हुआ है कि 'तार-सप्तक' का पुनर्मुद्रण किया जाय। इस मास के अन्त तक उसे बाज़ार में लाना चाहते हैं। छपने में लगभग १५ दिन लगेंगे। इसके पहले उसके प्रत्येक कवि से यह चाहते हैं कि वह अपनी रचनाओं में कुछ जोड़ना-घटाना चाहे तो अपने सुझाव भेज दें। मैं चाहता हूँ कि तुम दो-तीन कविताएँ तो नई भेजो ही — यदि कोई निकालना चाहो तो उसका भी संकेत दो। दूसरे संस्करण की बिक्री पर प्रत्येक कवि को 20% Royalty देने का निश्चय है। इस विषय में भी अपना मत लिखो। इस बार पुस्तक डिमाई अठपेजी साइज़ में छापेंगे।

विद्युजी अभी बनारस में ही हैं; दो-एक दिन में आयेंगे। नेमि-रेखा यहाँ मज़े में हैं। छुट्टियों में इधर आ सको तो मज़ा रहे कुछ दिन।

अपने समाचार भेजो। मेरी कविताओं की इतनी प्रशंसा मत करो नहीं — I feel swelled. अच्छा, दोस्त,

सस्नेह —

१.५.५०.

[signature]

THE PRATIK
EDITORS & PUBLISHERS
14 HASTINGS ROAD ALLAHABAD

1.5.47

(मुक्तिबोध को संबोधित)

भाई मालक,
जब से आया हूं तभी से लिखने की सोच रहा था पर मेरी आदत तो जानते ही हो, वह अब मेरी नियति बन चली है। वैसे भी अभी यहां आये 15 दिन ही हुये हैं। और अभी मामला कुछ जम नहीं रहा है। जम जाये तो शायद कुछ सुधार की आशा करना शुरू करूंगा।

मैंने एक पत्र और भी लिखा था, उत्तर की अपेक्षा में रहा। दो-तीन दिन पहले अमृत जी जबलपुर गये थे उनसे भी कहा था कि तुमसे कह दें कि मैं यहाँ आ गया हूँ। काम भी थोड़ा-बहुत शुरु करना ही है। फिलहाल पुस्तक- विभाग मेरे ज़िम्मे है और एक तरह से यह पत्र उसी दिशा में है।

यह निश्चित हुआ है कि 'तारसप्तक' का पुनर्मुद्रण किया जाय। इस मास के अन्त तक उसे बाज़ार में लाना चाहते हैं। छपने में लगभग 15 दिन लगेंगे। इसके पहले उसके प्रत्येक कवि से यह चाहते हैं कि वह अपनी रचनाओं में कुछ जोड़ना घटाना चाहे तो अपने सुझाव भेज दें। मैं चाहता हूँ कि तुम दो-तीन कवितायें तो नई भेजो ही यदि कोई निकालना चाहो तो उसका भी संकेत दो। दूसरे संस्करण की बिक्री पर प्रत्येक कवि को 30 प्रतिशत रायल्टी देने का विचार है। इस विषय में भी अपना मत लिखो। इस बार पुस्तक डिमाई अठपेजी साइज़ में छापेंगे।

बिन्दु जी अभी बनारस में ही हैं, दो-एक दिन में आयेंगी। नेमि रेखा यहाँ मस्त हैं छुट्टियों में इधर आ सको तो मज़ा रहे कुछ दिन।

अपने समाचार भेजो। मेरी कविताओं की इतनी प्रशंसा अच्छी नहीं- I feel swelled अच्छा दोस्त,

सस्नेह
भारतभूषण अग्रवाल

टिप्पणी : 1.5.47 के पत्र में गजानन माधव मुक्तिबोध को 'भाई मालक' का संबोधन दिया है। यह पत्र 'तार सप्तक' के पुनर्मुद्रण के संबंध में लिखा गया है। इसमें यह सूचना है कि तार सप्तक में सम्मिलित कवि अपनी रचनाओं में यदि कुछ जोड़ना या घटाना चाहें तो ऐसा कर सकता है। विक्री पर प्रत्येक कवि को तीस प्रतिशत रायल्टी देने का विचार है।

बिजली मिल्स, हाथरस, 18.3.48

प्रिय मालक,

आज सबेरे बाहर से लौटा तो तुम्हारा खत मिला। मैं 7 को प्रयाग गया था, और लखनऊ होता हुआ वापस लौटा हूँ। राजनीतिक परिस्थितियाँ बड़ी तेजी से अपना रूप बदल रही हैं, और हमारा देश और हमारी पार्टी नये अनुभवों की ओर जा रही है। ऐसे समय में मेरा बाहर जाना बहुत ही लाभदायक हुआ, यहाँ पड़े-पड़े मैं फिर सड़ने लग गया था। बिजली मिल के अपने काम को मैंने कभी पसन्द नहीं किया है, वह मुझे लाचार होकर करना पड़ा है। इसीलिये 'प्रतीक' जैसी बड़ी योजना को भी आधार बनाकर मैंने चले जाना पसन्द किया। यह दूसरी बात है कि मैं बच नहीं पाया, और लौटकर आना पड़ा किन्तु लौटकर आने की मुझे कोई खुशी नहीं है और आज की देश- दशा में मेरा मिल में रहना हमारे सारे सिद्धान्तों और आदर्श-विश्वासों की निन्दा है। तुमने इस विषय में जो लिखा, वह मुझे केवल दुःखी बनाता है, क्योंकि आर्थिक मजबूरियों की बात मुझे खूब मालूम है। पर अपनी कमजोरी पर मैं स्वयं इतना त्रस्त रहता हूँ कि पीठ थपथपाना बुरा लगता है इतनी इमानदारी मुझमें सदा रहेगी इसलिये मुझसे यह न होगा कि मैं तुमको यहाँ बुलाऊँ। जिसे निश्चित रूप से गलत रास्ता मानता हूँ, उस पर मैं चलूँ तो मात्र आत्म-हत्या है, पर किसी और को उस पर चलाना तो पाप है। पर इन बड़ी-बड़ी बातों को जाने दो। प्रयाग में नेमि जी थे, उनकी योजना अभी नहीं पकी, न जाने कब पके। वैसे वे वहाँ पर जमे हुए हैं, टलने की कोई बात नहीं है तुम्हारे बारे में भी वे चिंतित थे, मुझसे कह रहे थे। कोई न कोई रास्ता निकलेगा ही। भविष्य में हम लोगों के करने का काम निरंतर बढ़ता जायेगा, फिर यह निराशा क्यों? संघर्ष तीव्रतर हो रहा है और कार्य के नये क्षेत्र खुल रहे हैं। यों हम मध्यवर्गीयों को खपना तो है ही, फिर क्यों न भविष्य के लिए खपें। आज वर्ग-विभाजन चरम सीमा पर पहुँच गया है, और बहुत जल्दी ही कम्युनिस्टों को बीन-बीनकर निकाल फेंका जायेगा। पर यदि हम इस संघर्ष में अपना कर्तव्य पहचान लें तो जीवन सार्थक बन जाएगा। यह सच है कि सुखी जीवन की धारणायें बदलनी होंगी, अगति का मोह छोड़ना पड़ेगा।

उपदेश नहीं दे रहा हूँ, देना चाह रहा था कुछ सहानुभूति और सामूहिक बल। मुझे AIR लखनऊ में 300 रु. का काम मिल गया है Staff Artist के पद पर। काम लिखने का है जो बहुत हल्का है, अन्य कोई बंधन नहीं। मैं अप्रैल के पहले सप्ताह में लखनऊ चला जाऊँगा। चाहता हूँ कि तब तुम एक बार प्रयाग और

लखनऊ आओ। अस्थायी लेखन कार्य तो मिल ही सकता है। स्थायी भी असंभव नहीं है। जनयुग लखनऊ में आ रहा है, वहाँ भी काम होगा। मैंने रेडियो में तुम्हारे गीतों के Contract की बात कर ली है, यदि दस- बीस गीत कवितायें भेज दो Contract हो जायेगा। इससे आय तो विशेष नहीं होगी, पर भविष्य के लिए एक सीढ़ी अवश्य बनेगी। लखनऊ आने पर और भी रास्ते निकल सकते हैं। और छुट्टियों भर मेरे यहाँ रहने का निमंत्रण स्वीकार करो। जबकि अंतिम संघर्ष और परीक्षा आ ही पहुँची है, तब अलग अलग व्यक्तियों के लिए हल सोचना व्यर्थ है। सारी समस्याओं का केवल एक ही हल है, और हम सब एक होकर उसी की ओर बढ़ेंगे।

बिजली मिल्स, हाथरस 18.3.1948

तुम्हारा

भारतभूषण अग्रवाल

टिप्पणी : 18.3.48 के पत्र में भी प्रिय मालक संबोधन है। इसमें अपनी विवशता की बात है कि अपने शहर हाथरस के बिजली मील में काम करना पसन्द नहीं करते इस लिए 'प्रतीक' जैसी बड़ी योजना को भी आधार बनाना चाहा था मगर वह भी संभव नहीं हो पाया। और उन्हें अपने नगर में ही लौटना पड़ा! इसके बाद अपनी वैचारिकता पर लम्बा वक्तव्य है।

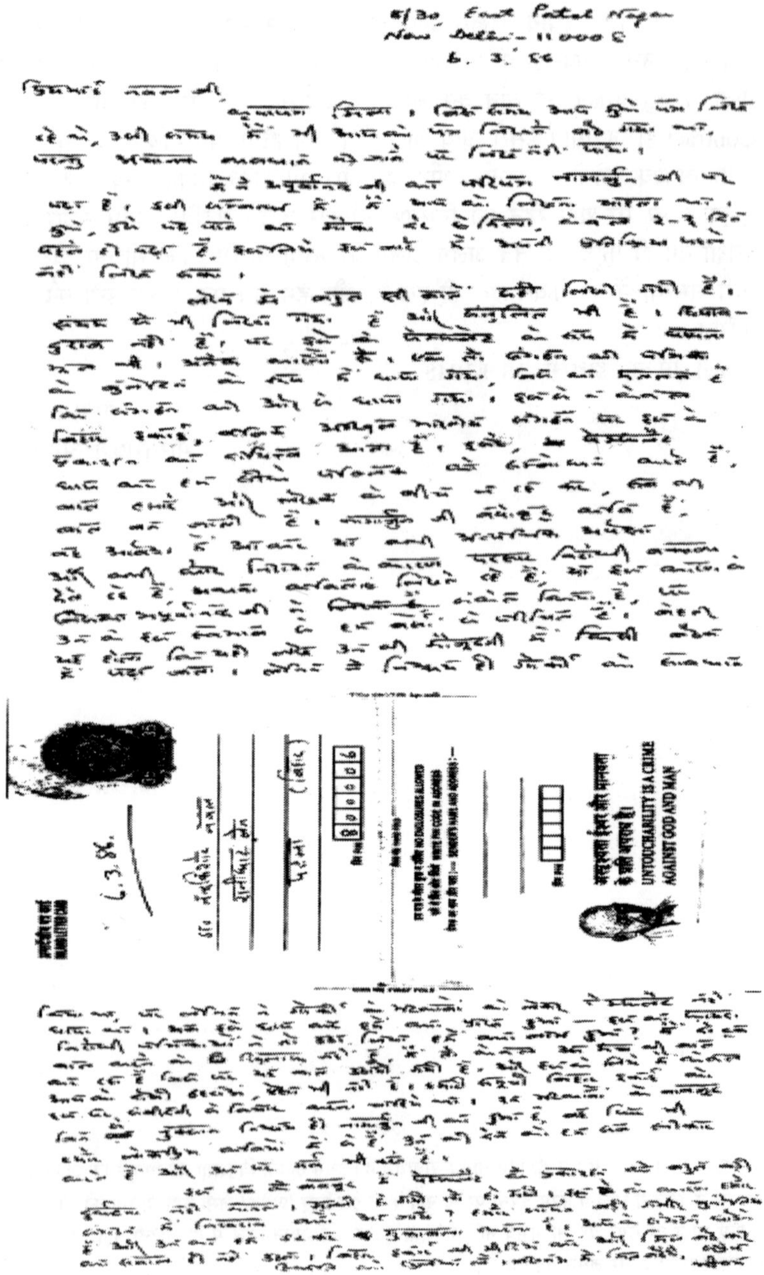
8/30, East Patel Nagar
New Delhi-110008
6.3.88

अस्पृश्यता ईश्वर और मानवता के प्रति अपराध है।
UNTOUCHABILITY IS A CRIME AGAINST GOD AND MAN

8/30, East Patel Nagar, New Delhi–110008 (6.3.86)

प्रिय भाई नवल जी,

कृपा पत्र मिला। जिस समय आप मुझे पत्र लिख रहे थे, उसी समय मैं भी आपको पत्र लिखने बैठ गया था। परन्तु अचानक व्यवधान पड़ जाने पर लिख नहीं पाया।

मैंने अपूर्वानन्द जी का परिपत्र नागार्जुन जी पर पढ़ा है। इसी संबंध में मैं आपको लिखना चाहता था। मुझे, उसे पढ़ पाने का मौका देर से मिला, केवल दो-तीन दिन पहिले ही पढ़ा है। इसलिये इस बारे में अपनी प्रतिक्रिया पहले नहीं लिख सका।

लेख में बहुत सी बातें सही लिखी गई हैं। संयम से भी लिखा गया है और संतुलित भी हैं। छिपाव-दुराव नहीं है। पर इसे पम्पलेट के रूप में छापना भूल थी। अनेक कारणों से, एक तो संगठन की पत्रिका के बुलेटिन के रूप में छापा गया, जिसका मतलब है कि संगठन की ओर से छापा गया। इससे न केवल बिहार इकाई, बल्कि अखिल भारतीय संगठन पर इसके प्रकाशन का दायित्व आता है। दूसरे पम्पलेट छाप कर हम सीधे पब्लिक को संबोधन करते हैं। बात हमारे और लेखक के बीच न रहकर, सब की बात बन जाती है। नागार्जुन जी वयोवृद्ध कवि हैं, वह आवेश में आकर या अत्यधिक अपेक्षा और कभी घोर निराशा के कारण परस्पर विरोधी वक्तव्य देते रहते हैं। अथवा कविताएं लिखते रहे हैं। या इस कारण से जिसका अपूर्वानन्द जी ने संकेत किया है, पर उनके इस स्वभाव से हम वर्षों से परिचित हैं। बेहतर यह होता कि यही लेख उनकी मौजूदगी में किसी बैठक में पढ़ा जाता। लेनिन ने निश्चय ही गोर्की को सावधान किया था, पर लेलिन ने गोर्की के भटकावों को लेकर पम्पलेट नहीं छापा था। अब इसे छापकर हमें क्या प्राप्त हुआ- इसका फायदा विरोधी पत्रिकाओं ने तो उठा लिया, हमें क्या लाभ हुआ? मैं दो टूक बात करने के खिलाफ नहीं हूँ, मैं तो केवल उस मंच की बात कर रहा हूँ, जिस पर यह बात उठायी गयी है, और इसके लिये मैं केवल आपको दोषी ठहराऊँ, ऐसा भी नहीं है। हमारी समूची बिहार इकाई को इस पर संजीदगी से विचार करना चाहिए था। इन भटकावों के बावजूद जिन से नुकसान निश्चय ही नागार्जुन जी का हुआ है। वह फिर भी हमारे लोकप्रिय कवियों में से हैं। उनकी देन को हम जब स्वीकार करते हैं और उस पर गर्व भी करते हैं। इन सबके बावजूद मैं पम्पलेट के प्रकाशन को बहुत बड़ी दुर्घटना नहीं मानता। गलती हो गई तो हो गई। इसके कारण हमारे संगठन में बिखराव क्यों आ जाये? हमारे सामने बड़ी गम्भीर चुनौतियां हैं और उनका हमें डटकर मुकाबला करना है, आपके संगठन छोड़ने का सवाल ही नहीं उठता। बिहार इकाई की मीटिंग करें और मिल बैठकर स्थिति को सुलझा लें। लखनऊ में मिल बैठेंगे,

सप्रेम, भीष्म साहनी

टिप्पणी : 6.3.86 के पत्र में भीष्म साहनी नन्द किशोर नवल को दिल्ली से अपूर्वानन्द के लेख को पढ़ जाने की बात कहते हैं। और यह भी स्वीकार करते हैं कि लेख में बहुत सी बात सही है तथापि वह इसे वैचारिकता के स्तर पर एक अच्छा संकेत नहीं मानते।

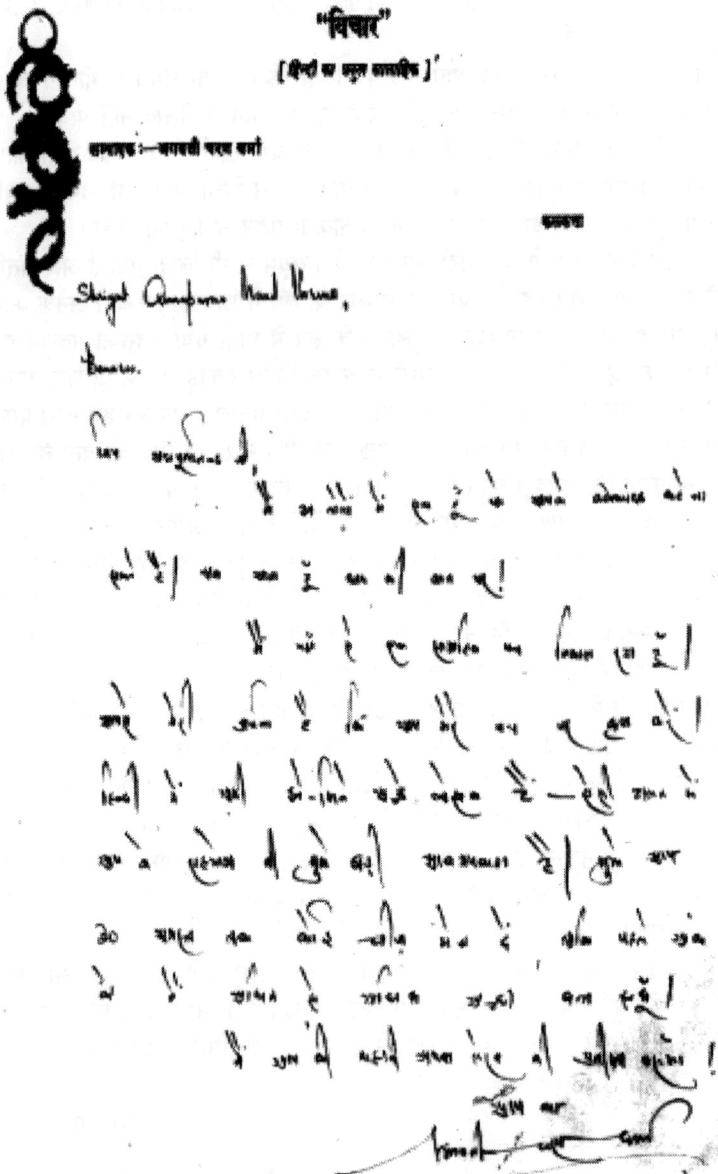
"विचार"

"विचार"

(हिन्दी का प्रमुख साप्ताहिक)

सम्पादक : भगवती चरण वर्मा

Shriyut Annapurna Nand Varma, Banaras

प्रिय अन्नपूर्णानन्द जी,

मैं उन लोगों में एक हूँ जो आपके adviser कहे जा सकते हैं। अब आता हूँ काम की बात पर!

मैं यहाँ से एक साप्ताहिक पत्र निकाल रहा हूँ। आपसे मेरी प्रार्थना है कि आप मेरे पत्र पर कृपा करें। हिन्दी में अभी इने-गिने अच्छे लेखक हैं ऐसी हालत में आपके सहयोग की मुझे बड़ी आवश्यकता है। मुझे आप 30 अगस्त तक कोई चीज़ भेज दें, ताकि पहले अंक को मैं अधिक से अधिक अच्छा बना सकूँ।

मैं आपकी कहानी अथवा लेख की प्रतीक्षा करूँगा।

आपका

भगवतीचरण वर्मा

12·1·83
सी– 136 महाराणा प्रताप एन्क्लेव
दिल्ली –110034

प्रिय भाई,

आप का नाराजगी भरा पत्र मिला और मैं आप की नाराज़–गी को उचित भी मानता हूँ। पत्रिका मिली थी और साथ में आप का पत्र भी। सोचा था जल्द ही कुछ लिख कर भेजूँगा, पर इस सोच को वास्तविक रूप अभी तक नहीं दे पाया और इसी चक्कर में पत्र का उत्तर देना भी रह गया। आप निकट होते और मेरी दिन–चर्या से परिचित होते तो आप को गुस्सा नहीं आता। सारे दिन में दो घंटे का समय और वह भी इसलिए कि अन्य कोई मनोरंजन का भी साधन नहीं। इसी में चाहे पढ़ूँ या लिखूँ या सोचूँ। सोचने का तरीका भी इतना उल जलूल कि यदि कोई लेख लिखना शुरू भी कर दूँ और दूसरा कोई काम न करूँ तो भी दो महीने का समय लग जाता है उसे पूरा करने में – बार-बार लिखना और बदलना और पाँच-छः मजमून तैयार करने के बाद जा कर यह संतोष कर लेना कि अब बात ठीक रूप में आ गई है, लगभग ठीक ही है। इसलिए बहुत बार अपने इरादों के अनुसार लिख नहीं पाता।

इसमें इधर एक बात और जुड़ गई है। इस बीच माइथालोजी पर कुछ काम शुरू कर रखा है। सोम मिथ पर। वह आप को भेजना आप की नाराजगी के डर से भले हो जाए पर शायद पत्रिका के अनुरूप न पड़े। इसकी एक किश्त उत्तरगाथा के अगले अंक को दे रखा है, गो वहाँ के अनुरूप भी कितना होगा, खुदा ही जाने। पर यह पत्र अब दिल्ली से निकलने जा रहा है और स्थानीय मित्रों का दबाव था लिखने का इसलिए लाचारी भी थी कि जो कुछ लिख रहा हूँ उसे ही वह स्वीकार करें, इसलिए वहाँ। और इसीलिए इसकी आगे की किश्तें भी वहीं — कम से कम एक तारतम्य तो बना रहेगा।

पत्रिका का अंक मैं आद्योपांत पढ़ गया था और इसकी योजना – विशेषतः इस अंक की योजना बहुत पसंद आई थी। मैं जल्द ही कुछ लिख कर भेजूँगा। यदि और कुछ नहीं बन पाया तो रचना प्रक्रिया पर पहले एक लम्बा सा लेख शुरू किया था और पन्द्रह बीस पेज लिख कर फाइनल भी कर लिया था, उसे पूरा करके आप को भेजूँगा।

आशा है आप सानंद होंगे। नए अंक की प्रति की प्रतीक्षा करूँगा। लेख मैं अगले अंक तक ही भेज पाऊँगा।

नए वर्ष की शुभ कामनाओं के साथ,

सस्नेह,
भगवान सिंह
भगवान सिंह

मिध

सी-136, महाराणा प्रताप इन्क्लेव
दिल्ली 110 034

प्रिय भाई,

आपका नाराजगी भरा पत्र मिला और मैं आपकी नाराजगी को उचित भी मानता हूँ। पत्रिका मिली थी और साथ में आपका पत्र भी। सोचा था जल्दी ही कुछ लिखकर भेजूँगा, पर सोच को कार्य रूप अभी तक नहीं दे पाया और इसी चक्कर में पत्र का उत्तर देने से भी रह गया। आप निकट होते और मेरी दिनचर्या से परिचित होते तो आपको गुस्सा नहीं आता। सारे दिन में दो घंटे का समय और वह भी इसलिए कि अन्य कोई मनोरंजन का भी साधन नहीं। इसी में चाहे पढ़ूं या लिखूँ या सोचूँ। सोचने का तरीका भी इतना ऊल-जलूल कि यदि कोई लेख लिखना शुरू भी कर दूं और दूसरा कोई काम न करूँ तो भी दो महीने का समय लग जाता है- उसे पूरा करने में बार- बार लिखना और बदलना और पांच-छः मजमून तैयार करने के बाद ऊब कर यह संतोष कर लेना कि अब बात जिस रूप में आ गई है, लगभग ठीक ही है। इसलिए बहुत बार अपने इरादों के अनुसार लिख नहीं पाता। इसमें इधर एक बात और जुड़ गई है। इस बीच माइथालोजी पर कुछ काम शुरू कर रखा है। सोम मिथ पर। वह आपको भेजना आप की नाराजगी के डर से भले हो जाए पर शायद पत्रिका के अनुरूप न पड़ें। इसकी एक किस्त उत्तरगाथा के अगले अंक को दे रखा है, गो वहां के अनुरूप कितना होगा, खुदा ही जानें। पर यह पत्र अब दिर्ल्ली से निकलने जा रहा है और स्थानीय मित्रों का दबाव था लिखने का इसलिए लाचारी भी थी कि जो कुछ लिख रहा हूं उसे ही वह स्वीकार करें, इसलिए वहां। और इसीलिए इसकी आगे की किस्तें भी वहीं...कम से कम एक तारतम्य तो बना रहेगा। पत्रिका का अंक तो मैं आद्योपांत पढ़ गया था और इसकी योजना -विशेषतः इस अंक की योजना बहुत पसंद आयी थी। मैं जल्द ही कुछ लिखकर भेजूँगा। यदि और कुछ नहीं बन पाया तो रचना प्रतिक्रिया पर पहले एक लंबा सा लेख शुरू किया था और पन्द्रह बीस पेज लिखकर फाइनल भी कर लिया था, उसे पूरा करके आप को भेजूँगा।

आशा है आप सानंद होंगे। नये अंक के प्रति की प्रतीक्षा करूँगा। लेख मैं अगले अंक तक ही भेज पाऊँगा नये वर्ष की शुभकामनाओं के साथ,

सस्नेह
भगवान सिंह

टिप्पणी : भगवान सिंह ने 12.1.83 के पत्र में दिल्ली से पत्र भेजते हुए विद्याधर शुक्ल की नाराजगी पर अपनी स्थिति स्पष्ट की है तथा जल्दी ही लेख भेजने का उल्लेख किया है।

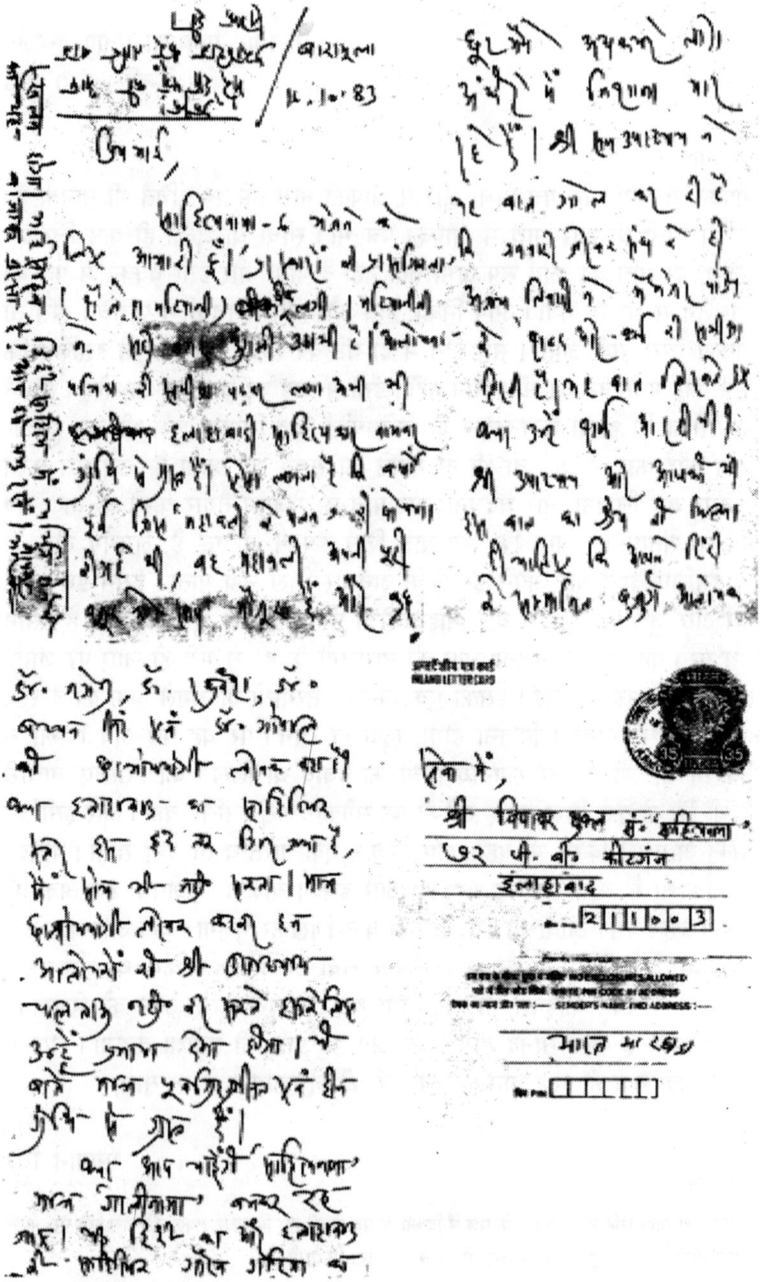
11.10.83
अन्तर्देशीय पत्र कार्ड
INLAND LETTER CARD
सेवा में,
श्री विद्याधर शुक्ल सं. 'कथालोचना'
72 पी. बी. कीटगंज
इलाहाबाद
211003

बारामूला
16.10.83

प्रिय भाई,

साहित्यनामा 6 भेजने के लिए आभारी हूँ। पुरस्कारों की प्रासंगिकता (शैलेश मटियानी) ठीक लगी। मटियानी जी ने सही जगह उंगली उठाई है। आलोचना पत्रिका की समीक्षा पढ़कर लगा अभी भी इलाहाबादी साहित्यकार नामवर ग्रंथि से ग्रस्त है। ऐसा लगता है कि वर्षों पूर्व जिस 'महाबली के पतन' की घोषणा की गई थी, वह महाबली अपनी पूरी वजूद के साथ मौजूद हैं और कुछ छुटभैये अधकचरे लोग अँधेरे में निशाना मार रहे हैं। श्रीराम उपाध्याय ने यह बात गोल कर दी है कि जनवादी लेखक संघ के ही अजय तिवारी ने मैनेजर पांडेय के शब्द और कर्म की समीक्षा लिखी है। यह बात लिखते हुए क्या उन्हें शर्म आ रही थी? श्री उपाध्याय और आप को भी इस बात का श्रेय तो मिलना ही चाहिए कि आपने हिंदी सम्मानित बुजुर्ग आलोचक डॉ. नगेन्द्र, डॉ. रघुवंश, डॉ. बच्चन सिंह एवं डॉ. गोपाल को छात्रोपयोगी लेखक कहा है? क्या इलाहाबाद का साहित्यिक स्तर इस हद तक गिर गया है, मैं सोच भी नहीं सकता। मात्र छात्रोपयोगी लेखक कहकर इन आलोचकों को श्री उपाध्याय चलताऊ नहीं कर सकते इसके लिए उन्हें प्रमाण देना होगा। ये बातें मात्र पूर्वग्रसित एवं हीन ग्रंथि से ग्रस्त हैं।

क्या आप चाहेंगे 'साहित्यनामा' मात्र 'गालीनामा' बनकर रह जाय यह हिंदी का और इलाहाबाद के साहित्यिक गौरव गरिमा का स्खलन होगा। भाई साहब हिंदी साहित्य में चर्चित होने का यह बाजारू नुस्खा है! आप इसे याद रखें।

आपका
भारत भारद्वाज

पुनश्च : मेरे इस पत्र को आप प्रकाशित करें ताकि बात साफ हो।

टिप्पणी : भारत भारद्वाज ने 16.10.83 को बारामूला से विद्याधर शुक्ल को शैलेश मटियानी के द्वारा पुरस्कारों की गंदी राजनीति पर 'साहित्यनामा 6' में लिखे लेख पर बधाई दी है और मटियानी के विचारों से सहमति व्यक्त की है।

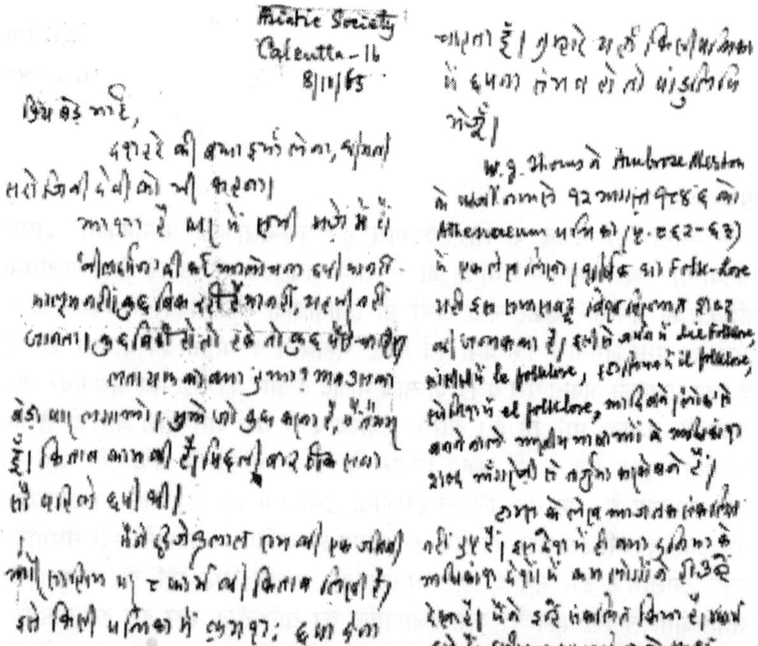
Asiatic Society
Calcutta-16
8/11/65
W. G. Thoms
Ambrose Merton
Athenaeum
Folk-lore
folklore

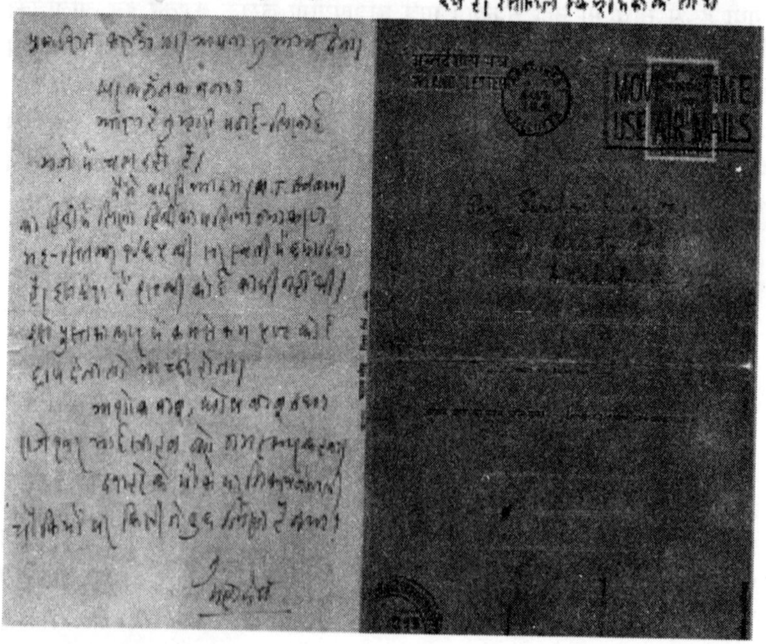
MOVE TIME
USE AIR MAILS

Asiatic Society
Calcutta-16
8.10.65

प्रिय बड़े भाई,
दशहरे की बधाइयाँ लेना, श्रीमती सरोजनी देवी को भी कहना।

आशा है घर में सभी मजे में हैं। 'नीलदर्पण' की कोई आलोचना छपी या नहीं मालूम नहीं। कुछ बिक रही है या नहीं, यह भी नहीं जानता। कुछ बिकी हो तो कुछ पैसे चाहिए। लतायफ का क्या हुआ? अब उसका बेड़ा पार लगाओ मुझे जो कुछ करना है, मैं तैयार हूँ। किताब काम की है, पिछली बार ठीक सवा सौ पहिले छपी थी। मैंने द्विजेन्द्र लाल राय की एक जीवनी और साहित्य पर 8 फार्म की किताब लिखी है। इसे किसी पत्रिका में क्रमशः छपा देना चाहता हूँ। तुम्हारे यहाँ किसी पत्रिका में छपना संभव हो तो पांडुलिपि भेजूँ।

W.G. thoms ने Ambrose Merton के फर्जी नाम से 12 अगस्त, 1846 को Athenoeum पत्रिका (पृ. 862-63) में एक लेख लिखा। शीर्षक था Folk-Lore यही इस समासबद्ध विश्वविख्यात शब्द की जन्म कथा है। इसी से जर्मन में die folklore फ्रांसीसी में le folklore इटालियन में il folklore स्पेनिश में el folk lore आदि बने। 'लोक' से बनने वाले भारतीय भाषाओं के अधिकांश शब्द अंग्रेजी से तर्जुमा करके बने हैं। टाम्स के लेख आज तक संकलित नहीं हुए हैं। इस देश में ही क्या दुनिया के अधिकांश देशों में कम लोगों ने ही उन्हें देखा है। मैंने इन्हें संकलित किया है। 4 फार्म छपे हैं। इसी साल एक भूमिका के साथ प्रकाशित कराऊँगा। अपना सुझाव देना। घर कहाँ तक बना? आशा है तुम्हारी पढ़ाई-लिखाई मज़े में चल रही है। मैंने पादरी आदम (M.T. Adam) का हिन्दी में लिखा हिन्दी का पहिला व्याकरण मई- सितम्बर 1965 की सरस्वती में छपा दिया है। इस देश में इसकी कोई कॉपी नहीं थी। इसे पुस्तकाकार में कम से कम 500 कोई छाप देता तो अच्छा होता।

अशोक बाबू, घोष बाबू तथा राजेश्वर भाई साहब को नमस्कार कहना। दशहरे के मौके पर निकलने वाली चौकियों पर किसी ने कुछ लिखा है क्या?

तुम्हारा
महादेव साहा

टिप्पणी : 8.10.65 के पत्र में जो श्रीकृष्णदास को संबोधित है- लिखा है कि नील दर्पण की समीक्षा का क्या हुआ साथ ही द्विजेन्द्र लाल राय (बंगला नाटककार) पर आठ फार्म की पुस्तक लिखने की सूचना है। इस पुस्तक के किसी पत्रिका में धारावाहिक छपने की संभावना के विषय में पूछा है।

कलकत्ता
18.5.55

मार्कण्डेय को दो और दास भाई को एक चिट्ठी लिखी। किसी का कोई समाचार नहीं मिला। दास भाई को दफ्तर के पते पर एक कहानी भेजी है। अमृत पत्रिका के लिए। पूछकर लिखना मिली कि नहीं। शरतचन्द्र लोगों को कभी-कभी बड़ी मजेदार कहानियाँ सुनाया करते थे। इन्हें मैंने जमा किया है। और पहले पत्रिकाओं में और फिर पुस्तकाकार छपाऊँगा। इस महीने के अंत तक यह काम हो जाएगा।

शान्ति निकेतन के अध्यापक मित्र से मालूम हुआ कि वहाँ संगीत का कोर्स 4 साल का है। बाहर से परीक्षा नहीं दी जा सकती, वहाँ रहकर पढ़ना होगा। रजिस्ट्रार को लिखा है। उत्तर आने पर फिर लिखूँगा। तुम्हारा परीक्षाफल कब तक निकलेगा? सुधा का परीक्षाफल कब निकलेगा? दास भाई की तबियत अब कैसी है। मेरी आन्तरिक कामना है कि वे इस बीमारी से सबक लें और खाने पीने, सोने, वगैरह में समय की ज़रा पाबंदी रखें तो सबका कल्याण होगा। दवा वगैरह खाते हैं कि नहीं? जहां तक बन पड़े उनके खिलाने- पिलाने दवा-दारू का पूरा खयाल रखो। दास भाई तो साल में मुश्किल से एक बार ख़त लिखते हैं। उनके स्वास्थ्य का समाचार दिया करना। 23 और 24 की पत्रिका लीडर भारत में प्रेमचन्द पुरी (भूतपूर्व लमही) का समाचार छपा था। घर में ये अंक हो तो कतरन भेजना। दास भाई को कहना कि 31 जुलाई को प्रेमचंद्र पुरी में उनका जन्मदिन मनाना है। तुम दोनों जरूर आना अगर उत्सव का सब ठीक-ठाक हो गया। प्रेमचन्द गृह में डेरा डाला जाएगा। दो-तीन दिन दास भाई से कहो कि दशहरे में इधर आएं संभव हो तुम भी आओ। अमृत तो रानीखेत चले गए होंगे। अपना पता नहीं लिख गए। मालूम हो तो लिखना। मार्कण्डेय हैं या घर गए? वीणा को स्नेह देना। बिटिया सहदेई मिले तो कहना मैंने स्नेह भेजा है। मेरा समाचार अच्छा है। नागार्जुन आए थे। मुलाकात हुई थी। मजे में हैं, शोभाकान्त और उसकी मां पटना में हैं। मेरे दोनों दादा मजे में हैं। तुम लोग आते तो उनसे मुलाकात कराता।

स्नेह लेना
महादेव साहा

टिप्पणी : 18.5.55 के पत्र में कलकत्ता से सरोजिनी दास को बिना किसी संबोधन के सरोजिनी दास के पते पर पत्र लिखा है कि उन्होंने 'अमृत पत्रिका' के लिए कहानी भेजी है। यह कहानी शरत् चन्द्र चट्टोपध्याय द्वारा लोगों को सुनाई गई कहानी के आधार पर लिखी गयी है।

13.8.58

प्रिय दास भाई,
7.8.58 की चिट्ठी के लिए बहुत धन्यवाद। सम्मेलन के बारे में कृष्णदेव उपाध्याय की चिट्ठी बहुत पहिले ही मिली थी। जवाब के लिए लिफाफा भी भेजा है। आज पोस्टकार्ड पर जवाब लिखा। लिफाफा ढूँढ़कर फिर लिखने को वादा किया है। चिट्ठी भोजपुरी में लिखी है। आपकी चिट्ठी का भी हवाला दिया है। बड़े भाई, जब आप जुट गए हैं तो सम्मेलन सफल हो जाएगा। सारा बंगाल, असम और ओड़िसा के लोगों की फेहरिस्त बनाकर भेज देंगे। हमें उम्मीद करनी चाहिए कि सुनीति बाबू सभापतित्व करना मंजूर कर लेंगे। 30 अगस्त को मास्को में होने वाले International Congress of Slavish में सम्मिलित होने के लिए 16 को रवाना हो रहे हैं, जब व्यास जी ने लिखा है और बाबू सम्पूर्णानन्द उद्घाटन कर रहे हैं तो वे राज़ी हो जायेंगे। 'सुनीति बाबू' को राज़ी करा लेना आप का काम है, यह आप ने लिखा है। साहा के अपने बड़े भाई ही जब उनकी अर्ज पर ग़ौर करने की उतनी जरूरत नहीं समझते हैं तो सुनीति बाबू जैसे लोग साहा जैसे एक मामूली ऐजिटेटर की बात क्यों सुनने लगे फिर भी आपका आदेश है, उनसे सारी बातें कहूँगा और राजी कराने की कोशिश करूँगा। अपने लोगों में ही जिसकी बातों का कोई असर नहीं पड़ता वहाँ दूसरे क्यों पूछें?

आप सम्मेलन के मंत्री हैं। 7.8 को लिख रहे हैं कि 'महाराष्ट्र, गुजरात, राजस्थान, बंगाल, असम, उड़ीसा, आन्ध्र आदि से अनेक विद्वानों के आने की स्वीकृति प्राप्त हो चुकी है।' इसका मतलब यह होता है कि उपर्युक्त स्थानों के लोगों से पत्र व्यवहार बहुत पहिले से किया गया था। श्री उपाध्याय को साहा को लिखने की सूझी, आप से पहिले लिखायी। लेकिन आप सारे देश को न्योतकर तब अपने तथाकथित नज़दीकी को लिखने बैठे। साहा अपना Ambition जानते हैं। उन्हें अकबर का शेर

'पका ले दो रोटियाँ, थोड़े से जौ लाना।
हमें क्या करना है भाई न पंडित हैं न मौलाना
या न हैं अकसीर की ख्वाहिश न शौके की मियां
मुझको मयस्सर हो इलाही खाक हुए दिलरुबा मुझको'

याद है और साहा इसे मानते भी हैं। हमारा यह सम्मेलन सोलहों आने सफल

हो यही साहा की आन्तरिक कामना है। अतीत में जिस तरह आप के आदेशों का पालन किया है, उसी तरह आगे भी करेंगे। आप चाहो तो इस बात को पतिया सकते हैं। आप दोनों प्राणियों के जौनपुर जाते वक्त प्रयाग स्टेशन के प्लाटफारम (प्लेटफार्म) पर कुछ निवेदन किया था। श्रीमती सरोजनी ने साल भर से ऊपर से कोई खत नहीं लिखा। आशा है मजे में हैं और पढ़ाई और संगीत में जुटी हुई हैं। उनकी बातें कुछ-कुछ समझ में आती हैं; मगर फिर भी कितनी बातें समझ में नहीं आतीं। आपने लिखा है आपके दोनों पत्र मिल गए थे। मेरी समझ में ही नहीं आया कि उनका क्या उत्तर दूँ। आपका स्नेह बना रहा तो मेरी गाड़ी किसी न किसी प्रकार खिंचती चली ही जाएगी। इससे अधिक लिखने को अवसर अभी नहीं आया है। इसका मतलब यह होता है कि आप उस दिन की साहा की बातों को बिलकुल भूल गए हैं या उनका उत्तर नहीं देना चाहते हैं। आप लोगों की जैसी मर्जी।

आप दोनों से अर्ज किया था कि 8 जून, 1958 को अमृत पत्रिका में साहा का एक लेख छपा था। उसकी कॉपी भेज दें और साथ ही पैसे भी। आप लोगों का कर्जदार हूँ इसे भूला नहीं हूँ। उपकार के बोझ से दबा हुआ हूँ। बंगाल, बिहार, असम आदि के कुछ लोगों के नाम भेजूँगा।

आप दोनों नमस्कार स्वीकार करें।

प्रणत

महादेव साहा

26.8.59

प्रिय बड़े भाई,
महीनों पहिले एक खत लिखकर आप चुप रह गये। किताब मिली कि नहीं पता नहीं चला। कोनाई मुखर्जी ढूँढ़ रहे हैं, ज़रूरत न हो तो लिख दीजिएगा।

उपाध्याय के ख़त से पता चला कि सम्मेलन बम्बई में होगा। खुशी की बात है। सारे ख़त (A.I.FC.) के वे भेजते हैं, आप इसके क्या हैं, समझ में नहीं आता।

पत्रिका निकालने का कुछ हुआ क्या? श्री मार्कण्डेय से कृपा कर कहना कि अनुवाद छापें 14 महीने हो गए। समय निकाल कर हिसाब भेजें तो अच्छा हो। आशा है उनका काम मज़े में चल रहा है और खूब लिख पढ़ रहे हैं। उनकी बिटिया तो अब दौड़ रही होगी। आशा है श्रीमती विद्या ने भी पढ़ना शुरू कर दिया है, शहर में रहने का इतना फायदा तो उठाना ही चाहिए।

अपने घर में भी बाकी परीक्षाएँ दिलाने की व्यवस्था करें। गृहस्थी की गाड़ी चलाने में दोनों का हाथ लग सके तो बहुत अच्छा हो।

आशा है आपका स्वास्थ्य ठीक है आँखों का क्या हाल है?

आप लोग मेरा सादर नमस्कार स्वीकार करें। मौजूदा आन्दोलन हो जाय तो सेन गुप्त की सहायता से एक पोथी की microfilm पढ़ने-पढ़ाने वहाँ आना है।

आपका
महादेव साहा

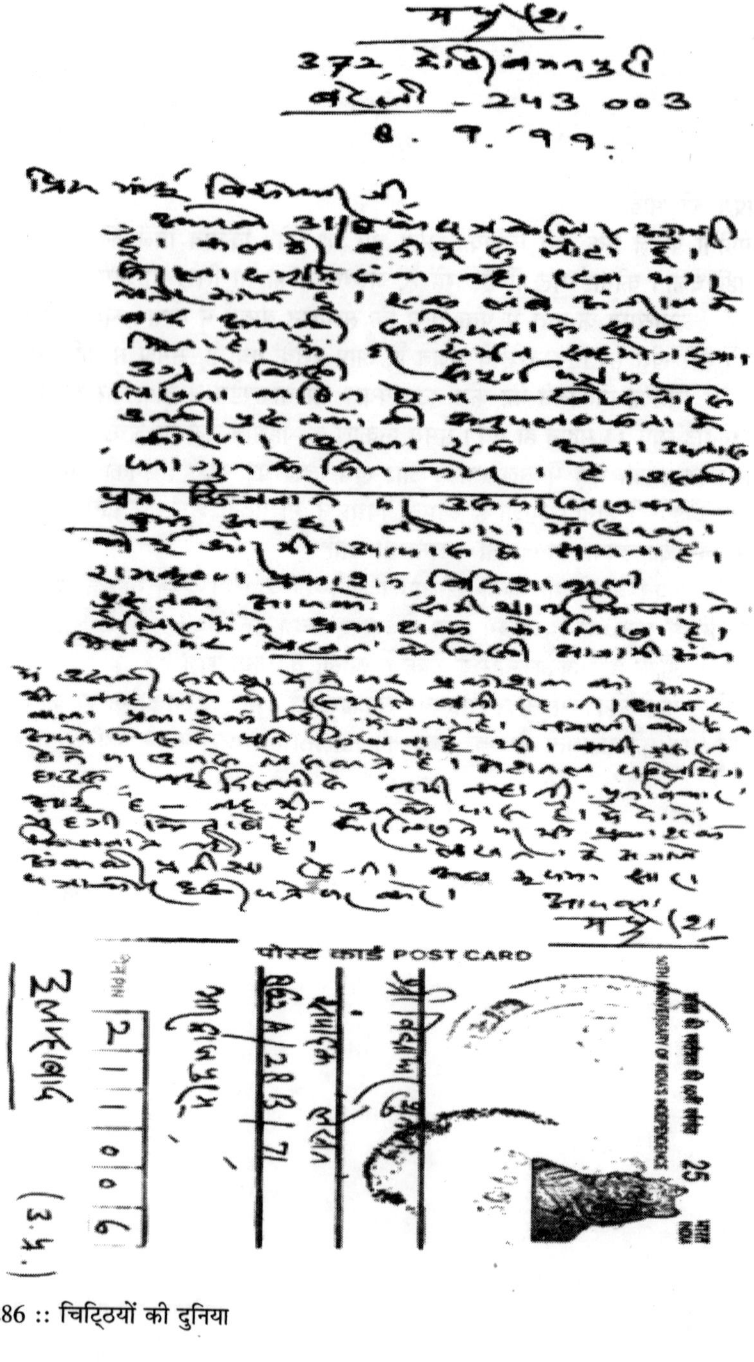
मधुरेश
बरेली - 243 003
पोस्ट कार्ड POST CARD
211006

मधुरेश
372, छोटी बमन पुरी, बरेली 243003
8.9.99

प्रिय भाई विद्याधर जी,
आपके 31.8 के पत्र के लिए आभारी हूँ। कल ही बदायूँ से लौटा हूँ। निराला स्मृति अंक वहाँ रखा था। लेता आया हूँ। एक लंबे अंतराल के बाद आपकी सक्रियता से सुख मिला है। मैं हर संभव सहयोग दूँगा। उग्र के किसी सम्पूर्ण पत्र पर लिखना कठिन होगा खास तौर से उनकी पुस्तकों की अनुपलब्धता के कारण उनका एक अच्छा उपन्यास 'फागुन के दिन चार' है। उसकी प्रति भिजवाने पर उस पर लिखकर मुझे अच्छा लगेगा। या उनका कोई और भी उपन्यास हो सकता है।

रामकृष्ण प्रकाशन, विदिशा वाली पुस्तक आपको समीक्षार्थ भिजवाने के लिए मैंने प्रकाशक को लिखा है, मिलने पर 'लेखन' के किसी आगामी अंक में उसकी समीक्षा देने पर प्रकाशक को आगे भी कह पाने की स्थिति बनी रहेगी। आधार वाला प्रकाशक नहीं भेजता है। जमाली को मैंने अपने पास से प्रति भिजवाई थी। कभी ज़रूरत होने पर उनसे ले सकते हैं। नेशनल पब्लिशिंग हाउस, नई दिल्ली से 'नयी कहानी पुनर्विचार' आई है वह भी उनके पास है। ये दोनों महँगी किताबें हैं और लिखने पर भी प्रकाशक भिजवाते नहीं हैं। 'लेखन' के अगले अंक की प्रतीक्षा रहेगी। अब कृपया सारा पत्रोत्तर इसी पते पर करें।

आपका
मधुरेश

टिप्पणी : 8.9.99 के पत्र छोटी बमनपुरी बरेली से मधुरेश ने विद्याधर शुक्ल के नाम निराला स्मृति आगामी अंक में उपन्यास पर समीक्षा लिखने का आश्वासन दिया है।

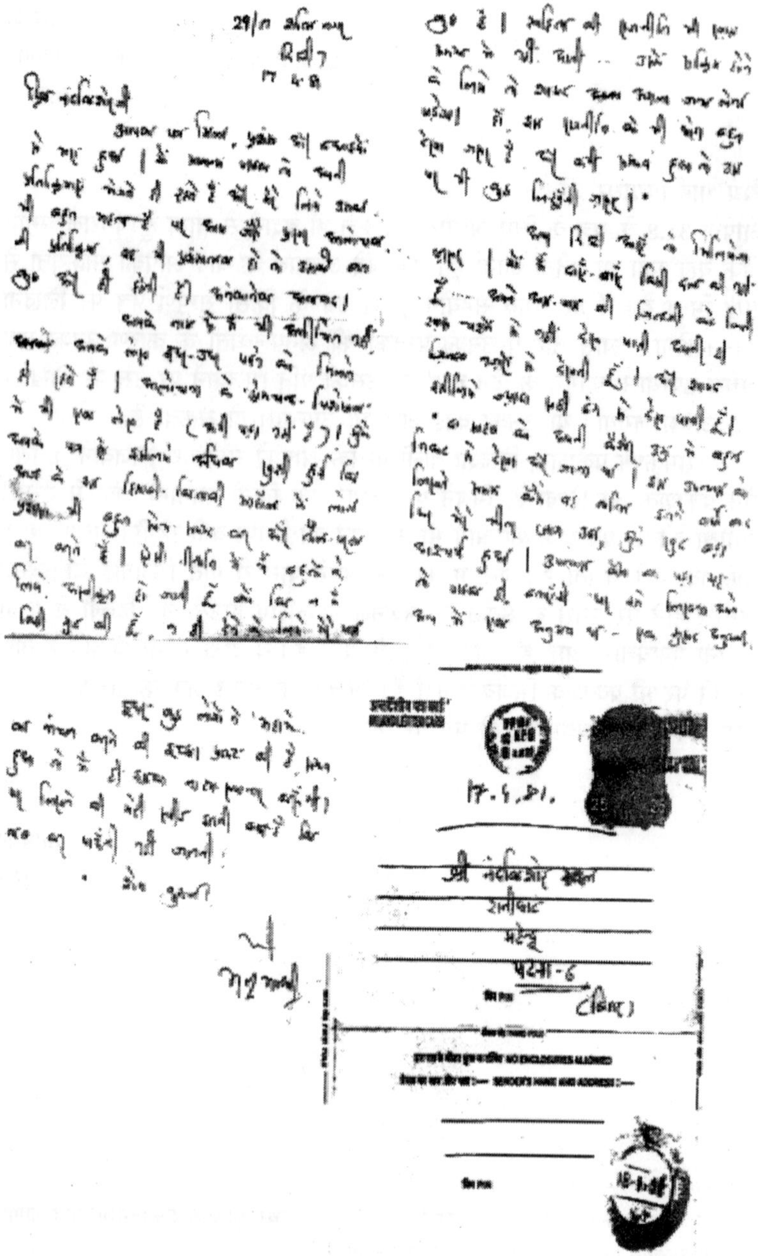

दिल्ली
17.4.81
प्रिय नंदकिशोर जी
मन्नू भण्डारी
अन्तर्देशीय पत्र कार्ड
INLAND LETTER CARD
17.4.81.
श्री नंदकिशोर नवल
रानीघाट
महेन्द्रू
पटना-6
(बिहार)
इसके अंदर कुछ न रखिए NO ENCLOSURES ALLOWED
SENDER'S NAME AND ADDRESS :—

29/17, शान्ति नगर, दिल्ली-7
17.4.81

प्रिय नंद किशोर जी,

आपका पत्र मिला प्रशंसा और बधाइयों से भरा हुआ। यों सामान्य पाठक तो अपनी प्रतिक्रियायें भेजते ही रहते हैं और मेरे लिए उनका भी बहुत महत्त्व है पर आप जैसे प्रखर आलोचक की प्रतिक्रिया, वह भी प्रशंसात्मक हो तो उसकी बात कुछ और ही होती है। अनेकानेक धन्यवाद।

आपके नाम से मैं भी अपरिचित नहीं, आपके लेख इधर-उधर पढ़ने को मिलते रहते हैं। आलोचना के 'प्रेमचंद-विशेषांक' में भी एक लेख है (अभी पढ़ा नहीं है) मुझे आपके पत्र से इसलिए खुशी हुई कि आज के इस हिसाबी-किताबी माहौल में लोग प्रशंसा भी बहुत सोच-समझकर और तौल-परख कर करते हैं। ऐसी स्थिति में मैं बहुतों के लिए अस्वीकृत हो जाती हूँ क्योंकि न मैं किसी गुट की हूँ, न ही देने के लिए मेरे पास कुछ है। साहित्य की राजनीति भी ख़ास समझ में नहीं आती... उसमें सक्रिय होने के लिए तो अगला जन्म लेना पड़ेगा। हाँ, इस राजनीति को भी थोड़ा बहुत देखा जरूर है और कभी सम्भव हुआ तो उस पर भी कुछ लिखूँगी ज़रूर।

आप दिल्ली आएँ तो मिलिएगा जरूर। यों मैं दाएँ-बाएँ किसी दल की नहीं हूँ...अपने आस-पास की ज़िन्दगी को किसी ख़ास चश्मे में नहीं देख पाती, अपनी ही नज़रों में देखती हूँ। और शायद इसीलिए ज़्यादा सही ढंग से देख पाती हूँ।

दा साहब को अपनी कैशोर उम्र में बहुत निकट से देखा और जाना था। इस उपन्यास को लिखते समय कैसे वह व्यक्ति इतने वर्षों बाद फिर मेरे भीतर जाग उठा, मुझे खुद बड़ा आश्चर्य हुआ। उपन्यास कैसा बन पड़ा यह तो पाठक ही बताएँगे पर इसे लिखना अपने आप में एक अनुभव था एक सुखद अनुभव इधर कुछ लोगों ने 'महाभोज' का मंचन करने की इच्छा प्रकट की है, सम्भव हुआ तो मैं ही इसका नाट्य-रूपान्तर करूँगी। पर लिखने की मेरी स्पीड इतनी कम है कि कब कर पाऊँगी नहीं जानती।

शेष कुशल।

मन्नू भंडारी

टिप्पणी : मन्नू भंडारी ने दिल्ली से 17.4.81 के अन्तर्देशीय में विद्याधर शुक्ल को उनके लेखन पर विचार व्यक्त करने के लिए धन्यवाद ज्ञापित किया है।

मधुकर सिंह
सम्पादक

इस बार
[समय-चेतना का वैचारिक संकलन]

सम्पर्क : धरहरा, आरा – 802 301 (बिहार) : 06182-24740

2 सितम्बर 99

प्रिय [illegible],

तुम्हारा पत्र कल मिला। जिस दिन लोकजन 5 मिला [illegible] उसी दिन तुमने पोस्टकार्ड लिखा था। मिल चुका होगा। उसी दिन तुम्हें पत्र लिखा और उस पर लिखा कि 'इस बार' [illegible] दोनों पत्रिकाओं की 'लोकजन' और 'दलित साहित्य 99' [illegible] 'इस बार' 6 जो तुम्हें [illegible] पर [illegible] आलोचना [illegible] 15 सितम्बर तक मिलेगा, [illegible] इसमें [illegible] अलग-अलग आलेख हैं, [illegible] विस्तार [illegible] किताबों पर [illegible] समीक्षा भी है।

[illegible] अंक में [illegible] दरअसल, [illegible] पर तुमने [illegible] [illegible] और [illegible] इसके [illegible] [illegible] लिखना [illegible] [illegible] जानकारी 2000 [illegible] [illegible] [illegible] कठिन है। [illegible] [illegible] [illegible] [illegible] इलाहाबाद। [illegible] [illegible] तुम्हारे पास। [illegible] दिन [illegible]

2 सितंबर, 99

[illegible] को अभी पत्र लिख रहा हूँ। दो फोन नम्बर जल्द दो — अपना और विनोद का। लिख दो पोस्टकार्ड में।

[illegible] इलाहाबाद [illegible] भेजता हूँ।

[illegible] कैसे हैं?

भाभी जी को मेरा सादर नमन।

मुझे अभी पत्र लिखो।

आपका,
मधुकर सिंह

मधुकर सिंह
सम्पादक

इस बार
(समय-चेतना का त्रैमासिक संकलन)
2 सितम्बर, 1999

प्रिय विद्याधर,
तुम्हारा पत्र कल मिला। जिस दिन लेखन 5 मिला उसी दिन तुम्हें पोस्ट कार्ड लिखा था। मिल चुका होगा। उसी दिन तुम्हें पत्र लिखा और तय कर लिया कि 'इस बार' 7 में 'लेखन' 5 और 'दलित साहित्य 99' दोनों पत्रिकाओं पर विस्तृत आलेख जायेंगे। इस बार '6' जो तुम्हें 15 सितम्बर तक मिलेगा, में 'तद्भव' और 'हंस' मई पर विस्तार से दो अलग-अलग आलेख हैं। इसके अलावे चार किताबों पर 'परख' के अन्तर्गत विस्तृत समीक्षा भी है।

पहले अंक में जिस वाम कहानियों की समीक्षा पर तुमने उँगली उठायी है। दरअसल, वाम, भटकाव और सही दिशा निर्देश ही उस आलेख का मंतव्य है उसके टोन को समझो अखबारों में घटनाएँ पढ़कर लिखना फैशन हो गया है- खासकर बिहार के कथाकार। उसमें संजीव की 'पूत' कहानी भी हो। उस लेख का बड़ा स्वागत हुआ है। 'इस बार 6' को छपे पत्र इसके प्रमाण हैं। तुम्हें नियमित अंक भेजे गए हैं। जनवरी, 2000 शताब्दी विशेषांक होगा। जिस पर काम चल रहा है। तुम्हें अनुभव है, रचना और पैसों का जुगाड़ कितना कठिन है। शहर-शहर गाँव-गाँव जाकर ग्राहक बनाना, विज्ञापन तलाशने, फिर वितरण, बिक्री की व्यवस्था अकेला जीव इस उम्र में करना पड़ता है। तुम आजीवन सदस्य बना लो मुझे, आना है, इलाहाबाद। अंक 6 के साथ। सीधे तुम्हारे पास। एकाध दिन शरण देना।

'खाने खराब' जमाली को अभी पत्र लिख रहा हूँ। दो फोन नम्बर जल्द दो अपना और विनोद का। लिख दो पोस्टकार्ड में।

अंक इलाहाबाद में कइयों को भेजता हूँ। लेलू महाराज कैसे हैं? भाभी जी को मेरा सादर नमन। मुझे अभी पत्र लिखो।

आपका
मधुकर सिंह

टिप्पणी : मधुकर सिंह ने विद्याधर शुक्ल को 2.9.1999 के पत्र में 'इस बार' नामक स्वयं द्वारा संपादित पत्रिका में किसी लेख पर शुक्ल द्वारा की गई समीक्षा पर अपना दृष्टिकोण प्रस्तुत किया है।

स्थापित
१९२२

तार का पता
'चाँद'

चन्द्रलोक — इलाहाबाद

नं०

ता० २८।८।१९३६.

एन० जी० सहगल
जनरल मैनेजर

महोदय,

आपकी सेवा में एक पत्र चाँद के नववर्षांक के लिये रचना भेजने के लिये प्रेषित किया है। यह अंक अक्टूबर मास के अन्त तक तैयार हो जायगा। उसका काम इसी सप्ताह से आरम्भ हो रहा है। इस लिये निवेदन है कि अपनी रचना १० वीं अक्टूबर तक अवश्य भेजने की कृपा करें।

शुभाकांक्षी.

सम्पादिका चाँद.

स्थापित
1922

तार का पता
'चाँद'

चाँद प्रेस, लिमिटेड
चन्द्रलोक इलाहाबाद

नं. ...

ता. 26.09.1936

एन.जी. सहगल
जनरल मैनेजर

महोदय,

आपकी सेवा में एक पत्र चांद के नववर्षांक के लिए रचना भेजने के लिए प्रेषित किया है। यह अंक अक्टूबर मास के अंत तक तैयार हो जायगा। उसका काम इसी सप्ताह से आरम्भ हो रहा है। इस लिये निवेदन है कि अपनी रचना 10 अक्टूबर तक अवश्य भेजने की कृपा करें।

शुभाकांक्षी
महादेवी वर्मा
सम्पादिका : चाँद

टिप्पणी : महादेवी जी 26.9.1936 के पत्र में अन्नपूर्णा नन्द वर्मा से 'चाँद' नामक पत्रिका में नव वर्षों के लिए रचना भेजने का निमंत्रण दिया है।

महादेवी वर्मा का एक पत्र गंगा प्रसाद पांडेय के नाम (तारीख नहीं) लिखा गया है। उन्होंने पांडेय जी को समझाते हुए लिखा है कि 'विवाद से बचना चाहिए तथा यह भी सलाह दी है मैं निश्चय ही चाहती हूँ कि तुम अपने चारों ओर कटुता की कठिन रेखा न खींचो।'

श्री हरिवंश राय बच्चन को भी जो पत्र भेजा है उसमें कोई तिथि अंकित नहीं है। बच्चन जी को महादेवी जी का 'सांध्य गीत' अच्छा लगा इस पर प्रसन्नता व्यक्त की है।

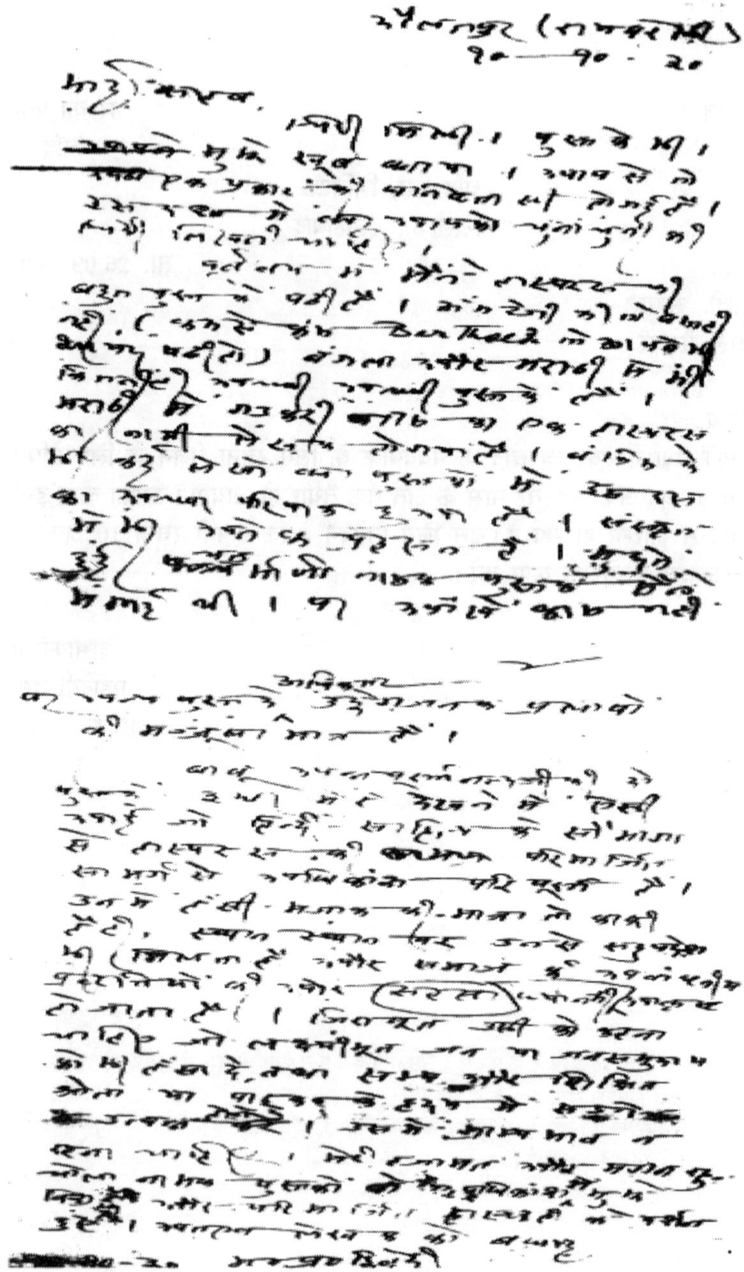

अन्नपूर्णानंद वर्मा को संबोधित

दौलतपुर (रायबरेली)
10.10.30

भाई साहब,
चिट्ठी मिली। पुस्तकें भी। आपने मुझे खूब बनाया। आप से तो अब एक प्रकार की घनिष्ठता सी हो गई है। इस दशा में क्या आपको चुना चुनी की चिट्ठी लिखनी चाहिए।

पूर्व वय में मैंने हास्यरस की बहुत पुस्तकें पढ़ी हैं। अँगरेजी (अंग्रेजी) की तो बात ही नहीं, (कम से कम Berthold तो आप ने भी शायद पढ़ी हो।) बँगला और मराठी में भी कितनी ही अच्छी-अच्छी पुस्तकें हैं। मराठी में गड़करी नाम का एक हास्यरस का नामी लेखक हो गया है। बंकिम के भी कई लेखों का पुस्तकों में इस रस का आधा परिपाक हुआ है। संस्कृत में भी अनेक प्रहसन हैं। मुद्दतें हुई चतुर्भाणी नामक पुस्तक मैंने मंगाई थी। पर आंखें काम नहीं देतीं। इससे अभी उसे संपूर्ण पढ़ नहीं पाया। सन् ई. के पहले भी संस्कृत में प्रहसन लिखे जाते थे।

आप की पुस्तकें कल सुबह मिली। उनके कई लेख मैंने पढ़े। आपने खूब लिखा है। सम्मति लीजिए। एक बात याद रखिए- परिहास शुद्ध होना चाहिए। जिस पर कटाक्ष किया जाय। उसे भी हँसा दे। ग्राम्य भाव जरा भी न आने पावे। इस समय जो लोग हास्यावतार समझे जाते हैं उनकी नकल न होनी चाहिए। वे तो प्रलापाचार्य या पूरे भाण हैं। उनमें जरा फन कहाँ? मेरा दिमाग काम नहीं करता। शब्द ढूँढ़े नहीं मिलते। सम्मति को आप ठीक कर लीजिए।

शुभैषी
महावीरप्रसाद द्विवेदी

दौलतपुर, रायबरेली
15.2.34

श्रीमान् अपा नन्द, (अन्नपूर्णानन्द) जी,

आधा फागुन बीत गया। तब कहीं आपकी 29 मार्च, 1982 की चिट्ठी मिली।

15 जनवरी, 1934 को जो हरकारा भोजपुर और दौलतपुर की डाक लेकर रायबरेली की तरफ से आ रहा था, वह राह में लुट गया। उस डाक के अख़बार तो मुझे पीछे से मिल गए, पर चिट्ठी एक भी नहीं मिली। सम्भव है, गुप्त जी की और आप की चिट्ठी उसी डाक में रही हो और नष्ट हो गई हों।

यह जानकर खुशी हुई कि गुप्त जी पहले से बहुत अच्छे हैं। परमात्मा करे, वे शीघ्र ही पूर्ण नीरोग हो जायँ। आपकी सनक का हाल सुनकर आश्चर्य तो नहीं, कुतूहल जरूर हुआ। नाराजगी का तो जिक्र ही नहीं। क्यों साहब स्वदेशी सा समझकर आप ने हाबी (hobby) और नाराज शब्दों को तो अपना लिया, 'शायद' ने क्या बिगाड़ा था जो उसका बहिष्कार करके स्यात् भी नहीं, स्यात को स्वीकार किया। खूब संस्कृत छांटी या बूकी---

अरे पनरुवा दौड़ महाकवि चच्चा आये।
शब्दों के दो चार अनोखे बच्चा लाये।

बच्चे चाहिए, मगर तुक जो बिगड़ जायगा।

अख़बार सब एक दर्बे में जमा होते रहते हैं। वह जब भर जाता है तब सारी सामग्री आने सेर में बिक जाती है। सामयिक पत्रिकायें, पहले की, सब की सब, श्रीमती ना.प्र. सभा के मन्दिर में विश्राम कर रही हैं। इधर पीछे की पत्रिकाओं के प्रथमांक जिल्दों में बंधे हुए अपने हमजोलियों के साथ पड़े अपने दिन गिन रहे हैं। यहां कोई अंक न कूड़े-कचरे में पड़े हैं, न बोरों में, न टाँड़ों पर, जो हैं, सब मेरी नज़र के सामने एक बेंच पर जमा है। उन्हें छांटकर देखने में आज मेरे कोई 4 घंटे लगे। वक्त की यह बरबादी आप के नाम जमा कर ली है। फुटकर पत्र-पत्रिकाओं के जो प्रथमांक मुझे मिले हैं उनकी नामावली इसी पत्र के साथ भेजता हूँ। कौन-कौन आपको चाहिए, लिखिए तो फौरन भेज दूँ।

भाई साहब मेरी आखिरी मंजिल तय हो रही है। जान तो यही पड़ता है।

लिखने-पढ़ने की शक्ति प्रायः सभी जाती रही है। बड़े कष्ट से यह पत्र लिख रहा हूँ। मुश्किल से एक दो फरलांग चल सकता हूँ। नींद बहुत ही कम हो गई है। आप किसी देवी देवता को मानते हों तो प्रार्थना कर दीजिए मुझे अब अधिक कष्ट न मिले।

आपकी कृपा का प्रार्थी
म.प्र. द्विवेदी

टिप्पणी : 15.2.34 के पत्र में डाकिये के लुट जाने तथा बाद में अखबार तथा पत्र मिल जाने का उल्लेख है। शिव प्रसाद गुप्त के स्वास्थ्य में सुधार आने पर संतोष व्यक्त किया गया है। और हास्य को लेकर अन्य मनोरंजक बातें भी लिखी हैं।

अन्नपूर्णा नंद वर्मा को संबोधित

दौलतपुर (रायबरेली)
29.11.30

शुभाशिषः सन्तु
9 मार्गशीष की चिट्ठी मिली। रुपये भी मिल गये। कृतार्थः कृतो ऽस्मि।

आपने बड़ी पुरानी याद दिलाई। मुझे तो स्मरण नहीं कि कब मैं बनारस और लखनऊ के बीच रेल पर सवार हुआ था। शरीर रहा और काशी जा सका तो कभी आपके समागम से आनंद प्राप्ति करूँगा।

आपकी दोनों पुस्तकें मैंने अपने भान्जे की बहू से पढ़ाकर साद्यन्त सुनी। पहले तो स्वयं कुछ ही अंश पढ़ा। मेरा बड़ा मनोरंजन हुआ। कई जगह बेतहासा हंसी आ गई। सामाजिक बुराइयों की सूचक जो चुटकियां आपने कहीं कहीं लीं हैं वे बहुत ही पुर- असर हैं। पर उस ब्राह्मण के भोजन सबंधी अंश में थोड़ी सी अस्वाभाविकता आ गई है।

मेरे भान्जे की लड़की मनोरमा 7 वर्ष की है। हिन्दी खूब पढ़ती है। उसी दिन उसके लिए मैंने इंडियन प्रेस से कुछ पुस्तकें मंगाई। उसमें एक हास्य कौतुक भी आया। रवीन्द्र नाथ ठाकुर का है। बहुत छोटे लेख-प्रहसन उसमें हैं। किसी किसी में गज़ब का व्यंग्य है। लड़की खूब पढ़ती और हंसती है। सो आप जिस क्षेत्र में उतरे हैं उसके क्षेत्रपाल और भी अनेक नामी नामी साहित्य रथी हैं। ईश्वर करे आप उनसे भी बढ़ जायँ।

परमात्मा से प्रार्थना है, वह गुप्त जी को समय पर सानंद और सकुशल घर लौटावे।

शुभार्थी
म.प्र. द्विवेदी

टिप्पणी : आचार्य महावीर प्रसाद द्विवेदी ने अन्नपूर्णा नन्द जी को पांच पत्र लिखे हैं। पहला पत्र 29.11.30 का है। इस पत्र में वर्मा जी की दोनों पुस्तकों को भांजे की बहू से पढ़वाकर सुनने तथा बेतहासा हंसी आने की बात कही है।

अन्नपूर्णा नंद वर्मा को संबोधित

दौलतपुर (रायबरेली)
28.7.34

शुभाशीष : सन्तु
मंगलमोद की कापी मिली। उसके भीतर 'प्रिय त्रिभुवन जी' के नाम का एक कार्ड भी मिला। उन्हें दूसरा कार्ड लिखिए पता मालूम नहीं, अन्यथा मैं इसी कार्ड को भेज देता।

हास और परिहास का साहित्य पैदा करने में, हिन्दी में, आप अपना सानी नहीं रखेंगे। कई लेख पढ़ाकर सुने। मुझ मुर्दादिल के दिल की भी कली खिल उठी।

गुप्त जी का स्वास्थ्य कुछ अच्छा है, यह सुनकर खुशी हुई। परमात्मा उन्हें पूर्णतया स्वस्थ करे। उनसे मेरा आशीर्वाद कहिए।

मैं तो जिन्दा ही मुर्दा हो रहा हूँ। अनेक व्याधियां व्यथित कर रही हैं। इस जिन्दगी से तो मौत भली। नहीं जानता कब तक ये भोग भोगने पड़ेंगे।

शुभचिन्तक
महावीरप्रसाद द्विवेदी

मुद्राराक्षस
78, दुर्विजयगंज, लखनऊ.
फोन: 219417

प्रिय विद्याधर जी,

गनीमत है कि आप शायद जी से दुबारा सावधान हुए। लेकिन इधर एक और दुर्योग से बचा। पिछले दिनों अस्वस्थ हो गया और ज्यादा ही। आज दोपहर तक भी दुर्दशाग्रस्त ही रहा। गनीमत है कि कुछ सुधार हो गया वरना आप कहते आपके सचमुच बहुत अच्छे पत्र को मैं फिर दबा गया।

आपका लेख समय से मिल जायगा। विषय बहुत टेढ़ा है लेकिन फिर भी।

आपको कहानी 'दिव्यदाह' पसंद आई इससे बल मिला।

'उत्तर प्रदेश' में जो वृत्तान्तक छप रहा था वह वहाँ आगे नहीं छप सका क्योंकि पत्रिका ही बंद हो गई। पर वह पुस्तकाकार लगभग पूरा है। सिर्फ़ कुछ *संशोधन बाकी रह गया है। वह लेखक (या लेखकों) के चरित्र का एक तीखा बयान होगा।

पत्रोत्तर दें।
प्रसन्न और स्वस्थ होंगे।

आपका
मुद्राराक्षस
16.12.99

* Revision

मुद्राराक्षस
78, दुर्विजयगंज, लखनऊ,
फोन : 219417
16.12.99

प्रिय विद्याधर जी,
गनीमत है कि आप शापधर जी से दुबारा विद्याधर हुए। बल्कि इधर एक और दुर्योग से बचा। पिछले दिनों अस्वस्थ हो गया और खासा ही। आज दोपहर तक भी दुर्दशाग्रस्त ही रहा। गनीमत है कि कुछ सुधार हो गया वरना आप कहते आपके सचमुच बहुत अच्छे पत्र को मैं फिर दबा गया।

आपका लेख समय से मिल जाएगा विषय बहुत टेढ़ा है लेकिन फिर भी।

आपको कहानी 'दिव्यदाह' पसंद आई इससे बल मिला।

'उत्तर प्रदेश' में जो वृत्तांतक छप रहा था वह वहाँ आगे नहीं छप सका क्योंकि पत्रिका ही बन्द हो गई। पर वह पुस्तकाकार लगभग पूरा है। सिर्फ कुछ Revision बाकी रह गया है। वह लेखक (या लेखकों) के चरित्र का एक तीखा बयान होगा।

पत्रोत्तर दें।

प्रसन्न और स्वस्थ होंगे।

आपका
मुद्राराक्षस

6.11.95

220 सहयोग अपार्टमेंट्स
मयूर विहार फेज I
दिल्ली-110091

प्रिय भाई गुप्त जी,

गुस्से में लिखा आपका पत्र मिला। अच्छा लगा। चूँकि औपचारिकताओं की कृत्रिमता से भरे जीवन-व्यवहार में ऐसा गुस्सा सच्ची आत्मीयता से ही प्रेरित हो सकता है।

कलम उठाने की भी फुर्सत न होने की भागदौड़ में चिट्ठी न लिख सका।

'निराला स्मृति अंक' संग्रहणीय बन पड़ा है, चूँकि ऐसे संकलन की आवश्यकताओं को पहचानने की संपादकीय ज्ञान-दृष्टि से आप संपन्न हैं।

मैं क्या लिख पाऊँगा और क्या नहीं — इस संबंध में अभी दो महीने कुछ भी कह पाने की स्थिति में मैं नहीं हूँ।

लेकिन निराला स्मृति अंक की प्राप्ति और इतने सुंदर प्रकाशन, इतने संग्रहणीय प्रकाशन के संदर्भ में तुरंत कोई चिट्ठी नहीं भेज पाया, इसके लिए अपने निकम्मेपन को कोसता ही मैं संतुष्ट नहीं रह सकता। इसलिए, नाराजगी थूकिए, शायद आगे ऐसी नौबत न आये।

आशा है प्रसन्न होंगे।

विनीत
मुरलीमनोहर प्रसाद
सिंह

20, सहयोग एपार्टमेन्ट्स
मयूर बिहार फेज-1, दिल्ली 110 091
6.11.99

प्रिय भाई शुक्ल जी,
गुस्से में लिखा आपका पत्र मिला। अच्छा लगा। चूँकि औपचारिकताओं की ठूंस-ठांस से भरे जीवन-व्यवहार में ऐसा गुस्सा सच्ची सात्विकता से ही प्रेरित हो सकता है।

सिर उठाने की भी फुर्सत न होने की भाग-दौड़ में चिट्ठी न लिख सका।

'निराला स्मृति अंक' संग्रहणीय बन पड़ा है, चूंकि ऐसे संकलन की आवश्यकताओं को पहचानने की संपादकीय चयन-दृष्टि से आप संपन्न हैं।

मैं क्या लिख पाऊँगा और क्या नहीं इस संबंध में अभी दो महीने कुछ भी कह पाने की स्थिति में मैं नहीं हूँ। लेकिन निराला स्मृति अंक की प्राप्ति और इतने सुंदर प्रकाशन, इतने संग्रहणीय प्रकाशन के संदर्भ में तुरत कोई चिट्ठी नहीं भेज पाया, इसके लिए अपने निकम्मेपन को कोस कर ही मैं संतुष्ट नहीं रह सकता। चलिए, नाराजगी थूकिए, शायद आगे ऐसी नौबत न आये।

आशा है प्रसन्न होंगे।

विनीत
मुरली मनोहर प्रसाद सिंह

टिप्पणी : मुरली मनोहर प्रसाद सिंह ने 6.11.99 के पत्र में विद्याधर शुक्ल के गुस्से को लेकर अपनी व्यस्तता का उल्लेख किया है।

डॉ० मैनेजर पाण्डेय

दूरभाष : ६५२२८८२/एक्स-२०६
भारतीय भाषा केन्द्र
भाषा संस्थान
जवाहरलाल नेहरू विश्वविद्यालय
नई दिल्ली-११००६७

दिनांक 9/8/82

प्रिय भाई

[illegible]

[illegible] CPM [illegible]

निवास : इ-सी, डी. डी. ए. फ्लैट्स, बेर सराय, नई दिल्ली-११००१६.

[illegible]

[illegible]

[illegible]

[illegible]

आपका

विद्याधर शुक्ल को संबोधित

डॉ. मैनेजर पांडेय दूरभाष : 652282/एक्स 306

भारतीय भाषा केन्द्र, भाषा संस्थान, जे.एन.यू., दिल्ली 110067

दिनांक : 8/8/83

प्रिय भाई,

आपका पत्र मिला। बहुत अच्छा लगा। आश्वस्त हुआ आलोचना का समीक्षा अंक 618 को रजिस्टर्ड डाक से भेजा था। उम्मीद है अब तक मिल गया होगा। यह भी उम्मीद करता हूँ कि आपने उत्तरगाथा-13 का संपादकीय और मुरली मनोहर प्रसाद सिंह की बहानेबाजी वाली सभी शर्त देख ली होंगी। मुरली पहले नक्सलवादी आंदोलन से जुड़े थे। आपातकाल के बाद C.P.M. में गए। नेताओं के सामने कार्यकर्ता और कार्यकर्ताओं के बीच नेता। जैसे मुँहजोर पशु अगल- बगल के खेतों में राह चलते मुँह मार लेता है। वैसे ही मुरली बाबू कभी-कभी साहित्य पर कृपा करते हैं। C.P.M. में अपनी साख बनाने के लिए उन्हें जरूरी लगा कि वे मेरी निंदा करें। वे जब C.P.M. से जुड़े थे तो C.P.M. को संशोधनवादी लिखते थे (आलोचना 29 का प्रगतिवाद विशेषांक) अब C.P.M. में हैं तो C.P.M. को छोड़कर बाकी सब को संशोधनवादी समझते हैं- यहाँ तक कि ग्राम्शी को भी। उनकी समीक्षा का न तो साहित्य से कोई संबंध है, न उसके इतिहास से और न उसके दर्शन से। विषय और पुस्तक से असंबद्ध सवालों की भरमार? तथ्य भी भूलें मनगढ़ंत आरोप, निराधार, निष्कर्षों से भरपूर। फ्रेंक फुर्त के विचारकों और संरचनावाद से कोई संबंध नहीं है, फिर भी इनको लगता है कि पुस्तक पर फ्रेंक फुर्त के संरचनावाद का प्रभाव है। मेरे लेख के पहले नामवर जी की हजारी प्रसाद द्विवेदी जी पर न पुस्तक छपी थी न कि कोई विशेष लेख। नामवर जी के लेख और पुस्तक का प्रकाशन बाद में हुआ। फिर भी मुरली ने लिखा है कि हजारी प्रसाद द्विवेदी वाले मेरे लेख में नामवर जी के दृष्टिकोण का समर्थन है। मेरी पुस्तक में अत्यन्त महत्वपूर्ण निबंध-रामबिलास शर्मा पर निबंध के बारे में कुछ भी लिखना असुविधाजनक समझकर इसे छोड़ गये हैं। यही स्थिति पुस्तक के अंतिम लेख के बारे में की है। मैं पटना विश्वविद्यालय की गोष्ठी में भाग लेने के साथ 15 अगस्त को सोनभद्र से पटना जा रहा हूँ। यह गाड़ी इलाहाबाद बहुत रात को लगभग दो बजे के करीब पहुँचती है अन्यथा कुछ देर के लिए भेंट होती। मैं 19 या 20 अगस्त को वापस लौटूँगा। कोशिश करूँगा कि लौटते समय हमारी भेंट हो। अगर इस यात्रा के समय भेंट न हो सकी तो आप 20 अगस्त के बाद कभी भी दिल्ली आने का कार्यक्रम जरूर बनाइए। कोशिश कर रहा हूँ कि भैरव जी वाला लेख लिख जाय। मैं न लिख सका तो किसी न किसी से जरूर लिखवाने का प्रयत्न करूँगा। बाकी सब ठीक है। अजय तिवारी वाले लेख पर खास ध्यान दें। अजय तिवारी से नामवर जी ने लिखवाया है।

आपका, मैनेजर पांडेय

टिप्पणी : मैनेजर पांडेय ने 8.8.83 के पत्र में विद्याधर शुक्ल को आलोचना के समीक्षा अंक के भेजने की बात लिखी है साथ ही मुरली मनोहर प्रसाद सिंह के रवैये पर असंतोष व्यक्त किया है।

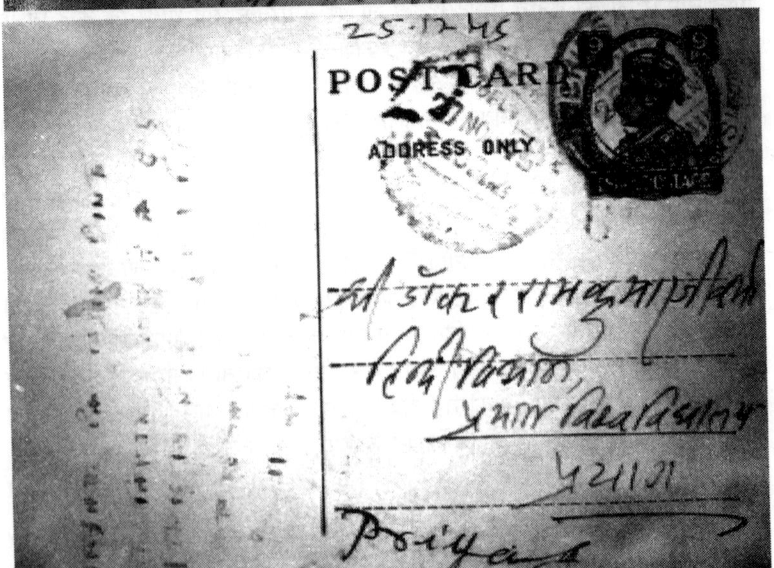
25.12.45
POST CARD
ADDRESS ONLY

रामकुमार वर्मा को संबोधित

श्रीराम

चिरगांव
25.12.45

प्रियवर वर्मा जी,
भाषण मिला। अनुगृहीत हुआ। अनाथ मुझ पर जो स्नेह और अनुग्रह प्रकट किया गया है उसके विषय में क्या कहूँ

गुहदाता ने गला दिये हैं मानस के मोती मेरे
अब कृतज्ञ तें, महत्कृपा के योग्य उपायन क्या तेरे

आप स्वस्थ्य सानंद होंगे। सियाराम शरण का यथोचित।

आपका
मैथिलीशरण गुप्त

टिप्पणी : 25.12.45 के पत्र डॉ. वर्मा को भाषण मिल जाने पर अनुग्रह व्यक्त किया है। तथा एक दोहा भी लिखा है।

श्रीरामः

चिरगाँव (झाँसी)
9. 6. 33

प्रिय बाबू अन्नपूर्णानंद जी,

कृपा पत्र यथा समय मिला। कल पुस्तक भी पहुँच गई। धन्यवाद।

हम लोग अभी काशी से कुछ नई पुस्तकें लाये थे उनमें आप का यह 'महाकवि चच्चा' भी था। आपका पत्र पाने पर मुझे इसका स्मरण आया और मैंने रुचिपूर्वक इसे पढ़ा। बड़ा आनन्द आया।

आपका रचनाकौशल उत्तरोत्तर नवीनता के साथ प्रकट हो रहा है। गद्य के समान पद्य पर भी आपने अपना अधिकार प्रकट कर दिया। हिन्दी-साहित्य आप पर गर्व कर सकता है। साधारण बात में विशेषता प्रकट कर दिखाने की कला आपको सिद्ध जान पड़ती है।

"पिल्ला लीन्हें गोद में मोटर भई सवार"

इसे मैं साधारणतया पढ़ गया। परन्तु आगे-

"पूत धाय की गोद, खिलावें बीबी पिल्ला!

पढ़कर आपकी कवित्व-कला से प्रभावित हुए बिना न रह सका।

"लाखन उबारि अब कांखत, हमारे दांव" वाला कवित्त

सचमुच बहुत सुन्दर हुआ है। कोई भी भावुक ऐसी रचना करके अपना अहोभाग्य मान सकता है। परन्तु आप ठहरे विनोदप्रिय। आपकी उस मनोवृत्ति की झलक इसमें भी कैसी सुन्दर दिखाई दे रही है

"चचा की गुहार सुनि भयो कहा फील पांव?"

आप तो कवि कहलाने में कदाचित अपनी गौरव हानि समझें, कारण, कवियों की कुशल भी आपके कृपा-कटाक्ष पर अवलम्बित है। परन्तु ऐसी रचना कर सकता तो मैं तो अपने को कवि मानने का गर्व न छोड़ सकता। अर्थ के साथ साथ कहीं कहीं ऐसी शब्दमैत्री आपने निभाई है कि ईर्ष्या तो नहीं परन्तु लोभ अवश्य होता है! और, सहसा ऐसा जान पड़ता है कि अपने पद्यों को फिट करने के लिए ही आपको गद्य का फ्रेम न गढ़ना पड़ा हो!

चौदहवें पृष्ठ पर आपने क्या ही अच्छा कहा कि जीवन हंसी-खेल नहीं, परन्तु हंस-खेल कर ही उसे बिताना चाहिए। तथापि आप तो हंसाते हंसाते ऐसी बात कह जाते हैं कि बरबस गम्भीर हो जाना पड़ता है और ऊपर से हंसते हुए भी भीतर ही भीतर रुलाई आ जाती है! मुझे आपके किसी निबन्ध की वह बात नहीं भूलती, जिसमें आपने किसी पीर की कब्र पर चढ़ाये गये फूलों को तोल करके यह निष्कर्ष निकाला है कि उनसे इतना

शहद निकाला जा सकता है कि हिन्दू-सभा बैठी बैठी सदियों तक चाटा करे।

87वें पृष्ठ पर 'देश को ऐसे ही स्पष्टवादी नवयुवकों की आवश्यकता है' यह वाक्य सर्वथा आपके अनुरूप हुआ है। आपकी आकृति और प्रकृति दोनों की इस पर छाप लगी जान पड़ती है। मुझे अधिकार होता तो क्षमा कीजिए, मैं कहता कि आपकी मुहंचोर मूर्ति में बड़े गुन भरे हैं।

"पुलिस को कायदा-कानून बनाने की जरूरत नहीं, वह आप ही अपना कायदा-कानून बनाती है। "यह कैसे अकस्मात, अनायास और साधारण भाव से कह दिया गया है कि प्रशंसा नहीं की जा सकती।

हमारे हास्य रस में अश्लीलता नहीं तो वीभत्सता मिली रहती है, किन्तु आपकी रचनाएं इन दोषों से प्रायः अपने को बचाये रखती हैं। यह साधारण बात नहीं।

मेरे अनुज श्री सियारामशरण को भी आपकी कृति भाई है। आपकी वह बात उन्हें बहुत चुभी जिसमें अंगरेजी न्याय- शासन की चर्चा करते हुए कहा गया है कि यदि द्वापर से ही अंगरेजी- राज्य यहां होता तो कौरव-पांडव अपना अभियोग लेकर किसी हाइकोर्ट जाते या कुरूक्षेत्र में?

जो सफलता प्राप्त करते हैं वे पुरुषार्थी हैं, परन्तु स्वयं सफलता जिन्हें प्राप्त करती है वे भाग्यशाली हैं। 'वीर रहे, बलवान रहे' वाले पद्यों के अन्तिम पद में मैं नहीं नहीं जानता कि आप इच्छापूर्वक सात पीढ़ियों तक जाना चाहते थे या नहीं, पर जान यही पड़ता है कि आपसे आप आकर वे आपके पद्य में बैठ गई हैं।

मेरी तुच्छ सम्मति में अधिकांश में आपको अपनी रचना में सफलता मिली है। अधिकांश के पीछे जो बचता है उसे रुचि-भिन्नता और मतभेद के लिए मैं रख छोड़ता हूँ। भगवान की हम पर दया है जो शिवप्रसाद जी स्वस्थ्य हो रहे हैं। मैं उनके विषय में बहुत चिन्तित रहा। इच्छा होने पर भी विश्राम में बाधक होने के भय से उन्हें पत्र न लिख सका। इधर उधर से उनके समाचार जानने का यत्न करता रहा। कृपा कर उनसे मेरा नमस्कार कहिए। मैंने यथा समय उन्हें अपना 'साकेत' भिजवाया था। आशा है, पहुंचा होगा आज उसकी एक प्रति आपकी सेवा में भी भेज रहा हूं। आपको उसे पढ़ने के संकोच अथवा संकट में डालने के लिए नहीं, किन्तु अपना आदर प्रकट करने के लिए कृपया स्वीकार कर लीजिएगा। उस दिन अजमतगढ़ में जिस भाव से आप नहीं रुके आश्चर्य है उसी विचार से मैं भी आपको नहीं रोक सका। अस्तु,

शेष कुशल। कृपा रखिए।

भवदीय
मैथिलीशरण

टिप्पणी : मैथिलीशरण गुप्त के पत्र सम्पूर्णा नन्द तथा अन्नपूर्णा नन्द के नाम। (संवत् 1940) 3.2 के पत्र में अन्नपूर्णा नन्द को फिर से लेखनी उठा लेने पर प्रसन्नता व्यक्त की है। पत्र में उनके हास्य पर यह टिप्पणी है- आपके हास्य में वाह वाह ही नहीं उठता, एक कराह भी उठता है।

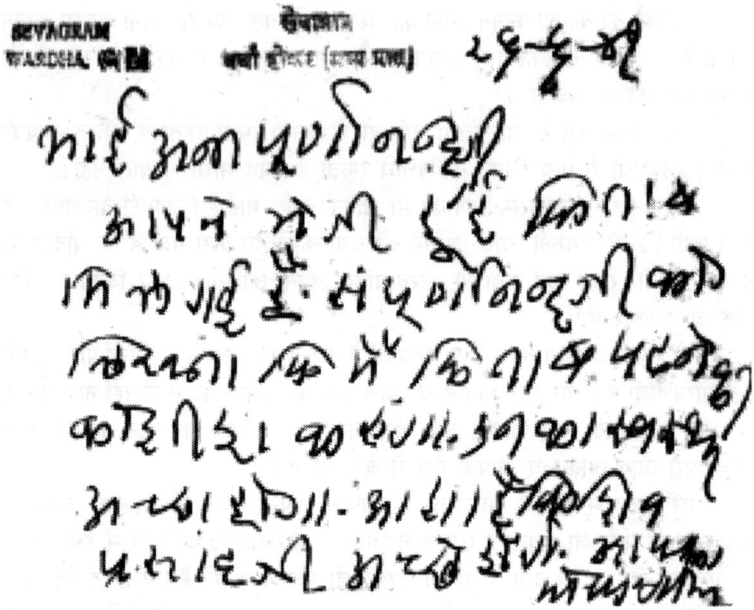
SEVAGRAM
WARDHA, (C.P.)

सेवाग्राम
वर्धा होकर (मध्य प्रांत)

26.6.41

भाई अन्नपूर्णानन्द जी,
आपने (आपके द्वारा) भेजी हुई किताब मिल गई है, संपूर्णानन्द जी को लिखना कि मैं किताब पढ़ने की कोशिश करूँगा। उनका स्वास्थ्य अच्छा होगा आशा है कि शिवप्रसाद जी अच्छे होंगे।

आपका

मो.दा.क. गांधी

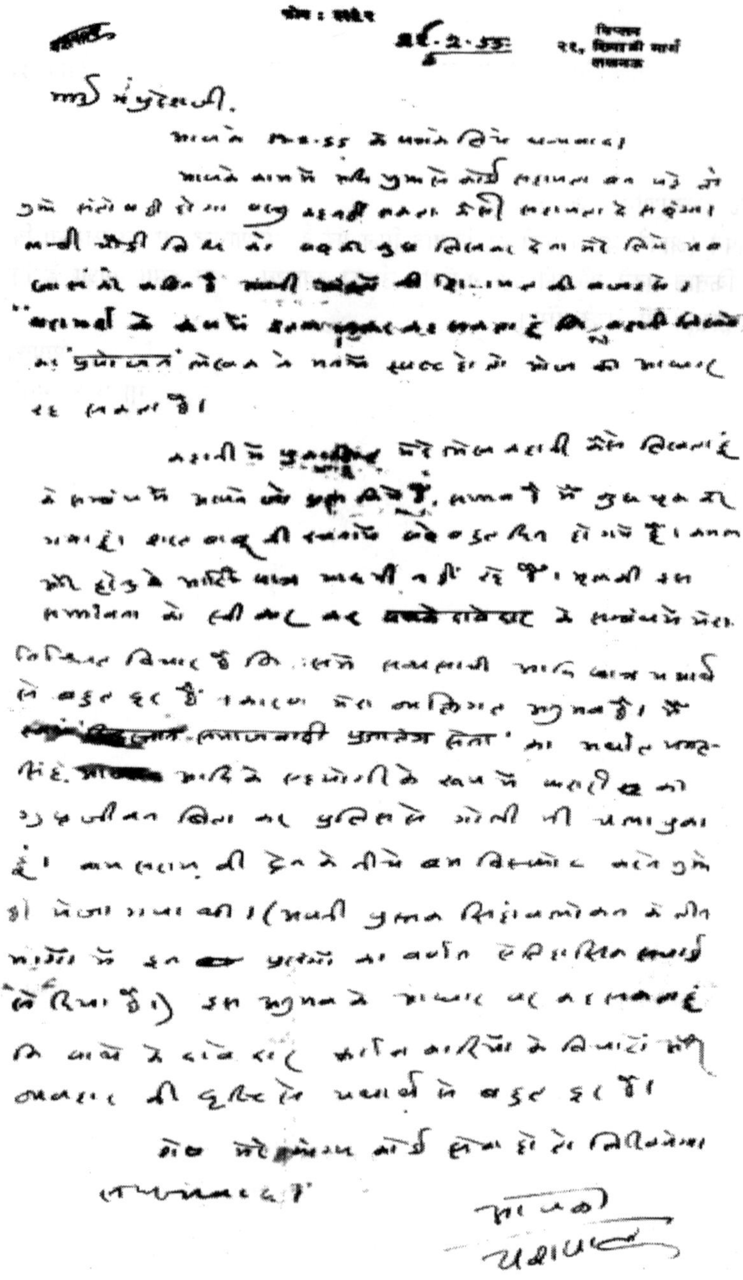

विप्लव
21, शिवाजी मार्ग, लखनऊ
22.2.55

भाई मधुरेश जी,
आपके 19.2.55 के पत्र के लिए धन्यवाद।

आपके काम में यदि मुझसे कोई सहायता बन पड़े तो मुझे संतोष ही होगा परन्तु कह नहीं सकता कैसी सहायता दे सकूँगा। लम्बी-चौड़ी तिथि को पढ़कर कुछ लिखकर देना मेरे लिए अब खासकर कठिन है अपनी आँखों की शिकायत की वजह से। परामर्श के रूप में इतना जरूर कह सकता हूँ कि कहानी लिखने का 'प्रयोजन' लेखक के मन में स्पष्ट हो तो ओज का आधार रह सकता है।

कहानी में प्रकाशित मेरे लेख कहानी कैसे लिखता हूँ के सम्बन्ध में आपने जो प्रश्न किये हैं, सम्भव है मैं कुछ चूक कर गया हूँ। शरत बाबू की रचनायें पढ़े बहुत दिन हो गए हैं। कमल और हरेन्द्र आदि पात्र याद भी नहीं रहे हैं। भूल की इस सम्भावना को स्वीकार कर पथ के दावेदार के संबंध में मेरा निश्चित विचार है कि इसमे सव्य साची आदि पात्र यथार्थ से बहुत दूर हैं। कारण मेरा व्यक्तिगत अनुभव है मैं स्वयं 'हिन्दुस्तान समाजवादी प्रजातंत्र सेना' का अर्थात भगत सिंह, आजाद आदि के सहयोगी के रूप में फरारी का गुप्त जीवन बिताकर पुलिस से गोली भी चला चुका हूँ। वायसराय की ट्रेन के नीचे बम विस्फोट करने मुझे ही भेजा गया था। (अपनी पुस्तक सिंहावलोकन के तीन भागों में इन प्रसंगों का वर्णन ऐतिहासिक सचाई (सच्चाई) से दिया है।) इस अनुभव के आधार पर कह सकता हूँ कि पथ के दावेदार क्रांतिकारियों के विचारों और व्यवहार की दृष्टि से यथार्थ से बहुत दूर है।

शेष मेरे योग्य कोई सेवा हो तो लिखिएगा।

सधन्यवाद

आपका
यशपाल

टिप्पणी : यशपाल जी ने मधुरेश को लगभग 50 पत्र लिखे होंगे। इनमें यशपाल के साहित्य के विविध पक्षों पर जानकारी जुटाने के उद्‌देश्य से यह पत्र बीस वर्ष की अवधि तक फैले हुए हैं।

यशपाल का पहला पत्र 22.2.55 का है। यशपाल जी से मधुरेश ने शरतचन्द्र चटर्जी के उपन्यास 'पथ के दावेदार' के विषय में अपनी जिज्ञासा व्यक्त की थी। जिसका उत्तर उन्होंने दिया था वायसराय की ट्रेन के नीचे बम विस्फोट करने मुझे ही भेजा गया था। ...इस अनुभव के आधार पर कह सकता हूँ कि 'पथ के दावेदार' क्रांतिकारियों के विचार और व्यवहार की दृष्टि से यथार्थ से बहुत दूर है।

यशपाल 31 जनवरी, 63

प्रिय मधुरेश जी,
आपके 21 जनवरी के पोस्टकार्ड के लिए धन्यवाद।

आपकी जिज्ञासाओं के विषय में उत्तर है :

'दिव्या' लिखने से पूर्व मैंने अन्य इतिहासज्ञों के साथ श्री भगवत शरण उपाध्याय से भी कुछ जानकारी प्राप्त की थी। प्रथम संस्करण की भूमिका में उनका नाम न देने की भूल हो गयी थी। दूसरे संस्करण में वह भूल सुधारने के लिए भूमिका में उनके प्रति धन्यवाद प्रकट कर दिया। दूसरे संस्करण में इस भूल और अशुद्ध लिखे या छपे शब्दों को शुद्ध कर देने के अतिरिक्त अन्य कोई परिवर्तन, कथा अथवा वर्णन में नहीं किया गया था। आपके पास संभवतः दूसरे, तीसरे संस्करण की प्रति होगी। 'दिव्या' के सातवें संस्करण में भी भूमिका के नीचे तिथि 19 मई 1945 ही है। भूमिका में केवल एक नाम बढ़ा देने से नीचे तिथि बदल देना आवश्यक नहीं समझा। यदि तारीख बदल देना ही उचित था तो इसे भी भूल समझ लीजिये। मुझे मालूम नहीं उपाध्याय जी ने इस विषय में आपको क्या लिखा?

मेरे विचार में ऐतिहासिक उपन्यासकार का यह दायित्व है कि समय विशेष के सामाजिक चित्रण में पार्थिव अथवा विचारात्मक असंगति : एनाक्रोनिज्म : नहीं आनी चाहिये। 'दिव्या' की भूमिका में यह स्पष्ट स्वीकार किया है कि वह इतिहास नहीं, ऐतिहासिक पृष्ठभूमि पर कल्पना है। 'दिव्या' की कल्पना मिलिन्द : मीलाण्डरः के राज्य काल के अवसान के बाद, प्रथम शताब्दी ई.पू. में की गई है। मीलाण्डर बौद्ध धर्म के प्रभाव से वृद्धावस्था में शासन से उपराम हो गया था। उस समय भारत के पश्चिमोत्तर में अनेक ग्रीक सामन्तों और उनके परिवारों का होना असंगत नहीं लगता। डॉ. वासुदेवशरण अग्रवाल, डॉ. मोती चन्द्र और शायद भगवत शरण उपाध्याय जी का भी ऐसा ही विचार था। 'दिव्या' की तुलना में ग्रीक नारी के दृष्टिकोण को उपस्थित करने का प्रयोजन भारतीय आदर्श नारी के दृष्टिकोण पर तुलनात्मक रूप से प्रकाश डालना था।

'अमिता' उपन्यास में कलिंग विजय की घटना का चित्र काल्पनिक है परन्तु उसे ऐतिहासिक घटना को स्वेच्छापूर्वक बदल देना नहीं कहा जा सकेगा। 'अमिता' लिखने से पूर्व मैंने यह जानने का बहुत यत्न किया था कि प्रामाणिक इतिहास में

अशोक के कलिंग विजय का कोई ब्यौरा मिल सकता है या नहीं। इतिहास में इस बात का कोई उल्लेख नहीं है कि अशोक की कलिंग विजय के समय कलिंग में कौन राज्य कर रहा था। इतिहास के इस अभाव में मैंने अपनी कल्पना को जमाया है, किसी ऐतिहासिक घटना के साथ धकापेल नहीं की है।

आपका यह विचार ठीक है कि 'दिव्या' और 'अमिता' में सामयिक समस्याओं को ही लिया गया है परन्तु आपका यह विचार कि उन समस्याओं को आधुनिक परिवेश में अधिक सरलता और सफलता से लिया जा सकता था, मेरे अनुभव के प्रतिकूल है। आपने यह भांप लिया है कि 'दिव्या' और 'अमिता' में हमारी समसामयिक समस्यायें ही कथा का प्राण हैं। जैसे कि मेरे अन्य उपन्यासों 'दादा कामरेड', 'देशद्रोही', 'मनुष्य के रूप' और 'पार्टी कामरेड' आदि में हैं। आपने शायद इस विषय पर भी ध्यान दिया होगा कि मेरे सभी उपन्यासों के मूल तत्त्वों अथवा प्रेरणा में समता होने पर भी आलोचकों और पाठकों ने 'दिव्या' और 'अमिता' पर नग्नता और प्रचारवाद के ऐसे आक्षेप नहीं किये जैसे कि मेरे अन्य उपन्यासों पर किये हैं। इस उपहासास्पद स्थिति का कारण मुझे यही समझ में आता है कि मेरे ऐतिहासिक उपन्यासों को लोगों ने तटस्थता से लिया है। और समसामयिक जीवन के उपन्यासों अपने लिये उपदेश और उपालम्भ अनुभव किए हैं। मुझे ऐसा लगता है पाठक मेरी बात तटस्थता से सुन-समझ कर सकें, इस प्रयोजन में ऐतिहासिक उपन्यासों में अधिक सरलता अनुभव हुई।

आपको पहले पत्र में लिख चुका हूँ कि 'राजेश्वरी' शीर्षक से मैंने एक अन्य छोटा सा सामाजिक उपन्यास लिखा था। वह प्रकाशन योग्य नहीं जंचा, इसलिये उसे नष्ट कर दिया था।

मैंने सचेत रूप से कभी प्रेमचन्द की परम्परा निबाहने का उत्तरदायित्व अपने ऊपर नहीं लिया। प्रेमचन्द की सप्रयोजन लिखने की प्रवृत्ति और कथा कौशल का मेरे मन में बहुत आदर है, इसका प्रभाव मेरे ऊपर हो सकता है। मुझ पर समाज की समस्याओं ने जो प्रभाव डाले अथवा प्रेरणा दी, मैंने उसकी प्रतिक्रिया को ही अभिव्यक्ति दी है। सूत्र रूप से कह सकता हूँ- समाज की परिस्थितियों और उसकी मान्यताओं में मुझे जहां-तहां अन्तर्विरोध जान पड़े हैं। उन्हें मैंने समाज की गति में अवरोध समझा है और उनकी ओर ध्यान दिलाने का यत्न किया है।

प्रेमचन्द जी की सप्रयोजन रचना वृत्ति का अनुकरण यद्यपि मैंने सचेत रूप से नहीं किया परन्तु ऐसा सादृश्य उनकी और मेरी रचनाओं में स्पष्ट है। हो सकता है उनकी सशक्त शैली ने अचेतन रूप में मुझे प्रभावित किया हो। उनके और मेरे आदर्शों में भेद स्पष्ट है। मेरे विचार में वह पाठक की सहृदयता को छूना चाहते हैं और मैं न्याय बुद्धि को। किन विदेशी लेखकों का मुझ पर प्रभाव पड़ा है। संक्षेप में

नहीं बता सकूंगा। समझता हूँ जिन लेखकों के अभिव्यक्ति के ढंग, विचारों और तर्क-शैली की मैंने मुग्ध होकर बार-बार सराहना की है, उनका प्रभाव अवश्य ही पड़ा होगा। लेखक भी अन्य मनुष्यों की भांति सफल और अच्छा बनना चाहता है। सफल और अच्छा बनने का सबसे बड़ा सफल और अच्छा ढंग है : सफल और अच्छे की साधना करना। ऐसी साधना मैंने भी सचेत अथवा अचेत रूप से अवश्य की होगी। ऐसे लेखकों में प्रमुख हैं : वालेयर, अनातोल फ्रांस, विक्टर ह्यूगो, डिकेन्स, गार्त्सवर्दी, मोपासां, पुश्किन, चेखव, टालस्टाय, तुर्गनेव।

यह शायद पहले ही पत्र में लिख चुका हूं कि मेरी रचनाओं की अमृत राय और रामविलास जी द्वारा आलोचनायें और साहित्यिक समस्याओं पर मैंने जो छुटपुट निबंध लिखे हैं, वे मेरी फाइलों में हो सकते हैं। 'रूपलेखा' का पता है- 16/17, कालेज स्ट्रीट, कलकत्ता 12। यदि कोई प्रसंग रह गया हो तो पुनः पत्र पाने पर उत्तर देने का यत्न करूँगा।

आपका
यशपाल

टिप्पणी : 31 जनवरी, 1963 के पत्र में उन्होंने मधुरेश की उपन्यासों की ऐतिहासिक तथ्यात्मकता के संबंध में पूछे गए प्रश्नों का उत्तर लिखा है "मेरे विचार में ऐतिहासिक उपन्यास का यह दायित्व है कि समय विशेष के सामाजिक चित्रण में पार्थिव अथवा विचारात्मक असंगति नहीं आनी चाहिए।"
यह पूछे जाने पर कि क्या प्रेमचंद की परम्परा का उनके ऊपर प्रभाव पड़ा है का यशपाल जी उत्तर देते हैं, "प्रेमचंद सप्रयोजन लिखने की प्रवृत्ति और कथा कौशल का मेरे मन में बहुत आदर है- इसका प्रभाव भी मेरे ऊपर हो सकता है। सूत्र रूप में कह सकता हूँ- समाज की परिस्थिति की और मान्यताओं में मुझे जहाँ तक अन्तर्विरोध जान पड़ते हैं उन्हें मैंने समाज की गति में अवरोध समझा है और ध्यान दिलाने का प्रयत्न किया है।"

दिनांक : 2.4.63

प्रिय मधुरेश जी,

आपका 28 मार्च का पत्र मिला, धन्यवाद।

आपके पत्र में जिस क्रम से प्रश्न हैं, उसी प्रकार उत्तर दे रहा हूँ।

अश्क जी की 70 कहानियों के प्रति आपका काम पूरा हो जाये तो मुझे लौटा दें। चाहता हूँ भेंट में प्राप्त पुस्तक मेरे ही पास रहे।

'झूठा सच' में किसी नये मोड़ को अपनाने के प्रयत्न का दावा मैं नहीं कर सकता। इस उपन्यास में जिस प्रकार की विषय वस्तु है, उसी के अनुरूप नर, नारी पात्रों की भी कल्पना की है। यह उपन्यास मेरे पूर्व प्रयत्नों का ही विकसित रूप है। अथवा इसमें मार्ग और शिल्प का प्रकारान्तर है या नहीं यह परखना पाठकों और पारखियों को है। हो सकता है कि 22 वर्षों के अभ्यास से तटस्थता और संयम आ गया हो, यह भी कहा जा सकता है कि 'झूठा सच' और 'दादा कामरेड' के पात्रों की परिस्थितियों और सामयिक विचारों और भावों में अन्तर है। जहां तक मैं समझता हूं कि इन उपन्यासों में विचारों की दिशा बदली नहीं है। अर्थात् लेखक की सहानुभूति विश्वासगत निष्ठा की अपेक्षा विचार का भरोसा करने की ओर ही है। 'दिव्या' की भूमिका में ही यह स्वीकृति है कि वह इतिहास नहीं एक सप्रयोजन कल्पना है। 'दिव्या' में कल्पित जैसी घटना ईसा से एक शताब्दी पूर्व सम्भव थी अथवा दो शताब्दी पूर्व, इससे उपन्यास के कथानक अथवा चित्रण पर विशेष प्रभाव पड़ेगा, ऐसा नहीं जान पड़ता। पात्र और विचार निर्जीव हैं अथवा सजीव इस विषय में मैं क्या कह सकता हूँ। 'दिव्या' के कथानक की कल्पना में ग्रीक नारी को मैंने इसलिए सम्मिलित कर लिया है कि यह घटना, जन्म से ग्रीक मिलिन्द के राज-त्याग के तुरन्त बाद की है। उस परिस्थिति में अनेक ग्रीक परिवारों की मद्र में उपस्थिति की कल्पना संगत समझी जा सकनी चाहिए। मिलिन्द के राज्य त्यागते ही या उसकी मृत्यु के बाद उसके सहायक अनेक ग्रीक परिवार सहसा लुप्त तो नहीं हो गये होंगे। उनके काल्पनिक होने से कैसे इनकार कर सकता हूँ। पाठकों के लिए कसौटी शायद यह होगी कि कथानक विश्वसनीय बन पड़ा है या नहीं। किसी आलोचक की दृष्टि में सम्भवतः वे ईसा से दो शताब्दी पूर्व सजीव माने जा सकते हैं और एक शताब्दी पूर्व तक आते-आते निर्जीव हो गये। 'दिव्या' के पात्रों और कथानक को सजीव मान लेने का एक कारण यह भी समझा जा सकता है कि वह पाठकों की कल्पना और

विश्वास को पकड़ पाती है। वरना दूसरी भाषाओं में उसके अनुवाद का कठिन परिश्रम लोग क्यों करते। 'दिव्या' के प्रथम परिच्छेद के कुछ पृष्ठों का अनुवाद अंग्रेजी में करने का यत्न मैंने किया है। मुझे यह कार्य अत्यन्त दुस्साध्य लगा। जिन लोगों ने उसका अनुवाद रूसी, मलयालम, गुजराती, मराठी तथा तेलुगु में किया है उन्होंने ऐसे कठिन परिश्रम के योग्य कुछ पाया ही होगा। हिन्दी में भी अब उसका 8वां संस्करण छापने जा रहे हैं।

'दादा कामरेड' के विषय में उस उपन्यास में शैल के निरावरण होने के प्रसंग को लेकर बहुत कहा और लिखा गया है। मैं इस विषय में अपनी बात 'सारिका' में प्रकाशित लेख में कह चुका हूँ। आपको याद होगा उस लेख में नग्नता और निरावरण अथवा उद्‌घाटन में भेद के सम्बन्ध में कुछ कहा है। मैं यह नहीं मान सकता कि नारी शरीर का सौन्दर्य 'जुगुप्सा' उत्पन्न करता है या वह अश्लील है। विचार-विशेष के लोग उस सौन्दर्य की चर्चा अथवा संकेत को केवल सौन्दर्य की भावना अथवा संवेदन के रूप में ले ही नहीं सकते। मैं उसे उनकी अक्षमता मानता हूँ। ऐसे लोगों के आक्रोश के बावजूद नर-नारी के शारीरिक सौन्दर्य के प्रसंग से प्राप्य संवेदन काव्य और साहित्य में रसोद्रेक के साधन रहे हैं।

'दादा कामरेड' की शैल की कल्पना मैंने चेतन रूप से शरत् के नारी पात्रों अथवा जैनेन्द्र की सुनीता की प्रतिक्रिया में नहीं की थी। अलबत्ता मैं नारी का अथवा भारतीय नारी का स्वभाव गुण इच्छा हीन होना और समर्पण ही नहीं मान सकता। मैंने शैल के रूप में सजीव, सक्रिय और जाग्रत भारतीय युवती की कल्पना की थी। डॉ. मोती सिंह के विचार में मेरे ही नारी पात्रों को अपना कौमार्य बोझ लगता है परन्तु वास्तव में समय और अवस्था आ जाने पर सभी प्राणियों के लिए कौमार्य बोझ हो जाता है। यह प्रकृति का नियम है, मेरा बनाया हुआ नहीं। इस नियम को स्वीकार करने के कारण ही डॉ. मोती सिंह के आदर्शों को मानने वाले सद्‌गृहस्थ भी अपनी यौवन प्राप्त सन्तानों को कौमार्य के बोझ से मुक्त करने का प्रयत्न करने लगते हैं। उन्हें यही आपत्ति हो सकती है कि मेरे पात्र इस विषय में अपनी इच्छा को महत्त्व देते हैं। केवल सृजन कार्य के दूसरों द्वारा नियंत्रित, उपकरण नहीं बनना चाहेंगे। अभिज्ञान शाकुन्तलम् में कालिदास की शकुन्तला और दुष्यन्त ने क्या किया था?

आप दिव्या के पृथुसेन के प्रति आत्मसमर्पण को कथानक की संभावना के लिए क्षमा कर सकते हैं। परन्तु शैल के हरीश को आत्मसमर्पण करने को आवश्यक नहीं समझते। ऐसे प्रसंग में आवश्यक अनावश्यक का विचार हमारी आपकी परंपरागत मान्यता से न करके शैल की भावना से ही क्यूँ न किया जाय। मेरे विचार में ऐसे प्रसंग में आत्मसमर्पण शब्द ही भ्रामक है। नारी सदा समर्पण ही करे, वह पाना भी तो चाह सकती है वांछित को पाने के अधिकार से उसे क्यों वंचित किया

जाय। शैल किसी की सम्पत्ति नहीं एक व्यक्ति थी, उसकी इच्छा का महत्त्व था- उसने भय से, प्रलोभन से, केवल क्षणिक वासना से अथवा किसी को धोखा देने के लिए कुछ नहीं किया। उसने बहुत सोच विचार कर, जो चाहती थी, उसके परिणाम और कठिनाई को समझ कर ही किया। कनक और पुरी के संबंध में आपने किस संयम की ओर संकेत किया, मैं समझ नहीं सका। रॉयल होटेल नैनीताल के प्रसंग में, लखनऊ कॉ. रे (कौन्सिल रेजीडन्स) में कनक के पुरी के विरह में और कमाल प्रेस जालंधर में कनक के विरह में पुरी की चिंता के उल्लेख में उनके संबंधों की ओर स्पष्ट संकेत है। पुरी उर्मिला के प्रसंग में संयम नहीं रख सका। कनक ने गिल के संपर्क में संयम निभाया परंतु उस संयम का आधार कनक की परंपरागत नैतिकता में निष्ठा नहीं अपितु उचित-अनुचित और वफ ादारी के संबंध में उसका अपना निर्णय था। यदि संयम से अभिप्राय स्पर्श से दूर रहना है तो शैल के निरावरण होने का प्रसंग विकटतम उदाहरण समझा जाना चाहिए।

'पथेर दावी' के प्रसंग में कहना चाहता हूँ कि शरत् की चरित्र-चित्रण की कला का मैं भी बहुत आदर करता हूँ। उनकी अनेक छोटी-बड़ी रचनाओं 'बिन्दी का लड़का', 'परिणीता', 'चरित्रहीन' आदि को मैं महान कृतियां मानता हूँ। इन रचनाओं की पकड़ अनुपम है, अतुलनीय है परन्तु 'पथेर दावी' को इतना सफल मैं नहीं मान सकता। यह मैं मानता हूँ कि उस उपन्यास द्वारा शरत् ने तत्कालीन क्रांतिकारियों के प्रति श्रद्धा उत्पन्न करने में सफलता पायी थी, परन्तु उस प्रकार से उपन्यास के साधारण व्यक्ति के मन में स्वयं भी क्रांतिकारी हो सकने का विश्वास उत्पन्न नहीं हो सकता। 'पथेर दावी' को अंग्रेज सरकार ने जब्त कर लिया था यह उसकी कलात्मकता का प्रमाण नहीं माना जा सकता। उसका कारण उपन्यास में स्पष्ट प्रयोजन था। 'पथेर दावी' को बंकिम बाबू के 'आनन्द मठ' के समकक्ष रखा जा सकता है।

इन दोनों उपन्यासों के पात्र अलौकिक श्रद्धा के मूर्त हैं। हमारे संसार के परिचित व्यक्ति नहीं, यह बात मैं केवल अपने अनुभव के आधार पर ही नहीं बल्कि क्रांतिकारियों के जीवन के प्रसंग पर इस शताब्दी के आरम्भ से लिखे गए विदेशी उपन्यासों और संस्मरणों की पृष्ठभूमि में कह रहा हूँ। समय के क्रम में क्रांतिकारियों की मान्यतायें और विचार जरूर बदल सकते हैं परन्तु उनके प्रसंग को विश्वसनीय बनाने के लिए उनकी मानवीय प्रकृति तो प्रकट होनी ही चाहिए। वह बात मुझे सव्यसाची और भारती के कन्दराओं और खण्डहरों में बीतने वाले जीवन में नहीं लगती। पथ के दावेदार को आपने 1913 के आस पास की कहानी समझा है, तत्कालीन क्रांतिकारियों की गतिविधि और व्यवहार के लिए आप 'पथेर दावी' की तुलना में शचीन्द्र सान्याल के संस्मरण 'बन्दी जीवन' प्रथम भाग से कर सकते हैं।

पिछले पत्र में विदेशी लेखकों के नामों का उल्लेख करते समय गोर्की का नाम संभवतः लिखने वाले से चूक में रह गया होगा। मुझे तो Dictate ही कराना पड़ता है।

डॉ. रामविलास को 'देशद्रोही' का नायक खन्ना, बलवान और नैतिक व्यक्ति नहीं जान पड़ता। रामविलास को खन्ना के इस रूप से असंतोष इसलिए है कि खन्ना उपन्यास में कम्युनिस्ट विचारधारा का प्रतिनिधित्व करता है। देशद्रोही की आलोचना में उन्होंने कुछ इस प्रकार की बात लिखी थी- 'कम्युनिस्टों' का निर्माण ऐसी धातु से नहीं होता। सम्भवतः रामविलास 'देशद्रोही' में कम्युनिस्ट विचारधारा का प्रतिनिधित्व करने वाले नायक को 'पथेर दावी' के सव्यसाची का प्रतिरूप देखना चाहते थे। परन्तु मुझे अनेक बहुत बड़े व वास्तव में त्यागी, ईमानदार कम्युनिस्ट नेताओं के व्यक्तिगत जीवन का परिचय है। अनेक विदेशी कम्युनिस्ट नेताओं की जीवनी भी पढ़ी है। मैंने उन्हें लौह पुरुष नहीं, हाड़-मांस का ही व्यक्ति पाया है जो मानवीय प्रवृत्तियों के बावजूद उद्देश्य के प्रति निःस्वार्थ त्याग और ईमानदारी निभाते हैं। खन्ना का भी ऐसा ही व्यक्तित्व है उसने कभी धोखा नहीं दिया, न कर्तव्य के प्रति कायरता ही दिखलाई। आलोचक को यह भी नहीं भूल जाना चाहिए कि खन्ना का स्वभाव और प्रवृत्तियां, प्रकृति और चरित्र मध्यवित्त परिवार के प्रभावों की उपज है और उसके विचारों पर क्रांतिकारी कम्युनिस्ट विचारधारा का प्रभाव है। आप ही सोचिये कि किसी पात्र में इन दोनों तत्त्वों के समन्वय की विश्वास योग्य परिणति क्या हो सकती है। खन्ना ने अपने सैद्धान्तिक लक्ष्यों के लिए और अपनी पत्नी के विधवा हो जाने का विश्वास हो जाने की अवस्था में दूसरा विवाह कर लेने पर और चंदा के प्रेम को पाकर भी उसका परिवार न टूटने देने के लिए क्या साधारण त्याग किया है? आलोचक को यह भी समझना चाहिए कि खन्ना जैसे साधारण व्यक्ति भी विचारों का बल पाकर बहुत कुछ कर सकते हैं। कम्युनिज्म को सहयोग देने के लिए असाधारण प्रकृति का होना ही आवश्यक नहीं। प्रश्न यह भी है कि 'देशद्रोही' का खन्ना अपनी विचारधारा के लिए पाठकों की सहानुभूति पा सका है या नहीं इस विषय में यदि रामविलास की सम्मति का मूल्य है तो राहुल जी की सम्मति का भी कुछ मूल्य होना चाहिए। राहुल जी ने 'देशद्रोही' उपन्यास को स्थायी मूल्य की वस्तु और विश्व साहित्य में स्थान पाने योग्य बताया था। शायद केरल में भी कुछ समझदार कम्युनिस्ट होंगे। केरल की कम्युनिस्ट पार्टी के प्रकाशन गृह ने 'देशद्रोही' का मलयालम में अनुवाद प्रकाशित किया है और उसके तीन संस्करण हो चुके हैं। रामविलास के विचार में केरल के कम्युनिस्टों ने यह काम कम्युनिस्टों के प्रति घृणा फैलाने के लिए ....

मेरी 12 सर्वश्रेष्ठ कहानियां कौन-सी हैं यह निर्णय करना मेरे लिए बहुत

कठिन है। इस विषय में मैं अपना निर्णय पाठकों पर लादना नहीं चाहता।

'नालन्दा' के नाम से एक और उपन्यास अतीत के परिवेश में लिखने का विचार था। परन्तु उसके लिए पर्याप्त सामग्री नहीं जुटा पाया।

'जुलेखां' अंग्रेजी अनुवाद से अनूदित है और उस अनुवाद को अपने समाज की पकड़ के योग्य बनाने के लिए पूरी स्वतंत्रता से काम लिया गया है।

'बारह घण्टे' का पुस्तक के रूप में प्रकाशन कागज न मिलने के कारण स्थगित हो रहा है। कागज अगले मास तक उपलब्ध होगा। यदि आप चाहें तो धर्मयुग के 11 अंकों में से उपन्यास के पृष्ठ काटकर आपको भेज दिए जा सकते हैं। संभव है 'धर्मयुग' ही यह समीक्षा छाप देने को तैयार हो जाये। 'बारह घण्टे' से पूर्व मैंने एक और उपन्यास, 'बारह घण्टे' से लगभग तिगुने आकार का अपने हाथ से मोटे-मोटे अक्षरों में लिख लिया था। केवल लिख लिया था, पढ़ नहीं सकता था। मास डेढ़ मास बाद उसे पढ़वाकर नये सिरे से डिक्टेट कराने का यत्न करूँगा। यदि जंच गया तो प्रकाशित हो जायगा। अनेक लोग साहित्यिक संस्मरणों के लिए अनुरोध कर रहे हैं। 'आइने के सामने' लिखते समय लगभग 50 फुलस्केप टाइप्ड लिख भी डाला था। उसमें से 11 पृष्ठ 'आइने के सामने' में प्रकाशित हो गए हैं और कुछ पृष्ठ सारिका में ही अश्लीलता संबंधी अन्य लेख के रूप में प्रकाशित हो गये हैं। उसे भी सोचता हूं कि लेखा जोखा के तौर पर पूरा कर डाला जाय।

आपने यशपाल साहित्य के ऊपर अपनी जिस पुस्तक का सुझाव दिया है, प्रकाशवती जी उसके प्रकाशन के सम्बन्ध में सोचने को तैयार हैं परन्तु यदि संभव हो तो इस वर्ष के अन्त से पहले यशपाल अभिनन्दन ग्रंथ में प्रकाशित कुछ लेखों तथा तत्पश्चात् प्रकाशित लेखों को लेकर एक संग्रह प्रकाशित कर देना चाहती हैं। 'लहर' में प्रकाशित आपका लेख इस संग्रह में उनके लिए उपयोगी होगा।

पत्र की पहुँच की सूचना दें।

आपका
यशपाल

श्रीयुत मधुरेश जी
डिपार्टमेन्ट ऑफ इंगलिश
मदन लाल कॉलेज
बिसौली
बदायूँ

यशपाल दिनांक : 12 जून, 63

प्रिय मधुरेश जी,

आपके 24 और 27 मई के पत्र यथा-समय मिल गये थे। उत्तर में विलंब हुआ। अन्यथा न मानियेगा। आपने जिन पुस्तकों के लिए लिखा था, वो प्रकाशवती जी ने भिजवा दी थीं। 'पिंजरे की उड़ान' बिना जिल्द की है। यह नया संस्करण छपा है। अधिक विलंब न हो अतः वैसे ही भिजवा दिया है। इस पार्सल में जो पुस्तकें नहीं भेजी जा सकीं उनके संस्करण समाप्त हो गये हैं। कागज मिलने पर छपेंगे।

आपके 27 मई के पत्र से प्रकाश जैन और मनमोहिनी जी के आक्रोश का कारण जानकर मुझे बहुत खिन्नता हुई। नहीं चाहता था इस खिन्नता में कोई कड़वी बात कह दूँ। इसलिये उत्तर टालता गया। आपका सुझाव है कि गलतफहमी दूर करने के लिए उत्तर देना ही चाहिए, इसलिये कम से कम आपको तो दे ही दूँ। आपका यह अनुमान ठीक है 'लहर' कार्यालय से सच बोलने की भूल तथा 'झूठा सच' की प्रतियों के लिये लिखा गया पत्र प्रकाशवती जी के ध्यान में न आ पाया हो। आजकल डाक की जैसी व्यवस्था है, प्रायः ही पत्रों के न मिलने और पहुँचने से झुंझलाहट होती ही रहती है। गत 2-3 मास में प्रकाशवती जी और मुझको पारिवारिक कार्यों से बार-बार पंजाब जाना पड़ा था, इसलिये भी डाक और प्रबंध में गड़बड़ी रही। 'लहर' परिवार का विचार है कि मैं पारिश्रमिक की आशा न होने पर उनसे आँखों की विवशता का बहाना कर देता हूँ और अन्यत्र मेरी रचनाएं छपती रहती हैं। दूसरों का मन रखने के लिये कुछ भी किया जाता है। मुझे याद है ऐसा कुछ कम से कम मैं एक बार 'लहर' के लिए कर चुका हूँ, जब कहानी के सम्बन्ध में अन्य लेखकों के साथ मेरे विचार भी 'लहर' में प्रकाशित हुए थे। उस प्रकार के सहयोग के लिए मैं सदैव इच्छुक रहता हूँ परन्तु धमकी और व्यंग मुझे पसंद नहीं। यदि मैं 'लहर' को नजर की विवशता की बात न कह कर लिख देता कि आपके लिये मेरे पास समय नहीं है तो शायद यह उन्हें सच्चाई लगती और संतोष हो जाता परन्तु मैं उनके प्रति सद्भावना बनाये रखने के लिये ऐसा न कर सका। जहां तक वास्तविकता और सच्चाई का प्रश्न है, इस समय मेरी नजर की अवस्था ऐसी हो चुकी है कि किसी व्यक्ति को साथ लिये बिना मैं घर से बाहर नहीं निकल सकता। आयु की थकावट या जो भी कारण हो, अब पूर्ववत सामर्थ्य नहीं कि प्रतिदिन कुछ न कुछ बोल कर लिखवा सकूं या प्रति सप्ताह एक कहानी अथवा लेख लिखवा सकूं। यह भी सच है कि मैं बिलकुल निष्क्रिय नहीं रहता, रह भी नहीं सकता। गत 10-11 मास में 'बारह घण्टे' के अतिरिक्त 3-4 कहानियां और 3-4 लेख ही लिखवा सका हूँ। लेखन

अथवा रचनाओं के पारिश्रमिक के अतिरिक्त मेरी आय के कोई दूसरे साधन नहीं हैं। कुछ भी पढ़वा कर सुनने अथवा कुछ भी लिखवाने के लिए मुझे खर्च करना पड़ता है। मैं किसी से अपने लिए बिना मूल्य लिये श्रम की अपेक्षा नहीं करता। मैं नहीं समझ सकता कि मुझसे क्या आशा की जानी चाहिए? अपनी रचनायें सौजन्य अथवा साहित्य सेवा के नाते पारिश्रमिक देने में असमर्थ सहृदयों को भेंट कर दूं और लोग मेरी सहायता के लिये अपीलें करते घूमें। सच मानिये, इस प्रकार की माँगें महीने में चार-पांच मिलती हैं। मैं ऐसे अनुरोध का व्यवहारिक अर्थ समझता हूँ, 150 रु. की सहायता का तकाजा। जबकि मैं बहुत कम सार्थक परिश्रम कर पा रहा हूँ। अगले ही मास या अगस्त में मुझे आखों का आपरेशन कराना पड़ेगा। क्या मैं उस समय सरकार और सहृदय लोगों से सहायता की याचना करूँगा। और क्या लोग मुझे सहायता या दया का पात्र समझेंगे? शायद कुछ लोग समझें भी परन्तु मैं इस प्रकार की दया की सहायता स्वीकार नहीं कर पाऊँगा। मुझे यह कहने में भी संकोच नहीं कि साहित्य-सृजन में मेरे श्रम का पार्थिव मूल्य वही है जो मैं अपनी रचना के लिये बाजार में पा सकता हूं। अन्य श्रमिकों की तरह मैं भी अपने श्रम का अधिक से अधिक मूल्य चाहता हूँ और अपनी रचनायें उन्हीं को देता हूँ जो मुझे अधिक से अधिक मूल्य देंगे। सौजन्य में सहयोग के नाते मैं केवल वही छिटपुट संक्षिप्त रचनायें दे सकता हूँ जिन्हें पूरा पारिश्रमिक देने वालों की मांग के अतिरिक्त लिख सकूँ। आपने गलतफहमी दूर करने के अभिप्राय से 'लहर' परिवार की बात मुझे बता दी है। यदि आपको मेरे उत्तर से गलतफहमी दूर होने की आशा हो उनसे सम्बद्ध प्रसंग की प्रतिलिपि उनको भेज दें। इसमें मुझे कोई आपत्ति नहीं होगी। पुस्तकों की प्रतियां अवश्य भेजी जा सकती है परन्तु उनका पत्र आने पर। लखनऊ आने का कार्यक्रम आप अपनी सुविधा से बना सकते हैं। 27-28 जून तक मुझे और प्रकाशवती जी को पारिवारिक कार्य से अनिवार्यतः फिर पंजाब जाना होगा। हम लोग 7-8 जुलाई तक लौटेंगे। आप आने से पूर्व सूचना दे दीजिएगा। मैं लौटते ही आपरेशन के लिए अस्पताल में बात करूँगा। आपका आना ऐसी अवस्था में ठीक होगा जब मैं अस्पताल में नहीं घर पर रहूं।

प्रकाशवती जी की ओर से सस्नेह।

आपका

यशपाल

टिप्पणी : 12 जून, 1963 के पत्र में रचनात्मकता को लेकर पारिश्रमिक का मुद्दा उठाया गया है। जिसका उत्तर यशपाल ने यह दिया है "लेखन अथवा रचनाओं के अतिरिक्त मेरी आय के कोई दूसरे साधन नहीं हैं। कुछ भी पढ़वाकर सुनने अथवा कुछ भी लिखवाने के लिए मुझे खर्चा करना पड़ता है। मैं किसी से अपने लिए बिना मूल्य लिये श्रम की अपेक्षा नहीं करता।"

यशपाल दिनांक : 18.8.1974

प्रिय मधुरेश जी,

आपका 14.8.74 का पत्र मिला। प्रदीप के यहां आने के समय मैं अकस्मात कुछ व्यस्त था साथ ही पेट के कष्ट से कुछ अनमन भी। उसे अधिक समय न दे सका। मालूम नहीं, उसकी जिज्ञासाओं के समाधान के मेरे प्रयत्न से उसे सन्तोष हो सका या नहीं।

बच्चे के यकृत (लिवर) की चिन्ता बहुत आवश्यक है। सुने और देखे से अनुमान है कि यकृत का प्रभाव शरीर की सम्पूर्ण अवस्था पर, खास तौर पर शारीरिक और मानसिक विकास पर भी गहरा पड़ता है। बच्चे के प्रति यह आपका पहला कर्तव्य है।

संतोष है कि 'मेरी तेरी उसकी बात' आपको 'झूठा सच' से भी कद्रे सफल लगा। अनेक अन्य लोगों की भी ऐसी राय है। यहां 30 जुलाई संध्या हिन्दी भवन में इस उपन्यास पर चर्चा के लिए गोष्ठी हुई थी, स्थान कम पड़ गया था। श्री लाल शुक्ल ने आरंभ किया था, अशोक जी, ठाकुर प्रसाद, सुरेन्द्र चतुर्वेदी, भगवती चरण जी वर्मा भी बोले थे। दोनों प्रकार के स्वर थे परन्तु अधिकांश में सराहना के। नयी पीढ़ी के कुछ लोगों को राजनैतिक पात्रों का over night hero heroin बन जाना अस्वाभाविक लगा परन्तु अशोक जी, वर्मा जी, चतुर्वेदी आन्दोलन से वैयक्तिक रूप से कुछ परिचित लोगों को वह उस आन्दोलन का स्वयं देखा ऐसा यथार्थ लगा जिसमें वे अधिकांश पात्रों को, उनके काल्पनिक बातों के बावजूद पहचान सके। वर्मा जी ने इस उपन्यास को विमल मित्र के वर्णनात्मक डेकोरेटिव आर्ट का, विमल मित्र से आगे बढ़ा नमूना बताया। अन्तिम दो पृष्ठों के विषय में पायोनियर और स्वतंत्र भारत में पुस्तक पर प्रकाशित लम्बे लेखों के अलावा कुछ पत्रों या बातचीत से तीन तरह के interpritetion सुनने को मिले। 1. उपन्यास के अन्त में ऊषा जैसी उग्र और साहसी नायिका का परिस्थिति से परास्त होकर पलायनवादी हो जाना। 2. उषा में मातृत्व की भावना की प्रणय भावना से उग्र हो जाने का। 3. अनुभव से उषा का मान लेना, क्रांति लोगों को तोड़ना नहीं उन्हें मोड़ना है। और उस पर सबसे पहला दायित्व अपने बेटे के कुसंस्कारों को मोड़ने का है। इसी स्थिति का व्यवहारिक रूप है बेटे के प्रति दायित्व और पाठक से सान्निध्य की आवश्यकताओं में समन्वय की जरूरत उसके लिए स्पष्ट कर देती है कि उषा और पाठक का सान्निध्य या संबंध

उनका प्राकृतिक अधिकार है। उस पर सामाजिक मान्यता की मुहर के लिए परेशानी केवल रूढ़ी की स्वीकृति या मान्यता की चिन्ता है जो स्वयं एक तरह से पराजय है।

बलिया से मेरे परिचय के संबंध में उस इलाके के शोध विद्यार्थी P.H.D और प्रसिद्ध प्रोफेसर भाषा विज्ञान डॉ. उदय नारायण तिवारी का पत्र है पुस्तक की भूरि-भूरि सराहना के साथ उन्होंने लिखा है बलिया से दो ही मील उनका घर है। उस क्षेत्र और आन्दोलन का इतना यथार्थ चित्रण उन्होंने पहली बार ही देखा है। 'किस की बलि?' उप शीर्षक से दोनों अभिप्राय है राजनैतिक संघर्ष में बलि कौन हुए? और फिर सामाजिक मान्यताओं की वेदी पर कितनी ही बलियों के प्रसंग 'मेरी तेरी उसकी बात' स्वयं में सम्पूर्ण है। परन्तु उसमें पात्रों के माध्यम से सूत्र रख दिये गए हैं कि बशर्ते अवसर क्या दूसरे उपशीर्षक से (झूठ सच की तरह) इस उपन्यास का भी दूसरा भाग लिखा या गढ़ा जा सके। पत्र की पहुँच और अपना विचार लिखियेगा। यहां से सबकी ओर से बच्चे की शीघ्र स्वाथ्य की कामना और आपको सस्नेह नमस्ते

हितू यशपाल

पुनश्च : पुस्तक की भाषा के संबंध में भी चर्चा रही। कुछ लोगों को अधूरे क्रिया पद या उनको तार की भाषा जान पड़ी, कुछ को उससे भाषा चुस्ती और बानगी। प्रो. उदय नारायण तिवारी ने इस शैली को बहुत सराहा, भाषा के सिर से अनावश्यक बोझ उतारकर उसे चुस्त बना सकना।

महानगर लखनऊ 226006
दिनांक : 9.8.76

प्रिय मधुरेश जी,

आपका 21.7.76 का पत्र मिला। इधर लगातार अस्वस्थ्य चल रहा हूँ।

मैकमिलन से माहेश्वर जी के दो पत्र आ चुके हैं। माहेश्वर जी का कहना है, उन्होंने आपको परामर्श के लिए दिल्ली आ सकने के लिए लिखा था। यह भी लिखा है कि मैं कुछ प्राप्त पत्र और उत्तर सीधे उन्हें ही भेज दूँ तो भी चल सकता है। आपके अनुरोध के कारण ऐसा नहीं किया परन्तु आपको सुझाव जरूर है कि अन्य प्रसंगों के कुछ और पत्र सम्मिलित करना अच्छा रहेगा। यहाँ 6 को पुरस्कार वितरण समारोह था। उस प्रसंग में माहेश्वर भी दिल्ली से आये थे। समारोह में उनसे भेंट हुई थी। उस भीड़ में किसी और बात के लिए अवसर भी न था।

प्रकाश जी की नमस्ते।

हितू यशपाल

माहेश्वर जी या मैकमिलन को आपसे पांडुलिपि के संबंध में किसी ने सम्यक् चर्चा नहीं की है।

टिप्पणी : मधुरेश को 9.8.76 को लिखा गया पत्र सम्भवतः अंतिम है। क्योंकि इसी वर्ष उनका देहान्त हो गया था। इस पत्र में मैकमिलन के संपादक डॉ. महेश्वर का अपना तथा मधुरेश का पत्राचार सीधे उन्हीं को भेजने की बात लिखी है।

विद्याधर शुक्ल को संबोधित

एस-16, नवीन शाहदरा, दिल्ली
22.6.84

प्रिय शुक्ल,
बहुत दिनों से आपका कोई समाचार नहीं मिला। एकदम चुप्पी, एकदम सन्नाटा। न 'साहित्यनामा' देखने को मिला और न 'लेखन'। आप लेखन का भैरव प्रसाद गुप्त विशेषांक निकाल रहे थे। उसका क्या बना? क्या योजना नींव ही में रह गई? साहित्यनामा क्यों नहीं निकल रहा, इन दोनों की कमी महसूस हो रही है। क्या आर्थिक संकट ने आ घेरा या कुछ दूसरे कारण हैं?

कई दफा याद आई और आज यह पत्र लिख दिया आशा है कि आप उत्तर देंगे और बतायेंगे कि आप आज कल क्या कर रहे हैं। और आप का स्वास्थ्य कैसा है?

मैं इन दिनों अपनी आत्मकथा 'मेरे सात जनम' नाम से लिख रहा हूँ। यह 5 खण्ड में पूर्ण होगी। पहले (पहला) खण्ड प्रेस में जा चुका है। ख्याल है कि जुलाई में निकल जाये। इसके कुछ अंश चार किश्तों में सारिका में प्रकाशित हुए थे। दूसरा खण्ड टाइप होने जा रहा है। तीसरा खण्ड भी लिखा जा चुका है, लेकिन उसे दोबारा लिखना है। पहले दो खण्ड भी दोबारा लिखे गये हैं। इसे मैंने उपन्यास की शैली में लिखा है। दरअसल यह बीसवीं सदी का सामाजिक, राजनीतिक और सांस्कृतिक इतिहास होगा।

आशा है कि आप स्वस्थ्य और कुशल होंगे।

आपका
रहबर

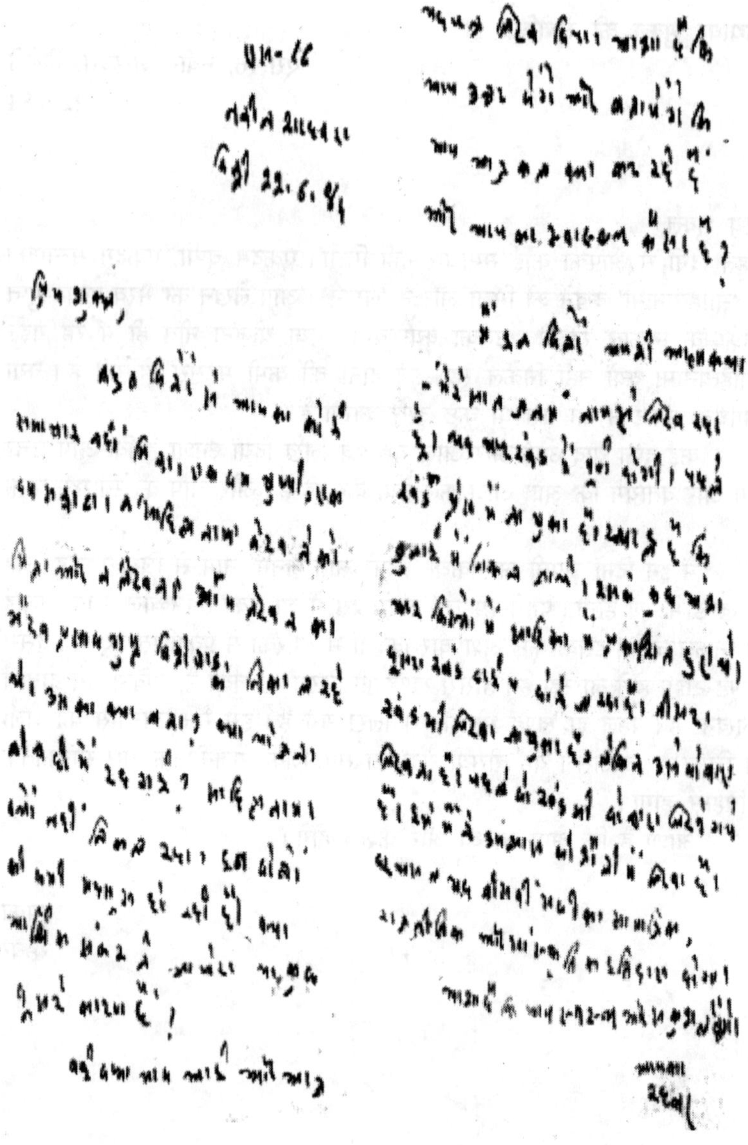

मुक्तिबोध को संबोधित

रमेश चन्द्र शाह
अंग्रेजी विभाग
मोती लाल विज्ञान महाविद्यालय
भोपाल (म.प्र.)
तारीख : 9 जनवरी, 62

प्रियवर,
'लहर' के दिसम्बर अंक में 'चौराहे' शीर्षक आपकी कविता पढ़ी थी। पढ़कर यह इच्छा बलवती हो उठी कि आपको पत्र लिखूँ- उस कविता ने मुझे बेहद प्रभावित किया था। आलस्यवश यों ही स्थगित करता चला आ रहा था कि संयोगवश 'रचना' की प्रति हाथ लगी और उसमें आपका लेख 'आधुनिक कविता की पार्श्वभूमि' पढ़कर दुबारा- तिबारा पढ़ा, ऐसी ठोस सारगर्भ चीजें हिन्दी में कहां पढ़ने को मिलती हैं, हिन्दी में सैद्धान्तिक आलोचना तो एक कुहेलिका है हर आलोचक अपना झंडा अलग ही फहराना चाहता है, मैं उक्त लेख में प्रतिपादित आपके दृष्टिकोण का कायल हूँ। आपने हिन्दी कविता की (प्रत्युत हिन्दी के साहित्यिक मान की) एक मूलभूत कमजोरी का उद्घाटन किया है। स्वयं एक सफल कवि होने के नाते आपने नई कविता की तथा-कथित बौद्धिकता का निर्मम विश्लेषण प्रस्तुत किया है जो सर्वथा समीचीन है।

तथ्य से तत्त्व तक की यात्रा में कई दुर्लंघ खाइयां हैं जिनको पार करना बौद्धिक साहस से कहीं अधिक नैतिक साहस की अपेक्षा रखता है। दुर्लभ मानवीय गुण और समर्पण भावना के बिना यह संभव नहीं- इन बातों पर अंग्रेजी साहित्य के संदर्भ में मुझे भी थोड़ा-बहुत सोचने का मौक़ा मिला है। वास्तव में व्यापक मानव समस्याओं का मर्मबोध लेखक को दार्शनिक की तरह सोचने के लिए विवश करता ही है, रूपासक्ति और अक्षर-वासना तब अत्यन्त निकृष्ट कोटि की चीज़ें लगने लगती हैं अपने यहां की आठ चमत्कारी सिद्धियों की तरह, लगता है कलाकार को भी पथभ्रष्ट करने के लिए mediocrity आत्मसंतुष्ट महसूस कराने के लिए कला के रास्ते में पग- पग पर ऐसे आभूषण हैं, fancy को tantalize कर देने तथा बुद्धि को भटकाने वाली सिद्धि तो सर्वथा अगम्भीर कलाकारों को भी प्राप्त हो जाती है। आत्मोपलब्धि भी बड़ा प्रवंचनात्मक शब्द है। जो असमाजिक है, मानव-निरपेक्ष है वही अध्यात्म है वही व्यक्तित्व है? ऐसे भ्रम भी खड़े हो जाते हैं। मगर हिन्दी का लेखन अधिकतर Safety valve की खोज का परिणाम होता है, यों तो एक प्रकार से बड़े से बड़ा साहित्यकार भी अन्तः सुख के लक्ष्य से न्यूनांश में प्रेरित होता है। अधिकांश में होना भी अपने आप में कोई दोष नहीं है। स्वान्तः सुखाय में मानव द्रोह हो यह कतई आवश्यक नहीं फिर भी हम देखते हैं कि मूर्धन्य कलाकारों का

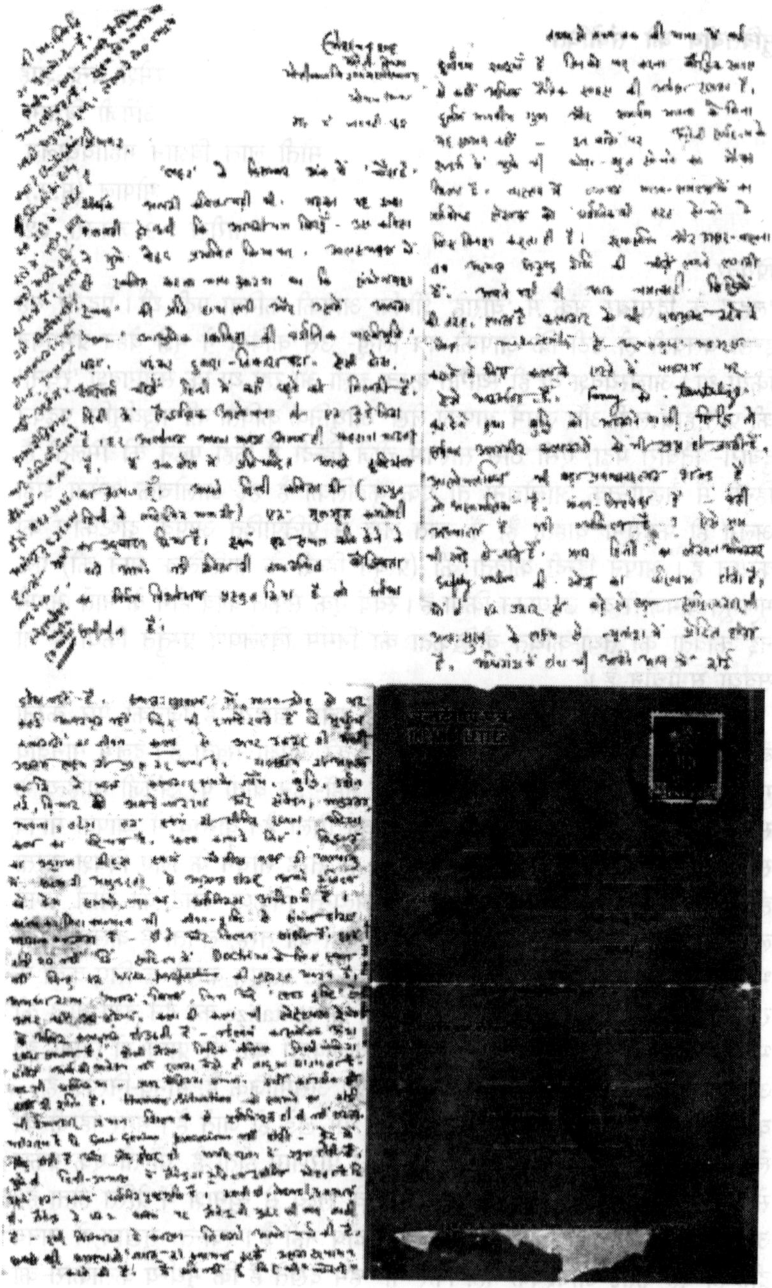

जीवन कला से ऊपर उठकर ही अपनी उच्चतम लक्ष्य को प्राप्त कर पाया है, टालस्टाय, को असह्य था कि वे मात्र कलाकार समझे जाएं, बुद्धि, दर्शन, तर्क, विचार, अवहेलना करना और संवेदन, भावुकता, भावना, तरंग, तक स्वयं को सीमित रखना घटिया कला का परिचय है। 'कला कला के लिए' सिद्धान्त का उद्गम कीट्स स्वयं चौबीस वर्ष की अल्पायु में सत्य की असुन्दरता से आक्रान्त होकर अपने कृतित्व को हेय समझने लगा था। दार्शनिकता अपरिहार्य है। काव्य का गिरा काव्यत्व भी जीवन-दृष्टि से संपन्न होकर महाकाव्य बन जाता है। दांते और मिल्टन साक्षी हैं : इसमें कोई शक नहीं कि साहित्य में Doctrine के लिए स्थान नहीं किन्तु एक Wide prospective की जरूरत अवश्य है, अन्यथा काव्य 'झलक' बिम्ब चित्र और 'खण्ड दृष्टि' से ऊपर नहीं उठ सकेगा। कला की कला भी सोद्देश्यता के योग से अधिक कलात्मक हो उठती है। वर्ड्सवर्थ का सर्वोत्तम अंश इसका प्रमाण है, शेली जैसा लिरिक जीनियस जिसकी पंक्ति का संगीत अर्थ की अपेक्षा नहीं रखता वैसे ही जादू सा छा जाता है। वह भी दार्शनिक था प्रखर बौद्धिकता सम्पन्न हार्डी का दर्शन ही हार्डी की शक्ति है। Human Situation को समझने का कोई भी ईमानदार प्रयत्न शिल्प से पूर्वाभिभूत हो ही नहीं सकता। यही कारण है कि Great genius precocious नहीं होती देर में प्रौढ़ होती है और प्रौढ़ होकर ही गम्भीर सृजन में प्रवृत्त होती है। मुझे तो हिन्दी उपन्यास में जैनेन्द्र का कृतित्व इसीलिए मोहता है कि उसमें एक स्पष्ट दार्शनिक पृष्ठभूमि है। कहानी हो, लेख हो, उपन्यास हो, जैनेन्द्र के एक-एक वाक्य पर जैनेन्द्र की मुहर सी लग जाती है। इसी विशेषता के कारण जिसकी आपने चर्चा की है। सबसे बड़ी समस्या तो 'जगत्' को स्वायत्त करके उसका रूपायन करने की है। मैं कवि नहीं हूँ फिर भी 'चौराहे' की मनस्थिति का भुक्त भोगी हूँ। क्षेत्रीय प्रसार व्यापक वैविध्य उधर खींचता है, सूक्ष्म विश्लेषण या गहरी अनुभूति इधर, लेखकों के लिए त्याज्य क्या? Unitication of sensibility रहने में सहज है करने में नहीं, मगर यही आज के कवि का धर्म है एतदर्थ उसे एक जीवन दर्शन उपलब्ध करना ही होगा, उपलब्ध नहीं अर्जन। क्षमा कीजिएगा। चार पंक्तियाँ लिखने बैठा था न जाने कैसे बहक गया असंगत कुछ रह गया होगा तो भूल जाइएगा।

स्नेहाधीन

भवदीय

रमेशचन्द्र शाह

टिप्पणी : रमेशचन्द्र शाह ने 9.1.62 के पत्र में मुक्तिबोध की कविता 'लहर' में पढ़ने पर पत्र भेजने की इच्छा हुई थी क्योंकि उस कविता ने लेखक को बहुत प्रभावित किया था। हिन्दी के लेखन में शाह की राय है कि वह अधिकार 'सेफ्टी वाल्व' की तरह जेगविम से दूर है। जिसका परिणाम यह होता है कि बड़े से बड़ा साहित्यकार का अन्तः सुख के लिए न्यूनांश में प्रेरित होता है

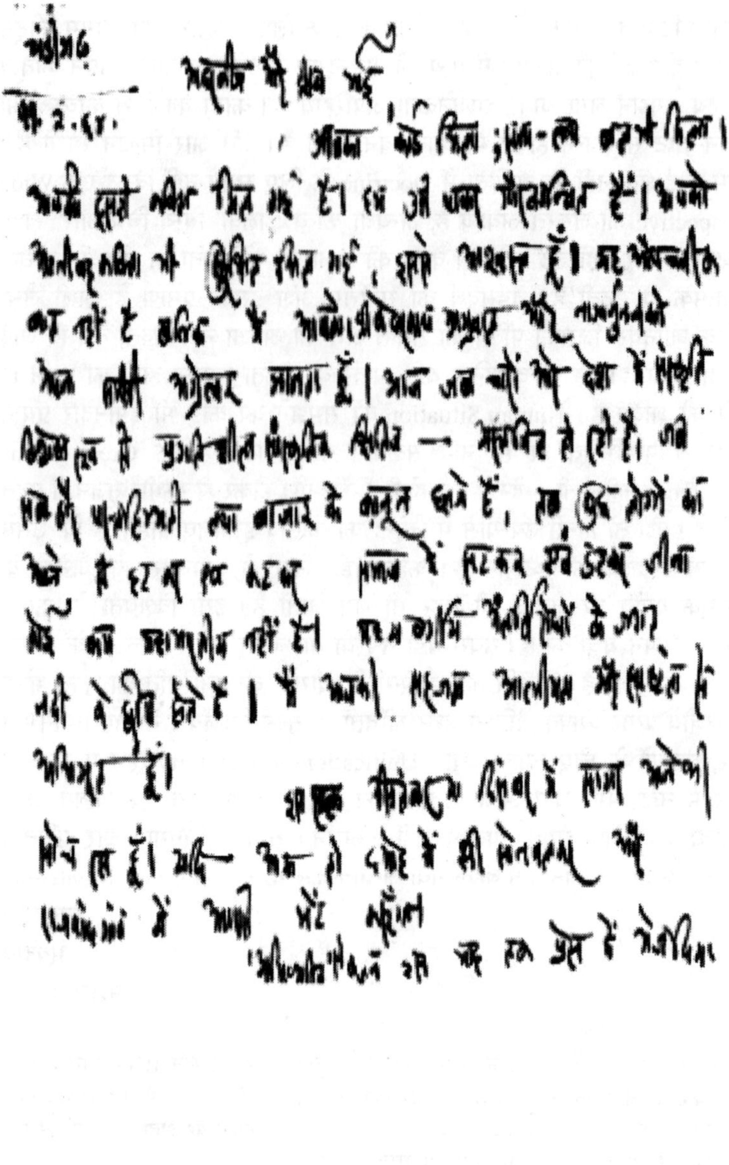

मुक्तिबोध को संबोधित

चंडीगढ़
11.2.64

आदरणीय और प्रिय भाई,
आपका कार्ड मिला; साथ- साथ बल भी मिला। आपकी दूसरी कविता मिल गई है। हम उसे पाकर गौरवान्वित हैं। आपको अपनी वह कविता भी सुरक्षित मिल गई, इससे आश्वस्त हूँ। यह औपचारिक बात नहीं है बल्कि मैं आपको, श्री केदारनाथ अग्रवाल और नागार्जुन जी को अपना समीपी अग्रेत्वर मानता हूँ। आज जब चारों ओर देश में संस्कृति विशेष रूप से प्रगतिशील सांस्कृतिक क्षितिज-अस्तवित हो रही है। जब सब ठौर पस्त हिम्मती तथा बाज़ार के कानून छाये हैं, तब कुछ लोगों का अपने से हटकर एवं कटकर समाज में सटकर एवं डटकर जीना कोई कम महाभारतीय नहीं है। मध्यवर्गीय अंतर्विरोधों के जगत् नदी के द्वीप होते हैं। मैं आपकी सहजता आत्मीयता और स्पष्टता से अभिभूत हूँ।

इस साल सितम्बर या दिसम्बर में सागर आने की सोच रहा हूँ। यदि- आया तो दमोह में भी सोनवलकर (सातेवलकर) और राजनांदगांव में आपसे भेंट करूँगा।

'अभिव्यक्ति' संकलन इस माह तक प्रेस में भेज दिया जायेगा।

शेष शुभ

आपका
रमेश कुंतल मेघ

टिप्पणी : 11.2.64 का पत्र भी चण्डीगढ़ से लिखा गया है। इस पोस्टकार्ड में मुक्तिबोध की दूसरी कविता मिल जाने पर गौरव की अनुभूति व्यक्त की गई है।

30, नई राजामंडी,
आगरा-2,
१४.२.६४

प्रिय नंद किशोर जी,

जब कोई विद्वान यह सोच ले कि पढ़ने-लिखने में समय गँवाना जरूरी नहीं है, तब उसके कुलपति बन जाने में कोई हानि नहीं है। तो देवेन्द्रनाथ जी अब पटना वि.वि. के कुलपति हैं---- मुझे दरभंगा तक की बात मालूम थी।

व्याख्यानों के बारे में मेरी स्थिति यह है कि आगरे से निकलना अभी संभव ही नहीं है। पत्नी रक्तचाप से पीड़ित हैं, हृदय भी कमजोर है, उन्हें छोड़कर कहीं आना जाना संभव नहीं है। पिछले साल अक्तूबर में दो दिन के लिए इलाहाबाद गया था, सो वहां लेने के देने पड़ गये। थोड़ी असुविधा होती तो मैं अवश्य आ जाता — इधर मैं तुलसीदास को पढ़ता भी रहा हूँ — पर आने लायक स्थिति में नहीं हूं, देवेन्द्रनाथ जी से क्षमानिवेदन कर दें।

लोक को न डर = सामन्ती समाज का विरोध
परलोक को न सोच = पुरातन धर्म की अस्वीकृति
देव सेवा न सहाय = मंदिरों का बहिष्कार
गर्व धाम को, न धन को = सर्वहारा की विजय
राम ही के नाम तें जो होय सोई नीको लागै = सर्वहारा की प्राक्‌मार्क्सीय काल में मजबूरी
ऐसोई सुभाव कछु तुलसी के मन को = सर्वहारा का गर्व

सहमत हैं न?

सस्नेह
रामविलास शर्मा

30, नई राजामंडी, आगरा-2,
14.2.74

प्रिय नन्द किशोर जी,

जब कोई विद्वान यह सोच ले कि पढ़ने-लिखने में समय गँवाना जरूरी नहीं है, तब उसके कुलपति बन जाने में कोई हानि नहीं है। तो देवेन्द्र नाथ जी अब पटना विश्वविद्यालय के कुलपति हैं...मुझे दरभंगा तक की बात मालूम थी।

व्याख्यानों के बारे में मेरी स्थिति यह है कि आगरे से निकलना अभी संभव ही नहीं है। पत्नी रक्तचाप से पीड़ित हैं, हृदय भी कमजोर है, उन्हें छोड़कर कहीं आना-जाना संभव नहीं है। पिछले साल अक्टूबर में दो दिन के लिए इलाहाबाद गया था और यहां लेने के देने पड़ गये। थोड़ी असुविधा होती तो मैं अवश्य आ जाता-इधर मैं तुलसीदास को पढ़ता भी रहा हूँ पर आने लायक स्थिति में नहीं हूँ, देवेन्द्र नाथ जी से क्षमा निवेदन कर दें।

लोक को न डर	सामन्ती समाज का विरोध
परलोक को न सोच	पुराण धर्म की अस्वीकृति
देव सेवा न सहाय	मंदिरों का बहिष्कार
गर्वधाम को न धन को	सर्वहारा की विनय
राम ही के नाम तें जो होय	
सोई नीको लाग	सर्वहारा की प्राक् मार्क्सीय काल में मजबूरी
ऐसोई सुभाव कछू	
तुलसी के मन को	सर्वहारा का गर्व
सहमत हैं न?	

सस्नेह
रामविलास शर्मा

टिप्पणी : 14.2.74 यह एक दिलचस्प पत्र है। इसमें विद्वानों के विश्वविद्यालयों के कुलपति बनने पर चुटकी ली गई है। जब कोई विद्वान यह सोच ले कि पढ़ने लिखने में समय गँवाना जरूरी नहीं है, तब उसके कुलपति बन जाने में कोई हानि नहीं है। तो देवेन्द्र नाथ जी अब पटना विश्वविद्यालय के कुलपति हैं......मुझे दरभंगा तक की बात मालूम थी।

19.5.78

प्रिय डॉ. नवल,

आपका 15/5 का पत्र मिला। 'धरातल' का नया अंक मिला था।

आप अभी कविताएं न छापें। एक तो पुरानी कविताएँ ढूंढ़ निकालना, इस गर्मी में विकट समस्या है; दूसरे मुझे यह निर्णय करने के लिए समय चाहिए कि ये छापने लायक है या नहीं। इस समय मैं अपनी भाषावाली पुस्तक में लगा हूँ। साल भर में विवेचनात्मक गद्य-लेखन का काम समाप्त हो जायगा, आशा करता हूँ। तब कविता की ओर ध्यान दूंगा।

भाषावाली पुस्तक 'भारत के प्राचीन भाषा परिवार और हिन्दी' तीन खंडों में है। इसका कोई हिस्सा 60-70 पन्ने से कम कहीं छपे तो उसका सिर पैर किसी की समझ में न आयेगा। इस समय पूरी किताब प्रेस के लिए दुरुस्त कर रहा हूँ, इसलिए आप उतना बड़ा अंश छापें भी तो न भेज सकूँगा। इस पुस्तक का कुछ परिचय 'भाषा और समाज' (दूसरा संस्करण) की भूमिका के अंतिम अंश में दे दिया है। यह संस्करण पिछले साल निकल गया था।

नयी कविता वाली पुस्तक निकल गई है। मैंने प्रकाशक को लिखा है कि आपको समीक्षार्थ एक प्रति भेज दें आपके लेख जब भी जहां मिलते हैं, अवश्य देख लेता हूँ- सरसरी निगाह से। आप ठीक रास्ते पर हैं। बाकी बातें अपने अनुभव से सीखेंगे। इन लेखों को छह महीने बाद फिर देखें- यह जांचें कि कहाँ-टिप्पणी अधिक विस्तृत होनी चाहिए, कहाँ उद्धरण कम किये जा सकते हैं, कहाँ तत्कालीन साहित्यिक गतिविधि का उल्लेख आवश्यक है, कहाँ लेखक का विकास पथ प्रशस्त हो रहा है, इत्यादि।

मैं ठीक हूँ पर काम ज्यादा नहीं कर पाता। आशा है आप स्वस्थ और प्रसन्न हैं।

सस्नेह

रामविलास शर्मा

टिप्पणी : 19.5.78 के पत्र में नवल से बतलाते हैं भाषा वाली पुस्तक भारत के प्राचीन भाषा परिवार और हिन्दी तीन खंडों में है।

5.12.80

प्रिय डॉ. नवल,

2/12 का पत्र मिला। मुझे आशंका थी कि परिवार में कोई बीमार न हो। तुम घर के बाहर बीमार न पड़े, लौटने पर घर वाले स्वस्थ मिले होंगे, यह भी मन को तसल्ली देने के लिए काफी है। लक्ष्मण नारायण गर्दे के लेख भारत मित्र में छपे थे। गलती से तुम्हें भारत जीवन बताया था। बनारस (ना. प्र. सभा) में भारत जीवन की फाइल है, भारत मित्र की नहीं।

दो चार दिन पहले तुम्हें कार्ड डाला है, मिला होगा, इस महीने डॉ. हरिनारायण मिलेंगे; उन्हें प्रेमचंद संबंधी सामग्री दे देना। तुम अगले साल दशहरे में आओगे, तब तक अंग्रेजी राजवाली पुस्तक शायद समाप्त हो जाय पर इससे मैं 'और कुछ प्रसन्न मनोदशा में, हूँगा, इसकी संभावना कम है क्योंकि तब हाथ में 'मार्क्सवाद और प्रगतिशील सा. की समस्याएं,' पुस्तक होगी।

सस्नेह

रामविलास शर्मा

टिप्पणी : 5.12.80 के पत्र में रामविलास शर्मा लक्ष्मण नारायण गर्दे जी के लिए लेख के बारे में नवल को बतलाते हैं कि उनके द्वारा दी गई सूचना गलत थी। गर्दे जी का लेख भारत जीवन के बजाय भारत मित्र में छपा था। दशहरे पर आगरा आने के लिए निमंत्रित भी किया है।

9.6.82

प्रिय नवल,

29/5 के पत्र से तुम्हारे काम की जानकारी मिली,

'राम की शक्तिपूजा' 'भारत' में छपी थी, जिस अंक में भी छपी हो, 'माधुरी' में उस पर मेरा लेख जहाँ तक याद है, 'अनामिका' के प्रकाशन के पहले छपा था। उसमें शायद 'भारत' का उल्लेख भी है।

(साहित्य साधना में) नि. जी ने 'राम की शक्तिपूजा' के सिलसिले में मेरे जिस पत्र का उत्तर दिया है, वह 'भारत' में कविता छापने पर लिखा गया था

'हिन्दी के गर्व और गौरव प्रेमचंद जी'

संभवतः वही लेख है जो प्रेमचंद की मृत्यु से कुछ पहले 'भारत' में छपा था। यह 'कलम का सिपाही' में उद्धृत है, साप्ता. हिन्दु. के प्रेमचंद अंक में भी शायद फिर छपा था। कोई अन्य लेख हो तो इस समय याद नहीं आ रहा।

सप्रेम

रामविलास शर्मा

टिप्पणी : 9.6.62 के पत्र में निराला जी को प्रसिद्ध कविता 'राम की शक्तिपूजा' के भारत पत्र में छपने का उल्लेख तथा 'माधुरी' में रामविलास जी की उस पर लेख लिखने की सूचना है।

1.10.82

प्रिय नवल,

तुम्हारा 24/9 का कार्ड मिला। अंग्रेजी राजवाली किताब छप गई है। प्रकाशित न हुई होगी तो इस महीने आगे पीछे आयेगी। भारतीय साहित्य और तुलसीदास पर विलंब से लिखूंगा। अभी मैं 'मार्क्सवाद और लेनिन' लिखने की तैयारी कर रहा हूँ।

दुलारे लाल के नाम निराला जी के 50 पत्र मिल गये बड़ी बात हुई, ये सभी पत्र न होंगे। निराला जी ने उन्हें बहुत पत्र लिखे थे। पत्रों की नकल मिली हो तो मूल से मिला कर देखने का यत्न जरूर करना जा. व. शास्त्री जी स्वयं को लिखे हुए पत्र शामिल करने नहीं दे रहे, यह स्वाभाविक है। श्रीमती शीला सन्धू ने ग्रंथावली की रूपरेखा मेरे पास भेजी थी, तभी मैंने लिखा कि पत्रों को ग्रंथावली में शामिल न करना चाहिए।

मेरी पत्नी मधुमेह के कारण बहुत कमजोर हो गई हैं। 'जनशक्ति' अब सही पते के साथ मिल जाती है।

सप्रेम
रामविलास शर्मा

टिप्पणी : 1.10.82 के पत्र में नवल को अंग्रेजी राज वाली पुस्तक के छपने की सूचना तथा दुलारे लाल भार्गव के नाम निराला जी के पचास पत्र मिल जाने की जानकारी दी गई है।

24.6.83

प्रिय नवल,

तुम्हारा 7/6 का पत्र मिल गया था यह जानकर प्रसन्नता हुई कि अंग्रेजी राज के बाद तुम भाषा परिवार पढ़ रहे हो डा. नामवर सिंह यहीं हैं बता रहे थे, भोपाल में डॉ. कमलेश दत्त त्रिपाठी ने उस पुस्तक पर अच्छा व्याख्यान दिया था तुम्हारे निबंध की भी प्रशंसा कर रहे थे।

माता जी का स्वास्थ्य ठीक चल रहा है। वह अब यहीं रहेंगी मैं 17 जुलाई को दिल्ली पहुँचूँगा 'मार्क्स और पिछड़े हुए समाज' की पांडुलिपि दुरुस्त करके प्रकाशक को दूंगा फिर जो काम यहां कर रहा हूं उसे आगे बढ़ा दूंगा। इसका संबंध अभी भारतीय इतिहास से ज्यादा है, भारतीय साहित्य से कम 'भारतीय साहित्य की भूमिका' के रूप में इसे समेटने का विचार है। 'जनशक्ति' मिल रही है आशा है अब स्वास्थ्य ठीक होगा।

सप्रेम
रामविलास शर्मा

टिप्पणी : 24.6.68 के पत्र में आगरा से 17 जुलाई को दिल्ली पहुंचने की सूचना है। तथा अपनी पुस्तक अंग्रेजी राज के बारे में अच्छी प्रतिक्रियायें आने का भी संकेत है।

सम्मेलन, इलाहाबाद
13.6.55

प्रिय श्री कृष्णदास जी,
मैं दो दिन आपके आफिस में गया, आप नहीं मिले। लोकगीतों पर आपकी लेखमाला बड़ी सुंदर निकल रही है। आप बड़ी गहराई से समाज में व्याप्त संस्कृति को देख रहे हैं। मैं बड़े ध्यान से पढ़ता हूँ। मेरे ग्रामगीत संग्रह का सच्चा लाभ आप ले रहे हैं। यही उसकी सार्थकता है।

इस पत्र के साथ श्री वासुदेवशरण के एक अध्ययन पर अपनी सम्मति लिखकर भेजता हूँ। इसे अमृत पत्रिका में किसी अच्छे स्थान पर आकर्षक बनाकर छपवा दीजिये। अंत में जयंतियों के बारे में आप भी अपनी या सम्पादक की सम्मति प्रकट कीजिए।

अब 20 या 29 को आऊँगा। आप स्वस्थ होंगे।

आपका
रामनरेश त्रिपाठी

टिप्पणी : 13.6.55 के पत्र में त्रिपाठी जी श्रीकृष्ण दास को लोक गीतों पर उनकी लेख माला की प्रशंसा करते हैं। इसी पत्र में वासुदेवशरण अग्रवाल के एक अध्ययन पर टिप्पणी भेजने की बात है जैसे 'अमृत पत्रिका' में उपयुक्त स्थान पर छाप देने का अनुरोध है।

[illegible]-निवास,
मुजफ्फरपुर
२८.११.५४

प्रिय श्री [illegible] जी,

'[illegible]' [illegible] सम्पादक श्री [illegible] जी का पत्र आया, जिसमें उन्होंने लिखा है कि वे मेरी रचनाओं पर समीक्षात्मक निबंध लिखवाने के लिये आपको लिख रहे हैं। तो आपको सूचित करता हूँ। मैं [illegible] को [illegible] या [illegible] समय में आने वाला हूँ, तबतक [illegible] लिख सकेंगे, तो मैं भी [illegible] आपसे आपका निबंध-[illegible] पढ़ लूँगा।

आशा है, आप सानन्द और प्रसन्न हैं।

सस्नेह
रा.वृ. बेनीपुरी

वसंत निवास, सुल्तानपुर
29.11.55

प्रिय श्रीकृष्णदास जी,
आज अवंतिका सम्पादक श्री सुधांशु जी का पत्र आया, जिसमें उन्होंने लिखा है कि वे मेरी रचनाओं पर समीक्षात्मक निबंध लिखने के लिए आपको लिख रहे हैं। सो आपको सूचित करता हूँ। मैं दिसम्बर के पहले या दूसरे सप्ताह में आने वाला हूँ। तब तक आप कुछ लिख सकेंगे, तो मैं भी देख लूँगा। और आगे भी विचार-विमर्श कर लेंगे।

आशा है आप स्वस्थ और प्रसन्न हैं।

शुभेच्छु
रामनरेश त्रिपाठी

टिप्पणी : सुल्तानपुर से 29.11.55 के पोस्ट कार्ड में त्रिपाठी जी श्रीकृष्णदास जी को लिखते हैं कि उनके पास पटना से 'अवंतिका' के संपादक श्री लक्ष्मी नारायण सुधांशु का पत्र आया है वह त्रिपाठी जी की रचनाओं पर श्री कृष्णदास जी से लेख लिखाना चाहते हैं।

वसंत निवास, सुल्तानपुर
25.10.55

प्रिय श्रीकृष्ण दास जी,

दिनकर जी ने अवंतिका के कवि अंक के लिये मेरे कवि जीवन के संस्मरण मांगे हैं। साथ ही वे मेरी रचनाओं पर एक समीक्षात्मक निबंध भी देना चाहते हैं। निबंध के लिए उन्होंने मद्रास के श्री रामानंद शर्मा को चुना है। पर मुझसे भी पूछा है कि मैं कोई दूसरा नाम सूचित करूँ। मुझे मालूम नहीं, और शर्मा जी ने कहाँ तक मेरा अध्ययन किया है। मैं चाहता हूँ कि आप लिखें। आप बहुत यथार्थ लिख सकते हैं। मैं भी प्रयाग आता रहता हूँ, विचार-विनिमय होता रह सकता है। क्या आप का नाम लिख भेजूँ? निवेदन तो वे ही करेंगे।

आप सुख से होंगे।

शुभेच्छु
रामनरेश त्रिपाठी

टिप्पणी : 25.10.55 के पत्र में कृष्णदास को बतलाते हैं कि दिनकर जी ने 'अवंतिका' में त्रिपाठी जी के जीवन विषयक संस्मरण मांगा है।

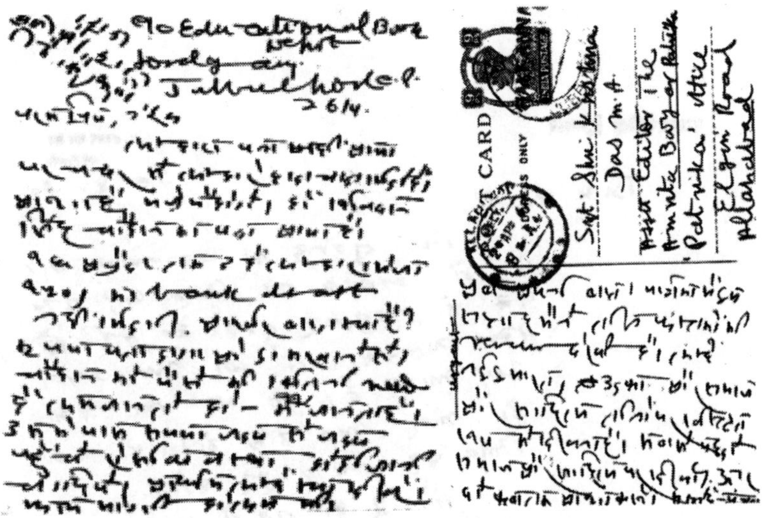

दिनांक : 26.4

परम प्रिय दास,

तुम्हारा पत्र नहीं आया पर चन्दर से तुम्हारे हाल-चाल मिले हैं। आशा है मजे में होंगे। हाँ शिवदान सिंह चौहान का पत्र आया है 16 अप्रैल तक उन्हें तुम्हारा भेजा 150 रुपये का बैंक ड्राफ्ट नहीं मिला, आखिर बात क्या है? कृपया पता लगाओ डाकखाने से। चौहान को पैसे की कितनी need है। तुम जानते हो- मैं जानता हूँ उसके पास रूपया जल्द से जल्द पहुंचे, ऐसी व्यवस्था हो ही जानी चाहिए, अधिक तुम्हें क्या लिखूँ अब अपनी बात पत्रिका में इस सप्ताह मैंने तीस पुस्तकों की रिव्यू देखी है। तुम्हें नयी इमारत, उल्का और समाज और साहित्य तीनों पर विस्तृत रूप से लिखना है। सबसे पहले समाज और साहित्य पर लिखो उत्तर दो कब तक आशा करूँ।

आपका

रामेश्वर शुक्ल (अंचल)

टिप्पणी : अंचल जी ने 26.4. को जबलपुर से श्रीकृष्णदास को लिखा है। हाँ शिवदान सिंह चौहान का पत्र आया है। 16 अप्रैल तक हमें तुम्हारा भेजा 150 रूपये का बैंक ड्राफ्ट नहीं मिला। आखिर बात क्या है? कृपया पता लगाओ डाकखाने से चौहान को पैसे की कितनी नीड है उसके पास रुपया जल्द से जल्द पहुँचे। पत्र के तथ्य से अनुमान लगाया जा सकता है कि हमारे रचनाकार कितने आर्थिक कष्ट में जीते थे।

रामधारीसिंह दिनकर

५, [illegible] लेन
नई दिल्ली
३०.५.७०

प्रिय पद्मा,

मि. सुरेन्द्र का पत्र आया था। मैंने जवाब भी लिखा था। उस पत्र के अनुसार तुम्हें 20 मई तक अस्पताल से घर आ जाना था। आशा है, तुम घर आ गयी हो और अब ठीक हो। पत्र लिखकर चिंता दूर करो।

मैं 2 की रात में पटना आऊंगा। वहाँ 8 से 12 तक रहूँगा। 12 की शाम को कलकत्ता जाऊंगा और वहाँ 15 तक रहूँगा। 15 की शाम के हवाई जहाज से दिल्ली पहुंचूंगा।

शेष कुशल है। ईश्वर की कृपा से बाल-बच्चे ठीक हैं।

तुम्हारा
दिनकर

रामधारी सिंह 'दिनकर'

5, सफदरजंग लेन
नई दिल्ली
दिनांक : 30.5.70

प्रिय पद्मा,
चि. सुरेन्द्र का पत्र आया था। मैंने जवाब भी लिखा था। उस पत्र के अनुसार तुम्हें 20 मई तक अस्तपाल से घर आ जाना था। आशा है, तुम घर आ गयी हो और अब ठीक हो। एक पत्र लिख कर चिंता दूर करो।

मैं 3 की रात में पटना जाऊँगा। वहाँ 4 से 8 तक रहूंगा। 8 की शाम को कलकत्ता जाऊंगा और वहाँ 15 की शाम के हवाई जहाज से दिल्ली पहुंचूंगा। शेष कुशल है। ईश्वर की कृपा से बाल-बच्चे ठीक हैं।

तुम्हारा
दिनकर
रामधारी सिंह 'दिनकर'

टिप्पणी : 30.5.70 का पत्र भी दिल्ली से ही लिखा गया है। इस पत्र में पद्मा सचदेव के बीमार होने तथा अस्पताल से लौट आने की सम्भावना का उल्लेख है। पत्र लिखकर दिनकर जी ने चिंता दूर करने की बात लिखी है।

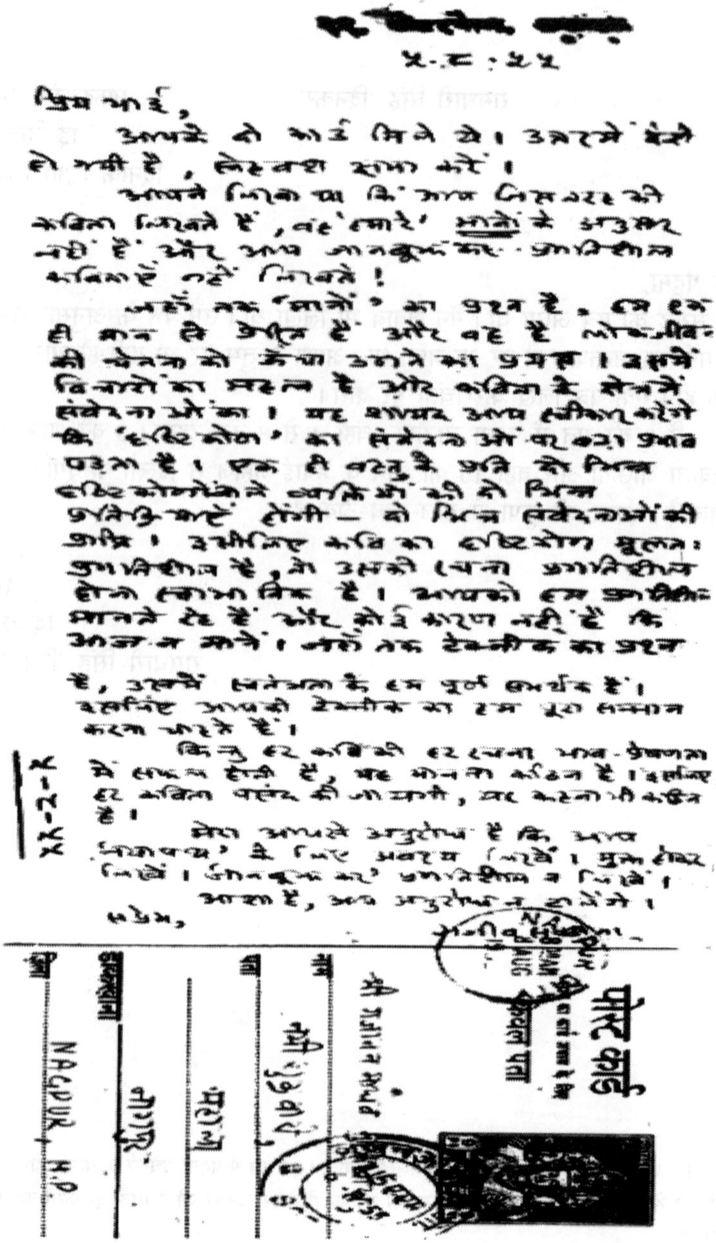

प्रिय भाई,

आपके दो कार्ड मिले थे। उत्तर में देरी हो गयी है, स्नेहवश क्षमा करें।

आपने लिखा था कि आप जिस तरह की कविता लिखते हैं, वह 'हमारे' मानों के अनुसार नहीं है और आप जानबूझ कर प्रगतिशील कविताएँ नहीं लिखते!

जहाँ तक 'मानों' का प्रश्न है, वे एक ही बात से प्रेरित हैं और वह है लोकजीवन की चेतना को ऊँचा उठाने का प्रयत्न। इसमें विचारों का महत्व है और कविता के क्षेत्र में संवेदनाओं का। यह शायद आप स्वीकार करेंगे कि 'दृष्टिकोण' का संवेदनाओं पर बड़ा प्रभाव पड़ता है। एक ही वस्तु के प्रति दो भिन्न दृष्टिकोणों वाले व्यक्तियों की दो भिन्न प्रतिक्रियाएँ होंगी — दो भिन्न संवेदनाओं की प्राप्ति। इसीलिए कवि का दृष्टिकोण मूलतः प्रगतिशील है, तो उसकी रचना प्रगतिशील होना स्वाभाविक है। आपको हम प्रगतिशील मानते रहे हैं और कोई कारण नहीं है कि आगे न मानें। जहाँ तक टेक्नीक का प्रश्न है, उसमें स्वतंत्रता के हम पूर्ण समर्थक हैं। इसलिए आपकी टेक्नीक का हम पूरा सम्मान करना चाहते हैं।

किन्तु हर कवि की हर रचना भाव-प्रेषणता में सफल होती है, यह मानना कठिन है। इसलिए हर कविता पसंद की जा सकेगी, यह कहना भी कठिन है।

मेरा आपसे अनुरोध है कि आप 'ज्ञानोदय' के लिए अवश्य लिखें। खुलकर लिखें। जानबूझ कर 'प्रगतिशील' न लिखें।

आशा है, आप अनुरोध न टालेंगे।

सप्रेम,

पोस्ट कार्ड

नागपुर

NAGPUR, M.P.

मुक्तिबोध को संबोधित

दिनांक : 5.8.55

प्रिय भाई,
आपके दो कार्ड मिले थे। उत्तर में देरी हो गयी है, स्नेहवश क्षमा करें।

आपने लिखा था कि आप जिस तरह की कविता लिखते हैं, वह 'हमारे' भावों के अनुसार नहीं हैं और आप जानबूझ कर प्रगतिशील कविताएँ नहीं लिखते!

जहाँ तक 'मानो' का प्रश्न है, हम एक ही मान से प्रेरित हैं और वह है लोक जीवन की चेतना को ऊँचा उठाने का प्रयत्न। इसमें विचारों का महत्त्व है और कविता के क्षेत्र में संवेदनाओं का! यह शायद आप स्वीकार करेंगे कि 'दृष्टिकोण' का संवेदनाओं पर बड़ा प्रभाव पड़ता है। एक ही वस्तु के प्रति दो भिन्न दृष्टिकोणों वाले व्यक्तियों की दो भिन्न प्रतिक्रियाएँ होंगी   दो भिन्न संवेदनाओं की प्राप्ति। इसीलिए कवि का दृष्टिकोण मूलतः प्रगतिशील है, तो उसकी रचना प्रगतिशील होना स्वाभाविक है। आपको हम प्रगतिशील मानते रहे हैं और कोई कारण नहीं है कि आज न माने। जहाँ तक टेक्नीक का प्रश्न हैं, उसमें स्वतंत्रता के हम पूर्ण समर्थक हैं। इसलिए आपकी टेक्नीक का हम पूरा सम्मान करना चाहते हैं।

किन्तु हर कवि की हर रचना भाव-प्रेषणता में सफल होती है, यह मानना कठिन है। इसलिए हर कविता पसंद की जायेगी, यह कहना भी कठिन है।

मेरा आपसे अनुरोध है कि आप 'नया पथ' के लिए अवश्य लिखें। मुक्त होकर लिखें। 'जानबूझकर' प्रगतिशील न लिखें।

आशा है, आप अनुरोध न टालेंगे।

सप्रेम,
राजीव सक्सेना

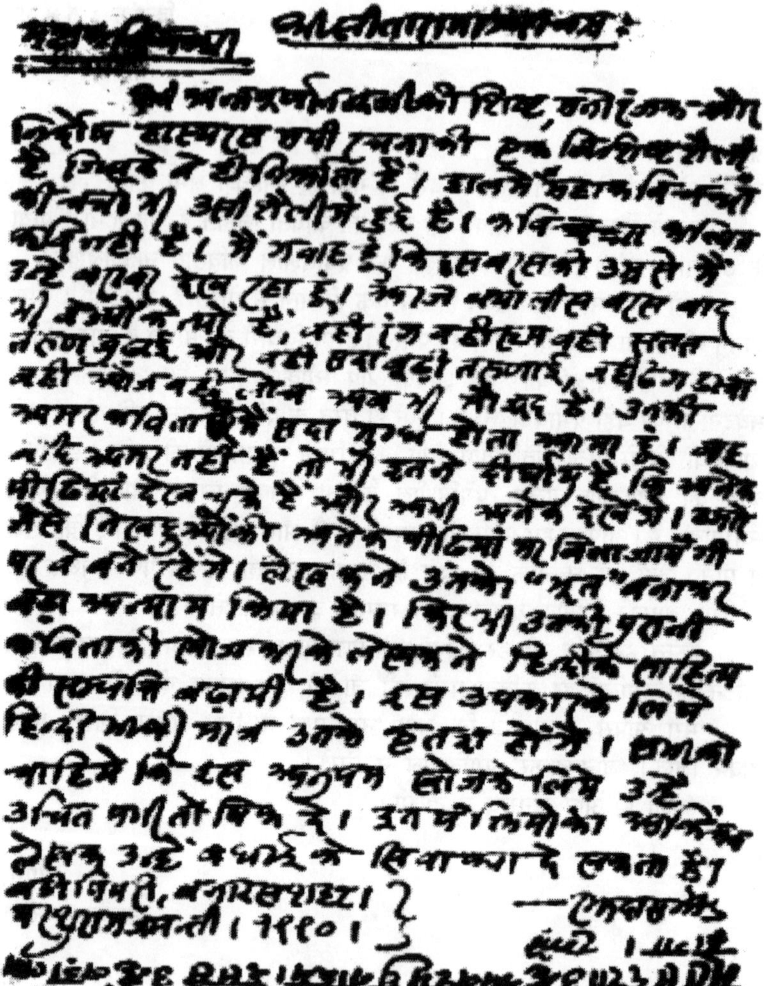

[illegible] [illegible] :

श्री [illegible] की शिष्ट, [illegible] और
निर्दोष हास्यरस [illegible] एक विशिष्ट शैली
है जिसके वे ही निर्माता हैं। इसमें [illegible]
की रचना भी उसी शैली में हुई है। [illegible]
[illegible] नहीं है। मैं गवाह हूँ कि [illegible] को उसके मैं
उन्हें [illegible] देख रहा हूँ। [illegible] वाले बाद
भी [illegible] नये हैं, वही रंग वही [illegible] वही [illegible]
[illegible] और वही [illegible] तरुणाई, वही ढंग [illegible]
वही [illegible] अब भी मौजूद है। उनकी
अमर कविता [illegible] सदा युवा [illegible] हूँ। यह
[illegible] अमर नहीं हैं तो भी इतने दीर्घजीवी हैं कि अनेक
पीढ़ियाँ देख चुके हैं और अभी अनेक देखेंगे। [illegible]
[illegible] अनेक पीढ़ियों [illegible] भी
[illegible] बने रहेंगे। लेकिन [illegible] उनको "भूत" बनाकर
[illegible] किया है। फिर भी उनकी पुरानी
कविता की खोज [illegible] लेखक ने हिन्दी के साहित्य
की [illegible] बढ़ायी है। इस उपकार के लिये
हिन्दी भाषी मात्र उनके कृतज्ञ होंगे। [illegible]
चाहिये कि इस [illegible] खोज के लिये उन्हें
उचित [illegible] दें। [illegible]
देखकर उन्हें बधाई के सिवा क्या दे सकता हूँ।
[illegible], बनारस [illegible]। — [illegible]
[illegible]। १९९०। [illegible]
[illegible]

अन्नपूर्णा नंद वर्मा को संबोधित

श्री सीतारामाभ्यां नमः

महाकवि चच्चा,

श्री अन्नपूर्णानन्द जी की शिष्ट, मनोरंजक और निर्दोष हास्यरसमयी रचना की एक विशिष्ट शैली है जिसके वे ही निर्माता हैं। हाल में 'महाकवि चच्चा' की चर्चा भी उसी शैली में हुई है। कवि चच्चा कल्पित कवि नहीं हैं। मैं गवाह हूँ कि दस बरस की उम्र से मैं उन्हें बराबर देख रहा हूँ। आज बयालिस बरस बाद भी वे ज्यों के त्यों हैं, वही रंग वही रूप वही सतत तरुण बुढ़ाई और वही सदा बूढ़ी तरुणाई, वही ढंग वही ओज वही लोच अब भी मौजूद है। उनकी अमर कविता से मैं सदा मुग्ध होता आया हूँ। वह यदि अमर नहीं हैं तो भी इतने दीर्घायु हैं कि अनेक पीढ़ियां देख चुके हैं और अभी अनेक देखेंगे। हमारे जैसे निखट्टुओं की अनेक पीढ़ियां मर बिला जायँगी (जायेंगी)। पर वे बने रहेंगे। लेखक ने उनको "भूत" बनाकर बड़ा अन्याय किया है। फिर भी उनकी पुरानी कविता की खोज करके लेखक ने हिन्दी के साहित्य की सम्पत्ति बढ़ाई है। इस उपकार के लिये हिन्दी भाषीमात्र उनके कृतज्ञ होंगे। सभी को चाहिए कि इस अनुपम खोज के लिये उन्हें उचित पारितोषिक दे। इन पंक्तियों का अकिंचन लेखक उन्हें बधाई के सिवा क्या दे सकता है।

रामदास गौड़

प्रिय अन्नपूर्णानन्द जी 'वन्दे कृपा कर लिखिये कि जो कुछ मैंने बताया था, किया गया या नहीं। अब बा. शिवप्रसाद जी का क्या हाल है? यदि मौका होगा तो उनसे कह दीजिएगा कि भगवान से उनको स्वस्थ सुखी और चिरायु करने के लिए नित्य बिना नागा प्रार्थना करता हूँ। उन्हें विश्वास दिलाइये कि मेरी प्रार्थना कभी निष्फल नहीं होती। वह शीघ्र ही अच्छे होकर घर आवेंगे। उनके घोर कष्ट का समय बीत गया। मेरा प्रेमपूर्वक आशीर्वाद उनसे कहियेगा। मेरा संदेशा उन्हें अवश्य सुनाइये। इससे उन्हें बड़ा लाभ होगा।

सप्रेम

रामदास गौड़

बड़ी पियरी बनारस, शहर

परशुराम जयन्ती, 1990

टिप्पणी : रामदास गौड़ ने बनारस से अन्नपूर्णानन्द जी को जो पत्र लिखा है उसमें उन्हें हास्य रस का निर्माता कहा है। वह स्वयं को 'महाकवि चच्चा' का आँखों देखा साक्षी बतलाते हैं।

दिनांक 25/1

[illegible]

मालती सहाय
एम.ए.

खंजरपुर, भागलपुर
दिनांक 28/1

श्रद्धेय चौकन दा, (लक्ष्मीकांत वर्मा)
आपका पत्र, आपका स्नेह, आपकी शुभकामनायें, और आपका आशीर्वाद। यह आप लोगों का ही स्नेह और आशीर्वाद था कि अंजू का विवाह ठीक तरह सम्पन्न हो गया, अंजू खुश भी है, वह अभी कलकत्ता में है।

कल कितनी जल्दी आज हो उठता है और जिन्दगी कहां से कहां भागती जा रही है, इसका अहसास आपके पत्र ने धरा दिया वैसे, अतीतजीवी बनना नहीं चाहता।

आशा है, आप स्वस्थ एवं सानंद हैं, और आपको पाकर जन धन्य है, हमें यहाँ उसकी प्रति उपलब्ध नहीं : क्या रेलवे बुक स्टॉल पर भिजवाने की व्यवस्था नहीं हुई है?...यूं आप वी.पी. द्वारा भेज मुझे ग्राहक बना लें मैं चाहता हूँ, भागलपुर के जन जीवन तक वह पहुँचे।

योग्य सेवा लिखेंगे, मालती प्रणाम कह रही है,

स्नेहकांक्षी,
राधाकृष्ण

टिप्पणी : भागलपुर से 28.1. ... को राधाकृष्ण जी ने लिखा है कल कितनी जल्दी आज हो उठता है। और जिन्दगी कहाँ से कहाँ भागती जा रही है। इसका अहसास आपके पत्र ने करा दिया। वैसे अतीत जीवी नहीं बनना चाहता हूँ।

Telegrams "UKHBAR" TELEPHONE NOS. 5 & 6.

Urgent

MADHURI

(A Premier Hindi Monthly Magazine)

NEWUL KISHORE PRESS.

No. 2892 Lucknow 8/5/1932.

~~Dear Sir~~
प्रिय वर्माजी,

वन्दे। एक पत्र आपके पास भेजा था, पर कुछ उत्तर नहीं मिला। यह पत्र फिर लिख रहा हूँ। मालूम नहीं, माधुरी आपकी कृपा से क्यों वंचित है।

आषाढ़ में हम माधुरी का विशेषांक निकाल रहे हैं। हम चाहते हैं, उसमें आपका एक लेख अवश्य रहे। क्या आप मेरी प्रार्थना पर ध्यान देने की कृपा करेंगे? २५ जून तक आपका लेख मिल जाना चाहिए।

आशा है, आप हमें निराश नहीं करेंगे।

भवदीय
रूपनारायण पाण्डेय
प्र० सम्पादक

उ० 9-11

अन्नपूर्णा नंद वर्मा को संबोधित

TELEGRAM : "UKHBAR" TELEPHONE NOS. 5&8

MADHURI
(A premier Hindi Monthly Magazine)
NEWUL KISHORE PRESS,
No. 2892, Lucknow, 11.7.35

प्रिय वर्मा जी,

वन्दे। एक पत्र आपके पास भेजा था, पर कुछ उत्तर नहीं मिला। यह पत्र फिर लिख रहा हूँ। मालूम नहीं, माधुरी आप की कृपा से क्यों वंचित है।

श्रावण में हम माधुरी का विशेषांक निकाल रहे हैं। हम चाहते हैं, उसमें आपका एक लेख अवश्य रहे। क्या आप हमारी प्रार्थना पर ध्यान देने की कृपा करेंगे? 25 जून तक आपका लेख मिल जाना चाहिए।

आशा है, आप हमें निराश नहीं करेंगे।

भवदीय
रूपनारायण पांडेय
प्र. सम्पादक

टिप्पणी : रूप नारायण पांडेय 'माधुरी' जैसी ख्यात पत्रिका के प्रसिद्ध संपादक थे। उन्होंने 1.6.1935 को लखनऊ से लिखा था, श्रावण में हम माधुरी का विशेषांक निकाल रहे हैं। हम चाहते है उसमें आपका एक लेख अवश्य रहे।

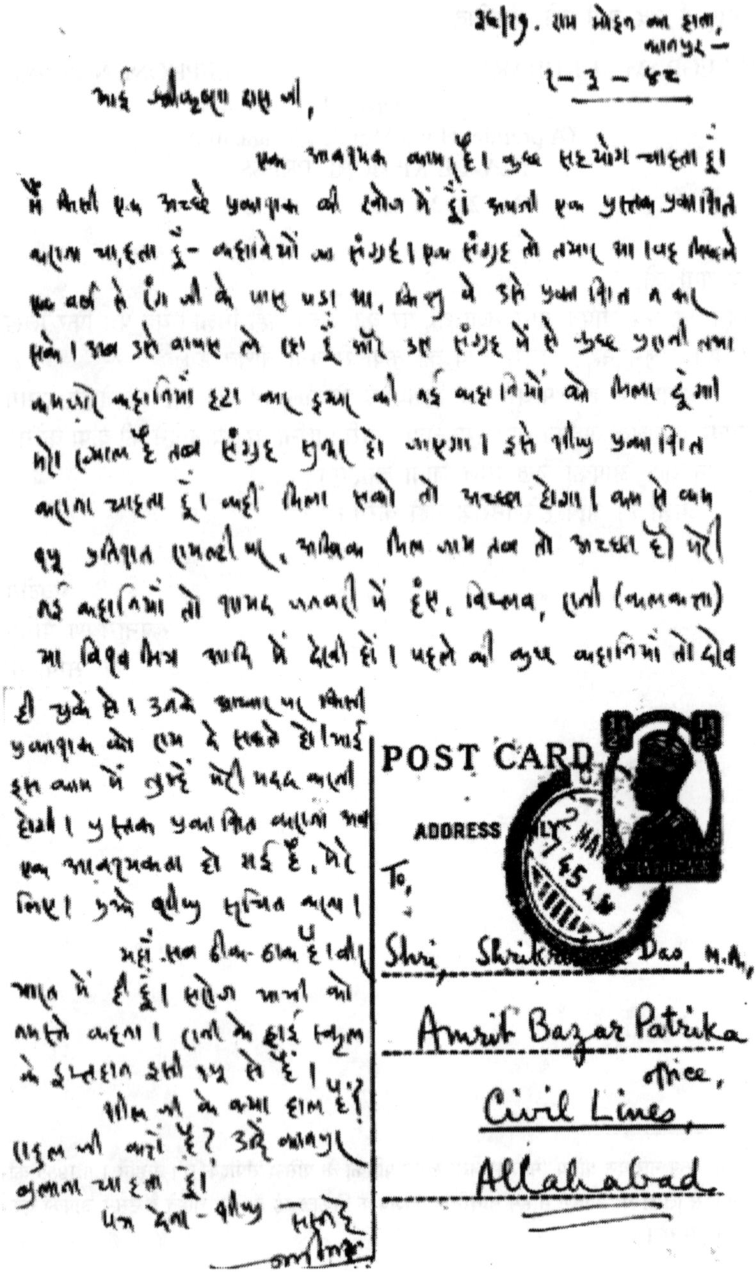

28/19, राम मोहन का हाता,
कानपुर —
1-3-45

भाई श्रीकृष्णदास जी,

एक आवश्यक काम है। कुछ सहयोग चाहता हूँ। मैं किसी एक अच्छे प्रकाशक की खोज में हूँ। अपनी एक पुस्तक प्रकाशित कराना चाहता हूँ — कहानियों का संग्रह। एक संग्रह तो लगभग सात वर्ष से [illegible] जी के पास पड़ा था, किन्तु वे उसे प्रकाशित न कर सके। अब उसे वापस ले रहा हूँ और उस संग्रह में से कुछ पुरानी तथा कमजोर कहानियाँ हटा कर कुछ नई कहानियों को मिला दूँगा तो ख्याल है नया संग्रह सुन्दर हो जायगा। इसे शीघ्र प्रकाशित कराना चाहता हूँ। कहीं मिला सको तो अच्छा होगा। [illegible] रायल्टी मिल जाय तब तो अच्छा है। मेरी नई कहानियाँ तो [illegible] में हंस, विप्लव, [illegible] ([illegible]) या विश्वमित्र आदि में देखी हों। पहले की कुछ कहानियाँ तो देख ही चुके हो। उसके आधार पर किसी प्रकाशक को राय दे सकते हो। भाई इस काम में तुम्हें मेरी मदद करनी होगी। पुस्तक प्रकाशित कराना अब एक आवश्यकता हो गई है, मेरे लिए। मुझे शीघ्र सूचित करना।

यहाँ सब ठीक-ठाक है। [illegible] में ही हूँ। [illegible]

[illegible] जी के क्या हाल हैं? [illegible] बुलाना चाहता हूँ।

पत्र देना — शीघ्र

तुम्हारा
[illegible]

POST CARD

ADDRESS ONLY

To,
Shri Shrik[illegible] Das, M.A.,
Amrit Bazar Patrika
office,
Civil Lines,
Allahabad.

36/17, राम मोहन का हाता, कानपुर
1.3.48

भाई श्रीकृष्णदास जी,
एक आवश्यक काम है। कुछ सहयोग चाहता हूँ। मैं किसी एक अच्छे प्रकाशक की खोज में हूँ। अपनी एक पुस्तक प्रकाशित कराना चाहता हूँ- कहानियों का संग्रह। एक संग्रह तो तयार (तैयार) था। वह पिछले एक वर्ष से रंग जी के पास पड़ा था, किन्तु वे उसे प्रकाशित न कर सके। अब उसे वापस ले रहा हूँ और उस संग्रह में से कुछ पुरानी तथा कमजोर कहानियाँ हटाकर इधर की नई कहानियों को मिला दूँगा। मेरा ख्याल है तब संग्रह सुन्दर हो जाएगा। इसे शीघ्र प्रकाशित कराना चाहता हूँ। कहीं दिला सको तो अच्छा होगा। कम से कम 15 प्रतिशत रायल्टी पर, अधिक मिल जाय तब तो अच्छा है। मेरी नई कहानियाँ तो शायद जनवरी में हंस, विप्लव, रानी (कलकत्ता) या विश्वमित्र आदि में देखी हों। पहले की कुछ कहानियाँ तो देख ही चुके हो। उनके आधार पर किसी प्रकाशक को राय दे सकते हो। भाई इस काम में तुम्हें मेरी मदद करनी होगी। पुस्तक प्रकाशित कराना अब एक आवश्यकता हो गई है, मेरे लिए। मुझे शीघ्र सूचित करना।

यहाँ सब ठीक ठाक है। वीर भारत में ही दूँ। सरोज भाभी को नमस्ते कहना। रानी के हाईस्कूल के इम्तहान इसी 15 से हैं।

शील जी के क्या हाल हैं? राहुल जी कहाँ हैं? उन्हें कानपुर बुलाना चाहता हूँ।

पत्र देना-शीघ्र

सस्नेह
ललित मोहन अवस्थी

टिप्पणी : 1.3.48 के पत्र में लिखते हैं कुछ सहयोग चाहता हूँ। मैं किसी अच्छे प्रकाशक की खोज में हूँ अपनी एक पुस्तक प्रकाशित कराना चाहता हूँ।

वीर भारत
कानपुर 14 मई 1949

प्रिय भाई दास जी,

तुम मेरे पत्र की नित्य प्रतीक्षा कर रहे होगे। आज तनिक अवकाश पा कर लिख रहा हूँ-क्षमा करना। आरती की हालत ठीक नहीं है, बल्कि अधिक खराब हो गई है। उसे सप्ताह भर बुखार आने के बाद खसरा (हल्की चेचक) और टायफाइड निकल आया था। अब वह इन ऊपरी रोगों से मुक्त हो गई है, और उसका बुखार बिलकुल ठीक हो गया है। किन्तु उसका लीवर पुनः बहुत बढ़ गया है, कड़ा पड़ गया है और डॉक्टर का कहना है कि वह खतरनाक हालत में पहुँच गया है। फिर भी, क्या किया जाए...इलाज बराबर जारी है... किसी तरह।

छोटी बच्ची की खाँसी ठीक है। गिरजा भी ठीक ही हैं। घर में अन्य सब लोग कुशल से हैं। मेरा वीर भारत का मामला हल हो गया है। दूसरे दिन मैंने वह नोटिस अपने उत्तर सहित महेश्वरी जी को वापस कर दिया था। उन्होंने उसका उत्तर कोई नहीं दिया और मुझे पता चल गया है कि वह मामला ठंडा पड़ गया है। सर्वदानन्द वीर भारत में ज्वाइन्ट एडीटर की हैसियत से आ गए हैं। नव-निर्माण बन्द हो गया है। मैं नित्य काम पर पूर्वतः दफ्तर जाता हूँ। इसी माह से मेरे वेतन में 10 प्रतिशत की वृद्धि भी हुई है।

आशा है तुम्हें 35 रुपये का वह मनी आर्डर अब अवश्य मिल गया होगा। यदि न मिला हो तो फौरन लिखना, ताकि यहाँ से डाकखाने में तहकीकात की जा सके। शील जी हमीरपुर और बस्ती गए हुए हैं- कवि सम्मेलनों में। शायद 16 तक बस्ती से वापस आएँगे। कृष्ण कुमार आज कल यहीं हैं। 'नई दिशा' का मामला किस अवस्था में है? कहाँ पर है? वह अभी भार्गव जी के ही पास है या महादेवी जी को दे दी है। ध्यान रखना मुझे अभी और रुपयों की आवश्यकता है। इसलिए कहीं न कहीं शीघ्र उसका पक्का होना जरूरी है।

रानी अपनी परीक्षाओं में फेल हो गई है। तुमने इस गाढ़े समय मुझे जो सहायता पहुँचाई है वह मेरे लिए लिख कर या कह कर बधाई या धन्यवाद देने की बात नहीं है, बल्कि समय आने पर अपनी सामर्थ्य पर कुछ कर दिखाने की बात

है। मैं यह एहसान कभी न भुला सकूँगा। मेरे जीवन पर तुम्हारी यह अमिट छाप सदा बनी रहेगी।

सरोज कहाँ हैं? उस दिन तुम्हें आने और जल्दी-जल्दी भागने में जो कष्ट हुआ होगा मैं उसका अनुमान लगाकर क्षमा प्रार्थी हूँ।

शेष फिर कभी, आशा है प्रसन्न होंगे।

सस्नेह
ललित मोहन अवस्थी

...पत्र महादेवी जी के यहाँ पहुँचा देना कष्ट के लिए क्षमा।

टिप्पणी : 14.5.49 के पत्र में वीर भारत से उलझने की बात पर कहते हैं मेरा 'वीर भारत' का मामला हल हो गया है। दूसरे दिन मैंने वह नोटिस अपने उत्तर सहित महेश्वरी जी को वापस कर दिया था उन्होंने उसका कोई उत्तर नहीं दिया और मुझे पता चल गया है कि वह मामला ठंडा पड़ गया है।

कानपुर
ता. 28.7.50

भाई दास जी,

पिछले कई दिनों से दिल चाहता था कि किसी के सामने खुल पड़े, बरस पड़े। तुमने जैसे उसे कुरेद कर सोता बाहर निकाल दिया। अकसर मैं सोच चुका हूँ कि कहीं चला जाऊँ, गुम हो जाऊँ, कोई मुझे छिपा ले। मुझे आवाज न सुनाई दे, चेहरे न दिखाई दें।...

आखिर परेशानियों और मुसीबतों की एक सीमा होती है। सीमा के बाहर...शील चतु...हाँ, शान्त तो है। जाने दो, बड़ी दुःसह कल्पना है। मेरी शक्ति के बाहर है। लेकिन यह सच है कि आज कल मौत आती नहीं, बुलाई जाती है। आत्महत्या बहुत आसान है। जिन्दगी का मोल क्या? क्या इस फाँसी के फंदे जैसे समाज में हर मेहनतकश इंसान लम्बी आत्महत्या की क्रिया में रत नहीं है? यानी मौत की देवी में भी इतनी ताकत नहीं है कि वह खुद आकर मेहनतकश को ले जाए, बल्कि मेहनतकश खुद उसके पास पहुँच जाता है। देखो न...मैं कैसे बच गया। लेकिन शील चतुर्वेदी उसके पास बड़ी आसानी (?) से पहुँच गया।...

छोड़ो इन बातों को, क्यों न?

मुझे तो नई जिन्दगी मिली है। इस वाक्य का एक शब्द भी गलत नहीं है। और मैंने यह नई जिन्दगी पाई है तुमसे, सबसे जो मेरे नजदीक हैं, तुम सब ने ही मुझे पुनः जिन्दगी की ओर घसीट लिया है। मैं तुम्हारा आभारी हूँ, कृतज्ञ हूँ। तुम सब मेरे जीवन दाता हो। मैं देख रहा हूँ, समझ भी रहा हूँ, कि हम-तुम सब लोगों के सिवा और कुछ है नहीं। मौत की शक्तियाँ हमें खत्म नहीं कर सकतीं। जिन्दगी की शक्तियाँ अधिक ताकतवर हैं। देखो न, कोरिया में दुनिया की सारी इंसानियत, सभ्यता, संस्कृति और जो कुछ भी अच्छा है उसकी मौत की शक्तियाँ एक तरफ रहकर भी जिन्दगी की अकेली शक्ति के सामने खुद भरती जा रही हैं, पिट रही हैं, फिर हम

सच में, मेरा दिमाग़ बहुत खराब है। मैं क्या करूँ?

मुझे जून के मध्य में टायफाइड हो गया था। इसीलिए यह डेढ़ दो महीने की खामोशी रही। इस खामोशी में ही जैसे कोई अनिष्ट कोई भयानकता छिपी थी। है न? मैं तीन सप्ताह ज्वर-आक्रांत रहा। सबसे ऊपर 106 तक बुखार पहुँचा। बीमारी जटिल और भयानक थी। किन्तु 'क्लोरोमाइसटिन' ने मुझे बचा लिया। लेकिन साथ ही मुझे इसने मिटा भी दिया। इतनी महँगी दवा है कि इस सम्पूर्ण बीमारी की अवधि में ही अम्मा न मालूम किससे-किससे लगभग पाँच सौ रुपया कर्ज़ ले चुकी हैं। वीर भारत ने तो तीन महीने से तनख्वाह नहीं दी अब डेढ़ महीने से काम पर नहीं जा रहा हूँ। इसका सारा पैसा भी डूब जाएगा, यानी वेतन कट जाएगा, क्योंकि वीर भारत में सवैतनिक छुट्टी नाम की कोई व्यवस्था नहीं है। फिर सोचो, अब कैसे क्या हो? मुझे शीघ्र स्वस्थ बनाने की चिन्ता में अम्मा व गिरजा व डाक्टर सभी लोग तमाम खर्च कराते जा रहे हैं दूध, टॉनिक, इन्जेक्शन, न मालूम

क्या-क्या। मतलब यह कि आमदनी ठप्प है और कर्ज नित्य बढ़ता जा रहा है। सोचता हूँ, न मालूम अच्छा क्यों हो गया? इस बीमारी ने तो मेरे स्वास्थ्य और आर्थिक जीवन दोनों की कमर तोड़ दी। स्वास्थ्य इतना बिगड़ा कि शायद अगस्त के मध्य तक पूर्व स्थिति को पहुँच पाऊँ। बताया न कि, जैसे शक्ति और जिन्दगी निचुड़ गई थी। और यह कर्ज न मालूम कब अदा कर पाऊँगा-यानी न मालूम वीर भारत से कब पैसे मिलेंगे। हालत यह है कि 10, 20, 30, 40, इस तरह करके पैसे मिल रहे हैं। भला इससे क्या होता है। तुम्हीं सोचो, इससे कोई काम पूरा होता है? हाय-हाय मिटती नहीं। तंगी बनी की बनी रहती है। संघर्ष जैसे 'सदा-बहार' है।

लेकिन यह सब पढ़कर तुम भावुकता में न बह जाना मेरे मोम जैसे पत्थर दिलवाले साथी। यह न कर बैठना कि मेरे लिए अपनी गर्दन उतार कर रख दो। तुमसे बड़ा खतरा है। यह सब इसीलिए लिखा कि दिल हल्का होना चाहता था। वह किसी को अपना सुनाना भर चाहता था। सुनाकर अपने लिए वह कुछ कराना नहीं चाहता। वह स्वयं संबल बटोरे हुए हैं। निःशक्त नहीं हो गया है। यह न समझ बैठना कि मैं जैसे मर रहा हूँ। मैं तो खाता पीता हूँ, नित्य धीरे-धीरे स्वस्थ्य हो रहा हूँ लेकिन कभी-कभी दिल जब भारी हो उठता है, तो वह अपने किसी को ढूँढ़कर उसमें खो जाना चाहता है। बस, इस खत में मैंने यही किया है।

गिरजा आ गई हैं, यहीं हैं। मेरी बीमारी के दूसरे सप्ताह में वे आई थीं। मेरी बच्ची दीप्ति भी स्वस्थ्य है। अम्मा भी ठीक हैं। सबको अब मेरी तीमारदारी व बीमारी की परेशानियों से फुरसत मिली है, इसलिए जैसे थककर आराम कर रही हैं। रानी एटा में है। शायद आने वाली है। रानी के पति इलाहाबाद जा रहे हैं, इसलिए वे रानी को बीच में यहाँ छोड़ जायेंगे।

अब अच्छा हो गया हूँ, इसलिए नई निगाह से एक बार सबको देख लेना चाहता हूँ। तुम लोगों से मिलने की बहत इच्छा है। यहाँ से तो जी ऊब गया है। कहीं भाग जाने की तबियत होती है। तुम आओगे तो देख लूँगा, दो-एक दिन दिल को शांति मिल जाएगी, लेकिन बाहर निकलने की इच्छा पूरी नहीं होगी। खैर.....आओ, कब आ रहे हो।

पत्रकारिता की भुखमरी से जी ऊब गया है इसलिए इस वर्ष L.T. पढ़ रहा हूँ। शेष फिर।

सप्रेम
ललित

टिप्पणी : 28.7.50 का पत्र लम्बा है। यह पत्र अन्तर्वेदना से लबालब भरा हुआ है। पिछले कई दिनों से दिल चाहता था कि किसी के सामने खूब बरस पड़ें तुमने जैसे कुरेद कर सोता बाहर निकाल दिया। श्रीकृष्णदास को यह भी लिखा है कि मुझे तो नई जिन्दगी मिली है। इस वाक्य का एक शब्द भी गलत नहीं है। और मैंने यह नई जिन्दगी पाई है तुमसे।

DR. L. H. SINGHVI

27.x.96.

प्रिय बहन पद्माजी,

"मीट द ऑथर" कार्यक्रम के उपलक्ष्य में प्रकाशित परिचय के माध्यम से अपनी सुविख्यात, लब्धप्रतिष्ठ एवं संवेदनशील साहित्यकार बहन से "मिल कर" बहुत अच्छा लगा। हर्ष और गर्व की गंगा-यमुना ने इस सारस्वत समारोह का अभिषेक टेम्स नदी के जल से किया! आपको बधाई। "सिंहवंधु" के सब कार्यक्रम अत्यंत सफल रहे। आपके पीहर में भी उनका शुभागमन हुआ। सरस संबंधों का सहृदयता के साथ अभिसिंचन हुआ।

श्रीमती पद्मा सचदेव / हम दोनों का अतुल स्नेह,

लक्ष्मीमल्ल सिंघवी.

Dr. L.M. SINGHVI

दिनांक : 27.10.96

प्रिय बहन पद्मा जी,

'मीट द ऑथर' कार्यक्रम के उपलक्ष्य में प्रकाशित परिचय के माध्यम से अपनी सुविख्यात, लब्धप्रतिष्ठ एवं संवेदनशील साहित्यकार बहन से 'मिल कर' बहुत अच्छा लगा। हर्ष और गर्व की गंगा-यमुना ने इस सारस्वत समारोह का अभिषेक टेक्स नदी के जल से किया! आपको बधाई।

"सिंह बन्धु" के सब कार्यक्रम अत्यंत सफल रहे। आपके पीहर में भी उनका शुभागमन हुआ। सरस संबंधों का सहृदयता के साथ अभिसिंचन हुआ।

हम दोनों का अतुल स्नेह।

लक्ष्मीमल्ल सिंघवी

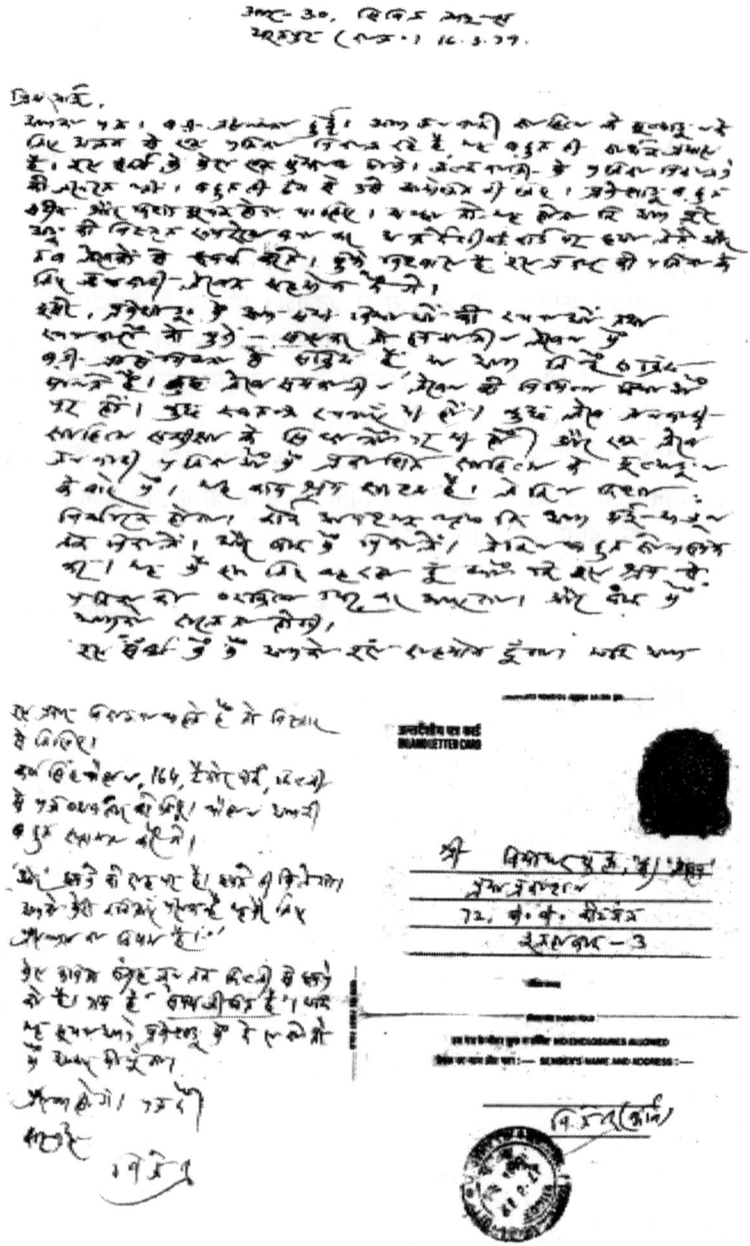

[illegible] 16.3.77.

प्रिय भाई,

[illegible]

अन्तर्देशीय पत्र कार्ड
INLAND LETTER CARD

श्री [illegible]

72, [illegible]

इलाहाबाद-3

NO ENCLOSURES ALLOWED

SENDER'S NAME AND ADDRESS :—

विद्याधर शुक्ल को संबोधित

आर-30, सिविल लाइन्स
भरतपुर (राज.) 16.3.79

प्रिय भाई,

आपका पत्र। बड़ी प्रसन्नता हुई। आप जनवादी साहित्य के मूल्यांकन के लिए अलग से एक पत्रिका निकाल रहे हैं, यह बहुत ही सार्थक प्रयास है। इस संदर्भ में मेरा एक सुझाव मानें। जल्दबाजी में पत्रिका निकालने की जरूरत नहीं। बहुत ही ढंग से उसे आयोजित कीजिए। प्रवेशांक बहुत सटीक और दिशासूचक होना चाहिए। अच्छा तो यह होता कि आप पूरे अंक की विस्तृत रूपरेखा बनाकर अन्तर्देशीय कार्ड पर छपा लेते और तब लेखकों से संपर्क करते। मुझे विश्वास है इस प्रकार की पत्रिका के लिए जनवादी लेखक सहयोग देंगे।

दूसरे, प्रवेशांक में इन सभी विधाओं की रचनाओं तथा रचनाकारों को चुनें-खासकर जो समकालीन लेखन में बड़ी प्रासंगिकता से सक्रिय हैं या आप जिन्हें सक्रिय मानते हैं। कुछ लेख समकालीन लेखन की विभिन्न विधाओं पर हों। कुछ स्वतंत्र रचनाएँ भी हों। कुछ लेख जनवादी साहित्य समीक्षा के सिद्धान्तों पर भी हों। और एक लेख जनवादी पत्रिकाओं में प्रकाशित साहित्य के मूल्यांकन के बारे में। यह काम श्रमसाध्य है। लेकिन दिशा निर्धारक होगा। कोई आवश्यक नहीं कि आप मई-जून तक निकालें। और बाद में निकालें लेकिन बहुत सोच समझकर। यह मैं इसलिए कह रहा हूँ क्योंकि इस श्रम से पत्रिका का व्यक्तित्व उभर कर आएगा। और बाद में आपको सरलता होगी।

इस संदर्भ में मैं आपको पूर्ण सहयोग दूँगा। यदि आप इस प्रकार निकालना चाहते हैं तो विस्तार से लिखिये।

कर्ण सिंह चौहान 164, टैगोर पार्क, दिल्ली से पत्र व्यवहार कीजिए। चौहान आपकी बहुत सहायता करेंगे।

'और' छपने की राह पर है। छपते ही मिलेगा। इसको मेरी कविताएँ पसंद हैं। यह मेरे लिए प्रसन्नता का विषय है।

मेरा कविता संग्रह जून तक दिल्ली से छपने को है नाम है 'समय जीवित है'।

प्रसन्न होंगे पत्र दें।

सस्नेह
विजेन्द्र

टिप्पणी : विजेन्द्र ने भरतपुर से 16.3.79 को विद्याधर शुक्ल को लिखे गए पत्र में 'नई पत्रिका' निकालने के इरादे पर बधाई दी है तथा जनवादी साहित्य का मूल्यांकन करने के मुद्दे पर सहमति व्यक्त की है।

संतुलन

[illegible]

37 |

-8 AUG 1959

[illegible]

R. T. O.

21.8.58

[illegible]

वीरेन्द्र मिश्र　　　　　　　　　　　　　　　　　दिनांक : 4 अगस्त, 1959

बन्धुवर मुक्तिबोध जी,
कृपा पत्र के लिए आभारी हूँ। घोषणा कार्ड मात्र से रिस्पान्स आ जाएगा- ऐसा नहीं सोचता था। हिन्दी लेखक उपेक्षा करने की प्रवृत्ति को अपने व्यक्तित्व के लिए कुछ आवश्यक समझते हैं, जबकि कभी-कभी किन्हीं शुभ सुन्दर स्वस्थ योजनाओं में उनकी यह प्रवृत्ति उन्हें ही पृथक् कर देती है। मुझे बहुत ही प्रसन्नता है कि आपने इस साधनहीन नगर के संघर्षशील लेखकों द्वारा साहसपूर्वक आयोजित इस अनुष्ठान को शुभकामना सहयोग दिया, इसे बल मिला। इस प्रकार आप उक्त मनोवृत्ति से अलग सहज सरल होकर मिले। अमृत राय जी ने भी तुरन्त उत्तर दिया। अन्य कई ने भी। कुछ ने नहीं। वैसे कुछ और कारण भी हो सकते हैं। पर सन्देह तो होता ही है। इस जरा-सी बात का विस्तार से लिखने के लिए क्षमा। मैं आपको सविस्तार लिखने की सोच ही रहा था कि आप का कार्ड भी मिल गया। अस्तु।

'संतुलन' पीरियोडिकल नहीं हैं। सुविधानुसार अंक निकलेंगे। अभी प्रथमांक का प्रश्न सामने है। अपनी ताजी कृति भेजने की कृपा करें। साथ ही हमें सूचित करें कि हिन्दी साहित्य में आपकी दृष्टि से संतुलन की आवश्यकता है क्या? यदि है तो किन कारणों से। हमारा विचार है इस दिशा में एक प्रश्नावली तैयार करके लेखकों के पास भेजी जाय। अभी कुछ विशेष मित्रों से पत्र व्यवहार जारी है। आप को भी उसी क्रम में लिख रहा हूँ। आप का उत्तर आने पर आगे का क्रम प्रारम्भ होगा। प्रश्नावली का प्रारूप क्या हो कृपया सुझाएँ। लेखक समारोह जो गत वर्ष अक्टूबर में इन लोगों ने किया था। काफी सफल रहा था। आपको हम उपलब्ध न कर पाए-इसका बड़ा दुख है। अब इस आयोजन में दोनों ओर से ही सहयोगोपलब्धि सम्भव हो सकेगी। संतुलन एक बड़ा काम है और समस्यापूर्ण भी है ही। साहित्य में स्तर के ऊपर और नीचे जो भी धाराएँ हैं, न उनमें संतुलन है और न उनके अपने आंतरिक जीवन प्रवाहों में। संतुलन का विरोध तो कोई भी नहीं करेगा और यही सबसे खतरनाक बातें भी हैं क्योंकि सबकी संतुलन प्रक्रिया उनके स्तर या उनके स्वस्थ अस्वस्थ चिन्तन से सम्बद्ध है। परन्तु हमें इन सबकी खिचड़ी तो पकाना नहीं है। हमें इन सबकी मूलभूत एकता की ओर ही ध्यान देना है। मूलभूत एकता में भी स्तर का ध्यान रखना होगा। वैसे हम यह नहीं मानते कि कुण्ठाराज जोर पर है शायद वह पतन की ओर ही है। फिर भी अनुभव बताता है कि स्वस्थ जीवन दर्शन

और आस्था के मूल्य सेवी भी विभाजित हैं, और कहीं-कहीं अनावश्यक रूप से और दुखदायी रूप से वे ऐसे हैं। अस्तु।

संतुलन की नीति यही हो सकती है संक्षेप में। परन्तु यह अंतिम नहीं है। सबके चिन्तन-प्रवाहों में यह परिष्कृत होती जाएगी। आप कृति भेजें। विचार भी, सुझाव भी।

नई कविता का एक वर्ग हमें पर्याप्त सहयोग दे रहा है दूसरा एकदम मौन है। समझ गए होंगे। आपका सहयोग मार्गदर्शन और सम्पर्क आवश्यक है। आपका कविता संग्रह निकल गया क्या? हम उसकी समीक्षा संतुलन में देना चाहेंगे। कृपया सूचित करें।

पत्रोत्तर की प्रतीक्षा में।
वीरेन्द्र मिश्र

टिप्पणी : 4.8.1959 के पत्र में मुक्तिबोध को लिखते हैं "हिन्दी लेखक उपेक्षा करने की प्रवृत्ति को अपने व्यक्तित्व के लिए आवश्यक समझते हैं। जबकि कभी-कभी किन्हीं शुभ सुन्दर स्वस्थ्य योजनाओं में उनकी यह प्रवृत्ति उन्हें ही पृथक् कर देती है। पूरा पत्र वैचारिकता से मंडित है।

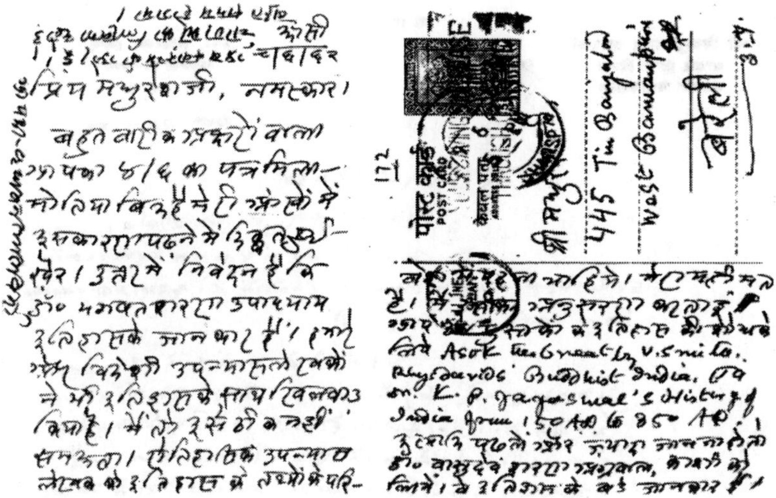

झांसी
दिनांक : 8.6.62

प्रिय मधुरेश जी, नमस्कार।

बहुत बारीक अक्षरों वाला आपका 4/6 का पत्र मिला मोतियाबिंद है मेरी आंखों में इस कारण पढ़ने में दिक्कत हुई। ख़ैर। उत्तर में निवेदन है कि डॉ. भगवत शरण उपाध्याय इतिहास के जानकार हैं। हमारे और विदेशी उपन्यास लेखकों ने भी इतिहास के साथ खिलवाड़ किया है। मैं तो इसे ठीक नहीं समझता। ऐतिहासिक उपन्यास लेखक को इतिहास के तथ्यों के परिवेश में रहना चाहिये। मेरा यही मत है। मैं इसी का अनुसरण करता हूँ। आप उन पुस्तकों के इतिहास को शोध के लिये Asok the great by V. Smith... Buddhist India...इत्यादि पढ़ लें और ज्यादा जानना हो तो डॉ. वासुदेव शरण अग्रवाल काशी को लिखें। वे इतिहास के बड़े जानकार हैं। अब स्वास्थ्य की ओर हूँ। 'चाणक्य का लिखना छोड़े बहुत समय हो गया।

आपका
वृन्दावन लाल वर्मा

टिप्पणी : वर्मा जी के 8.6.62 के पत्र में मधुरेश को लिखा है कि ऐतिहासिक उपन्यास लेखक को इतिहास के तथ्यों पर आधारित होना चाहिए तथा इतिहास का परिवेश सुरक्षित रहना चाहिए।

श्री राम

श्री विष्णुकान्त शास्त्री
आचार्य, हिन्दी विभाग
कलकत्ता विश्वविद्यालय

[illegible]
कलकत्ता-[illegible]
फोन : [illegible]

दिनांक २४.८.९२

प्रियवर सुरिंदर जी और मधुबाला,

स्नेहसम्मान एवं शुभाशीर्वाद।

आपलोगों का संयुक्त पत्र परसों मिला। इसके पहले का पत्र लगता है हमलोगों की कुशल-प्रश्न-[illegible] [illegible] इधर उधर हो गयी।

शास्त्रीजी के सम्बन्ध में आप इतना शुभ प्रयास करें और मैं भाग न लूँ? 'असंभव, असंभव, [illegible], यह कैसे होगा, यह क्योंकर होगा।' [illegible] आपके साथ हूँ। पहली किस्त के रूप में अपना संस्मरण भेज रहा हूँ, 'अन्धकार में ज्योति की तलाश : कांगड़ा देश में शास्त्री जी के साथ।' यह ठीक है कि यह मेरी पुस्तक 'स्मृति को प्रणाम करने दो' में प्रकाशित हो चुका है किन्तु यह भी ठीक है कि शास्त्रीजी के अत्यन्त ज्योतिर्मय जीवन-प्रसंग को यह प्रकाशित करता और आध्यात्मिकता के साथ उभारता है, अतः इसे शास्त्रीजी से सम्बन्धित स्मारक कृति में संकलित होने का अधिकार मिलना चाहिए।

इसी किस्त के रूप में मैं शास्त्रीजी की

7.9.92

कविताओं के सम्बन्ध में अपना एक लेख भेजूँगा। कृपया लिखें कि इस लेख को छापने के बाद उसके लिए अवकाश रहेगा कि नहीं। और उसका आकार कितना बड़ा होना चाहिए। यह [illegible] आप अवश्य बतायें, यह मेरा अनुरोध है। आलोचनात्मक लेख चाहें या संस्मरण, आपकी मर्जी और पुस्तक की स्वरूप परिकल्पना पर निर्भर है।

एक अनुरोध और। शुद्ध शब्द 'यति-गति' है। हिन्दी के [illegible] 'यति-गति' [illegible] है। [illegible] में [illegible] ([illegible]) के [illegible] है, इसीलिए [illegible] के लिए 'यति' का प्रयोग करते हैं, उसके [illegible] है। किन्तु संस्कृत में [illegible] के लिए [illegible] शब्द 'यति' है, [illegible] नहीं, हमलोगों को शुद्ध रूप 'यति-गति' का ही प्रयोग करना चाहिए। आप चाहें तो [illegible] किसी संस्कृत-विद्वान से [illegible], [illegible] भी देख लें।

भगवान की कृपा से सकुशल हूँ। [illegible] में [illegible] [illegible] और [illegible] [illegible]।

पत्रोत्तर दें, [illegible]।

आपका

विष्णुकान्त शास्त्री

श्री राम

श्री विष्णुकान्त शास्त्री
आचार्य हिन्दी विभाग
कलकत्ता विश्वविद्यालय

280, चितरंजन एवेन्यू, कलकत्ता 700006
फोन : 55-1348

दिनांक : 25.8.86

प्रियवर सुरिन्दर जी और पद्‌मा,

सस्नेह नमस्कार एवं स्नेहाशीर्वाद। आप लोगों का संयुक्त पत्र परसों मिला। इसके पहले का पत्र लगता है हम लोगों की कुशल डाक-व्यवस्था बिना डकारे हजम कर गयी।

भारती जी के संबंध में आप इतना शुभ प्रयास करें और मैं पड़ा रहूँ, 'अलस, अकर्मा, चुपचाप, यह कैसे होगा, यह क्यों क़र होगा'। तहेदिल से आप के साथ हूँ। पहली किस्त के रूप में अपना संस्मरण भेज रहा हूँ, 'अंधकार में ज्योति की तलाशः बांगलादेश में भारती जी के साथ' यह ठीक है कि यह मेरी पुस्तक 'स्मरण को पाथेय बनने दो' में प्रकाशित हो चुका है किन्तु यह भी ठीक है कि भारती जी के अत्यन्त जोखिम भरे जीवन-प्रसंग को यह प्रामाणिकता और आन्तरिकता के साथ उभारता है, अतः इसे भारती जी से संबद्ध स्थायी कृति में संकलित होने का अधिकार मिलना चाहिए। दूसरी किस्त के रूप में मैं भारती जी की कविताओं के संबंध में अपना एक लेख भेजूँगा। कृपया लिखें कि इस लेख को छापने के बाद उसके लिए अवकाश रहेगा कि नहीं और उसका आकार कितना बड़ा होना चाहिए। यह संस्मरण आप अवश्य छापें, यह मेरा अनुरोध है। आलोचनात्मक लेख छापें अथवा न छापें आपकी मर्जी और पुस्तक की स्थान सीमा पर निर्भर है। एक अनुरोध और। शुद्ध शब्द 'षष्टि-पूर्ति' है। हिन्दी में उसका गलत रूप 'षष्ठि-पूर्ति' चल पड़ा है। असल में षष्ठ (छह) से लोग ज्यादा परिचित हैं, इसीलिए साठ के लिए 'षष्ठि' का प्रयोग कर देते हैं। उसमें ध्वनि साम्य भी है। किन्तु संस्कृत में साठ के लिए आने वाला शब्द 'षष्टि' है, षष्ठि नहीं। हम लोगों को शुद्ध रूप 'षष्टि-पूर्ति' का ही प्रयोग करना चाहिए। आप चाहें तो इस विषय में किसी संस्कृत-विद्वान से बात भी कर लें, संस्कृत शब्दकोश भी देख लें। भगवान की कृपा से सकुशल रहें। समारोह में शामिल होकर मैं अपने को गौरवान्वित समझूँगा। पत्रोत्तर दें। सानन्द रहें।

स्नेही
विष्णुकान्त शास्त्री

टिप्पणी : विष्णुकान्त शास्त्री जी ने 25.8.86 को कलकत्ता से पद्‌मा जी को पति-पत्नी के संयुक्त पत्र भेजने पर लिखा है। भारती जी के संबंध में आप इतना शुभ प्रयास क़रें और मैं पड़ा रहा हूँ, अलस, अकर्मा, चुपचाप यह कैसे होगा, यह क्यों कर होगा....पहली किस्त के रूप में अपना संस्मरण भेज रहा हूँ। दूसरी किस्त के रूप में मैं भारती जी का कविताओं के संबंध में अपना एक लेख भेजूँगा। यह पत्र भारती जी के षष्टि पूर्ति के संबंध में है।

विष्णुकान्त शास्त्री
राज्यपाल,
हिमाचल प्रदेश

राज भवन
शिमला 171 002
17 मार्च, 2000

प्रिय विद्याधर जी,

सस्नेह नमस्कार।

'लेखन' का निराला स्मृति अंक पढ़ गया। महाकवि निराला के संबंध में उनके समकालीनों द्वारा लिखे संस्मरण इस अंक में प्रकाशित कर आपने बहुत परिश्रमपूर्वक अलभ्य सामग्री एकत्रित कर दी है। निराला के सभी प्रेमी और अध्येता आपके इस महत्त्वपूर्ण कार्य के लिए सदा आभारी रहेंगे। निराला जी पर लिखी कुछ अच्छी कविताएँ और उनके कुछ दुर्लभ चित्र भी इस अंक की महिमा की वृद्धि करते हैं।

आपका सम्पादकीय इतना तीखा है कि उसकी धार को झेल पाना बहुतों के लिए कठिन होगा। कलकत्ता, लखनऊ, वाराणसी और इलाहाबाद इन चारों नगरों के प्रतिष्ठित विद्वानों की रचनाएँ एक ही अंक में संगृहीत कर आपने एक चमत्कार कर दिया है। मैं आपको पुनः-पुनः साधुवाद दे रहा हूँ।

'लेखन' का आजीवन सदस्य बनने के लिए 500/- रुपये का बैंक ड्राफ्ट भी भेज रहा हूँ। आशा है आप इसे स्वीकार करेंगे।

प्रभु कृपा से आप 'लेखन' का सार्थक सम्पादन सगौरव करते रहें। स्वस्थ रहें, सर्जनारत रहें।

शुभेच्छु
विष्णुकान्त शास्त्री

श्री विद्याधर शुक्ल

862-ए/28बी-71,

भारद्वाजपुरम्, इलाहाबाद 211 006

संलग्नः उपवरित् संख्या 294071 तिथी 18/3/2000

रुपये : 500/-

टिप्पणी : विष्णु कांत शास्त्री ने 'राजभवन' हिमाचल प्रदेश से निराला अंक ('लेखन' पत्रिका) की प्राप्ति की सूचना के साथ ही सम्पादकीय के तीखेपन पर टिप्पणी की है।

नयापथ

फोन : 714
22 कैसरबाग, लखनऊ
दिनांक : 13.11.56

प्रिय दोस्त मुक्तिबोध,
परसों टाइपराइटर पर तुम्हारी लम्बी कविता "चांद का मुँह टेढ़ा है" का अंग्रेजी में अनुवाद करता रहा, अनायास ही बैठ गया अनुवाद करने। ढाई पेज कर गया। निश्चय ही अनुवाद-अब पूरा हो जाएगा।

उस सद्यः नैकट्य ने आज कुछ मजबूर- सा कर दिया है कि पैड लेकर बैठ जाऊँ और तुम से थोड़ी-सी बातें कर लूं। श्री अनिल कुमार का एक कार्ड भी मिला था। जिसमें तुम्हारा जिक्र था। उन्हें क्या मालूम मैं किस परिस्थिति में यहाँ हूँ। स्वास्थ्य बुरी तरह टूट रहा है। आज इलाहाबाद जा रहा हूँ। 18 को फिर लौटूँगा। वैसे छुट्टी ली है। पर अपनी जगह चाहता हूँ कोई और जल्द आवे-। बहरहाल स्नेह की तो कमी यहाँ मुझे नहीं रही है। मगर मेरी एक अजीब-सी गलत-सी inearality... मुझे दबाये रखती रही है अपनी अक्षमता। हाँ अनिल कुमार जी अब फिर बरसेंगे कि उनका लेख इस अंक में भी नहीं गया।

कारण??? तुम्हें 'बोर' करूँ उस बारे में? थोड़ा-सा! लो :

तुम्हें अनिल जी ने बताया भी हो या तुमने टाइप्ड कापी उस लेख की शायद देखी भी हो...तो उसके controversal points से मैं और हम लोग सहमत थे, हैं। मगर जिस प्रकार विशेषकर आरम्भ में उसे व्यक्त किया गया है : यानी (अनजाने-अनचाहे तौर से ही शायद (कुछ) अभद्रता आ गई है, जहाँ उसकी कोई जरूरत नहीं थी। बहरहाल इस तरह के टुकड़ों को सम्पादित करके मुझे वह लेख तैयार रखना था, बिना अनिल जी की शैली आदि को जरा भी touch किए। वह मैं इस बार भी न कर सका। न कर सका, न कर सका। प्रेस तो इंतजार नहीं कर सकता। वह roll on किये ही जायगा। अस्तु

मैं फिर मुजरिम!! मेरी इच्छा है, अब, कि वह लेख 'युग चेतना' लखनऊ के एक सहयोगी जिनसे हमारे निकट संबंध हैं, को मैं दे दूं, ताकि वहाँ निकल जाय।

अनिल जी के और निष्कर्षों से मैं अवगत होना चाहता हूँ आधुनिक कविता की ओर कहानी के संबंध में। मैं उनको इलाहाबाद या बनारस से फिर लिखूँगा। मुझे उनके निष्कर्षों की धार अच्छी लगती है; मगर उनके हथियार को चलाने में मैं चाहता हूँ- वह Grace भी, वह कलात्मक balance भी हो जो एक पटु तलवरिये की कला में निश्चय ही होता है। बहरहाल।

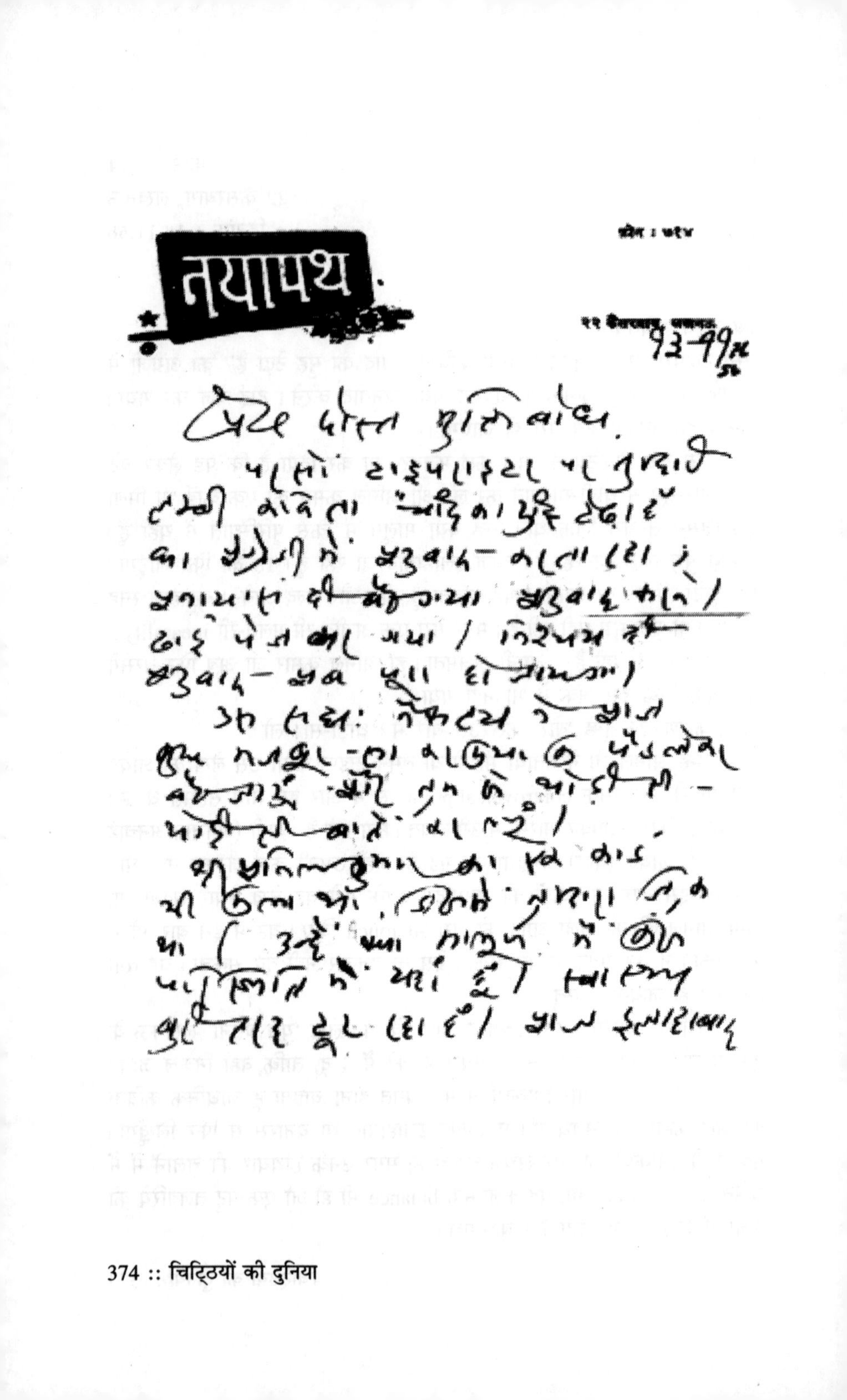

13-11-56

प्रिय भाई मुक्तिबोध,

पहले तो टाइपराइटर पर गुजराती [illegible] वाले [illegible] देखा है [illegible] में अनुवाद करता रहा हूँ। धनाभाव की वजह से अनुवाद काम छोड़ देना पड़ा। निश्चय ही अनुवाद अब पूरा हो जायगा।

आप स्वयं [illegible] न [illegible] कुछ मजदूर-वर्ग [illegible] कि [illegible] और [illegible] के आदमी - आदमी की बातें करता हूँ।

श्री [illegible] का एक कार्ड भी मिला था। [illegible] था। उन्हें [illegible] में [illegible] परिस्थिति में रहा हूँ। आजकल [illegible] हो रहा हूँ। आज इलाहाबाद

मैं काफी ऊबा डूबा हूँ लखनऊ से, दोस्त।

'नया पथ' में साथी शिवदा एक ऐसे प्यारे व्यक्ति मुझे मिले हैं, कि अगर वह न होते तो शायद मैं कब का लखनऊ छोड़ चुका होता। 'नया पथ' के प्रति मेरा मोह उनके संसर्ग में ही बढ़ा है। कुल मिलाकर 'बहरहाल' मेरा खयाल है कि नया पथ का इधर का रंग तुम पसंद करोगे, ऐसा मेरा ख्याल है। अपनी कोई रचना तुम क्यों नहीं भेजते। कोई तुम्हें लिखे, इसका इन्तजार था? खैर होना भी चाहिए। फिर भी यह इन्तजार गलत भी था। नया पथ तुम्हारा पुराना पत्र है, और तुम मुझे भी जानते हो!

और अपने बारे में विस्तार से लिखो। तुम्हारी कविताओं का मैं पहले से अधिक प्रेमी हो गया हूँ। सच कहता हूँ। तुम्हारा नाम 'नया खून' में देखा। अच्छा लगा। वैसे जानता था कि तुम उसमें काम करते रहे हो।

अनिल कुमार जी को स्नेह। और उनसे कहना कि वह किसी बात का मैल मेरी तरफ से दिल में न रखें। वह तुम्हारे मित्र हैं, तो आप-से-आप वह मेरे मित्र भी हैं।

आशा है बच्चे और पत्नी अच्छी तरह होंगे, यानी सामान्यतया और तुम अन्दर से और कड़े, पोढ़े, और दृढ़।

काश कि मैं भी ऐसा ही अपने को महसूस कर सकता। यह बताओ दिल्ली की एशियाई कान्फ्रेंस में जा रहे हो, किसी हीले से किसी बहाने सम्भव न होगा, शायद। जैसे मेरे लिए भी, सम्भव न होगा। इसीलिए कुछ अरुचि सी भी होती है। मगर जानता हूँ कि यह एक बड़ी भारी ऐतिहासिक चीज़ होगी। ख़ैर-ख़ैर।

बहुत बहुत जोर के साथ

तुम्हारा

शमशेर बहादुर सिंह

उत्तर देना बध्व नागार्जुन 131, पुरुषोत्तम नगर, इलाहाबाद

टिप्पणी : 13.1.56 के पत्र में कैसर बाग लखनऊ से मुक्तिबोध को लिखे पत्र में बतलाते हैं कि मुक्तिबोध की कविता 'चाँद का मुँह टेढ़ा' का अंग्रेजी में अनुवाद करते रहे।

पता : मारफत डॉक्टर तेजबहादुर चौधरी
पोस्ट : नवागढ़, जिला : दुर्ग
नवागढ़ दुर्ग, म.प्र.
25.1.61

प्रिय मुक्तिबोध,
तुम्हें मालूम है कि मैं यहाँ हूँ? नहीं मालूम होगा तो सुनो मैं काफी अरसे से यहाँ हूँ। मगर थका हुआ बहुत थका हुआ, और एक अजब ऊब से भरा, और अन्दर-अन्दर बड़ी कडुआहट, तेज बहादुर मेरे भाई, मेरा इलाज करते रहे। अब ठीक ठाक हूँ। सोच रहा हूँ इधर किसी दिन आकर तुमसे मिल लूँ। दो एक दिन कुछ गप-शप रहेगी, अच्छा रहेगा बहुत सी बातें होंगी। कुछ आपके साहित्य के बारे में कुछ प्रकाशन के और कुछ यही अपने सुख दुख की।

तेज बहादुर सोच रहे हैं कि कोई प्रकाशन छोटा मोटा शुरू किया जाय। कुछ अपनी किताबें हो जायेंगी। तेज की अपनी, और कुछ मसलन तुम्हारी। तुम्हारा क्या ख्याल है?

विष्णु के निश्चय ही तुम्हें पत्र मिले होंगे। उस कविता वाली सिरीज के संबंध में। वह तो है ही, यह अलग से प्रकाशन के बारे में सोच रहे हैं। तुम इसके लिए उत्साहित हो न? मैं जिन चीजों को सोच रहा हूँ वह है मसलन तुम्हारी कविताएँ तुम्हारी आलोचनाएँ, डायरियाँ, तेजबहादुर की कहानियाँ और उपन्यास, मेरी कविताएँ और कुछ गद्य। सम्भवतः हफ्ते भर के अन्दर आऊँगा। ऐसा समझता हूँ। इतने पास होकर तुमसे मिलने की इच्छा का पूरा न होना, अजब- सा होगा, है न?

अस्तु। तुम्हारे पत्र की प्रतीक्षा रहेगी। उत्तर शीघ्र देना, हाँ। आशा है सपरिवार अच्छे होंगे, यानी जितना कि आप का हमा शुमा के लिए संभव है। बच्चों को बहुत प्यार और आशीष।

तुम्हारा सप्रेम
शमशेर

यहाँ एक टाइपराइटर रखा हुआ है उसी पर यह पत्र तुम्हें लिख दिया है यों ही कौतूहलवश भी उत्साहित होकर तु.श.

टिप्पणी : नवागढ़ दुर्ग से 25.1.61 के पत्र में मुक्तिबोध को अपनी दैहिक तथा मानसिक स्थिति के असामान्य होने की बात लिखते हैं। वह इन दिनों छोटे भाई तेज बहादुर सिंह के पास हैं। मुक्तिबोध के पास पहुँचकर गम-शप करने के इच्छुक हैं।

प्रिय मुक्तिबोध,

सलाम!

कन्हैयालाल जी के जरिये तुम्हारी कुछ बू-बास मिली। नरेश के यहाँ भी उनके साथ मैं गया। खैर वहाँ भी नरेश और महिमा तुम्हें और श्रीमती मुक्तिबोध जी को याद करते रहे। नागार्जुन यहीं हैं। कल परसों केदार जी आये थे। शील यहीं हैं। सब (केदार को छोड़कर) अपने-अपने संघर्ष में लगे हुए हैं। लू है, और कुछ न कुछ ज्यों त्यों लिखना पड़ता है और पैसों के लिए दौड़ना घूमना है। यही मौज है। मैं भी बच्चों के लिए कुछ किताबें लिखने का प्लान बना चुका हूँ। स्वास्थ्य साथ नहीं दे रहा है। राजनाँदगाँव का देस उसका प्रवास आँखों के सामने है। वह ताल, वह ऊपर के तुम्हारे बड़े ऊँचे कमरों में तुम्हारी लम्बी कविताओं का सुनना तुमसे अनेक बातचीत, प्लान, वगैरह, तुम्हारे अद्‌भुत उपन्यास का प्लाट : वे सब छायी हुई हैं स्मृति पर। इधर और भी कुछ तुमने लिखा होगा। खूब जमकर एकाध चीज तो जरूर लिखी होगी। ... और बख्शी जी का व्यक्तित्व भी क्या विस्तृत कर सकूँगा कभी। पुरानों में क्या और कोई है वैसा। निर्भीक, सरल, सच्चा और मृदुल और अपना जैसा? नहीं। बहरहाल, मैं कुछ भी Worth while नहीं लिख सका हूँ। हाँ तुम्हें अपना नया संग्रह कन्हैया लाल जी के द्वारा भेज रहा हूँ। कैसा लगेगा, नहीं जानता। तुम्हारी इस आलोचना की प्रतीक्षा होगी। अपनी सुविधा से मुझे लिखना यानी जो मेरे लिए helpful हो। खैर। आज ही मेरी वह ममेरी बहन आयी है। और साथ बहनोई और भांजी है। मुन्नी शायद तुम्हें याद हो, जबलपुर में उन्हें देखा होगा जरूर, याद है? मुन्नी तुम्हें प्रणाम कहती है। और सब ठीकठाक है।

तुम्हारा
शमशेर

193-8, बहादुरगंज
जी.टी. रोड,
इलाहाबाद

टिप्पणी : शमशेर बहादुर सिंह का यह पत्र बिना तारीख का है इसमें कन्हैयालाल के मार्फत मुक्तिबोध की 'कुछ-बू-बास' न मिलने की बात है साथ ही नरेश मेहता और उनकी पत्नी महिमा जी के यहाँ जाने तथा वहाँ मुक्तिबोध की चर्चा दोनों का जिक्र करते हैं।

Sahitya Akademi [National Academy of Letters]
Rabindra Bhavan, Ferozeshah Road, New Delhi-110001
'gram : Sahityakar 'phone : 38 66 67

शानी

38ए, शेख सराय,
नई दिल्ली

30.12.1982

प्रिय भाई,

आपका 18 दिसम्बर का पत्र मिला, धन्यवाद। आपने विनोद दास को लिख दिया है, यह अच्छी बात है। मैंने अगर उन्हें पत्र लिखा तो मैं भी कह दूंगा। इस पत्र के साथ मैं एक फोटो जैसाकि आप चाहते थे, भेज रहा हूं। आपको यह बात अजीब लगी कि मैं बड़ा लेखक हूं या किसी बड़े पद पर होने का अभिमान या अहसास रखता हूं। जबकि बात वैसी बिल्कुल नहीं है। असल में मैंने अपनी हैसियत से कहीं ज्यादा इसकी प्रतियां पहले ही लोगों को भिजवा रखी हैं और मैं अब प्रकाशक को ज्यादा तंग नहीं करना चाहता। दूसरे अगर आप सचमुच लिखने और मेरे विषय में कुछ देने को उत्सुक हैं तो कहीं न कहीं से किताब भी हासिल कर ही सकते हैं।

"समकालीन भारतीय साहित्य" का अंक "लेखन" के परिवर्तन में भिजवाने की व्यवस्था कर रहा हूं।

आशा है आप सानंद होंगे।

आपका
[signature]
(शानी)

श्री विद्याधर शुक्ल,
"लेखन"
72, पी०बी० कीटगंज
इलाहाबाद-211003

विद्याधर शुक्ल को संबोधित

38 ए, शेख सराय, नई दिल्ली
30.12.1982

प्रिय भाई,

आपका 18 दिसम्बर का पत्र मिला, धन्यवाद। आपने विनोद दास को लिख दिया है, यह अच्छी बात है मैंने अगर उन्हें पत्र लिखा तो मैं भी कह दूँगा। इस पत्र के साथ में एक फोटो जैसा कि आप चाहते थे, भेज रहा हूँ। आप की यह बात अजीब लगी कि मैं बड़ा लेखक हूं या किसी बड़े पद पर होने का अभिमान या अहसास रखता हूँ। जबकि बात वैसी बिलकुल नहीं है। असल में मैंने अपनी हैसियत से कहीं ज्यादा इसकी प्रतियां पहले ही लोगों को भिजवा रखी हैं और मैं अब प्रकाशक को ज्यादा तंग नहीं करना चाहता। दूसरे अगर आप सचमुच लिखने और मेरे विषय में कुछ देने को उत्सुक हैं तो कहीं न कहीं से किताब भी हासिल कर ही सकते हैं।

'समकालीन भारतीय साहित्य' का अंक 'लेखन' के परिवर्तन में भिजवाने की व्यवस्था कर रहा हूँ।

आशा है आप सानन्द होंगे।

आपका
शानी

श्री विद्याधर शुक्ल,
'लेखन'
72, पी.बी. कीटगंज
इलाहाबाद 211 003

टिप्पणी : शानी के विद्याधर शुक्ल को दो पत्र भेजे गए हैं- 30.12.1982 के पत्र में उनको इस बात पर आपत्ति है कि शुक्ल जी ने उन्हें बड़ा लेखक कहा है जब कि उनका अपने विषय में यह विचार नहीं है।

11.12.1982

प्रिय भाई,

आपका 7 दिसम्बर का पत्र मिला, धन्यवाद। आपकी पत्रिका भी मुझे मिल गई है और उसके लिए बहुत-बहुत धन्यवाद। यह देखकर प्रसन्नता हुई कि आपने पत्रिका निकालने के सारे जोखम को देखते हुए भी यह साहस किया है। जैसा कि आपने चाहा है हमारी पत्रिका 'समकालीन भारतीय साहित्य' आपको परिवर्तन में मिलती रहेगी, मैं उस सिलसिले में कार्रवाई कर रहा हूँ।

मैं आभारी हूँ कि आप मेरे बारे में इतनी सद्भावना रखते हैं और वह कष्ट उठाना चाहते हैं जो आमतौर पर लोग नहीं करते लेकिन मजबूरी कुछ ऐसी है कि मैं आपको पुस्तकें नहीं भिजवा पाऊँगा। हां, यह जरूर हो सकता है कि मैं एक सज्जन का नाम और पता दे दूं जो शायद आपके लिए यह काम कर दें। मैं उनका पता नीचे दे रहा हूं। आप ठीक समझें तो उन्हें लिख दें। मेरा ख्याल है कि वे जरूर लिखेंगे और आपकी यह समस्या सुलझा देंगे। क्योंकि उनके पास किताबें हैं और वे मुझ पर लिखना भी चाहते हैं। तस्वीर मेरे पास फिलहाल तो कोई है नहीं, आप उसके बगैर ही काम चलायें तो अच्छा होगा।

सद्भावना के लिए अनेक धन्यवाद सहित।

आपका
शानी

पता : श्री विनोद दास,
बैंक ऑफ बड़ौदा,
क्षेत्रीय कार्यालय,
47-बी, श्रीकृष्णपुरी,
पटना 800 013 (बिहार)

कुंवर पाल सिंह को संबोधित

26-10-89

प्रिय कामरेड,

आशा है मेरे छोटे भाई डॉ. जनेश्वर वर्मा द्वारा फोन पर दी गई सूचना समय से मिल गई होगी।

चार तारीख को काल्का मेल से चलने की पूरी तैयारी हो गयी थी तभी प्रातः नौ बजे के आस-पास चक्कर आया और पसीना छूटने लगा। लोगों ने उसे दिल का दौरा समझा। आधे घंटे बाद जब उसका असर जाता रहा तो बावजूद सबके मना करने के मैं फिर चलने को तैयार हुआ। गाड़ी 12 के आस-पास थी। एक घंटे बाद अर्थात दस के करीब जब दुबारा चक्कर के साथ पसीना आया तो सब लोगों के आग्रह के सामने झुकना पड़ा। लखनऊ में चेक-अप में डाक्टरों ने भी Hart attack पर मोहर लगा दी। कुछ दिन इलाज भी उसी का होता रहा। अभी हाल में कानपुर के एक कार्डियोलाजिस्ट से फिर चेक कराया तो उन्होंने गारन्टी के साथ कहा कि हार्ट में कोई खराबी नहीं है और चक्कर आदि का संबंध आंख, कान और गर्दन आदि के नसों के तनाव से है। उसके इलाज से कुछ आराम भी है।

मैं आपके आयोजन में नहीं आ सका इसका बड़ा अफसोस रहा, खास कर इसलिए कि आयोजन का विषय मेरी पसंद का था। एक काम सोच रहा हूँ। हो सके तो पता लगाने की कोशिश करें। अलीगढ़ जिले में एक गाँव है कादीपुर। वहां एक सज्जन रहा करते थे श्री टोडर सिंह। उन्होंने 1921 के बाद गाँव में एक नेशनल स्कूल की स्थापना की थी। टोडर सिंह गणेश शंकर विद्यार्थी के मित्र थे और उनके कहने पर सरदार भगत सिंह को न सिर्फ पनाह दी थी बल्कि कुछ दिनों के लिए स्कूल का हेड मास्टर भी बना दिया था। उनके पास एक छोटी साइक्लो स्टाइल मशीन थी जिस पर भगत सिंह पर्चे लिखवाकर छापते और बांटते थे। वे कांग्रेसी थे और आगे चलकर स्वराजिस्ट पार्टी के टिकट से M.L.A. हो गए थे। टोडर सिंह का देहान्त हो चुका है। जब मैं eye hospital में भर्ती था तो उनका लड़का मुझे देखने आया था। उसकी बातचीत से ऐसा लगा था कि वह पार्टी के नजदीक है। उसने

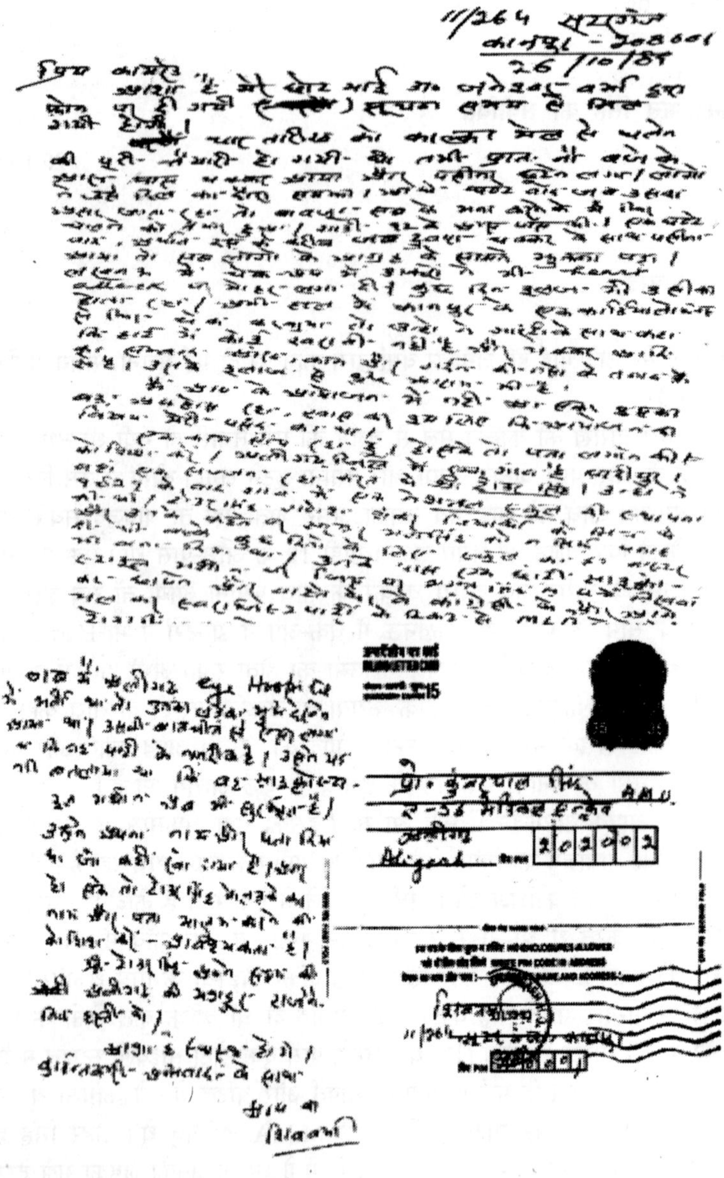
11/264 सूतरगंज
कानपुर - 208001
26/10/81

प्रिय कामरेड,

...

आपका
शिववर्मा

प्रो॰ कुंवरपाल सिंह A.M.U.
अलीगढ़
Aligarh 202002

यह भी बतलाया था कि वह साइक्लोस्टाइल मशीन अब भी सुरक्षित है। उसने अपना नाम और पता दिया था जो कहीं खो गया है। अगर हो सके तो टोडर सिंह के लड़के का नाम और पता मालूम करने की कोशिश करें-आवश्यकता है। श्री टोडर सिंह अपने समय के अलीगढ़ की मशहूर राजनैतिक हस्ती थे।

आशा है स्वस्थ्य होंगे। क्रांतिकारी अभिवादन के साथ,

आपका
शिव वर्मा

22, कैसरबाग, लखनऊ
6.10.57

प्रिय दास भाई,
अमृत पत्रिका में अपना लेख देखा। कानपुर से उसके बारे में एक पत्र भी आया। उन्होंने लिखा था कि प्रताप उसे reproduce कर रहा है।

तुमसे और लेखों और स्केचों का वादा किया था। सुखदेव का संस्मरणात्मक जीवन स्केच भेज रहा हूँ। राजगुरु का भी तैयार है। आधा Copy भी कर लिया है। सोचा था कल शाम तक उसे पूरा कर दोनों एक साथ भेज दूंगा। लेकिन अब 20 तारीख तक के लिए कल प्रातः ही बाहर जाना पड़ रहा है। ऐसी हालत में राजगुरु का स्केच 20 के बाद ही मिलेगा।

उसके बाद नवम्बर में चन्द्रशेखर आज़ाद और भगत सिंह पर लिखूँगा। इस series में उपरोक्त चार के अलावा महावीर सिंह, यतीन्द्र दास, भगवती चरण वोहरा, हलधर वाजपेयी, हजारी सिंह तथा एक दो और होंगे।

इनके बारे में इतना ही कहना है कि यह Regular जीवनियां नहीं हैं। यह उनके बारे में एक प्रकार के संस्मरण हैं जिनमें अधिक जोर उनके मानव रूप पर दिया गया है। जन्म-मरण, जन्मस्थान आदि...बातों को यहां छोड़ दिया गया है।

इस समय रात के बारह बज रहे हैं और गजब की नींद आ रही है। इसलिए अभी इतना ही।

सरोज, पुष्पा, मार्कण्डेय, आदि को यथोचित सस्नेह।

तुम्हारा
शिव वर्मा

P.S. 1. फोटो यशपाल लिखित सिंहावलोकन में मिलेगा।
2. अगर सम्भव हो तो...अलग से भेजवा देना।

88-C, Timarpur, Delhi
March 3.47

प्रिय श्री गंगाधर जी,
आपका कृपाकार्ड मिला। निबंधों की स्वीकृति के लिए धन्यवाद।

मैंने कल श्री रमेश चन्द्र सिन्हा को पत्र लिखकर आग्रह किया है कि वे श्री पी.सी. जोशी जी से आपके लिए एक लेख अवश्य लिखाकर भेज दें। आशा है आपको निराश न होना पड़ेगा। 'चीनी साहित्य' पर भी उनसे ही एक लेख मांगा है। संभव है उनके पास हो। मेरे पास जो लेख है वह केवल कथा-साहित्य (उपन्यास-कहानी) तक ही सीमित है, परन्तु आपको तो अधिक व्यापक दृष्टि से लिखा समग्र आधुनिक चीनी साहित्य का विवरण देने वाला लेख चाहिए। श्री रमेश सिनहा को आपका उत्तर भी दे दिया है।

इसके अतिरिक्त, 'नया साहित्य' ने निराला-अंक निकाला है। अभी दो-तीन दिन हुए निकला है। उसमें निराला जी के विषय में कुछ महत्त्वपूर्ण निबंध अवश्य होंगे। जिन्हें योग्य समझें अभिनंन्दन ग्रंथ में सम्मिलित कर लें- करना उचित भी होगा। कारण, निराला जी के संबंध में जो निबंध समय समय पर निकले हैं उनमें से छाँटकर अच्छे लेखों को संकलित कर लेना अनुपयोगी न होगा। दूसरे दुर्भाग्य से निराला जी पर लिखा बहुत कम गया है, और जो भी लिखा गया है, बहुत अच्छा नहीं है, इसलिए यह और भी आवश्यक हो जाता है कि सारी सामग्री को सामने रखकर ही अभिनंदन- ग्रंथ तैयार किया जाय। 'नया साहित्य' से जिन निबंधों को आप लेना चाहेंगे, उनकी अनुमति मिलने में कठिनता न होगी। आशा है यह सुझाव आपको पसंद आएगा। रूसी साहित्य संबंधी निबंध के अनुवाद की व्याख्या क्या आप नहीं करते हैं? यदि न की हो तो भेज दें।

सस्नेह
शिवदान सिंह चौहान

टिप्पणी : 3.3.47 के इस पत्र में रमेश सिन्हा से चीनी साहित्य पर लेख लिखवाकर मंगवाने की बात है। सम्भवतः यह लेख निराला स्वर्ण जयन्ती पर छपने वाले अभिनन्दन ग्रंथ के लिए हो गया क्यों कि आगे 'नया साहित्य' के निराला अंक में छपे किसी अच्छे लेख को भी निराला जयन्ती विशेषांक में लेने की सलाह दी गई है।

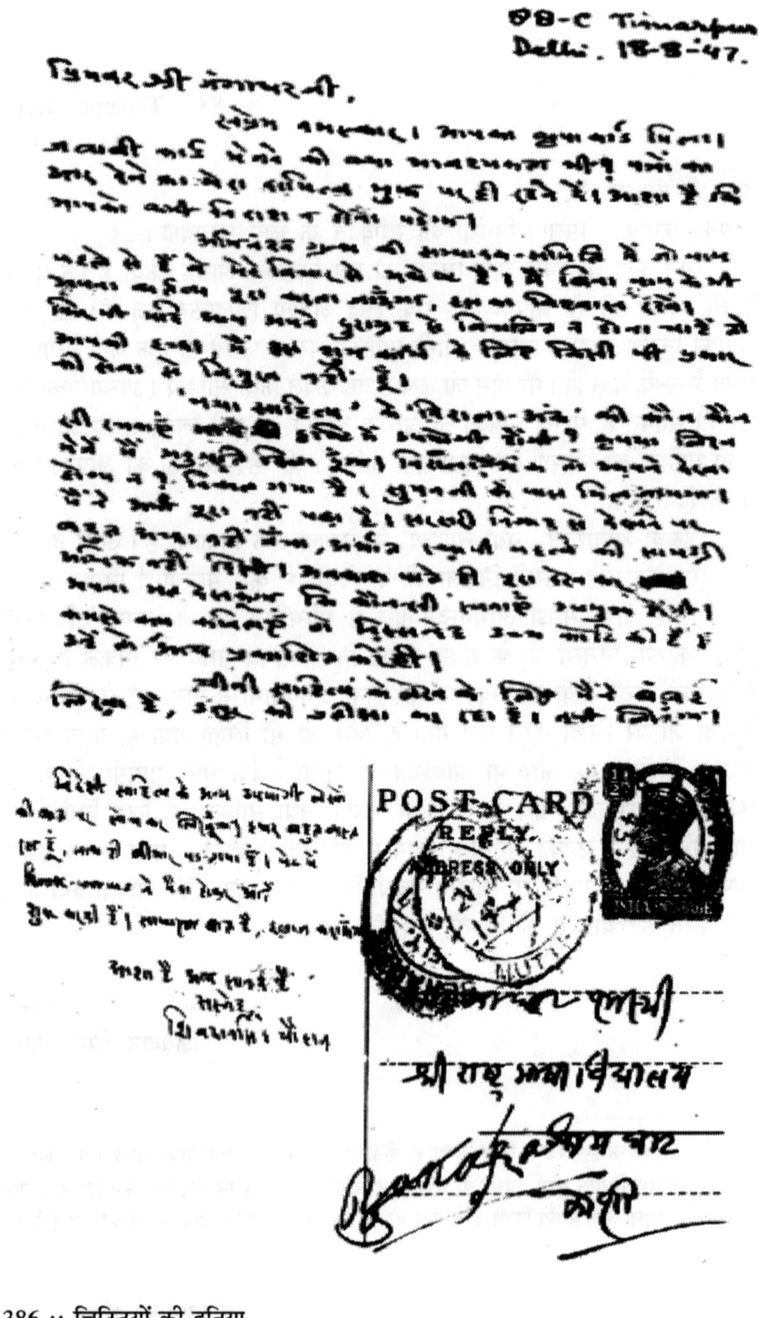
78-C Timarpur
Delhi. 18-8-47.

POST CARD
REPLY
ADDRESS ONLY

श्री राष्ट्रभाषा विद्यालय
काशी

88 सी, तिमारपुर
18.3.47

प्रियवर श्री गंगाधर जी,
सप्रेम नमस्कार। आपका कृपा कार्ड मिला। जवाबी कार्ड भेजने की क्या आवश्यकता थी? पत्रों का उत्तर देने का मेरा दायित्व मुझ पर ही रहने दें। आशा है कि आपको कभी निराश न होना पड़ेगा।

अभिनन्दन ग्रंथ की सम्पादक-समिति में जो नाम पहले से है वह मेरे विचार से यथेष्ट है। मैं बिना नाम के भी अपना कर्तव्य पूरा करता जाऊँगा, इसका विश्वास रखें। फिर भी यदि आप अपने दुराग्रह से विचलित न होना चाहें तो आपकी इच्छा, मैं इस शुभ कार्य के लिए किसी भी प्रकार की सेवा से विमुख नहीं हूँ।

'नया साहित्य' के 'निराला अंक' की कौन-कौन सी रचनाएँ आपकी दृष्टि में उपयोगी होंगी? कृपया लिख भेजें मैं अनुमति दिला दूँगा। निराला-अंक तो आपने देखा होगा न? निकल गया है। सुमन जी के पास मिल जाएगा। मैंने अभी पूरा नहीं पढ़ा है। सरसरी निगाह से देखने पर बहुत अच्छा नहीं जँचा, अर्थात स्थायी महत्त्व की सामग्री अधिक नहीं दिखी। अवकाश पाते ही पूरा देखकर अपना मत दे सकूँगा कि कौन सी रचनाएँ उपयुक्त होंगी। कम से कम कविताएँ तो निस्संदेह उच्चकोटि की हैं। उन्हें तो आप प्रकाशित करें ही।

चीनी साहित्य के लेख के लिए मैंने बम्बई लिखा है, उत्तर की प्रतीक्षा कर रहा हूँ। तभी लिखूँगा।

विदेशी साहित्य के अन्य उपयोगी लेखों की बात पर सोचकर लिखूँगा। इधर बहुत व्यस्त रहा हूँ, साथ ही बीमार पड़ गया हूँ। पेट में hook virous ने पैदा होकर आँतें काटना शुरू कर दी है। साधारण बात है, कराऊँगा।

आशा है आप सानंद हैं,

सस्नेह
शिवदान सिंह चौहान

66. Gulistan
Lucknow,
8.11.78.

प्रिय परमा बहन -

आपका पत्र पाकर अत्यंत आनंद हुआ - आपकी लेखनी से तो पूर्व परिचय था - और लखनऊ आयें तो अवश्य मिलें। मैं दो वर्ष पूर्व बम्बई आई थी, मुझे पता होता तो आपसे अवश्य मिलती। मैं सम्प्रति, लखनऊ ही में रहती हूँ - मेरी रचनायें आपको अच्छी लगीं जान कर प्रसन्नता हुई - पत्र दें कभी।

पुनः धन्यवाद -

सस्नेह -

शिवानी →

66, Gulistan, Lucknow
Date : 5.11.78

प्रिय पद्मा बहन,
आपका पत्र पाकर अत्यन्त आनन्द हुआ आपकी लेखनी से तो पूर्व परिचय था- कभी लखनऊ आयें तो अवश्य मिलें।

मैं दो वर्ष पूर्व बंबई आयी थी, मुझे पता होता तो आपसे अवश्य मिलती। मैं सम्प्रति, लखनऊ, ही में रहती हूँ- मेरी कवितायें आपको अच्छी लगीं जान कर प्रसन्नता हुई- पत्र के लिए पुनः धन्यवाद।

सस्नेह
शिवानी

टिप्पणी : यह पत्र लखनऊ से 5.11.78 को पद्मा सचदेव के नाम लिखा गया है। इसमें शिवानी जी ने पद्मा सचदेव के लेखन की प्रशंसा की है और शिवानी को अपनी (शिवानी जी की) रचना पसन्द आने पर प्रसन्नता व्यक्त की है।

माधव कॉलिज, उज्जैन
30.4.49

मुक्तिबोध प्रिय,

बड़ी ही लज्जा और ग्लानि से नतमुख आज तुम्हें उत्तर देने का साहस सँजो सका हूँ। मेरी इस अक्षम्य कर्मण्यता के प्रति तुम जितने भी अवज्ञाशील हो सको, कम है। सच मानो जीवन में पहले पहल तुम्हारा पत्र पाकर मुझे अनायास ही जो हार्दिक सुख मिला था। उसे व्यक्त कर सकने का योग्य मुख ही मेरा नहीं रहा। वस्तुतः उस समय मैं नया-नया ही उज्जैन आया था, देश-काल से सर्वथा अपरिचित। इसीलिए कुछ दिनों इतना बिखरा बिखरा रहा कि न तो मित्रों और सुहृदयों को समय पर पत्र ही लिख सका और न एक पंक्ति का भी सृजन कर सका। अपने को समेटते-समेटते काफी समय लग गया। जब कुछ प्रकृतिस्थ हो पाया तो काफी समय बीत चुका था। बीच में नागपुर जाने का भी प्रसंग आया था इसलिए सोचा था कि अब मिलकर ही क्षमा याचना और व्यवहारचर्या संपन्न कर ली जाएगी, पर दुविधा में दोनों गए न माया मिली न राम। यही कारण है कि आज तुम्हें पत्र लिखने में मैं बार-बार संकुचित हो रहा हूँ। खैर विदग्ध लेखक के नाते तुम इतने उदार तो होगे ही कि मेरी इस भूल के प्रति क्षमाशील हो सकोगे।

हाँ, यह तुम्हारा वतन है, यह मैं जानता था। यहाँ आने पर माचवे तथा दिघे आदि सुहृदयों के साथ तुम्हारे अतीत के पन्ने उलटने का भी सौभाग्य प्राप्त हुआ। मालवा के जिन मैदानों पर तुम फिदा हो उन्हें भी आँख भरकर देखा, तुम्हारी आँखों से भी देखने की कोशिश की और उस सामाजिक यथार्थ में भी एक ऐसा रोमांस घुला-मिला दिखाई पड़ा पर जो घटित होने के दूसरे ही दिन कहानी बन जाता है। तभी से तुम्हें यहाँ एक बार कम से कम एक बार-लौटा लाने की साध मन में समा गई है। माचवे तो छोड़कर चल दिए, पर तुम्हारे आने से शायद यह स्थान जीने लायक बन जाय, यह मेरा छोटा सा स्व-अर्थ बार-बार मुझे तुम्हारे विषय में कुरेद-कुरेद कर जागरूक बनाये रहता है। यदि मैं यहाँ ठीक तरह से जम सका तो तुम्हें अवश्य वापस लाऊँगा, यह मेरी प्रतिज्ञा है, आस्था भी।

तुमने अपने पत्र में किसी शिक्षा संबंधी फिल्म कम्पनी की चर्चा की थी। शायद उसमें मैं कुछ सहायता कर भी सकता था और शायद नहीं भी, पर इतना निश्चित है कि उस समय मैं ऐसी मनःस्थिति में था कि किसी बड़ी या छोटी योजना पर विचार करना भी दूभर प्रतीत होता था। अब तुम लिखो कि उसकी क्या स्थिति है, क्या संभावनाएँ हैं, संघर्ष की कितनी मंजिलें शेष हैं। यदि मैं कुछ कर सका तो अपने प्रयत्न में कोर-कसर न रखूँगा इसका विश्वास भी था। राज प्रमुख पर तो मेरा इतना जोर तो नहीं है, जितनी तुम कल्पना करते हो फिर भी अवसर मिलने पर चर्चा तो छेड़ ही सकता हूँ। यदि वर्तमान गति बनी रही तो बहुत संभव है कि मंत्रिमंडल के पास तक भी इसका संदेश पहुँचा सकूँ, यद्यपि यहाँ तो सारे कुएँ में ही भाँग पड़ी हुई है।

अब तो छुट्टियाँ हो गई हैं। सात या आठ तारीख तक यहाँ से रवाना हो रहा हूँ और पन्द्रह तक काशी पहुँच जाने का विचार है। यदि किसी बहाने भेंट हो सके तो बहुत कुछ बातें की जा सकती हैं, गट्ठर जमा हो गया है।

भाभी तो तुम्हारे साथ ही होंगी। उनसे मेरा स्नेहाभिवादन कहना और दोनों संघर्षजात पुत्रों को मेरा बहुत प्यार देना। अपनी वर्तमान अवस्था का विवरण भी देना, बिना मेरी नालायकी का खयाल किए हुए। गोविन्द से भी मेरा अभिवादन कहना। तुम दोनों दीवानें वहाँ खूब ही मिल बैठे हो। संध्या बंद हो गई है, महेन्द्र तुम्हें सादर प्रणाम प्रेषित

कर रहा है। यहाँ का हाल यथावत है। पत्र का उत्तर दोगे तो समझ लूँगा कि तुमने मेरा अपराध क्षमा कर दिया है। आजकल क्या लिख रहे हो? आशा है स्वस्थ और सानन्द होगे।

साथी
शिवमंगल सिंह सुमन

टिप्पणी : सुमन जी 30.4.49 के पत्र में उज्जैन से मुक्तिबोध के प्रति अपने व्यवहार से लज्जित है। किन्तु मुक्तिबोध से उम्मीद करते हैं विदग्ध लेखक के नाते तुम इतने उदार तो होगे ही मेरा इस भूल के प्रति क्षमाशील हो सको।
मुक्तिबोध के लिए कहीं काम मिल जाने के लिए कई योजनाओं पर विचार करने का आश्वासन भी है।

टेलीफोन नं० ३७४ **हिमालय** पुस्तक-भंडार
पत्र-संख्या—१५३ बाँकीपुर, पटना
साहित्यिक मासिक पुस्तक ३१-८-४
सम्पादक—श्री शिवपूजन सहाय : श्री रामवृक्ष बेनीपुरी

श्रद्धेय वाजपेयीजी, सादर सविनय प्रणाम।

मैं छपरा से यहाँ आया तो आपका कृपापत्र मिला। २० अगस्त को ही मैं कालेज में चला गया। मेरी एक साल की छुट्टी उसी दिन पूरी हो गई। वहीं से 'हिमालय' का भी काम करता हूँ। अनिवार्य छुट्टी की एक मोहलत में यहाँ आ गया। तातील में यहीं रहूँगा।

कृपापत्र के उत्तर में सविनय निवेदन है कि पूज्य 'निराला' जी के लिए पिछले साल एक अपील भी निकाली गई थी जिसमें मेरा भी नाम दिया गया था। उसके सम्बन्ध में क्या हुआ, कुछ पता न लगा। इस बार उनकी जयन्ती के लिए आप मेरे नाम की स्वीकृति चाहते हैं। मुझे इसमें कोई उज्र नहीं है। उनके लिए मेरे नाम का उपयोग करने में पूछने की जरूरत भी नहीं। मेरी कोई आपत्ति नहीं। यदि आप वक्तव्य भेजें तो 'हिमालय' में भी चर्चा कर दूँ . आप जो कुछ आज्ञा देंगे, सहर्ष उसका पालन करूँगा।

'हिमालय' आपकी सेवा में हिन्दू विश्वविद्यालय (हिन्दी विभाग) के पते से जाता है। आज तक आपका शुभ आशीर्वाद नहीं मिला। शायद आपको वह पसन्द न हो। मैंने शुरू में एक पत्र भी भेजा था। मित्रवर वाचस्पति पाठक आए थे तो आपका समाचार पूछा था। आप काशी में कहाँ रहते हैं, यह भी मालूम नहीं। कृपया अपने घर का पता लिखिए। बड़ी कृपा होगी। जयन्ती के काम में मेरी सेवाएँ आपकी कृपा के अधीन हैं। अवसर है, पत्रोत्तर यहीं के पते पर मिलेगा। २४ को कालेज बन्द हो जायगा। २५ से यहीं रहूँगा। आपका कृपाकांक्षी—शिवपूजन।

सेवा में—
श्रीमान् पण्डित नन्ददुलारे वाजपेयीजी, एम.ए.
प्रोफेसर, हिन्दूविश्वविद्यालय (हिन्दीविभाग)
श्रीराष्ट्रभाषा-विद्यालय, गायघाट, काशी
बनारस सिटी
Benares City

नंददुलारे वाजपेयी को संबोधित

हिमालय

18.9.46

श्रद्धेय वाजपेयी जी, सादर सविनय प्रणाम।
मैं छपरा से यहाँ आया तो आपका कृपा पत्र मिला। 20 अगस्त को ही मैं कालेज में चला गया। मेरी एक साल की छुट्टी उसी दिन पूज गई। वहीं से 'हिमालय' का भी काम करता हूँ। यूनिवर्सिटी की एक मीटिंग में यहाँ आ गया। तातील में यहीं रहूँगा।

कृपा पत्र के उत्तर में सविनय निवेदन है कि पूज्य 'निराला' जी के लिए पिछले साल एक अपील भी निकाली गई थी जिसमें मेरा भी नाम दिया गया था। उसके सम्बन्ध में क्या हुआ, कुछ पता न लगा। इस बार उनकी जयन्ती के लिए आप मेरे नाम की स्वीकृति चाहते हैं। मुझे इसमें कोई उज्र नहीं है। उनके लिए मेरे नाम का उपयोग करने में पूछने की जरूरत भी नहीं। मेरी कोई आपत्ति नहीं। यदि आप वक्तव्य भेजें तो 'हिमालय' में भी चर्चा कर दूँ। आप जो कुछ आज्ञा देंगे, सहर्ष उसका पालन करूँगा।

'हिमालय' आपकी सेवा में हिन्दू विश्वविद्यालय (हिन्दी विभाग) के पते से जाता है। आज तक आपका शुभ आशीर्वाद नहीं मिला। शायद आपको वह पसन्द न हो। मैंने शुरू में एक पत्र भी भेजा था। मित्रवर वाचस्पति पाठक आए थे तो आपका समाचार पूछा था। आप काशी में कहाँ रहते हैं, यह भी मालूम नहीं। कृपया अपने घर का पता लिखिए। बड़ी कृपा होगी। जयन्ती के काम में मेरी सेवाएं आपकी कृपा के अधीन हैं। आशा है, पत्रोत्तर यहीं के पते पर मिलेगा। 24 को कालेज बन्द हो जाएगा। 25 से यहीं रहूँगा।

आपका कृपाकांक्षी
शिवपूजन

टिप्पणी : 18.9.46 के पत्र में आचार्य शिव पूजन सहाय ने आचार्य नन्द दुलारे वाजपेयी को निराला जी के स्वर्ण जयन्ती समारोह के आयोजको में अपना नाम देने की स्वीकृति प्रदान की है।

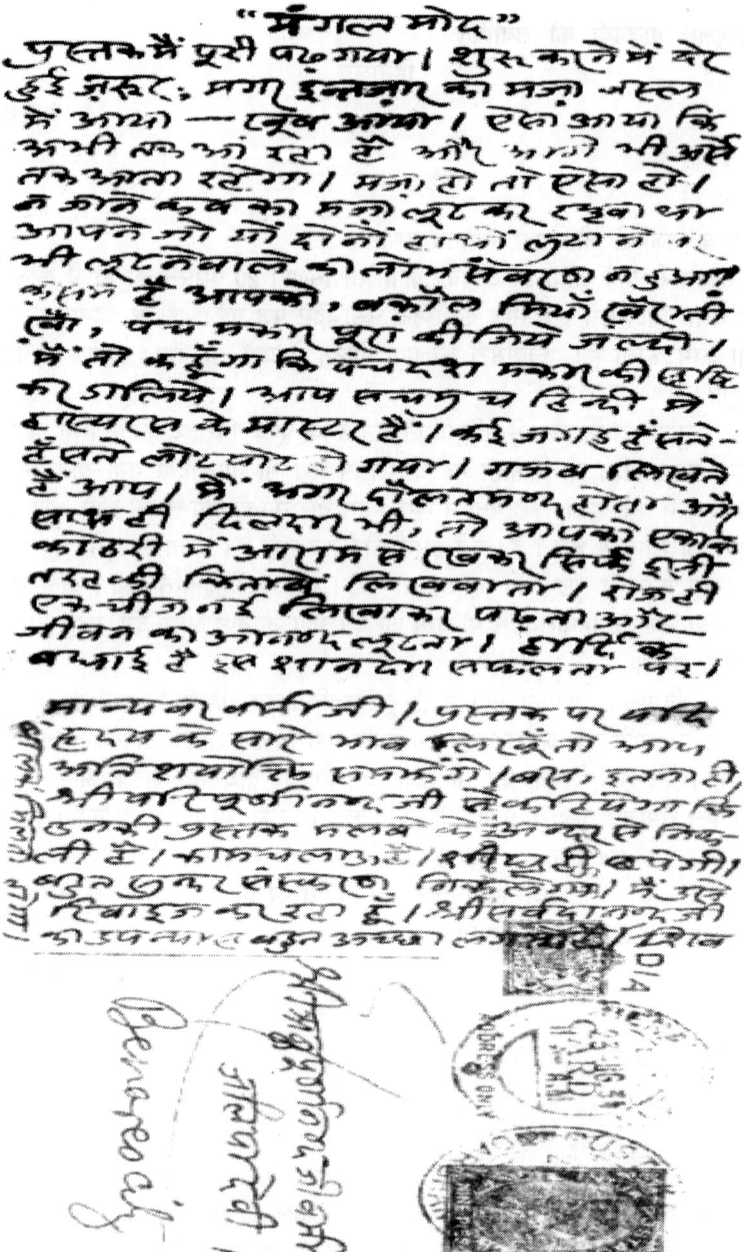

"मंगल मोद"

पुस्तक मैं पूरी पढ़ गया। शुरू करने में देर हुई ज़रूर; मगर इत्मीनान का मज़ा पढ़ने में आया — खूब आया। ऐसा आया कि अभी तक आ रहा है और आगे भी अर्से तक आता रहेगा। मज़ा हो तो ऐसा हो। न जाने कब का मज़ा लूट कर रक्खा था आपने जो मैं दोनों हाथों लुटाने पर भी लूटनेवाले को लोभ से बचा न सका? [illegible] हैं आपको, बकौल मियाँ [illegible], पंच मकार पूरा कीजिये जल्दी। मैं तो कहूँगा कि पंचदश मकार की सृष्टि कर डालिये। आप सचमुच हिन्दी में हास्यरस के मास्टर हैं। कई जगह हँसते-हँसते लोटपोट हो गया। गज़ब लिखते हैं आप। मैं अगर दौलतमन्द होता और साथ ही दिलदार भी, तो आपको एक कोठरी में आराम से रखता सिर्फ इसी तरह की किताबें लिखवाता। रोज़ही एक चीज़ नई लिखो, पढ़ो और जीवन का आनन्द लूटो। हार्दिक बधाई है इस शानदार सफलता पर।

माननीय [illegible] जी। पुस्तक पर यदि हृदय के सारे भाव लिखूँ तो आप अतिशयोक्ति समझेंगे। बस, इतना ही। श्री [illegible] जी [illegible] कि उनकी पुस्तक [illegible] के अन्दर से निकली है। काम चल रहा है। [illegible] बहुत [illegible] निकलेगा। मैं [illegible] कर रहा हूँ। श्री सच्चिदानन्द जी की [illegible] बहुत अच्छा लगा। [illegible]

अन्नपूर्णा नंद वर्मा को संबोधित

'मंगलमोद' 23.8.34

पुस्तक मैं पूरी पढ़ गया। शुरू करने में देर हुई जरूर; मगर इन्तजार का मजा वस्ल में आया खूब आया। ऐसा आया कि अभी तक आ रहा है और आगे भी अर्से तक आता रहेगा। मजा हो तो ऐसा हो। न जाने कब का मजा लूटकर रखा था, आपने जो यों दोनों हाथों लुटाने पर भी लूटने वाले का लोभ संवरण न हुआ। कसम है आपको, बकौल मियाँ खैराती खाँ, पंच मकार पूरा कीजिये जल्दी। मैं तो कहूँगा कि पंचदश मकार की सृष्टि कर डालिये। आप सचमुच हिन्दी में हास्यरस के मास्टर हैं। कई जगह हँसते-हँसते लोट-पोट हो गया। गजब लिखते हैं आप। मैं अगर दौलत-मन्द होता और साथ ही दिलदार भी, तो आपको एकान्त कोठरी में आराग से रखकर सिर्फ इसी तरह की किताबें लिखवाता। रोज ही एक चीज नई लिखाकर पढ़ता और जीवन का आनन्द लूटता। हार्दिक बधाई है इस शानदार सफलता पर। मान्यवर वर्मा जी। पुस्तक पर यदि हृदय के सारे भाव लिखूँ तो आप अतिशयोक्ति समझेंगे। बस, इतना ही, श्री परिपूर्णानन्द जी से कहियेगा कि उनकी पुस्तक मलबे के अन्दर से निकली है। कामचलाऊ है। शीघ्र ही छपेगी। बहुत सुन्दर संस्करण निकलेगा। मैं उसे रिवाइज कर रहा हूँ। श्री सर्वदानन्द जी का उपन्यास बहुत अच्छा लगता है। 'बालक' मिलता होगा।

शिवपूजन सहाय

टिप्पणी : 23.8.34 को दरभंगा से शिवपूजन सहाय ने अन्नपूर्णानन्द जी को जो कार्ड लिखा है, वह विनोद से भरपूर है। मैं पूरी पुस्तक पढ़ गया हूँ। शुरू करने में देर हुई जरूर मगर इन्तजार का मज़ा वस्ल में आया -खूब आया।

कमला

[महिलाओंकी अपनी मासिक पत्रिका]

सम्पादक
श्री बाबूराव विष्णु पराड़कर

ज्ञानमण्डल, बनारस
ता० 24/5 — १९३

प्रिय महाशय,

आपका कृपापत्र मिला। पत्रिका मिली।
'कमला' का पुनर्जन्म देख आनन्द हुआ है, क्योंकि
मैं 'कमला' को ही [illegible] नहीं देख पाया हूँ
कि मेरी मानसिक और शारीरिक स्थिति सोच-
नीय है। कुछ भी नहीं कर पाता हूँ। एक समय
था जब अपनी साधारण परिस्थिति में भी
मैं एक असाधारण उत्साह रखता था, अब
[illegible] मेरा कुछ इतना ही है कि
आप-जैसे उत्साही व्यक्तियों पर [illegible]
और अपने विचारों से हिन्दी-जगत की
[illegible] करें, हमारे-जैसों के पतित
जीवन को [illegible] दें। मैं आप जैसे नव

24.5.1930

युवकों के उत्साह और साहस का स्वागत करता
हूँ।

'कमला' में आप अपनी [illegible]
[illegible] मानने के सामने [illegible] एक
पत्र में लिखा था कि वे कहानी पर आपका
[illegible] भेज रहे हैं। लेकिन लिखा नहीं, क्या बात
है [illegible]। कृपया [illegible] के नाम
भिजवाइये, ताकि मेरी अनुपस्थिति में भी
उसका उपयोग हो सके।

[illegible] को नमस्कार।

सस्नेह
[illegible]

कमला

(महिलाओं की अपनी मासिक पत्रिका)

सम्पादक
श्री बाबू राव विष्णु पराड़कर

गायघाट, बनारस
ता. 24.5.1939

प्रियवर

आपका कृपा पत्र मिला। परिचय मिला। 'कमला' में आपका लेख यत्र-तत्र पढ़ा है, अभी तक मैं 'कमला' को ही पूरी तरह नहीं देख पाया हूँ। मेरी मानसिक और शारीरिक स्थिति शोचनीय है। कुछ भी नहीं कर पाता हूँ। एक समय था, जब अपनी साधारण परिस्थिति में भी मैं एक असाधारण उत्साह रखता था, अब जीवित मृत हूँ। मेरा सुख इतना ही है कि आप-जैसे उत्साही बन्धु वर्ग खूब लिखें और अपने विचारों से हिन्दी-जनता की रुचि उन्नत करें, हमारे जैसों के दलित जीवन को बल बुद्धि दें। मैं आप जैसे नव-युवकों के उत्साह और सामर्थ्य का स्वागत करता हूँ।

'कमला' में आप अपनी लेखमाला जारी रखें। माचवे ने अपने 17.3.39 के एक पत्र में लिखा था कि वे कहानी पर आपका एक लेख भेज रहे हैं। लेख मिला नहीं, क्या बात है? शीघ्र भिजवाइये। कृपया पराड़कर जी के नाम भिजवाइये, ताकि मेरी अनुपस्थिति में भी उसका उपयोग हो सके।

माचवे को वन्दे कहिये।

सस्नेह
शान्तिप्रिय द्विवेदी

टिप्पणी : 24.5.39 का पत्र भी बनारस से ही भेजा गया है। इस पत्र में द्विवेदी जी ने अपनी शारीरिक और मानसिक स्थिति शोचनीय बतलाई है।

फोन : 23360

शंकर दयाल सिंह

कामता सदन / बोरिंग रोड/पटना

प्रिय पद्मा जी,

आपकी डाँट ने रात भर जागरण कराया जिस 'भगवती जागरण' का कोई चर्चा-वर्चा देखा था, स्वयं कभी उसमें रमा नहीं था, कल की रात रम गया तो भगवान ने फल भी साक्षात दिया - 'उस आदमी को किस तराजू पर तौला जाए'। अब निर्णय आप करें और लिखें - तासीर कैसी है?

पुस्तकीय विमोचन में जो स्नेह-सौहार्द आपने दिया, उसके प्रति किसी प्रकार का आभार व्यक्त कर ऋण-भार कम करने की धृष्टता मैं नहीं कर सकता।

सरदारजी को मेरा 'सत सिरी अकाल' कहें और विश्वास दिला दें कि 'वाहे गुरुजी का फतह' होकर रहेगा। उनके आमंत्रण में देर भले हो, अंधेर नहीं है।

प्रभु आपको सदा-सदा स्वस्थ-प्रसन्न रखें।

शंकर दयाल सिंह

फोन : 23360
कामता सदन
बोरिंग रोड, पटना

प्रिय पद्मा जी,

आपकी डांट ने रात भर जागरण करवा दिया। 'भगवती जागरण' का बोर्ड जहां-तहां देखा था, स्वयं कभी उसमें रमा नहीं था, कल की रात रम गया तो भगवान ने फल भी साक्षात दिया- उस आदमी को किस तराजू पर तौला जाय। अब निर्णय आप करें और लिखें- तासीर कैसी है?

पुस्तकीय विमोचन में जो स्नेह-सौहार्द आपने दिया, उसके प्रति किसी प्रकार का आभार व्यक्त कर ऋणभार कम करने की धृष्टता मैं नहीं कर सकता।

सरदार जी को मेरा 'सत्त सिरी अकाल' कहें और विश्वास दिला दें कि 'वाहे गुरुजी का फतह' होकर रहेगा। उनके आमंत्रण में देर भले हो, अंधेर नहीं है।

प्रभु आपको सदा-सदा स्वस्थ-प्रसन्न रखें।

आपका
शंकरदयाल

टिप्पणी : कमला सदन बोरिंग रोड पटना से 7.10.86 को लिखा गया है। इसमें पद्मा जी द्वारा कराए गए भगवती जागरण में सम्मिलित होकर रमने की बात कही गई है।

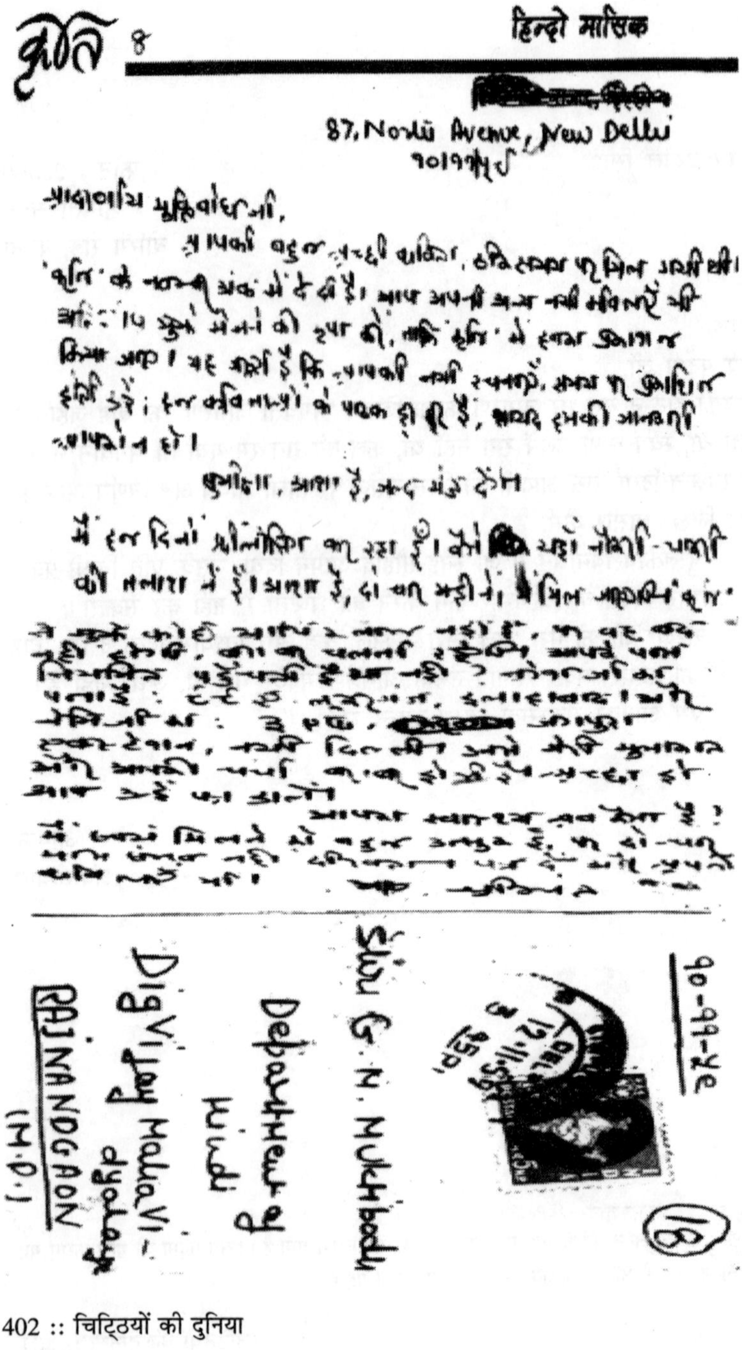

कृति ४ — हिन्दी मासिक

87, North Avenue, New Delhi
१०।११।५९

आदरणीय मुक्तिबोध जी,

आपकी बहुत अच्छी कविता, [illegible] 'कृति' के आगामी अंक में दे दी है। आप अपनी अन्य नयी कविताएँ भी [illegible] भेजने की कृपा करें, ताकि 'कृति' में इनका प्रकाशन किया जाए। यह सही है कि आपकी नयी रचनाएँ [illegible] प्रकाशित होती रहें; इन कविताओं के पाठक [illegible] हैं, शायद इनकी जानकारी आपको न हो।

शुभेच्छा, आशा है, जल्द मिलेंगे।

मैं इन दिनों [illegible] कर रहा हूँ। [illegible] यहाँ नौकरी-चाकरी की तलाश में हूँ। आशा है, दो चार महीने में मिल जाएगी [illegible]

[illegible]

Shri G. N. Muktibodh
Department of Hindi
Digvijay Mahavidyalaya
RAJNANDGAON
(M.P.)

१०-११-५९

(18)

कृति

हिन्दी मासिक

87, North Avenue, New Delhi

10-11-59

आदरणीय मुक्तिबोध जी,

आपकी बहुत अच्छी कविता, ठीक समय पर मिल गई थी। 'कृति' के नवंबर अंक में दे दी है। आप अपनी अन्य नयी कविताएँ भी अतिशीघ्र मुझे भेजने की कृपा करें। ताकि 'कृति' में इनका प्रकाशन किया जाए। यह जरूरी है कि आपकी नई रचनाएं, समय पर प्रकाशित होती रहें; इन कविताओं के पाठक ही दूर हैं, शायद इसकी जानकारी आपको न हो।

समीक्षा, आशा है, जल्द भेज देंगे।

मैं इन दिनों फ्रीलांसिग कर रहा हूँ। वैसे यहाँ नौकरी-चाकरी की तलाश में हूँ, आशा है, दो-चार महीनों में मिल जाएगी। 'कृति' से मुझे कोई आर्थिक लाभ नहीं है, पर वह बंद नहीं होगी, बराबर चलती रहेगी। आपके पास नियमित पहुँचती है या नहीं? नरेश जी का पता है : 99 ए लूकरगंज, इलाहाबाद। और नेमि जी का : ३ एफ जंगपुरा एक्सटेंशन, नई दिल्ली, उनसे मेरी मुलाकात और आपकी चर्चा बराबर होती है अच्छा हो आप उन्हें पत्र डालें।

आपका स्वास्थ्य अब कैसा है?

मैं स्वयं मिलने को बहुत उत्सुक हूँ, पर दो-चार मास सम्भव नहीं दीखता। पत्र दें, और अपनी कविताएँ भी।

आपका

श्रीकांत वर्मा

टिप्पणी : 10.11.59 के पोस्ट कार्ड में मुक्तिबोध की कविता ठीक समय पर मिलने की सूचना है और उसे नवंबर के अंक में ही देने का उल्लेख है।

85, North Avenue, New Delhi
13.5.60

आदरणीय मुक्तिबोध जी,

आपका निबंध समय पर मिल गया था। 'कृति' के इसी अंक में प्रकाशित हो रहा है। श्री विनोद कुमार शुक्ल की कविताएँ भी मिल गई हैं। उनमें से अनेक अच्छी हैं। 'कृति' में, हम लोग, जरूर प्रकाशित करेंगे। मैं चुनने के बाद उन्हें शीघ्र ही इस संबंध में सूचित करूँगा।

नामवर सिंह जी के विषय में अवश्य ही कुछ किया जाना चाहिए। पर इसके पहले, उनसे चर्चा आवश्यक है। मैं उन्हीं की प्रतीक्षा कर रहा हूँ।

'कृति' के विषय में, विस्तार से, दो एक दिनों में आपको पत्र लिखूँगा।

आपका
श्रीकांत वर्मा

भारतीय श्रमिक
17, जनपथ, नयी दिल्ली

आदरणीय मुक्तिबोध जी,

आपका पत्र मिला था। इस बीच नागपुर होते हुए बिलासपुर जाने का कार्यक्रम था, किंतु न हो सका। प्रयत्न कर रहा हूँ कि अब एक दो महीने में, लंबी छुट्टी मिल जाय।

इन दिनों श्री डी.पी. मिश्र यहां आए थे। मेरी उनसे बड़ी देर बातचीत हुई थी। उन्होंने मुझे बताया कि रायपुर तथा कुछ अन्य जगहों में उन्होंने आपके लिए कुछ समय पूर्व कहा था। अब फिर वह इस दिशा में कहेंगे। मुझसे कहा उन्होंने कि मैं आपको लिख दूँ कि आप उन्हें अविलंब रिमाइंड करा दें, क्योंकि व्यस्तता के कारण, भूल जाने की सम्भावना है।

रामकृष्ण भाई को मैं 'भटका मेघ' नहीं भेज सका हूँ; क्योंकि प्रकाशक ने मुझे जितनी प्रतियाँ दी थीं, वह सब उसी समय खत्म हो गयीं। मैं उन्हें शीघ्र भेज दूँगा वह मेरे अनन्य हैं। आप, 'भटका मेघ' की समीक्षा कतई न लिखें; वह उचित न होगा। वैसे ही, 'समुद्रगुप्त' से लोग खार खाए बैठे हैं। हम लोगों को फूँक-फूँक कर कदम रखना है, कोई यह न कह सके कि हमने अनैतिकता बरती। कुछ लोगों का यह आक्षेप कम से कम मुख्यतः 'समुद्रगुप्त' पर तो है ही। और इस कारण भी मैंने आपकी कविता (जो मुझे अत्यधिक प्रिय है) की कुछ आलोचना, 'कलम की दिशा' में की थी।

मैं इस युग के दबावों के सन्दर्भ में, आपकी कविता, भली-भाँति समझ गया हूँ। नरेश जी से प्रायः मेरी इस विषय पर बातचीत होती है। बल्कि, मैं समूची नई कविता पर एक पुस्तक लिखने की सोच रहा हूँ- 'पीड़ा और पीड़ा का नकाब' नाम से (प्रमोद वर्मा की एक कविता का शीर्षक)! मुझे आज की सारी कविता में मुख्यतः दो प्रवृत्तियां नज़र आती हैं। 1. पीड़ा 2. पीड़ा का दर्शन। एक समूचे सामाजिक जीवन के पर्सपेक्टिव में संवेदनशील व्यक्तित्व की genvine पीड़ा है, दूसरी में आत्म यंत्रणा self forture (आत्मरति) का दर्शन है, बौद्धिक धरातल पर स्वीकृति है। पहली का प्रतिनिधित्व आप में होता है; द्वितीय का अज्ञेय में। मेरी थीसिस यह है! नेमि जी मुझसे सहमत नहीं हैं; वह आत्मयंत्रणा को कवि व्यक्तित्व का अनिवार्य अंग मानते हैं। आप इस संबंध में क्या सोचते हैं, मुझे स्पष्ट लिखिएगा।

मेरी हालत यहाँ बहुत खराब है। वेतन इतना कम है और घर की भी चिन्ता करनी पड़ती है, अपनी भी। दूसरी नौकरी तलाश कर रहा हूँ। मगर नौकरी जान-पहचान और खुशामद से मिलती है। मुझमें यह गुण नहीं! डेढ़ साल में भी समर्थ लोगों से संपर्क नहीं बना पाया। यही सब कठिनाइयाँ हैं। व्यक्तित्व की इकाइयाँ टूटी हुई हैं; हर रात जोड़ता हूँ, संजोता हूँ, और फिर एक काव्य-यात्रा पर निकलता हूँ। पता नहीं, कब तक ऐसे चलेगा।

कविताएँ मैंने इधर बहुत लिखी हैं- कुछ आपको बहुत पसंद आएँगी।

आपकी कामायनी वाली पुस्तक के संबंध में पी.पी.एच. वालों से बात चल रही है। सूचित करूँगा।

शेष ठीक है। भाभी जी को मेरा प्रणाम दें। मैं अपना वचन भूला नहीं हूँ, नागपुर होता हुआ ही बिलासपुर जाऊँगा।

समाचार शीघ्र दें।

आपका
श्रीकांत

17, जनपथ, नयी दिल्ली
21.11

आदरणीय मुक्तिबोध जी,
एक अर्से से आपका कोई पत्र नहीं आया। 'कृति' के पहले अंक के विषय में आपकी राय अभी तक मालूम नहीं हो सकी। 'कृति'-2 का कुछ मैटर, मेरे पोर्टफोलियो समेत चोरी चला गया था। इसलिए दूसरे अंक में देरी हुई। अंक, अब कल डिस्पैच हो रहा है। जो मैटर चोरी गया, उसमें श्री शरद कोठारी द्वारा भेजा गया आपका फोटोग्राफ भी था। बड़ी दिक्कत हुई। फिर खोज ढूंढ़ के बाद, नेमि जी के पास आपका पुराना फोटोग्राफ मिला। उसी से काम चलाया।

विशिष्ट छवि के अंतर्गत आप पर श्री नामवर सिंह और मैंने लिखा है। मुझे समय नहीं मिला, इसलिए जल्दी-जल्दी में लिखा। फिर भी कोशिश है, कि जैसा आपको समझ सका हूँ पाठकों तक पहुँचाऊँ। अपने ही निबंध के बारे में, आपकी राय अवश्य जानना चाहूँगा।

नामवर सिंह ग्वालियर होते हुए यहाँ आए थे। दस दिन रहे। आपको शायद न मालूम हो; पार्टी की ओर से वह लोकसभा का चुनाव लड़ रहे हैं। चूँकि वह उनका निजी क्षेत्र है और पार्टी का वहाँ जोर है, उनके चुन के आने की सम्भावना है।

'समालोचक' के नवंबर अंक के सम्पादकीय तथा समीक्षा स्तम्भों में 'कृति' ने आपके और नामवर सिंह के निबंधों तथा मेरी टिप्पणी पर बुरी तरह आक्रमण किया गया है। यह आकस्मिक नहीं है कि 'टाइम्स ऑफ इंडिया' में वात्स्यायन जी ने भी 'कृति' जैसे प्रयासों को Small Ambition of Small Men कहते हुए अपनी भद्र शब्दावली में गरियाया है। इसी प्रसंग में, कल्पना (नवंबर) में अज्ञेय की कविता 'नये कवि से' और 'चक्रधर' की टिप्पणी देख लें। नेमि जी, इस साहित्यिक विवाद से निर्लिप्त हैं। स्वाभाविक है, 'माया- मोह' में पड़ना, हम रिटायर्ड लोगों का काम नहीं। मगर हम लोग चुप नहीं रह सकते। 'कृति' से प्रगतिशील तथा प्रगतिशीलता-विरोधी, दोनों ही नागऩ हैं, यही क्या हम लोगों की कोई कम समझता है? नयी पीढ़ी का पूरा समर्थन 'कृति' को मिला है।

नामवर, शमशेर जी आदि इसमें नियमित लिख रहे हैं। यह जरूरी हो गया है कि आप किसी भी तरह समय निकाल कर, लगातार लिखें। 'वसुधा' में डायरी के फार्म में आप जो लिख रहे हैं, वह बहुत अच्छा है। उसे एक संकलन रूप में छपाने की व्यवस्था की जायेगी। पर आप नयी कविता पर कुछ निबंध 'कृति' में प्लान करें।

किताबें, यहाँ से भेजी जा सकती हैं। यह आवश्यक हो गया है कि पिछले आठ-दस वर्षों से जिन नये विचारों के लिए, मार्ग अवरुद्ध थे, अब वे सामने आएँ।

कि क्षमा-याचना आपसे यह करनी है कि अभी हम मात्र नामवर सिंह और 'समवेत' के दोनों तीनों सम्पादक जब दिल्ली आए, तो हम सबने 'समवेत' की प्लानिंग नये रूप में की और यह निश्चय किया कि उसका अगला अंक पुस्तक रूप में, आपकी कविताओं के संकलन के रूप में निकले। और 'समवेत' में हमारी घोषणा थी ही। समय बिलकुल नहीं था, इसलिए आपको सूचित नहीं किया जा सका। इसे जल्द से जल्द प्रकाशित करने का दायित्व मुझ पर डाला गया है, इसलिए कृपा कर आप अपनी कविताएँ शीघ्र भेज दें जो 'समवेत' साइज के लगभग 80 पृष्ठों में आ सकें। कुछ प्रकाशित कविताएँ मेरे पास हैं। अच्छा यह होगा कि आप इसमें कविताओं की लंबाई-छोटाई छंद भाव भूमि आदि की दृष्टि से विविध रचनाएँ चुनें। आशा है आप प्रसन्न हैं और घर पर सब स्वस्थ हैं। नरेश जी बाहर गए हुए हैं। दस बारह दिनों में लौटेंगे। 'कृति' के लिए अपनी कविताएँ शीघ्र भेजें।

आपका

श्रीकांत

1-2-1962

आदरणीय मुक्तिबोध जी,

आपका पत्र मिला। मैं, 'कृति' को गड़बड़ी में पड़ जाने के कारण ही इतने दिनों आपको न लिख सका; यहाँ तक की समीक्षाओं की सूचना भी न भेज सका। 'कृति' तो अब चलती नजर नहीं आती। अपनी ओर से हर संभव प्रयत्न किया। अब कुछ बचा नहीं। मगर न पाठक हैं और न ही इतना धन। अभी तो प्रेस का ही ऋण चुकाना है। पत्रिका विज्ञापनों की आशा से निकाली थी। मगर कुछ हुआ नहीं। उसके लिए एक भिन्न प्रकार की कर्मठता और एक अलग ढंग की अकल चाहिए। बहरहाल, विदेशों में भी, साहित्यिक पत्रिकाएँ तीन साल नहीं चलतीं।

कुछ पैसे और इकट्ठे कर कुछ अंक और निकाले जा सकते हैं। मगर मुझे इसका कोई अर्थ नहीं जान पड़ता। आखिर तब भी पत्रिका को डूबना ही है। इस क्षेत्र में मेरा तो कोई प्रभाव नहीं। कांता जी की आर्थिक स्थिति भी परिवार से अलग रहने के कारण, बहुत सामान्य है। तब भी उनके और हुसेन और रामकुमार के संपर्कों के जरिये दो- चार महीनों के लिए व्यवस्था की जा सकती है। मगर यह एक बहुत बड़ा सिर दर्द है। दान लेकर पत्रिका कब तक चल सकती है!

वैसे यह अंक प्रेस में है और जल्द ही प्रकाशित होगा। आपकी समीक्षाएं कम्पोज भी हो चुकी हैं। मुझे आपकी दोनों ही समीक्षाएं अच्छी लगी थीं। इतनी Sympathy और साथ ही साथ इतनी तटस्थता के साथ लिखना, एक बहुत कठिन कार्य है।

आपकी पुस्तक (कामायनी : एक पुनर्विचार) की बहुत प्रशंसाएं हो रही हैं। परसाई जी ने उसे छपाकर बहुत अच्छा काम किया। मैंने भी उस पर एक लंबा सा लेख लिखा है; लगभग आधा लिख चुका हूँ। आपकी पुस्तक पढ़ते हुए, दिमाग में कई नई बातें आयीं, कई सूझीं। 'कृति' के अगले अंक निकले तो उसमें, अन्यथा 'कल्पना' में दे दूँगा।

आपकी इस पुस्तक की जैसी प्रतिक्रिया हुई है, उसे देखते हुए लगता है, आपके साहित्यिक निबंधों का संग्रह इस समय कोई भी प्रकाशक छाप देगा आप राजकमल, राजपाल, ज्ञानपीठ, किसी को पत्र अवश्य लिखें। इन निबंधों का पुस्तकाकार आना आवश्यक है। इसके बाद कविता-संग्रह प्रकाशित करने की

योजना किसी न किसी तरह बन ही जाएगी। आशा है आप मेरा अनुरोध/आग्रह अवश्य स्वीकार करेंगे और इस संबंध में इन प्रकाशकों को एक- एक कार्ड ज़रूर डाल देंगे।

मेरा, मार्च में उस ओर आना लगभग तय है। राजनांद गाँव आकर आपसे मुलाकात करूँगा।

आपका
श्रीकांत वर्मा

85, नार्थ एवेन्यू, नयी दिल्ली-1
दिनांक : 22.8.1961

पत्र संख्या :

आदरणीय मुक्तिबोध जी,

आपका पत्र अभी मिला। बड़ी प्रसन्नता हुई। नरेश जी की सेवाओं का उल्लेख करते हुए, एक नोट मैंने इस अंक में दे दिया है। 'कृति' एक प्रकार से उन्हीं की रचना है, और उसे श्रेष्ठतर व्यक्तित्व देने का श्रेय निश्चय ही उन्हें है; इसका उल्लेख मैंने नोट में कर दिया है। मैं पहले ही यह नोट देना चाहता था; जब वह अलग हुए थे। मगर प्रकाशक ने कहा कि इससे लोगों का ध्यान व्यर्थ ही आकृष्ट होगा और विवाद बढ़ेगा। पत्रिका, प्रकाशक की थी। मानना पड़ा।

'कृति' को लेकर जो कुछ हुआ, मैं स्वयं को ही दोषी और अपराधी मानता हूँ। नरेश जी सेन्सिटिव आदमी हैं। 'कृति' के सम्पादन को लेकर मेरे और उनके बीच कभी कोई तनाव नहीं रहा। छोटे-मोटे मतभेद मैंने और उन्होंने सुलझाने की हमेशा कोशिश ही की और इस विषय को लेकर कभी कुछ नहीं हुआ। मेरे उनके आत्मीय संबंध भी हमेशा ही बहुत अच्छे बने रहे; मैंने उन्हें बहुत अच्छी तरह जाना है। उनके गुणों और कमज़ोरियों को जानता हूँ। उनकी शराफत की हमेशा ही मैंने इज्जत की।

गड़बड़ी यह थी कि पिछले साल भर से प्रकाशक से पेमेंट के विषय में बात चल रही थी। मेरी आर्थिक स्थिति कुछ ठीक नहीं है, कभी नहीं रही और मुफ्त काम करना, मुझे तीन वर्षों के बाद असह्य हो गया। मैंने प्रकाशक से कहा। यहाँ के तमाम मित्रों ने भी प्रकाशक पर दबाव डाला। प्रकाशक इस बात पर राजी हो गया कि वह एक नाममात्र की रकम working editor को देने को तैयार है। यह पहला स्टेप था। जाहिर है कि हम लोगों के लिए पैसा कोई बहुत बड़ी चीज नहीं है अन्यथा कविताएँ न लिख औ्र 'कृति' न निकाल रेडियो की नौकरी करते होते। चूँकि मैं उस समय बिलकुल Break Down पर था, इसलिए यह रकम लेने को तैयार हो गया। प्रकाशक को भी 'कृति' में कोई फायदा नहीं था, और वह अधिक से अधिक सौ या पचास रुपये देने को तैयार था। इस बीच नरेश जी यहाँ आये और उनकी न जाने क्या बातें हुई प्रकाशक से। प्रकाशक ने मुझे बताया कि उन्होंने उनसे कहा कि 'कृति' तो उनकी है, मुझे Payment करने का क्या मतलब है! मैं नरेश जी से और उनकी मानवीय कमजोरियों से परिचित हूँ। अतः मैंने उनकी बात का बुरा नहीं

माना। पर हम लोगों के बीच पच्चीस रुपये की रकम, एक दीवार बने, मैंने इसे उचित नहीं समझा, बल्कि अपमानजनक समझा। अतः मैंने प्रकाशक को अपना त्यागपत्र दे दिया। अन्यथा एक Near Level पर मेरे और नरेश जी के बीच तनाव रह जाता। मैं यह कतई नहीं चाहता था। फलस्वरूप 'कृति' जनवरी भर बन्द रही। नरेश जी ने मेरे त्यागपत्र के बाद, प्रकाशक से क्या बातें कीं मैं नहीं जानता। शायद उन्होंने आश्वासन दिया कि वह अकेले 'कृति' निकाल लेंगे। मगर ऐसा नहीं हुआ। प्रकाशक ने एक- डेढ़ मास प्रतीक्षा की। और अंत में मुझसे अनुरोध किया कि मैं अप्रैल तक उनका अंक निकाल दूँ। तब तक उनकी आर्थिक स्थिति ठीक हो जाएगी और वह Payment अवश्य करेंगे। मैं तब भी तैयार न था। मगर सब मित्रों का आग्रह था कि आज के साहित्यिक स्थिति को देखते हुए, 'कृति' कतई बंद नहीं होनी चाहिए। और सब ने प्रकाशक से स्पष्ट- स्पष्ट बातें की। अतः मैंने अंक निकाला। इस अंक में नरेश जी का नाम भी गया और मैंने इलाहाबाद से उठने वाली अफवाहों का मौखिक खंडन भी किया। मगर जैसा कि मैंने कहा, नरेश जी सेन्सिटिव आदमी हैं, उन्होंने प्रकाशक को त्यागपत्र लिखकर भेज दिया कि 'कृति' का अंक उनकी अनुपस्थिति में क्यों निकला। मैं कुछ भी कर सकने में असमर्थ था। प्रकाशक ने उनका त्यागपत्र स्वीकार कर लिया। यह सभी स्थिति नंदकिशोर जी भट्ट को तथा दिल्ली के दोस्तों को मालूम है। कोई भी under hand dealing हम लोगों की तरफ से नहीं हुई है। यहाँ तक कि प्रकाशक से भी जब-जब बात हुई तो दस-पाँच मित्रों के साथ हुई। उन मित्रों की सच्चाई और ईमानदारी पर नरेश जी भी संदेह नहीं कर सकते हैं। क्योंकि वे मेरे दिल्ली आने के पहले से ही नरेश जी के घनिष्ठतम मित्र हैं। इसके बाद भी मैं अपने आपको दोषी मानता हूँ; और नरेश जी के सामने मानने को तैयार हूँ। उनका मुझ पर जो स्नेह रहा है और जो अहसान रहे हैं; मैं उन्हें कभी नही भूल सकता। उनकी कविताओं से आकृष्ट होकर ही मैंने नयी कविता लिखनी आरंभ की। उन्होंने ही मुझे दिल्ली बुलाकर मेरे विकास का अवसर प्रदान किया। एक प्रकार से मुझे उन्होंने बनाया है।

मगर उनके स्वभाव को देखते हुए, मेरा उनको पत्र लिखना भी खतरे से खाली नही। मैं जानता हूँ, वे मुझे क्या उत्तर देंगे। वह जितने कमजोर और दयनीय हैं, उतने ही अहंकारी भी हैं। जितना बड़प्पन उनमें है, उतना ही मामूलीपन भी है। एक अजीब अंतर्विरोध है उनमें, जिससे वे कभी उबर न सके। यही उनकी ट्रेजडी है।

मैं अप्रत्यक्ष, उनकी हमेशा ही सेवा ही करता रहा हूँ। दिल्ली में भी जब जब लोग उनके कार्यों से रुष्ट हुए, मैंने स्थिति सँहालने की कोशिश की। यहाँ के लोग शरीफ हैं और कुल मिलाकर उनकी इज्जत ही करते हैं। वह इलाहाबाद चले गए हैं। मगर उनके सच्चे मित्र दिल्ली में ही हैं। हम लोग उनकी जानकारी के बिना

उनकी जो भी सेवा कर सकते हैं, करते रहेंगे। क्योंकि हमेशा उनसे आत्मीय संबंध रहा है।

इस समय वह अकेले हैं और दुखी हैं। प्रयाग के साहित्यकारों के बीच वह अपने को सहज भी अनुभव करते होंगे और व्यक्तिगत स्थिति भी कुछ अच्छी नहीं है। आप उनसे पत्रों के जरिये बराबर संपर्क बनाए रखें। इससे उन्हें बहुत बड़ा सहारा मिलेगा। उनका जीवन ट्रैजिक रहा है। उनकी योग्यताओं के अनुपात में उन्हें सफलता नहीं मिली; बल्कि घटिया लोगों का विरोध मिला। 'कृति' के Episode के कारण वे और भी दुखी हैं। आप उनसे अवश्य ही सम्पर्क रखें। आप जानते ही हैं, नरेश जी को...की कितनी आवश्यकता होती है। आप भी उनकी अच्छाइयों से परिचित हैं। वह ऐसे आदमी हैं कि जिनके लिए यदि झूठ बोलकर भी कुछ किया जा सकता है तो किया जाना चाहिए। दिक्कत यह है कि अब मैं इस स्थिति में भी नहीं। मेरा झूठ भी उन्हें स्वीकार नहीं होगा। खैर।

नेमि जी एक महीने से बीमार हैं। खाट पर ही हैं। मैं उनके पास गया था। उनका पता मैं आपको दे रहा हूँ। 3, F-Jangpura Extension, New Delhi.

आप कविताएँ मुझे अवश्य भेज दें और 10-15 दिनों में अपनी सुविधानुसार समीक्षाएँ भी। आपका आभारी रहूँगा।

पत्र भी दें। आपका पत्र आने से बड़ी खुशी होती है।

आपका
श्रीकांत

85, नार्थ एवेन्यू, नयी दिल्ली
30.1.60

आदरणीय मुक्तिबोध जी,

इतने लंबे अंतराल के बाद, पत्र लिखने के लिए क्षमा प्रार्थी हूँ। नामवर सिंह के पत्र से मालूम हुआ कि आप सागर गए थे। क्या ही अच्छा होता यदि एकाध दिन के लिए भी आप इधर चले आते। मुझे सूचना नहीं थी, अन्यथा मैं स्वयं आता। 'कृति' आपके पास नियमित पहुँच रही है या नहीं? प्रकाशकीय अव्यवस्था को देखते हुए शंका होती है।

इधर 'कृति' काफी गड़बड़ियों में चल रही है। अपनी कठिनाइयों के कारण, मैं अपनी जिम्मेदारी पूरी तरह नहीं निबाह पाया और लगता है, मित्रों ने भी इसमें दिलचस्पी लेना- अगर बन्द नहीं तो- कम कर दिया है। ऐसी स्थिति में 'कृति' को कब तक चलाया जा सकता है। मैं स्वयं नहीं जानता। जो कुछ सामग्री जुटा पाता हूँ, वह अच्छी नहीं होती। अकसर छद्म नामों से, कई पृष्ठ मुझे भरने पड़ते हैं।

'कृति' के ह्रास के लिए मैं अपने को ही ज्यादा अंशों में दोषी मानता हूँ। अगर ज़िन्दगी ने थोड़ी सी सुविधा जीने की भी दी होती, तो किसी तरह इतना समय निकाल लेता, कि पत्रिका का स्तर कायम रखने के लिए, बराबर मेहनत कर सकूँ।

बहरहाल मैं इस समय एक बार फिर पूरी ताकत के साथ, प्रयत्न कर रहा हूँ। शायद यह अंतिम प्रयत्न होगा 'कृति' के फरवरी अंक के लिए मुझे आपकी कोई कविता या अन्य कोई भी रचना, डायरी, टिप्पणी, लेख, चाहिए। आप कृपा कर अवश्य ही 7-8 फरवरी तक यह भेज दें। क्योंकि अंक 12-13 को प्रकाशित हो जाता है। अगर फरवरी अंक भी पिछले अंकों जैसा ही लचर चला गया तो क्या किया जायगा। मैं कुछ नहीं जानता आशा है, आप मेरी मदद अवश्य करेंगे। आप पृष्ठ संख्या के विषय में संकोच न करें। हम लोगों ने हमेशा यह चाहा कि आपकी कविता 'कृति' में ही प्रकाशित हो। 'कृति' उसके लिए उपयुक्त जगह भी है।

श्री वीरेन्द्र कुमार जैन के कई पत्र मेरे पास आये हैं। शायद आपके पास भी आये होंगे। उनकी जिद है कि आप उस संग्रह पर लिखें। मेरा अपना मत है कि इस स्थिति में आप कष्ट कर लिख दें। कोई जरूरी नहीं कि वह वीरेन्द्र कुमार जी के अपेक्षानुकूल हों। सीनियर आदमी है। गम्भीरतापूर्वक, इस परिश्रम, पर बहस की जानी चाहिए। ये लोग जिंदगी के हाथों सताये हुए लोग हैं। जब आदमी सभी जगह

हार जाता है, तो साहित्यिक मूल्यांकन ही अंतिम शरणस्थल रह जाता है। क्या किया जा सकता है? आदमी, हर जगह कमजोर और दयनीय है।

आपका स्वास्थ्य अब कैसा है? इन दिनों, आशा है, आपने कविताएँ और लिखी होंगी। एक अर्सा हुआ, आपसे आपकी कविताएँ सुनें। मुझे अकसर नागपुर, आपका शुक्रवारी वाला मकान और रामकृष्ण, विद्रोही जी, याद आते हैं।

मुझे किसी ने सूचना दी है कि राजकमल प्रकाशन आपका संग्रह छापने का इरादा रखता है। बड़ी प्रसन्नता हुई। कोशिश यह हो कि वह ज्यादा पृष्ठों का संग्रह प्रकाशित हो। आप के पास इस संबंध में, कोई सूचना है क्या?

भाभी जी को प्रणाम। और बच्चों को स्नेह दीजिएगा।

पत्र, कृपया, अविलंब लिखें।

आपका

श्रीकांत

94, नार्थ एवेन्यू, नयी दिल्ली-1
22.7.63

आदरणीय मुक्तिबोध जी,

आपका उपन्यास अब तक प्राप्त नहीं हुआ। अगर आप मेनुस्क्रिप्ट जल्द भेज दें तो प्रकाशन के लिए तत्काल दे दिया जाय। टाइप कराने की तो कोई जरूरत है नहीं। प्रतिलिपि ही भेज दें।

मैं बम्बई गया हुआ था। पिछले दिनों लौटकर आया। वरना पहले ही इस बारे में आपको लिखता।

उर्वशी पर आपका लेख बहुत विश्लेषणात्मक और तीखा है। इसकी बहुत ज़रूरत थी। और भी लोगों ने पसंद किया।

मगर शिवदान सिंह चौहान का सम्पादकीय 'आलोचना' को एक दूसरे ही परिप्रेक्ष्य में रख देता है : प्रगतिशीलता, अनास्था, प्रतिक्रिया, इन शब्दों का कम से कम आज की कविता के संदर्भ में- मेरी समझ में- कोई अर्थ नहीं रह गया है। प्रगतिशील आलोचक नये साहित्य के मानवीय तत्त्वों को समझ सकने में सरासर असमर्थ हैं। और जिस तरह पार्टी अब देश-विदेश में प्रतिनिधिमंडल भेजने और अपने नेताओं की मास्को और प्राग में स्वास्थ्य-चिकित्सा करानेवाली पार्टी होती जा रही है उसी तरह बुर्जुआ साहित्य को कोसने वाले प्रगतिशील आलोचक एक नये किस्म के बुर्जुआ बनते जा रहे हैं। यह अच्छा ही है कि नया साहित्य बिलकुल नंगा है। उस पर किसी तरह का आवरण या नकाब नहीं! केवल अपनी संवेदना की धड़कनों को व्यक्त कर रहा है। इससे अधिक एक लेखक को कुछ करना भी नहीं चाहिए। यह मेरी अपनी राय है। घर पर सब लोग अच्छी तरह होंगे। रायपुर में यूनिवर्सिटी खुल रही है। मेरा ख़याल है वहाँ आपकी नियुक्ति हो जाती तो बेहतर था। अगर रीडरशिप भी मिले तो मंजूर कर लेना चाहिए।

राजनांद गाँव के एक नवयुवक डॉ. टुमन लाल एम.एल.ए. हैं! वह भोपाल से दिल्ली आते रहते हैं। उन्होंने आपकी संस्कृति वाली पुस्तक पढ़ी है और आपसे मिलने के बहुत इच्छुक हैं।

अपनी ख़बर जल्द देंगे।

आपका
श्रीकांत

16, जनपथ, नयी दिल्ली
2.10.56

आदरणीय मुक्तिबोध जी,

यहाँ आते ही कार्यभार कुछ इतना आ पड़ा कि एक मिनिट के लिए भी अवकाश नहीं मिला। सुबह से रात तक, काम ही काम, इसी कारण मैं अब तक आपको पत्र नहीं लिख सका।

अभी मैं यूनिवर्सिटी हॉस्टेल (हॉस्टल) में, अपने एक मित्र के साथ ठहरा हुआ हूँ। कमरे या होटल की तलाश में हूँ। दिल्ली में आवास की बड़ी कठिनाई है। अस्तु

श्री नरेश मेहता को मैंने आपका संदेश कह दिया है। माचवे जी से भेंट नहीं हुई। वे मद्रास गये हुए हैं। दो-चार दिनों में लौटेंगे। श्री युगजीत नवलपुरी से दो-चार बार मुलाकातें कर चुका हूँ। बड़े सज्जन व्यक्ति हैं। अपनत्व का अनुभव हुआ।

दिल्ली अजीब शहर है। कलाकारों के रहने लायक जगह नहीं है। फैशन-परस्त सभ्यता की कृत्रिम जिंदगी का द्वीप है। अपना कोई नजर नहीं आता। मैं छोटे शहर का रहने वाला हूँ, इसलिए और भी अजीब अनुभव करता हूँ। लगता है, तालाब की मछली को समुद्र में फेंक दिया गया हो। क्या करूँ, लाचारी है। तबियत घबराती है। क्या आप यहाँ आने का विचार रखते हैं! मेरा ख्याल है, आप छुट्टी लेकर एकाध सप्ताह के लिए यहाँ आएँ मुझे लगता है, जीविका के लिए यहाँ गुंजाइश है। अखबार हैं, दूतावास हैं, और भी अनेक जगहें हैं। आपने बताया था, आपकी service अक्तूबर के बाद, टर्मिनेट हो रही है। आखिर, कुछ तो करना ही पड़ेगा। दौड़-धूप करने से कुछ अवश्य हो सकेगा। जैसा आप उचित समझें।

मैने बिलासपुर पत्र लिखा है। उत्तर आता ही होगा। 'नयी दिशा' का क्या कर रहे हैं, पता चल सकेगा। आपको अविलंब सूचित करूँगा।

श्री नरेश मेहता से काफी वार्तालाप हुआ। उनके विचारों में बहुत परिवर्तन हो चुका है। हाँ, कविताएँ, इधर उन्होंने अच्छी लिखी हैं। आपकी याद, वे अकसर करते हैं।

'नया खून' मेरे बिलासपुर पते पर जाता था। कृपया उन्हें मेरा यह नया पता दे दें। मध्य प्रदेश का कोई समाचार ही नहीं मिलता। कविता, दीपावली अंक

के लिए, शीघ्र ही भेजूँगा।

'विद्रोही' जी को मेरा प्रणाम, कहें एवं अन्य सब मित्रों को नमस्कार।

आशा है आप स्वस्थ हैं।

पत्र, अविलम्ब दें।

मैं इस अकेलेपन से घबरा रहा हूँ।

आपका
श्रीकांत

'प्रतिभा' के कुछ पैसे शेष रह गये थे। यदि नागपुर से उन्हें कुछ पैसे दिला सकें, तो बड़ा अच्छा हो। मैं उन्हें, बिलासपुर से कुछ भिजवा सकूँगा।

अन्यथा परेशानी रहेगी। उनकी 'नोटिस' आती ही होगी।

श्रीकांत

टिप्पणी : 2.10.56 को भारतीय श्रमिक कार्यालय दिल्ली से नियुक्ति मिल जाने की सूचना के साथ ही कार्यालयाधिक्य के बारे में लिखा है और आवास मिलने की कठिनाई का उल्लेख भी है।

85, नार्थ एवेन्यू
नयी दिल्ली, 6.9.60

आदरणीय मुक्तिबोध जी,

कुछ मास पूर्व, मैंने आपको एक पत्र दिया।

'कृति' के दो वर्ष समाप्त हो रहे हैं तय यह हुआ कि तीसरे वर्ष पर 150 पृष्ठों का एक कविता विशेषांक प्रकाशित किया जाए, जो नयी कविता के पुनर्विचार तथा पुनर्प्रतिमानीकरण का आधार बने। हम सब इसके लिए प्रयत्नशील हैं और अंक पूरा विश्वास है बहुत अच्छा ही होगा।

'कृति' को आपने बहुत बल दिया है। इस समय फिर जरूरत है।

आप एक तो अपनी इधर की कविताएँ, अतिशीघ्र भेज दें। स्थान, लम्बाई का कोई संकोच न करें। दूसरे यह कि नयी कविता पर निबंध 30 सितम्बर तक भेज दें। देर से देर 5 अक्टूबर तक। आपके पास नयी कविता के कुछ संग्रह हैं तथा 'कृति', 'कल्पना' और अन्य पत्रिकाएं भी होंगी। हम लोग चाहते हैं कि आप अपने निबंध में इस बार कुछ नयी कविताओं को भी ध्यान में लें। उन कविताओं की Merits पर भी बहस की जाए। यह तय हुआ है। आप निस्संदेह नयी कविता बल्कि इस समकालीन कविता के जीवन मूल्यों का सैद्धान्तिक निर्धारीकरण करते हुए, नयी कविता की इस चर्चा को नये सिरे पर प्रतिष्ठित कर देंगे। यह मेरा ही नहीं, हम सबका मत समझें।

आपका निबंध न मिलने से अंक घपले में पड़ जाएगा आशा है, आप मेरी यह प्रार्थना स्वीकार कर लेंगे और निबंध समय पर भेज देंगे। कविताएँ तो अविलम्ब भेज दें। मैं इन दिनों बीमार पड़ा हुआ हूँ। स्वस्थ होते ही हालचाल लिखूँगा।

आपके पत्र और कविता की प्रतीक्षा में हूँ। श्री विनोद कुमार शुक्ल की कविताएँ, यहाँ पसंद की गयी हैं। उनकी 10 नयी कविताएँ नये अंक में दे रहा हूँ।

'कृति' आपको बराबर मिल रही है या नहीं।

आपका
श्रीकांत वर्मा

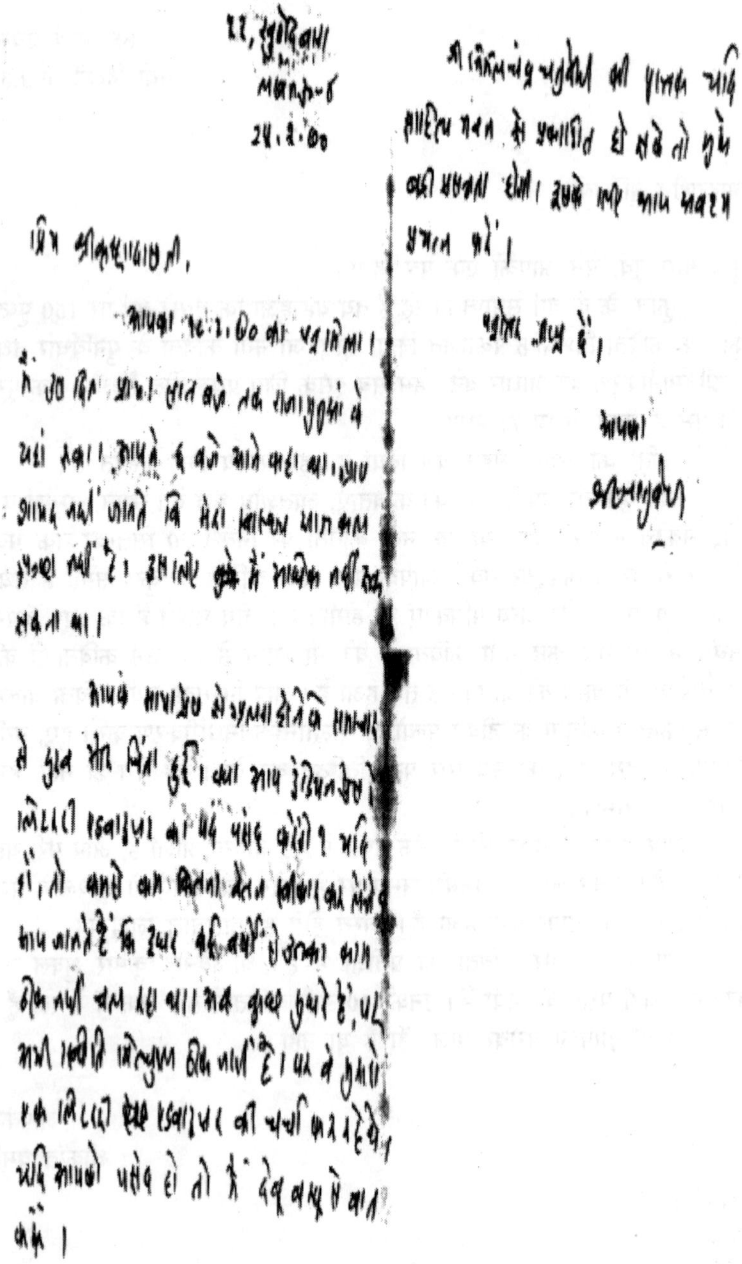

२२, [illegible]
लखनऊ-८
२४.२.७०

प्रिय श्रीकृष्णाचार्य जी,

आपका १८.२.७० का पत्र मिला। मैं उस दिन प्रायः सात बजे तक [illegible] में बैठा रहा। आपने ६ बजे आने कहा था। शायद आप नहीं जानते कि मेरा टेलीफोन आजकल ठीक नहीं है। इसलिए मुझसे मैं सम्पर्क नहीं रख सकता था।

आपके [illegible] होने के समाचार से मुझे [illegible] हुई। क्या आप [illegible] लिटरेरी रिव्यूज़ का कोई प्रबंध करेंगे? यदि हाँ, तो [illegible] आप जानते हैं कि इधर कई वर्षों से उनका काम ठीक नहीं चल रहा था। अब कुछ सुधरे हैं, पर अभी स्थिति बिल्कुल ठीक नहीं है। पर वे मुझसे एक लिटरेरी रिव्यू की चर्चा कर रहे थे। यदि आपको पसंद हो तो मैं [illegible] बात करूँ।

श्री [illegible] चतुर्वेदी की पुस्तक यदि साहित्य भवन से प्रकाशित हो सके तो मुझे बड़ी प्रसन्नता होगी। इसके लिए आप अवश्य प्रयत्न करें।

[illegible] हूँ,

आपका
[illegible]

श्रीः

53, खुर्शेदबाग, लखनऊ 7
24.2.70

प्रिय श्री कृष्णदास जी,
आपका 18.2.70 का पत्र मिला। मैं उस दिन प्रायः सात बजे तक राजा मुनुआं के यहां रुका। आपने 6 बजे आने (को) कहा था, आप शायद नहीं जानते कि मेरा स्वास्थ्य आजकल अच्छा नहीं है, इसलिए मैं अधिक नहीं रुक सकता था।

आपके माया प्रेस से अलग होने के समाचार से दुख और चिंता हुई। क्या आप इंडियन प्रेस के लिटररी एडवाइजर का पद पसंद करेंगे? यदि हाँ, तो कम से कम कितना वेतन स्वीकार कर लेंगे? आप जानते हैं कि इधर कई वर्षों से उनका काम ठीक नहीं चल रहा था। अब कुछ सुधरे हैं, पर अभी स्थिति बिलकुल ठीक नहीं है। पर वे मुझसे एक लिटररी एडवाइजर की चर्चा कर रहे थे। यदि आपको पसंद हो तो देबू बाबू से बात करूँ।

श्री निर्मल चंद्र चतुर्वेदी की पुस्तक यदि साहित्य भवन से प्रकाशित हो सके तो मुझे बड़ी प्रसन्नता होगी। इसके लिए आप अवश्य प्रयत्न करें

पत्रोत्तर शीघ्र दें।

आपका
श्री नारायण चतुर्वेदी

टिप्पणी : 24.2.70 के पत्र में श्री कृष्णदास जी को उलाहना है कि वह सुबह सात बजे तक 'राजा मुनुआं' उनकी प्रतीक्षा करते रहे और वह नहीं पहुँचे। चतुर्वेदी जी ने लिखा है कि उनका स्वास्थ्य ऐसा नहीं है कि वह अधिक देर तक रुक कर प्रतीक्षा कर सकते।

53, खुर्शेदबाग, लखनऊ 4
16.7.68

प्रिय श्री कृष्ण दास जी,
आपसे बहुत दिनों से भेंट नहीं हुई और न आपका कोई समाचार ही इधर मिला आशा है कि आप स्वस्थ और प्रसन्न हैं।

एक कष्ट दे रहा हूँ। पं. ब्रज मोहन व्यास ने सरस्वती में महामना मालवीय जी के जो संस्मरण लिखे थे वे लूकरगंज के एक प्रकाशक (श्री राम नाथ सुमन के सुपुत्र) ने छापे थे। मेरे एक मित्र को उसकी आवश्यकता है। क्या आप कृपा कर उनसे दो प्रतियाँ प्राप्त कर भेज या भिजवा सकेंगे? आपको कष्ट तो अवश्य होगा। किन्तु यदि उन्हें भिजवा सकें तो बड़ी कृपा होगी।

सप्रेम
श्री नारायण चतुर्वेदी

टिप्पणी : 16.7.68 , 53 खुर्शेदबाग लखनऊ से चतुर्वेदी जी ने जो पोस्टकार्ड लिखा है उसमें पंडित ब्रजमोहन व्यास ने जो संस्मरण सरस्वती में महामना मालवीय जी पर लिखे थे उस पुस्तक को चाहते हैं। वह पुस्तक रामनाथ सुमन के पुत्र ने प्रकाशित की है- किसी मित्र के लिए चतुर्वेदी जी ने पुस्तक मंगाई है।

श्रीः

53, खुर्शेदबाग, लखनऊ-4
22.10.70

प्रिय श्रीकृष्णदास जी, नमस्कार,
'हस्व (हस्बे) मामूल' आप मौन हैं। पुस्तक छपने के संबंध में आपने कोई सूचना नहीं दी। यहां उसके अब तक न छपने के कारण मेरा जीवन दुरूह हो गया है। कृपया लौटती डाक से उत्तर दें कि क्या स्थिति है और वह कब तक तैयार हो जायगी। इस बीच मैंने दो बार आपको फोन करने का प्रयत्न किया किंतु असफल रहा। एक्सचेंज ने लाइन 'खराब' बतला कर टाल दिया।

यहां तो 'क्रांति' आ गयी और उसके तूफान में पतझर के पत्तों की तरह आपके 'मित्र' गण उड़ गए। संभव है कि पतझर के बाद बसंत भी आवे और नये कोंपल निकलें। किंतु अभी तो पतझार ही है।

आपकी पत्र संबंधी योजना अब किस स्थिति में है। इस समय आपके मित्रों को वैसे पत्र की वहाँ बड़ी आवश्यकता है। मेरी समझ से वह योजना व्यवहार्य है और यदि ठीक तरह से प्रयत्न किया जाय तो सफलता की भी आशा है।

कृपया पत्रोत्तर शीघ्र दें।

आपका
श्री नारायण चतुर्वेदी

टिप्पणी : 22.2.70 के पोस्टकार्ड में श्रीकृष्णदास की चुप्पी पर टिप्पणी की है 'हस्बे मामूल आप मौन हैं' क्रान्ति पर टिप्पणी '' यहाँ तो क्रान्ति आ गई और उसके तूफान में पतझड़ के पत्तों की तरह आपके मित्र गण उड़ गए। सम्भव है पतझड़ के बाद बसंत भी आवे और नये कोपल निकलें, किन्तु अभी तो पतझर दूर हैं।

280, डोभालवाला, देहरादून-248001
10. अक्तूबर '99

प्रिय भाई,

आपका पत्र। आभार।

लेखन-5 मुझे मिल गया है। अच्छा अंक है। नयी रचनाधर्मिता पर अंक निकालेंगे तो वे और भी सार्थक होंगे।

मैंने प्रकाशक को लिखा था कि वह आपको 'इक्कीस कहानियाँ' संग्रह भिजवा दे। उसने सूचना दी है कि आपको registered post से प्रति भिजवा दी गई है। प्राप्ति सूचना भिजवाना।

मुझे खुशी है कि आप पुनः साहित्य में सक्रिय हो गये हैं। आज की कहानी को उसके पूरे परिवेश में रेखांकित किया जाना जरूरी है— यह आप करेंगे, तो बड़ा काम होगा। निष्पक्षता से करेंगे तो और भी बड़ा काम होगा। आज-कल तो लेखक-समीक्षक ~~[illegible]~~ का nexus बन गया है। दो-चार लेखक - दो चार समीक्षक। अपनी ढपली- अपना राग। ऐसे में कोई निष्पक्ष काम हो जायेगा तो निश्चय ही वह बड़ा काम होगा। आपके पास तो पत्रिका भी है, समझ भी है और कुछ करने का उत्साह भी है। यह पत्रिका साहित्य और खासकर कहानी के केन्द्र में आ सकती है।

मैं आपको सदस्यता राशि भिजवा दूँगा। पर थोड़ा इन्तजार करना होगा। सेवा-निवृत्ति के बाद चीजें- खासकर आर्थिक, व्यवस्थित होने में थोड़ा वक्त लगता है। एकमुश्त जो पैसा मिला था— वह invest हो गया। पेंशन से खर्च ही मुश्किल से चलता है। 40-50 हजार liquid money रखी थी तो उससे Computer खरीद लिया। Investment के return में (अब वह आना शुरू होगा) चीजें सामान्य होने लगेंगी।

शेष ठीक।

आशा है— पत्र व्यवहार बनाये रखेंगे।

आपका—

सुभाष पंत

विद्याधर शुक्ल को संबोधित

280, डोभाल वाला, देहरादून 248 001 10

अक्तूबर' 99

प्रिय भाई,

आपका पत्र। आभार।

लेखन-5 मुझे मिल गया है। अच्छा अंक है। नयी रचनाधर्मिता पर अंक निकालेंगे तो वे और भी सार्थक होंगे।

मैंने प्रकाशक को लिखा था कि वह आपको 'इक्कीस कहानियाँ' संग्रह भिजवा दे। उसने सूचना दी है कि आपको registerd post से प्रति भिजवा दी गई है। प्राप्ति सूचना भिजवाना। मुझे खुशी है कि आप पुनः साहित्य में सक्रिय हो गए हैं आज की कहानी को उसके पूरे परिप्रेक्ष्य में रेखांकित किया जाना जरूरी है- यह आप कर लेंगे, तो बड़ा काम होगा। निष्पक्षता से कर लेंगे तो और भी बड़ा काम होगा। आज-कल तो लेखक-समीक्षक का Nexus बन गया है। दो-चार लेखक- दो- चार समीक्षक। अपनी ढपली अपना राग। ऐसे में कोई निष्पक्ष काम हो जायेगा तो निश्चय ही वह बड़ा काम होगा। आपके पास तो पत्रिका भी है, समझ भी है और कुछ करने का उत्साह भी है। यह पत्रिका साहित्य और ख़ासकर कहानी के केन्द्र में आ सकती है।

मैं आपको सदस्य राशि भिजवा दूँगा। पर थोड़ा इन्तजार करना होगा। सेवा-निवृत्ति के बाद चीजें- खासकर आर्थिक, व्यवस्थित होने में थोड़ा वक्त लगता है। एक मुश्त जो पैसा मिला था। वह Invest हो गया। पेंशन से खर्च ही मुश्किल से चलता है। 40-50 हज़ार Liquid Money रखी थी तो उसमें Computer खरीद लिया। Investment के Return में (जब वह आना शुरू होगा) चीजें सामान्य होने लगेंगी।

शेष ठीक।

आशा है पत्र व्यवहार बनाये रखेंगे।

आपका

सुभाष पंत

टिप्पणी : सुभाष पंत ने 10.10.99 के पत्र में विद्याधर शुक्ल के नयी रचनाधर्मिता पर पत्र (अंक) निकालने की सार्थकता पर अपने विचार व्यक्त किए हैं।

SUDARSHAN
SYLVERTON, STATION ROAD,
MAHIM, — BOMBAY.

22—9—47

भाई चन्द्रगुप्त, नमस्ते। कुछ दिन हुए, मैंने एक पत्र आपको लिखा था, आशा है, मिला होगा। मगर इस बीच में पुल के नीचे से बहुत सा पानी बह गया, और बहुतों के बहुत से घर [illegible] गए। पंजाब में जो कुछ हुआ है, वह ऐसा है, कि हिन्दुस्तान उसपर सदियों रोए, और सदियों पश्चात्ताप करे। हजारों नहीं लाखों आदमी मर गए, और हजारों घर उजड़ गए और आदमी पागल होकर [illegible] जुदा बना। हम बम्बई में हैं, बम्बई में [illegible] नहीं हुई, मगर पंजाब से जो समाचार आते हैं, वह दिलों को हिला देते हैं, और रातों की नींद हराम हो जाती है। [illegible] उनमें [illegible] भी हैं, और आप के कुशल-समाचार से ही खुशी होगी।

[illegible] जी को हमारी नमस्ते, और पत्र भेज दिए थे, उन का कोई जवाब नहीं आया। आप भी इस दिसम्बर तक यहाँ आने वाले थे। मगर देश की परिस्थिति के कारण कौन आए जाए? फिर भी अगर [illegible]

22-9-47

हैं, कि अब सूरत क्या होगी? और वह मेला कब तक देखना पड़ेगा। [illegible], और [illegible] जनवरी तक [illegible] में हैं। [illegible] सही है, कि उस समय तक देश की आग बुझ जाए, और [illegible] न रहे। नहीं तो वह मेला कुछ दिन और नहीं [illegible]। श्रीमती चन्द्रगुप्त [illegible] नहीं हैं। [illegible] और [illegible] को हम लोगों की तरफ से नमस्ते [illegible]। [illegible] आपके [illegible]

आपका
सुदर्शन

सुदर्शन　　　　　　　　　　　　　　　　　　　　　　　　　　　　　　दिनांक : 22.9.47

भाई चन्द्रगुप्त, नमस्ते। कुछ दिन हुए, मैंने एक पत्र आपको लिखा था, आशा है, मिला होगा। मगर इस बीच में पुल के नीचे से बहुत सा पानी बह गया, और वृक्षों के बहुत से पत्ते गिर गए। पंजाब में जो कुछ हुआ है, वह ऐसा है, कि हिन्दुस्तान उस पर सदियों रोए, और सदियों पश्चाताप करे। हजारों नहीं लाखों आदमी मर गए, और हजारों घर उजड़ गए, और आदमी पागल होकर जानवरों से भी बुरा बना। हम बम्बई में हैं, बम्बई में अल्क बस से बाहर नहीं हुई, मगर पंजाब से जो समाचार आते हैं, वह दिल को हिला देते हैं, और रातों की नींद हराम हो जाती है। भगवान करे, आप सब लोग ख़ैर-ख़ैरियत से हों। जिनके बारे में हमें चिन्ता है, उनमें आप भी हैं, और आपके कुशल समाचार से हमें खुशी होगी।

कृष्णा जी को हमने तसवीरें, और पत्र भेज दिए थे। उनका कोई जवाब नहीं आया। आप भी 15 सितम्बर तक यहां आने वाले थे। मगर देश की गड़बड़ के कारण कौन आए-जाए? फिर भी कृपा करके सूचना दें, कि अब सूरत क्या होगी? और वह लोग कब तक इधर आएंगे। विद्याभूषण, गीता, और प्रभा अभी तक शिमला में हैं, उनका प्रोग्राम 15 अक्टूबर तक यहाँ आ जाने का है। मगर शर्त यही है, कि उस समय तक देश की आग बुझ जाय, और गाड़ियों का सफर हज़र न रहे। वरना वह लोग कुछ दिन और वहीं पड़े रहेंगे। श्रीमती चन्द्रगुप्त ऐंड बच्चे मसूरी से आ गए या अभी तक वहीं हैं। बहन सत्यवती और मल्लिक (मलिक) साहब को हम लोगों की तरफ से नमस्ते कहिएगा। परसों मैंने आपके नाम 'झरोख' की एक कापी रजिस्टरी करा के भेज दी है। आशा है, आपको पसंद आएगी, और आपकी आलोचना एक-दो परचों में निकल जाएगी। जय हिन्द।

आपका
सुदर्शन

टिप्पणी : 22.9.47 का पत्र हिंदी के विख्यात लेखक पंडित सुदर्शन ने यह सिलवरटन, स्टेशन रोड माहिम बम्बई से श्री चन्द्रगुप्त जी (हिंदी के विख्यात लेखक और संपादक) को लिखा है। इस पत्र में भारत के बंटवारे को लेकर गहरा शोक व्यक्त किया गया है। 'पंजाब में जो कुछ हुआ' वह ऐसा है कि हिन्दुस्तान उस पर सदियों रोए और सदियों पश्चाताप करे।

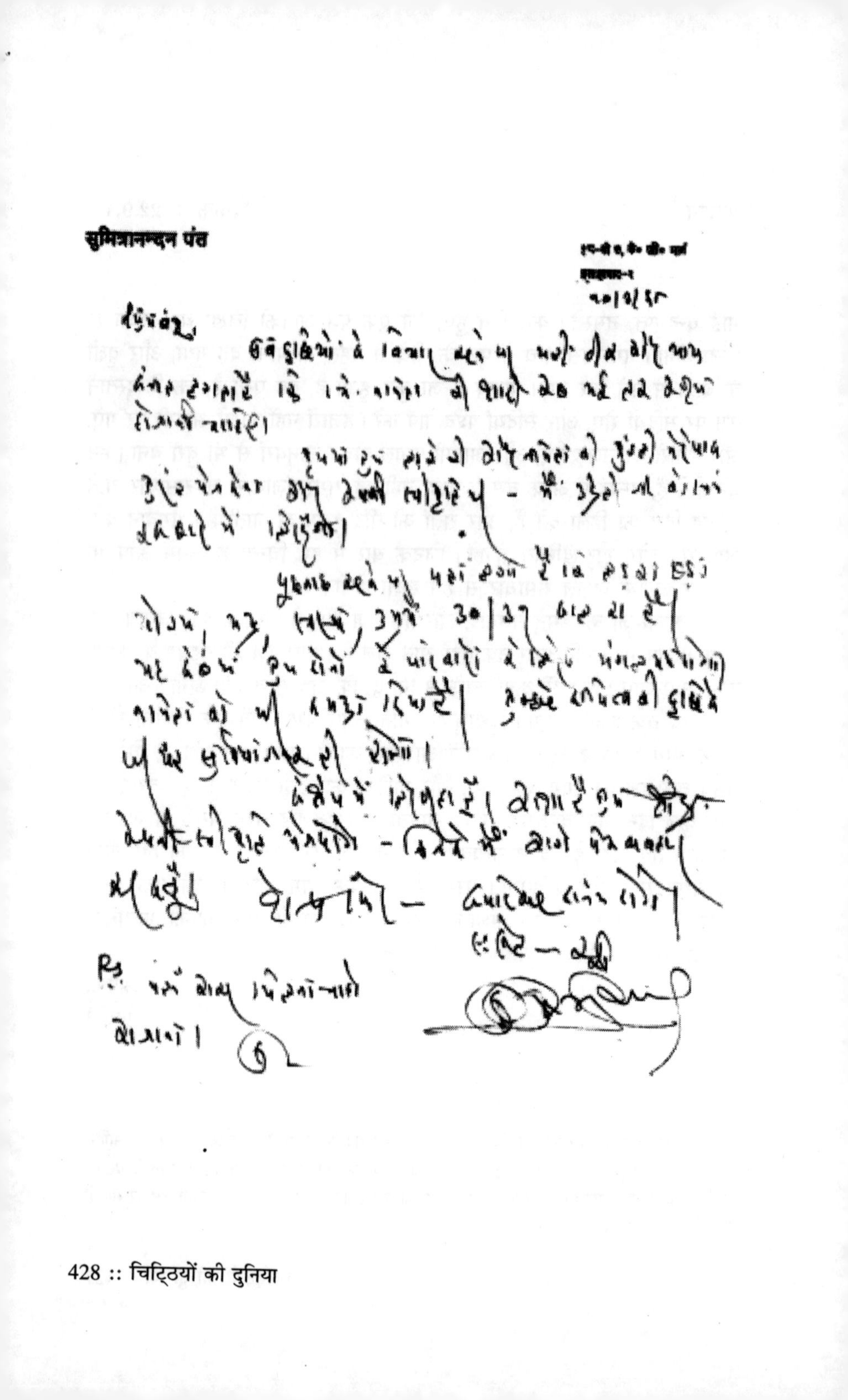

सुमित्रानन्दन पंत

[illegible]

प्रिय चंद्र, [illegible]

[illegible]

सुमित्रानन्दन पंत दिनांक : 10.3.69

प्रिय बंधु,

सब दृष्टियों से विचार करने पर यही ठीक और न्याय संगत लगता है कि चि. नमिता की शादी 20 मई तक अवश्य हो जानी चाहिए। कृपया तुम लड़के की और नमिता की कुण्डली मेरे पास तुरंत भेज देना और अपनी स्वीकृति भी मैं उप्रेती जी को स्वयं इस बारे में लिखूंगा।

पूछताछ करने पर ही पता लगा है कि लड़का बड़ा योग्य, भद्र, स्वस्थ्य उम्र में 30/31 साल का है। यह संबंध तुम दोनों के परिवारों के लिए मंगलमय होगा। नमिता को भी समझा दिया है। तुम्हारे दायित्व की दृष्टि से भी यह सुविधाजनक होगा। संक्षेप में लिख रहा हूं। आशा है तुम अपनी स्वीकृति भेज दोगे जिससे मैं आगे पत्र व्यवहार कर सकूँ।

शेष फिर।

सपरिवार सानन्द होंगे।

सस्नेह

सुमित्रानन्दन पंत

टिप्पणी : यह पत्र संभवतः 10.3.69 का है। इस पत्र में अपने बड़े भाई की पुत्री नमिता के विवाह को लेकर अपने विचार व्यक्त किए गए हैं। कालान्तर में नमिता जी का विवाह प्रगतिशील समीक्षक कुंवर पाल सिंह से सम्पन्न हुआ।

पं. सुमित्रानन्दन पंत

इलाहाबाद
5.5.1952

प्रिय बंकिम,
तुम्हारा पत्र मिला प्रसन्नता हुई। तुम अपने स्वास्थ्य का ध्यान रखते हुए लोकायन का कार्य करना। अपील की 5/6 प्रतियां मेरे लिए और भेज देना। 100 रु. का चेक मैसर्स श्रीमती चंद्रावती मिश्रा के नाम भेज रहा हूँ। तुम्हारे नाम इसलिए नहीं भेजा कि लोग सोचेंगे कि तुम मेरे भतीजे हो, हिसाब क्रमबद्ध रखना। तुम पर मुझे पूरा विश्वास है इसकी चिंता मत करना। तुम्हारा कार्य आगे बढ़ने पर तथा, तथा डॉ. झा के चीन से लौटने पर और रुपयों का प्रबंध कर सकूंगा अभी तो गर्मी बहुत है जुलाई के पहले न बुलाना।

आशा है तुम सानन्द हो।

सस्नेह

तुम्हारा
सुमित्रानन्दन पंत

टिप्पणी : 5.5.1952 के पत्र में बंकिम नाम के किसी आत्मीय को 'लोकायन' जो पंत जी की संस्था लोकोन्मुखी सांस्कृतिक अभियान का संकेत देती है उसका काम सावधानी से करने की हिदायत दी गई।

लोकायन
संस्कृतिपीठ

22, हैमिल्टन रोड, इलाहाबाद
ता. 23.9.51

प्रिय गिरीश,
तुम्हारे दोनों पत्र यथासमय मिल गए थे, मुझे ही उत्तर देने में विलंब हुआ।

तुम कला निकेतन को लोकायन की शाखों के रूप में उसको संबद्ध कर सकते हो। लोकायन की नियमावली की प्रतियाँ अलग से डाक द्वारा भेज रहा हूँ। 'लोकायन' की विद्यादिनी समिति आर्थिक संबंध में अपना निर्णय पीछे देगी, यह ठीक भी है। यहाँ कुछ कार्य हो जाय और उसकी सूचना यहाँ मैं समिति के सामने मैं रख सकूँ।

मैं 3 ता. अक्टूबर को लखनऊ आ रहा हूँ। ऑफिस के काम से। शायद उसी दिन रात की गाड़ी से लौटना पड़े। यदि यहाँ एक रोज और रुकना पड़े तो 4 ता. की शाम को माडल हाउस आऊँगा। 9 ता. को मुझे 3/4 रोज के लिए नागपुर जाना है।

आशा है तुम स्वस्थ्य हो। अपने स्वास्थ्य का सदैव ध्यान रखना।

सस्नेह
सुमित्रानन्दन पंत

॥ श्री ॥

मैरट बंगला
मर्ज़बानाबाद रोड,
अंधेरी, बंबई
१२.१.'४९

प्रियवर वाजपेयीजी,

सविनय नमस्कार।

आपका विस्तृत पत्र अभीतक नहीं मिला। निराला-जयन्ती समारोहके संबंधमें जो निधिकी योजना बनाई गई है वह सर्वथा स्तुत्य है किन्तु इस समय बंबईमें चन्दा एकत्र करना संभव नहीं है क्योंकि एक तो यहां छुरेबाजी चल रही है, उससे भी अधिक बुरी बात है तेजाब फेंकनेकी। दूसरी बात यह है कि स्वामी करपात्रीजीका महायज्ञ चल रहा है जिसमें सब धनपतियोंने पूरा सहयोग दिया है। साहित्यिक गोष्ठी तो प्रति रविवारको ही यहां भारतीय विद्या भवनमें होती है और मैं वह चर्चा चला भी चुका हूं। फरवरीके अन्तमें या मार्चके प्रारंभमें वह कार्य सुगमताके साथ हो सकता है। वसंत पंचमी पर काशी पहुंचनेका प्रयत्न करूंगा। क्या निरालाजीका आना निश्चित है। आशा है प्रसन्न होंगे।

सविनय-- [illegible]

नंद दुलारे वाजपेयी को संबोधित

श्रीः

मैरट बँगला
मर्ज़बानाबाद रोड,
अंधेरी, बम्बई
दिनांक : 12.1.47

प्रियवर वाजपेयी जी,

सस्नेह नमस्कार।

आपका विस्तृत पत्र अभी तक नहीं मिला। निराला-जयन्ती समारोह के संबंध में जो निधि की योजना बनाई गई है वह सर्वथा स्तुत्य है किन्तु इस समय बंबई में चन्दा एकत्र करना संभव नहीं है क्योंकि एक तो यहाँ छुरेबाज़ी चल रही है, उससे भी अधिक बुरी बात है तेजाब फेंकने की। दूसरी बात यह है कि स्वामी करपात्री जी का महायज्ञ चल रहा है जिसमें सब धनपतियों ने पूर्ण सहयोग दिया है। साहित्यिक गोष्ठी तो प्रति रविवार को ही यहाँ भारतीय विद्या भवन में होती है और मैं वह चर्चा चला भी चुका हूँ। फरवरी के अन्त में या मार्च के प्रारंभ में वह कार्य सुगमता के साथ हो सकता है। वसंत पंचमी पर काशी पहुंचने का प्रयत्न करूँगा। क्या निराला जी का आना निश्चित है। आशा है प्रसन्न होंगे।

सस्नेह
सीताराम चतुर्वेदी

टिप्पणी : 12.1.47, इस पत्र में वाजपेयी जी को संबोधित किया गया है और निराला जयन्ती के लिए जो निधि-योजना बनाई गई है उसकी प्रशंसा की गई है।

श्रीरामः

चिरगाँव (झाँसी)

१८.५.५१

प्रिय अन्नपूर्णानन्दजी,

वन्दे। 'मन-मयूर' मिला। आपने कृपापूर्वक मुझे स्मरण रक्खा। अत्यन्त अनुगृहीत हूँ।

मैं आपकी रचनाओं का प्रेमी बहुत समय से हूँ। आप हँसी का आलोक अपने साहित्य में बिखेरते हुए आये हैं। बुद्धि और ज्ञान की बात कहने वालों की कमी नहीं। वह आवश्यक भी बहुत है। पर वह भारी हो उठती है यदि आप जैसे प्रतिभासम्पन्न व्यक्ति बीच-बीच में आकर गुदगुदी उत्पन्न न करें। यह काम आपने बहुत अच्छी तरह किया है। आपका 'महाकवि चच्चा' हिन्दी के उन आविष्कारों में एक है जो काल्पनिक होकर भी जीवन्त बनकर चिरस्मरणीय होते हैं।

इधर बहुत दिनों से मुझे आपसे शिकायत थी। आप क्यों हमें अपनी योग्यता का पूरा लाभ नहीं देते? शिकायत वहीं और गहरी हो उठती है, जहाँ यह विश्वास हो कि देनदार के पास यथेष्ट है, फिर भी वह देने के नाम पर चुप है।

प्रसन्नता की बात है कि 'मन-मयूर' के साथ

श्रीरामः चिरगाँव (झाँसी)
18.5.51

प्रिय अन्नपूर्णानन्द जी,
वन्दे। 'मन-मयूर' मिला। आपने कृपापूर्वक मुझे स्मरण रक्खा (रखा) अत्यन्त अनुगृहीत हूँ।

मैं आपकी रचनाओं का प्रेमी बहुत समय से हूँ। आप हँसी का आलोक अपने साहित्य में बिखेरते हुए आए हैं। बुद्धि और ज्ञान की बात कहने वालों की कमी नहीं। वह आवश्यक भी बहुत है। पर वह भारी हो उठती है, यदि आप जैसे प्रतिभा सम्पन्न व्यक्ति बीच-बीच में आकर गुदगुदी उत्पन्न न करें। यह काम आपने बहुत अच्छी तरह किया है। आपका 'महाकवि चच्चा' हिंदी के उन आविष्कारों में एक है जो काल्पनिक होकर भी जीवन्त बनकर चिरस्मरणीय होते हैं।

इधर बहुत दिनों से मुझे आपसे शिकायत थी। आप क्यों हमें अपनी योग्यता का पूरा लाभ नहीं देते, शिकायत वहाँ और गहरी हो उठती है जहाँ यह विश्वास हो कि देनदार के पास यथेष्ट है, फिर भी वह देने के नाम पर चुप है।

प्रसन्नता की बात है कि 'मन-मयूर' के साथ आपकी बहुत दिन की चुप्पी दूर तो हुई। सम्भवतः यह आपकी पिछली रचना है। अपने स्थान पर यह महत्त्वपूर्ण है। पर मैं उत्सुक हूँ ऐसा कुछ आपसे प्रचुर परिमाण में जानने के लिए कि जो उसे भी हँसने के लिए विवश कर दे, जिसे आपने लक्ष्य बनाया हो। हास्य लेखक की बड़ी भारी सफलता उसके अहिंसावादी होने में है। मेरा विश्वास रहा है, आप ऐसे ही हैं। हास्य रस के क्षेत्र में ऐसे लेखक का महत्त्व वह समझा जाना चाहिए जो राजनीति में गांधीवाद का है।

आशा है, आप स्वस्थ और सानन्द हैं। कृपा बनाये रहें।

आपका
सियारामशरण

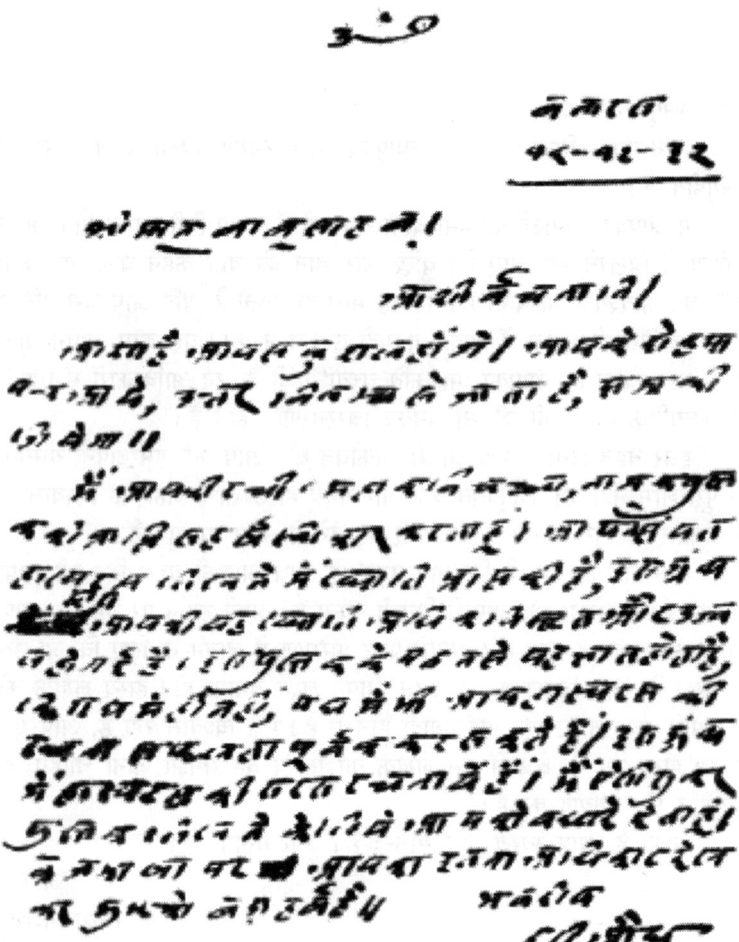

अन्नपूर्णा नंद वर्मा को संबोधित

बनारस
16.12.32

श्रीमान् बाबू साहब!

आशीर्वचनानि।

आशा है आप सकुशल होंगे। आपके दो कृपा पत्र आये, उत्तर विलंब से जाता है, क्षमा कीजिएगा।

मैं आपकी रची 'महाकवि चच्चा' नामक पुस्तक की प्राप्ति सहर्ष स्वीकार करता हूँ। आपने संयत हास्य रस लिखने में ख्याति प्राप्त की है, इस ग्रंथ द्वारा आपकी यह ख्याति अधिक विस्तृत और उज्ज्वल हो गई है। इस पुस्तक के पठन से यह ज्ञात होता है, कि गद्य में ही नहीं, पद्य में भी आप हास्य रस की रचना सफलतापूर्वक कर सकते हैं। इस ग्रंथ में हास्य रस की सरस रचनाएं हैं। मैं ऐसी सुन्दर पुस्तक लिखने के लिए आपको बधाई देता हूँ। ब्रजभाषा पर आपका इतना अधिकार देख कर मुझे बड़ा हर्ष है।

भवदीय
हरिऔध

टिप्पणी : 16.12.32 में यह पत्र हरिऔध जी ने बनारस से लिखा है। इसमें 'महाकवि चच्चा' पर अपना अभिमत व्यक्त किया है। ब्रज भाषा पर आपका इतना अधिकार देखकर मुझको बड़ा हर्ष है।

[illegible]

प्रभाकर

[illegible]

पत्र-संख्या——— [illegible] १० । ७ । १९३८

प्रिय शर्मा जी, सप्रेम नमस्ते।

अनेक विघ्न-बाधाओं के पश्चात [illegible] 'प्रभाकर' का प्रथम अंक [illegible] से प्रकाशित होना निश्चित हुआ है। [illegible] आपकी कृपाओं का भी भरोसा है। [illegible] भी [illegible]।

मैं बड़े विनीत भाव से आभारी हूँ [illegible] इस [illegible] को आप अपने कृपा-[illegible] से [illegible] का अनुग्रह करें, और अपनी एक [illegible] रचना उसके प्रथम अंक के लिए [illegible] भेज दें। अनुगृहीत होऊँगा।

[illegible] आपके [illegible] कृपया [illegible] न कीजिए। [illegible] है, [illegible] है।

विनीत

[illegible] शर्मा

प्रभाकर

सुरुचि सम्पन्न सर्वप्रिय सचित्र साप्ताहिक

पत्र-संख्या... आगरा 10/9/1936

प्रिय वर्मा जी, सप्रेम नमस्ते।

अनेक विघ्न-बाधाओं के पश्चात अन्ततोगत्वा 'प्रभाकर' का प्रथम अंक इसी महीने की 20 तारीख को प्रकाशित होना निश्चित हुआ है। प्रभाकर को आपकी कृपाओं का भारी भरोसा है। वह आपका ही पत्र होगा। उसे आप हृदय से अपनायेंगे, तभी काम चलेगा।

मैं बड़े विनीत भाव से प्रार्थी हूँ कि इस उगते हुए अंकुर को आप अपने कृपा-वारि से सींचने का अनुग्रह करें, और अपनी एक हास्य रसात्मक रचना उसके प्रथम अंक के लिए अवश्य-अवश्य भेज दें। अनुगृहीत होऊंगा।

अत्यन्त आशा के साथ आपसे उपर्युक्त निवेदन किया है, कृपया निराश न कीजिए। समय अत्यन्त थोड़ा रह गया है, अतएव शीघ्रता प्रार्थनीय है।

विनीत

हरिशंकर शर्मा

टिप्पणी : शर्मा जी ने अन्नपूर्णानन्द को 10.09.1936 के पत्र में प्रभाकर का प्रथम अंक प्रकाशित करने तथा उसके प्रथमांक में हास्य रस भेजने की विनीत भाव से प्रार्थना की है।

(1)

१६३२ नेपियर टाउन

~~वसुधा (मासिक)~~

जबलपुर

क्रमांक

दिनांक [illegible].८. १९५८

प्रिय मुक्तिबोधजी,

[illegible]

प्रो० गजानन माधव मुक्तिबोध

दिग्विजय [illegible]

राजनांदगाँव

५-८-५८

(म.प्र.)

1533 नेपियर टाउन, जबलपुर

क्रमांक... दि. 5.8.1959

प्रिय मुक्तिबोध जी,

आपका पत्र पाकर बड़ा सुख हुआ। भोपाल, इंदौर, ग्वालियर, आदि में जो मित्र हैं, वे सब यही कह रहे हैं कि 'वसुधा' त्रैमासिक निकले। चंदा वगैरह करने की तैयारी में हैं, भोपाल में तो चंदा बटोरना शुरू भी हो गया। बहुत सुदृढ़ आधार तो शायद न हो सके, काम चलाऊ हो सकता है। भोपाल मेरा जाना कोई तय नहीं है। भोपाल के मित्रों का आग्रह है और मेरे मन में कभी कभी बात उठती है कि क्यों न चला जाऊँ। वहाँ ऐसा एक Group साथ काम करने को मिलेगा जो थका नहीं है। पर मेरी पारिवारिक उलझनें भी तो हैं। भाई थोड़ा अस्वस्थ हो गया है। जो हो वसुधा एक बार फिर निकलनी ही चाहिए। एक बार कुछ स्थानों का दौरा कर लेने से चंदा काफी हो जायगा।

मेरा ठीक ही चल रहा है। उत्साह में कोई कमी नहीं है। अर्थ के लिए मैं सब तरह के काम कर लेता हूँ। अनिश्चय और कष्ट तो है ही। पर थोड़ा निर्मोह भी निभा लेता हूँ। क्या किया जाय। कस्बों में अच्छी नौकरी मिलती है पर मुझसे वहाँ रहा नहीं जायगा (जाएगा)। सोएता (मेहता) जी बहुत खींच रहे हैं। पर आपका अनुभव? देखूँगा। अभी कोई ऐसी crisis नहीं हैं।

'विद्रोही' का तबादला ग्वालियर का हो गया है।

हरिशंकर परसाई

Universal Book Depot
Publishers & Book sellers
Ganjipura, Jabalpur
Ref... Date...

प्रिय मुक्तिबोध जी,
मेरा कार्ड मिला, पुस्तक बहुत बढ़िया है। और इसमें एक अलग ग्रंथ की महत्ता है। मैं इसमें से कुछ अध्याय लेकर सम्बद्ध करके हायर सेकेन्डरी के लिए तैयार कर देता हूँ। फिर पूरी पुस्तक जो लगभग 300 पृष्ठों की होगी, खन्ना जी अलग से बढ़िया ढंग से छापेंगे। और यह General Book की तरह बिकेगी। इसका Agreement अलग से होगा और आपको द्रव्य भी मिलेगा। आप निश्चिन्त रहें। आप बहुत निडर आदमी हैं। बहुत मेहनत की है आपने और सचमुच इनका Payment बहुत कम है। पर मैं आगे चलकर प्रकाशक से और द्रव्य प्राप्त कराऊँगा। मैं चाहता हूँ कि यह एक महत्त्वपूर्ण पुस्तक के रूप में प्रकाशित हो और सम्पूर्ण भारत में बिके। खन्ना यह कर सकते हैं। उन लोगों के मन में आदर के सिवा और कुछ भी नहीं है। उनके असंतोष का प्रश्न ही नहीं उठता।

रमेश आया था उससे मिलकर बहुत अच्छा लगा।

और सब ठीक है।

आपका
हरिशंकर परसाई

वसुधा (मासिक)

जबलपुर

क्रमांक... दिनांक 5.8.1959

'प्रभात' की आत्महत्या से दुख और आश्चर्य दोनों हुए किसी को तनिक भी आभास नहीं होने दिया। मृत्यु का अद्‌भुत Planning किया उसने जो छत्ता साथ लिये था उसमें ढाई गज कपड़ा भी रखे था।

श्रीकांत की भी नौकरी गयी। पर वह चतुर है और दिल्ली में काम बहुत है कुछ जमा लेगा।

मैं 16 को भोपाल जा रहा हूँ। 18 को लौटूँगा। उसके बाद आपको लिखूँगा कि क्या योजना है। अभी हैदराबाद में था। 'कल्पना' वालों से काफी समागम हुआ वे एक symposium की योजना करना चाहते थे नयी कविता पर। मैंने कहा आप initiate करें। क्या उन्होंने आपको लिखा है।

वैसे मैंने उनमें समझ कम ही पायी। आपकी कविता से डरते भी हैं। अज्ञेय से उनकी कुछ खटक भी गई है।

मैंने इधर निबंध बहुत लिख डाले है। 25 का एक संग्रह भी तैयार है। प्रकाशक की खोज जारी है। कहानियां भी बहुत लिखी हैं। कुछ एकांकी भी, राजनाँद गाँव अकारण भी आ जाना चाहता हूँ। आपसे भेंट हो जायगी। कुछ चंदा भी, आशा है आप सपरिवार मजे में हैं। शरद कोठारी को नमस्कार कहें।

आपका

हरिशंकर परसाई

हरिशंकर परसाई

1533 नेपियर टाउन, जबलपुर
दिनांक 16.10.63

प्रिय मुक्तिबोध जी,
मुझे कितने ही दिनों से लग रहा था कि आप रुष्ट होंगे। मैंने अरसे से आपको नहीं लिखा। आपके पिछले पत्र का जवाब भी नहीं दिया। कारण कुछ नहीं सिवा इसके कि आपके बारे में अकसर सोचता था, मित्रों से चर्चा करता था और लगता था जैसे लिख दिया। इधर डेढ़-दो महीने से बीमारियों से परेशान रहा। बड़े भान्जे को टाइफाइड भयंकर रूप से रिप्रेप्स हुआ, फिर बहिन और फिर मैं भी बीमार पड़ा। अब सब सुधार पर है। दो महीनों से डाक ठप्प है अब कुछ शुरू किया है।

महासमंद के विश्वेन्द्र ठाकुर के दो-तीन पत्र आए वहाँ कोई गोष्ठी है 19 को जिसमें आप भी जायेंगे। मैं आना तय कर चुका था। एक ही लोभ था कि आप से भेंट हो जायेगी।

पर फिर विचार छोड़ना पड़ा पिछले 8-9 दिन प्रमोद यहीं थे। अच्छा संग रहा। अब मुझे 8-10 दिन लगातार श्रम करना पड़ेगा। फिर 28 को भोपाल जाना है। पिछले दो महीने से कुछ काम न कर पाने के कारण मुझे अपने आपको घर के अन्दर बिठाना पड़ रहा है। लेकिन उधर न आने की बात अब मेरे लिए इतनी लज्जाजनक हो गई है कि अगले महीने कभी आकर इस शर्म को मिटाना पड़ेगा।

आपके समाचार प्रमोद से जाने। इधर जिस पर भरोसा करते हैं। वही झांसा दे जाता है। खन्ना के पीछे पड़ा रहता हूँ। वह मुझे अपनी दयनीय हालत बताता है। मुझे उस पर वैसा भरोसा नहीं रहा। उसने मेरी और रविशंकर की दो-तीन पुस्तकों की रायल्टी का हिसाब कुल 1400 सौ रुपये निकाला है। अपने पास कोई सबूत भी नहीं है कि इसे गलत सिद्ध कर सकें। गो कि इसमें बहुत बड़ा झूठ है। पर वह सच्चा बन गया है। मैंने उससे कहा कि वह आपको इकट्ठी रकम न भेज सके तो 25, 50 की किस्तों में ही भेज दें। वह राजी हो गया पर मुझे भरोसा नहीं है कि उसने आपको कुछ भेजा है। कहता यह है कि मैं अपनी जमीन बेच रहा हूँ, जिससे सब Payment हो जायेंगे। मालूम हुआ है कि जमीन उसकी एकाध महीने में बिक जायगी। तब भी अगर वह आपको पैसे न भेजे तो मैं आपसे कहूँगा कि आप शरद कोठारी से उसे एक नोटिस भिजवायें। पैसे निकल आयेंगे। यों मुझे लगता है कि

वह अब से दो महीने के भीतर आपको रुपये भेज देगा।

आपकी एक डायरी भी जिसका आधा भाग मैंने शरद जोशी को दे दिया। सो इसी अंक में छपा है। मैंने उनसे कहा है कि वे आपको Payment करें। ज्यादा तो नहीं पर 20-25 रुपये आपको दे सकेंगे। कल्पना वाले भी चाहते हैं कि आप अकसर लिखें। मैं सोचता हूँ वे सामान्य रूप से Payment कर देते हैं। और पत्रों से कुछ कम भी हो सकता है। पर आप उसमें लिखें जरूर- कहानी, लेख चाहे जो।

मेरी एक पुस्तक भारतीय ज्ञानपीठ से हाल ही में छपी है। कहानी संग्रह है। मुझे एक मध्यस्थ ने खबर दी है कि वे आपकी भी एक पुस्तक छापना चाहते हैं। मैं इस संबंध में बात कर भी रहा हूँ। तय होते ही लिखूँगा। आप एक पुस्तक तैयार कर दें- निबंध या डायरी या कविताएँ। प्रकाशक अच्छे हैं रायपुर रेडियो होने से आपको संभवतः कुछ आर्थिक लाभ हो। वैसे रेडियो के काम बहुत अजीब हैं।

यहां लक्ष्मण खंडेकर आये थे। Central Committee प्रगतिशील लेखकों की एक बैठक बुलाने वाली हैं उसमें डांगे भी हैं। खंडेकर इस संबंध में आपसे सलाह करके काम करने को कह रहे थे। सूचना दिल्ली से आने वाली होगी। ऐसा भी एक ख़याल है कि जनवरी में एक बैठक है वो उसके पहले मध्य प्रदेश के कुछ लेखक कहीं मिले। मेरा ख़याल यह था कि अभी संगठनात्मक मामलों पर एकदम निर्णय होना सम्भव नहीं। इसमें बहुत पेंचीदगियां हैं इस तरह के Initiative और Directive पर संगठन बनाने के परिणामों के बारे में बड़ी शंकाएं हैं। ऐसी process से मेरा भी मतभेद है। इस संबंध में आपकी सलाह मान्य होगी। मैं चाहता हूँ कि आप से बात हो जाय। दिसम्बर में वहाँ आने का मेरा इरादा इसलिए और पक्का हो रहा है।

यहाँ सब मित्र अच्छे हैं। अभी D.P. Mishra आये थे। सब जानते हुए : बहुत अच्छा प्रभाव छोड़ गए। ठेठ समाजवाद और Secularism की बातें कहीं।

आप कहानियाँ लिखें। सुना है आपने लिखे भी हैं। ज्यादा लिखें। अच्छी कहानियों की बड़ी माँग है और Payment बहुत अच्छा हो गया है। नई कहानियों 'सारिका' धर्मयुग 100 रु. प्रति कहानी बहुतों को देते हैं।

पत्र लंबा हो गया है। मगर कुछ बात ही नहीं हुई आपसे मिलने की तबियत बहुत हो रही है। अगर भोपाल न जाना होता तो आ ही जाता। मगर दिसम्बर में यह संयोग आएगा इसमें मुझे शंका नहीं।

आपका

हरिशंकर परसाई

टिप्पणी : 16.10.63 के पत्र में प्रकाशक खन्ना द्वारा अपनी हालत खस्ता होने का जिक्र है। और उस पर से भरोसा डगमगा जाने का उल्लेख है।

दूरलेख 'नई दुनिया'
नई दुनिया
जबलपुरः इन्दौर : रायपुर

दूरभाष-1033
मध्यप्रदेश का सर्वाधिक प्रसारित दैनिक
169, दक्षिण सिविल लाइन्स, जबलपुर
दिनांक 19.5.62

प्रिय मुक्तिबोध जी,
मायाराम जी आजकल अस्वस्थ हैं। उनके पास मैं बैठा हूँ और हमें यह बात सूझी कि क्यों न आप जबलपुर विश्वविद्यालय में आ जावें। एक जगह खाली है Lecturer की। यहाँ मायाराम तथा अजय चौहान Executive के सदस्य हैं। अध्यक्ष उदय नारायण तिवारी हैं। लगता है आपकी नियुक्ति हो जायेगी। ऐसा मौका फिर शायद न आये। आप लौटती डाक से वाइस चांसलर के नाम एक प्रार्थना पत्र भेजें जिससे अपनी योग्यता, अनुभव, प्रकाशित पुस्तक तथा Research Papers का हवाला दें। (आपके सभी निबंध रिसर्च पेपर्स है)। यह प्रार्थना पत्र आप मुझे भेजें- विश्वविद्यालय को नहीं।

रायपुर सम्मेलन की तारीखें अभी तक नहीं आयीं, हम लोग उसमें आने का विचार कर रहे हैं।

मायाराम जी का नमस्कार लें।

आपका
हरिशंकर परसाई

लखनऊ
ता. 25.6.48

परम पूज्य मास्टर सा.
सादर प्रणाम।

मेरा सौभाग्य है कि आपका कृपा पत्र मिला। आदेशानुसार अलग से कुछ कविताएं रवाना कर रहा हूँ। श्रद्धेय 'अज्ञेय' जी से मैंने कुछ मास की अवधि मांगी थी। क्योंकि मुझे कुछ कविताएं उज्जैन और सुन्दर जी से जुटाना था। जिन्हें आज तक नहीं जुटा पाया हूँ। इनमें प्रतिनिधित्व की मात्रा है भी और यदि है तो कितने अंशों में यह तो आप महानुभाव ही जान सकते हैं। उज्जैन में वहां के प्र. ले. सं. के कर्णधार के नाते आप ने जो दृष्टि दी है उससे इस दुनिया को देखने का प्रयत्न किया है। आज ही शरद चंद्र जी का पत्र भी आया उन्हें भी पत्र लिखूँगा।

यहां आपके आशीर्वाद से अभी तक तो हूँ आगे की कहा नहीं जा सकता। अभी मैं श्री माथुर सा. के साथ रहता हूँ। मकान अवश्य खोज रहा हूँ। आज कल सपत्नीक हूँ। देखिए विवशता कि मैं चाहते हुए भी आपको यहां तक कष्ट नहीं दे सकता। मैं यहां नितान्त अकेला अपने रास्ते को अपने आप खोज कर अंदाज से आगे चल रहा हूँ। No backing moreover reactionary elemants are covering the atmosphere, people say that it is the time for progress realy where is that progress about which they talk. They are also adapting New meth-oos$ to cover the way of prograsive elements ठीक है जो भी है। घर भागने की इच्छा हमेशा होती रहती है। सिर इसलिये नहीं उठा सकते कि हम इस सबेरे के भ्रम को सवेरा नहीं कहते। जो सवेरा कह रहे हैं वह चाहते हैं कि उनकी धारणा को सच मान लिया जाय। खैर।

न सही, जहाँ हैं वहीं से प्रहार करेंगे। किन्तु इतना अवश्य है कि जो प्रगति का रोड़ा है जो दुर्गति को प्रगति कहता है उसे सीधी राह पर ले आयेंगे। मैं अपनी सारी कथा प्रयाग में सुना ही चुका हूँ। अब जब कभी आपके दर्शन का सौभाग्य हो तभी शेष बातें होंगी। वस्तुतः मेरा सौभाग्य है कि मैं आपके हार्दिक स्नेह का एक अधिकारी हूँ। कविताओं के लिए आप अपना शुभ मंतव्य भेजने की कृपा करें। यदि और भी आवश्यकता होगी तो और कविताएं भी भेजी जा सकती हैं। वैसे कुछ प्रयोग

जोधपुर
ता. २५-८-७२

परमपूज्य मास्टर जी
सादर प्रणाम!!

[redacted] मेरा सौभाग्य है कि
आपका कृपा पत्र मिला। आदेशानुसार
[redacted] अलग से कुछ कविताएं रवाना
कर रहा हूं। अंधेरे में ... जो मैंने
एक साल की अवधि में भेजी थी। क्योंकि
उसमें कुछ कविताएं उज्जैन और
सुन्दरजी से जुड़ाना थी। जिन्हें आज
तक नहीं जुड़ा पाया हूं। इनमें प्रतिनिधित्व
की मात्रा है भी और नहीं है तो किन
अर्थों में यह तो आप महानुभाव
[redacted] ही जान सकते हैं। उज्जैन में
वहां के प्र. ले. सं. के अधिकार के
नाते आप लोगों ने सहृदयता की है उससे
इस दुनिया को देखने का अवसर मिला है।
आज तो शरद जी का एक पत्र भी आया।
उन्हें भी पत्र लिखूंगा।

यहां आपके आशीर्वाद से अभी तक
तो हूं आगे की कहा नहीं जा सकता।
अभी मैं भी मास्टर हा. के साथ रहता
हूं। समय असीम अन्तर स्वीकार रहा
हूं। आजकल स्वयं ठीक हूं। ...
विचार था कि मैं चाहते हुए भी आपको
यहां [redacted] तक आ नहीं सकता।

[redacted] मैं यहां विचारों अकेला
अपने रास्ते को अपने आप खोज कर
अंदाज से आगे चल रहा हूं। No backing
moreover reactionary elements are
[redacted]e covering the atmosphere
people say that it is the time
for progress but really where is
that progress about which they
talk. They are also adopting

ऐसे अवश्य थे जिन्हें मैं बतलाना आवश्यक समझता था। किन्तु अब इतना समय ही नहीं है।

आप जबलपुर का पता लिखकर भेजिये। श्री शरदचंद्र जी ने कुछ ऐसा पता लिखा है कि जो स्पष्ट नहीं है। नरेश कुमार मेहता Programme Assistant हो गये हैं। नागपुर में भी खुल रहा है। D.P. Mishra... में या अन्य कोई सज्जन इस तरफ ध्यान दें तो अवश्य रेडियो से एक उज्ज्वल भविष्य बनाया जा सकता है। मैं लिखता ही रहा किन्तु आपने इस ओर ध्यान नहीं दिया। शेष कुशल पत्र की प्रतीक्षा में।

आपका
कृपाकांक्षी
हरि नारायण व्यास

टिप्पणी : व्यास जी ने 25.6.48 के पत्र में लखनऊ से मुक्तिबोध जी को अपने पत्र में मुक्तिबोध जी के आदेश के अनुसार कवितांश भेजने की सूचना दी है। पत्र में अपनी स्थिति का भी संकेत दिया है। मैं यहां नितान्त अकेला हूँ और अपने रास्ते को अपने आप खोज कर अंदाज से आगे चल रहा हूँ।

इलाहाबाद
2.2.43

प्रिय वर्मा जी,

सादर नमस्कार।

आपका कृपा पत्र यथासमय [illegible] देर से मिला और उसके बाद मैं बीमार हो गया। सो उत्तर देने में काफी देर हो गई। मैं ने प्रो० [illegible] से [illegible] आपकी [illegible] करते हैं और इस बात की उपयोगिता महसूस करते हैं कि हिंदी के साहित्यकार और विद्वान चीन के साहित्यिकों और विद्वानों से प्रत्यक्ष रूप से परिचित हों [illegible] करें। मेरे पास अभी तक 'साहित्यिका' नहीं आ सकी है। [illegible] जो दीर्घ प्रतीक्षित है वही कारण हो। [illegible] अंक में उसकी चर्चा हो [illegible] है। 'हिंदी कविता' [illegible] आपने जो काम [illegible] हैं? [illegible]

भवदीय

[illegible]

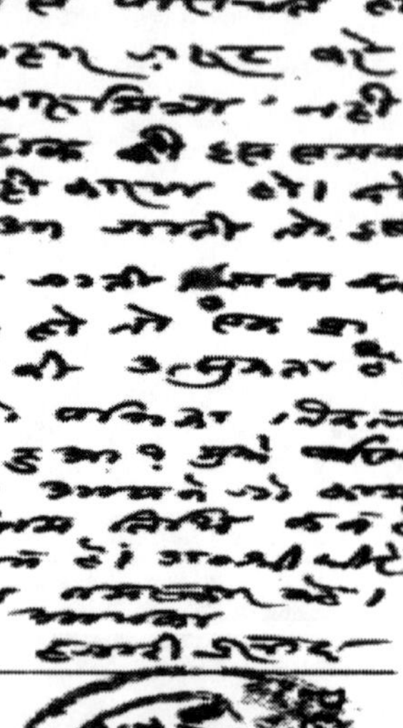

डा० राम कुमार वर्मा एम.ए. पी.एच.डी.
हिंदी विभाग
इलाहाबाद विश्वविद्यालय
Allahabad University
ALLAHABAD

शान्ति निकेतन

2.8.43

प्रिय वर्मा जी,

सादर नमस्कार।

आपका कृपापत्र घूमघाम कर जरा देर से मिला और उसके बाद मैं बीमार हो (ही) रहा। सो उत्तर देने में काफी देर हो गई। मैंने प्रो. तान से दो तीन बार आपकी चर्चा की है। वे आप को याद करते हैं और इस बात की उपयोगिता महसूस करते हैं कि हिंदी के साहित्यकार और विद्वान चीन के साहित्यिकों और विद्वानों से प्रत्यक्ष रूप से परिचित हों, आप उनसे पत्र-व्यवहार जरूर करें; मेरे पास अभी तक 'चारुमित्रा' नहीं आ सकी है। शायद डाक की इस समय जो दीर्घ भ्रमिता है वही कारण हो। दो एक दिन के भीतर आ जाती तो इसी अंक में उसकी चर्चा हो जाती। सन्त कबीर अब तक निकल गया हो तो एक प्रति भिजवा देंगे, देखने की उत्सुकता है।

'हिंदी परिषद' से जो पत्रिका निकलने वाली थी उसका क्या हुआ? मुझे पारिभाषिक शब्दों के विषय में आपने जो काम सौंपा था उसकी अन्तिम तिथि कब है? आशा है आप प्रसन्न हैं। डॉ. श्री धीरेन्द्र वर्मा जी को मेरा सप्रेम नमस्कार कहें।

आपका

हजारी प्रसाद

टिप्पणी : द्विवेदी जी ने डॉक्टर राम कुमार वर्मा को तीन पत्र लिखे हैं। पहला पत्र 2.8.43 तथा अंतिम 6.11.60 का है।

शान्ति निकेतन से 2.8.43 के पत्र में द्विवेदी जी ने लिखा है कि डॉ. रामकुमार वर्मा का पत्र उन्हें इधर-उधर चक्कर काटकर देर से मिला। इसमें चीन-विद्वान प्रो. तान के अनुसार हिन्दी और चीनी विद्वानों को परस्पर मिलना चाहिए जिससे कि आपस में एक दूसरे के साहित्य से परिचित हो सकें।

शान्ति निकेतन
26.1.44

प्रिय वर्मा जी,

सादर नमस्कार।

मैं 2 जनवरी को इलाहाबाद गया था। वहाँ जाने पर मालूम हुआ कि आप घर गए हुए हैं। इस वर्ष एक पर एक दुर्दिन के कई प्रहार हुए हैं। मुझे मेरे एक मित्र ने बताया कि आप इन दिनों बहुत दुखी हैं मुझे जो समाचार बताए गए उनको यहां लिखने का साहस नहीं हो रहा है। भगवान करें कि वे अधिकांश में गलत हों। परन्तु तब से बराबर यह चिन्ता बनी रहती है कि आप कैसे हैं। कृपया लौटती डाक से कुशल समाचार दें। जिस प्रकार के विपत्ति की बात मैंने सुनी है उसके लिये मेरे पास कोई सांत्वना देने लायक शब्द नहीं हैं केवल परमात्मा से यही प्रार्थना कर सकता हूँ कि वे आप को सहन करने की शक्ति दें। हम लोग यहाँ सपरिवार सानंद हैं। तान- युत शान ने कई बार आपके विषय में पूछा। मैंने एक बार और आपको लिखा था और फिर याद दिला देता हूँ कि उनके साथ पत्र व्यवहार करते रहें। वे बहुत प्रेमी और उदार हैं। आप लोगों से ऐसे लोगों का संबंध रहना चाहिए।

आशा करता हूँ इस समय प्रसन्न होंगे।

आपका
हजारीप्रसाद

टिप्पणी : 26.1.44 का पत्र भी शान्तिनिकेतन से ही लिखा गया है इसमें वर्मा जी के साथ हुए दुखद प्रसंगों पर दुख व्यक्त किया गया है। आचार्य जी ईश्वर से प्रार्थना करते हैं कि दुखद प्रसंगों वाली खबर गलत हो।

चण्डीगढ़
6-11-60

प्रिय वर्मा जी, नमस्कार।

वचन बद्ध तो हो गया, किन्तु न मिला प्रबन्ध।
कहाँ स्वाद का प्रश्न है, मिली न अब तक गन्ध।।

हजारी प्रसाद द्विवेदी

पुनश्च : मैं यहां से 8 को सायं काल चल रहा हूँ। फिर यहां से 9 नवंबर को आगरा पहुँचूँगा 10-11 सागर।

तथोक्तम्

नौ नवंबर को पहुँच कर आगरा।
दस कि ग्यारह लंच लूँगा सागरा।।
कल इलाहाबाद को आबाद कर।
भर सकूँ मन भर 'बना- रस' गागरा?

उक्तंच

धन्य त्रिवेणी तट नवल, जाको पुण्य प्रसाद,
कासी-पुण्य लतानि कौं, होत मनोहर खाद।

कुशलैषी
हजारीप्रसाद

टिप्पणी : चण्डीगढ़ से 6.11.60 दूसरे पत्र के 14 साल के अन्तराल पर पोस्टकार्ड में 8 नवम्बर को चण्डीगढ़ से चलकर 9 नवम्बर को आगरा पहुँचने की बात लिखी है।

इस सूचना के अतिरिक्त सारे पत्र के कविता लिखा है या आदेश कविता में ही पूरा पत्र लिखा है। कविता का स्वाद लेने की इच्छा होती है। नौ नवंबर को पहुँचकर आगरा, इस की सुबह लाँघ लूँगा सागरा, कब इलाहाबाद को आबाद कर, मर सकूँ मन भर बना-रस गागरा?

25-9-46

प्रिय बाजपेयी जी,

सप्रेम नमस्कार।

आपका पत्र जरा देर से मिला। निराला जी की स्वर्णजयन्ती के संबंध में आप एक वक्तव्य निकालना चाहते हैं और उसमें मेरा भी नाम देना चाहते हैं। अगर मेरा नाम देने से कुछ फायदा हो तो जरूर दीजिए। जयंती मनाने और अभिनन्दन ग्रंथ निकालने में मेरा पूरा सहयोग आपको प्राप्त होगा।

आपने कलकत्ते में क्या भाषण दिया था यह तो मुझे या मेरे सहयोगियों को यहां कुछ भी पता नहीं था। सुमन जी जब यहां आए थे तो उन्होंने ही बताया था और उनके कंठ से ही सुनकर मुझे आश्चर्य हुआ था। पर मुझे विश्वास नहीं होता था कि आप ऐसे सहृदय व्यक्ति कैसे रवि बाबू के संबंध में उलट पलट कह सकते हैं। आपके पत्र ने सारी बातें साफ कर दीं।

शेष कुशल है आशा है आप प्रसन्न हैं।

आपका

हजारीप्रसाद द्विवेदी

टिप्पणी : 25.9.46 को आचार्य हजारीप्रसाद द्विवेदी ने विश्व भारती साहित्य निकेतन से नन्द दुलारे वाजपेयी को निराला जी की स्वर्ण जयन्ती में सहयोग देने का आश्वासन दिया है।

शान्ति निकेतन
18.12.46

प्रिय वाजपेयी जी, प्रणाम।

आपका 10.12.46 का कृपा पत्र मुझे कल मिला है। मेरा स्वास्थ्य कुछ ठीक नहीं चल रहा है। फिर भी मैं 22 दिसम्बर के आस-पास कराची जाने की सोच रहा हूँ। यात्रा की लंबाई देखकर भय मालूम होता है। फिर भी मैं जाने का ही संकल्प कर रहा हूँ। इसलिये कलकत्ते में तो आप लोगों का साथ नहीं हो सकेगा।

शान्ति निकेतन से दो एक चित्र भी मिल जाएंगे और नवीन चित्रकला विषयक एकाध लेख भी। जापानी कला के एक जानकार तो यहां हैं, पर जापानी साहित्य से कोई जानकार नहीं हैं। चीनी साहित्य पर कोई लेख मिल सकता है। मैं इनको संग्रह करने का प्रयास करूँगा। अनुवाद आप वहीं से करा लें। कराची से लौटकर मैं भी लिखूँगा।

कराची से लौटते समय बनारस आऊँगा। यदि आप उस समय तक कलकत्ते से लौट आए रहेंगे तो दर्शन करूँगा।

शेष कुशल है। आशा है, प्रसन्न हैं।

आपका
हजारीप्रसाद द्विवेदी

पुनश्च : आपने जिस लेख और लेखन की सूची की चर्चा की है वह अभी तक नहीं पहुंची है। शायद दो-एक दिन में आ जाएगी।

टिप्पणी : 18.12.46 के पत्र में द्विवेदी जी ने 22 दिसम्बर को कराची (पाकिस्तान) जाने की बात लिखा है।

मानसरोवर
आजाद रोड, गया
९-१-६६.

आदरणीय वाजपेयी जी,

आदरणीय 'निराला' जी की स्वर्ण जयंती की योजना हिंदी-संसार के एक अनिवार्य कर्तव्य का पालन है। उसमें आप लोगों का सहयोग भी हमारा अपना कर्तव्य है। निबंध मैं लिखकर दे सकता हूँ। कल तो मुझे सूचना मिली है और अवधि १२ जनवरी है। अगर दो-एक दिन का समय और मिल जाय, तो सेवा में निबंध पहुँच जाय। आपकी जैसी अनुमति हो। हमारी बधाइयों और शुभकामनाओं को सदा

सब सकुशल हैं। आशा है, आप प्रसन्न हैं। योग्य सेवा।

विनीत
हंसकुमार तिवारी

मानसरोवर, थाना रोड, गया
9.1.46

आदरणीय वाजपेयी जी,
सादर प्रणाम। 'निराला' जी की स्वर्णजयंती की योजना हिंदी संसार के एक अनिवार्य कर्तव्य का पालन है। उसमें हम लोगों का सहयोग भी हमारा अपना कर्तव्य है। निबंध मैं लिखकर दे सकता हूँ। कल तो मुझे सूचना मिली है और अवधि 15 जनवरी है। अगर दो-एक दिन का समय और मिल जाय, तो सेवा में निबंध पहुँच जाय। आपकी जैसी अनुमति हो। हमारी सेवाओं और शुभकामनाओं को सदा साथ समझें। आशा है, आप प्रसन्न हैं। योग्य सेवा।

विनीत
हंस कुमार तिवारी

टिप्पणी : 9.1.46 के पत्र आचार्य नन्द दुलारे वाजपेयी को निराला स्वर्ण जयन्ती के अवसर पर निबंध लिखकर देने की सूचना है।

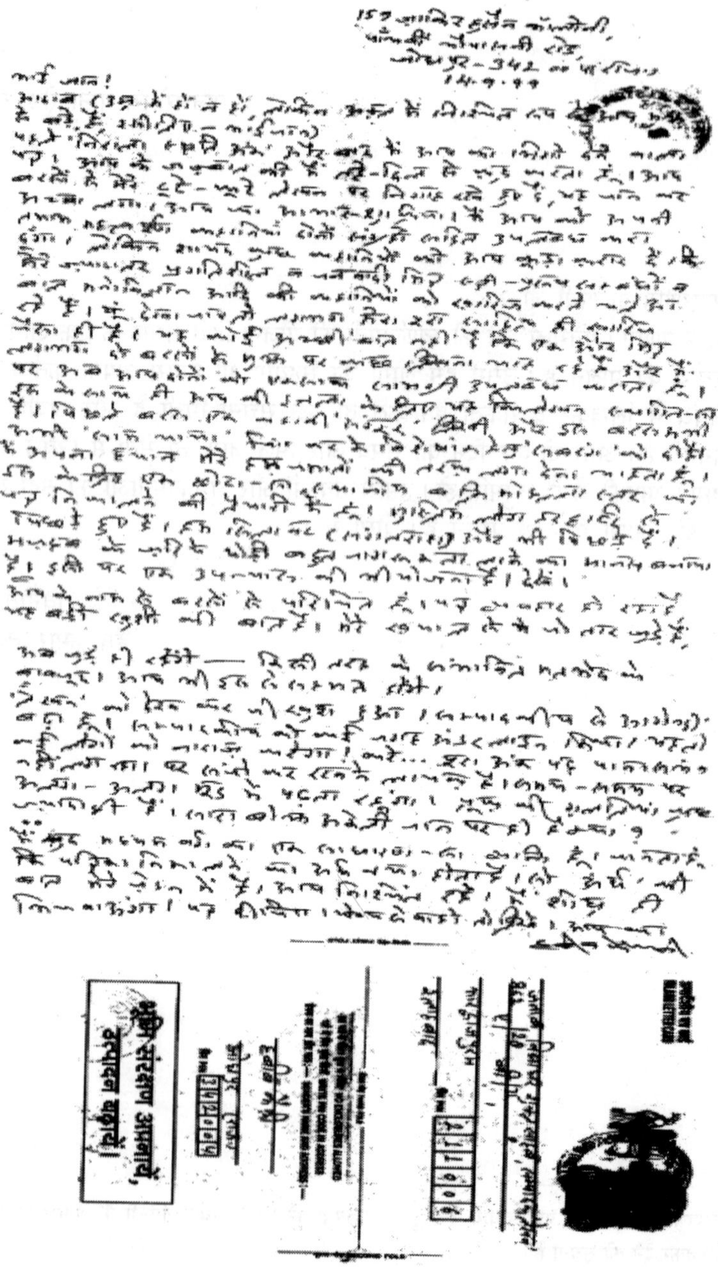
भूमि संरक्षण अपनाएं,
उत्पादन बढ़ाएं।

159, ज़ाकिर हुसैन कॉलोनी,
पाँचवी चौपासनी रोड,
जोधपुर 342 004 (राज.)
14.9.99

भाई जान!

आदाब (उम्र में हों न हों, लेकिन अक्ल में निश्चित रूप से आप मुझसे बड़े हैं, इसीलिए- भाई जान)

पहले निराला स्मृति अंक और बाद में आप का भिगो देने वाला पत्र। आप के जज़्बात की मैं तहे-दिल से कद्र करता हूँ। आप बरसों से मेरे टूटे-फूटे लेखन पर निगाह रखे हुए हैं, यह जानकर अच्छा लगा, आपका आभार-शुक्रिया। मैं आपको अपनी तमाम महत्त्वपूर्ण कहानियां दोनों संग्रहों सहित उपलब्ध करा दूँगा। लेकिन शायद कुछ कहानियों को आप कूड़ा करार दें कि मेरे ज्यादातर प्रगतिशील व जनवादी मित्र स्त्री-पुरुष संबंधों व बाल मनोविज्ञान आदि की कहानियों को खारिज करते चले आ रहे है। यूं देखा जाए तो लगभग मेरा पूरा साहित्य ही खारिज जैसा ही है। यह कोई अच्छी बात नहीं है कि एक और मित्र लगभग दो वर्षों से मुझ पर कुछ लिखना चाह रहे हैं और मैं...पर अब आप दोनों को एक साथ सामग्री उपलब्ध कराता हूँ। इसके साथ ही आपकी इत्तला के लिए यह कि लेखन स्थगित-सा है। पिछले बरस एक कहानी 'अंगूर' लिखी और इस बरस अभी अभी 'सास चाचा' Fair करके विशेषांक हेतु 'सबरंग' को दी है। मैं अपना ध्यान मेरे हम जमातों की तरफ लगा देना चाहता हूँ। इसके लिए एक छोटा सा, स्थानीय बल्कि मोहल्ला स्तर का पत्र निकालने की तैयारी में हूँ। मुस्लिम लोग हर दृष्टि से पिछड़े हुए हैं। हम सिलावट (संग तराश) और भी पिछड़े हैं। मजहब के जरिये थोड़ी बहुत जागरूकता लाने का मानस बनाया है। इसी पर एक उपन्यास की भी योजना है। देखें। आपके नाम से बरसों से परिचित हूँ। पत्र व्यवहार हो रहा है, यह बड़ी खुशी की बात है। मेरे ख़याल से ये जो तार जुड़े हैं, अब जुड़े ही रहेंगे किसी तरह के संभावित मतभेद के बावजूद। आप भी इससे सहमत होंगे।

'लेखन' को देखकर जी खुश हुआ। सम्पादकीय से आगे नहीं बढ़ा हूँ। सम्पादकीय को कई जगह अंडर लाइन किया। यह तो कई लोगों को नाराज करेगा! करे...पूरा अंक पढ़ पाना संभव नहीं लग रहा। पर सँजोकर रखने लायक है। समय-समय पर अलग-अलग मूड में पढ़ता रहूँगा। प्रूफ की गलतियां कुछ ज्यादा ही हैं। सारा बोझ अकेली जान पर ही है क्या? मैं खुद मध्यम वर्ग का एक साधारण-सा

व्यक्ति हूँ। जानता हूँ कि पत्रिका निकालने का अर्थ क्या होता है। सो अर्थ की बात मेरे जेहन में है। आप निश्चिंत रहें। मैं शीघ्र ही भिजवाऊँगा। पत्र दीजिए। योग्य सेवा हो तो लिखें।

आपका
हबीब कैफी

टिप्पणी : हबीब कैफी ने 14.9.99 को जोधपुर से विद्याधर शुक्ल को अपने पत्र में उनकी भावनाओं के प्रति सद्भावना व्यक्त की है तथा निराला स्मृति अंक मिलने पर संतोष व्यक्त किया है।

हृदयेश 0451807119
136/2 बक्सरियाँ, शाहजहाँपुर 242001
7.1.13

प्रिय बन्धु राय साहब,

आपका 31.12.12 का पत्र मिला। मुझे विश्वास था कि आपका उत्तर अवश्य प्राप्त होगा। आप उच्च पद धारण किए हुए भी सहृदयमता व्यक्ति हैं।

आपको पत्र लिखते समय मेरी मानसिक स्थिति इतनी निम्न स्तर पर थी कि मैं आपका नाम भी आधा अधूरा लिख गया था। अपनी निस्सहात वाली स्थिति इधर प्रायः अवसाद ग्रस्त कर देती है।

वहां आकर मैं आप और विश्वविद्यालय पर अप्रिय भार ही बनूँगा क्योंकि मैं बगैर किसी सहारे के दस कदम भी नहीं चल सकता फिर वैष्णव प्रवृत्ति का हूँ। यहां मेरा बेटा नामी डॉक्टर है, 25 वर्ष से ऊपर की प्रैक्टिसवाला। यहां अलग रहते हुए भी चिकित्सकीय सुविधा हरदम सुलभ रहती है। इसलिए फिलहाल वहां आकर रहने का प्रस्ताव टाल रहा हूँ।

हाँ, यह अवश्य चाहूँगा कि जिस संस्मरणात्मक पुस्तक 'स्मृतियों का साक्ष्य के संबंध में आपको लिखा था, उसके प्रकाशन की व्यवस्था यदि आप किसी ईमानदार और सही प्रकाशक से करा देते हैं तो मानसिक सुकून मिलेगा। शर्तें रायल्टी को लेकर सम्मानजनक हों और उसके प्रकाशन को भी अधिक न लटकाये। कालिया जी की दिलचस्पी इधर मेरे लेखन को लेकर सकारात्मक है। पिछले वर्ष यानी 2011में उन्होंने मेरा उपन्यास 'चार दरवेश' भारतीय ज्ञानपीठ से निकाला था और इस मास, जैसी की सूचना है, एक अन्य लघु उपन्यास 'शब्द भी हत्या करते हैं,' अपने आ रहे 'नये सेट' में दे रहे हैं। दिल्ली विश्वविद्यालय के बी. ए. के पाठ्यक्रम में मेरी कहानी मन्नू भण्डारी की कहानी के साथ शामिल है और इगन्यू (IGNOU) उसे अपने एम. ए. के पाठ्यक्रम में शामिल कर रही है। नेशनल बुक ट्रस्ट ने सन् 2011 में मेरी कहानियों का संकलन 'हृदयेश' संकलित कहानियां निकाला है। ऐसा होते हुए भी 'दिल्ली और साहित्य की राजनीति' से दूर रहने व बिला ग्लेमर वाला लेखक होने के कारण' प्रकाशकों के लिए अधिक स्वीकार्य नहीं हूँ।

यह भी चाहूँगा कि जिस प्रकाशक का आप चयन करें उसे ऐसा न आभास हो कि मैं सिफारिश के बूते पर आया हूँ। विगत पचास वर्षों से जो साफ-सुथरी छवि बनायी है उसे उम्र के इस ढलान पर वैसी ही रखना चाहता हूँ।

(1)

हृदयेश

09451807119
136/2, बक्सरिया,
शाहजहाँपुर-242001
7/1/13

प्रिय भाई [illegible] साहब,

आपका 31/12/12 का पत्र। मुझे [illegible] था कि आपका [illegible] प्राप्त हो गया। आप अभी [illegible] पर कार्य [illegible] भी [illegible]।

आपका पत्र [illegible] [illegible] [illegible] [illegible] [illegible] भी [illegible] [illegible] [illegible] [illegible] [illegible] [illegible] [illegible] है।

मेरे [illegible] [illegible] [illegible] [illegible] पर [illegible] [illegible] [illegible] [illegible] [illegible] नहीं [illegible] [illegible] [illegible] है। [illegible] मेरा [illegible] [illegible] है, 25 वर्ष से [illegible] [illegible] [illegible] [illegible] [illegible] [illegible] [illegible] [illegible] है। [illegible] [illegible] [illegible] [illegible] रहा है।

[illegible] गया। इसे भी [illegible] [illegible] [illegible] [illegible] और [illegible] [illegible] [illegible] [illegible] [illegible] [illegible] [illegible] मेरे [illegible] [illegible] [illegible] है। [illegible] [illegible] [illegible]

-2-

में उन्होंने मेरा [illegible] '[illegible]' [illegible] [illegible] [illegible] था और इस मास [illegible] [illegible] है, पर [illegible] '[illegible]' शब्द भी [illegible] रहे हैं। आपने [illegible] '[illegible]' [illegible] रहे हैं। [illegible] [illegible] [illegible] [illegible] में मेरी [illegible], [illegible] [illegible] [illegible] है और [illegible] ([illegible]) [illegible] आपने [illegible] [illegible] में [illegible] पर रहा है। [illegible] [illegible] ने सन् 2014 में मेरी कहानियों का संकलन 'हृदयेश : [illegible] कहानियाँ' निकलना है। ऐसा होने [illegible] भी '[illegible] और [illegible] की [illegible]' [illegible] [illegible] [illegible] [illegible] [illegible] [illegible] '[illegible]' [illegible] के लिए [illegible] [illegible] नहीं है।

यह भी [illegible] [illegible] [illegible] [illegible] [illegible] आप [illegible] [illegible] ऐसा [illegible] [illegible] कि मैं [illegible] [illegible] [illegible] पर [illegible] हूँ। [illegible] [illegible] [illegible] [illegible] [illegible] [illegible] है। उम्र के इस [illegible] पर [illegible] [illegible] [illegible] चाहता हूँ।

इस माह [illegible] '[illegible]' में [illegible], [illegible], [illegible] '[illegible]-[illegible] [illegible]' '[illegible]' पर [illegible] [illegible] [illegible] [illegible] [illegible] [illegible] [illegible] था। [illegible] [illegible] [illegible] [illegible] [illegible] पर [illegible] [illegible] कि अभी वह [illegible] नहीं [illegible] है और [illegible] में [illegible] [illegible] [illegible] है। [illegible] [illegible] और [illegible] ने मुझे [illegible] [illegible] [illegible] [illegible] [illegible] है। [illegible] मेरा [illegible] [illegible] [illegible]।

एक माह पूर्व 'बहुवचन' में पुरातत्ववेत्ता, आलोचक, भाषाविद्, अपने-अपने राय उपन्यास वाले 'भगवान सिंह' पर संपादक अशोक मिश्र से सहमति लेकर प्रकाशनार्थ संस्मरण भेजा था चार- पांच दिन पूर्व पूछने पर बताया कि अभी वह उसे पढ़ नहीं पाये हैं और निर्णय में एक पखवाड़ा लग सकता है। अवसादग्रस्तता और बुढ़ापे ने मुझे हर बात को लेकर अधीर बना दिया है। डॉक्टर बेटा भी इस अधीरता को लेकर परेशान रहता है। इस माह के अन्त में फिर निर्णय के बारे में पूछ लूंगा।

पत्र पाने पर संभव हो तो फोन से यथास्थिति की कृपया सूचना दें नहीं तो मैं स्वयं फोन पर सम्पर्क बनाने का प्रयास करूँगा।

नमस्कार एवं सद्भावना सहित,

आपका
हृदयेश

श्री विभूति नारायण राय,
कुलपति,
महात्मा गांधी अन्तरराष्ट्रीय हिन्दी विश्वविद्यालय
वर्धा

णाणं पयासयं

वीर नि.सं. 2470

ई सन् 1944

भारतीय ज्ञानपीठ